天津通史专题研究丛书
主编 万新平

天津经济史【上卷】

主 编 张利民
副主编 熊亚平

天津出版传媒集团
天津人民出版社

图书在版编目(CIP)数据

天津经济史：上、下卷 / 张利民主编；熊亚平副主编． -- 天津：天津人民出版社，2024.11． --（天津通史专题研究丛书 / 万新平主编）． -- ISBN 978-7-201-20691-2

Ⅰ．F129

中国国家版本馆CIP数据核字第202420BJ88号

天津经济史

TIANJIN JINGJI SHI

出　　　版	天津人民出版社
出 版 人	刘锦泉
地　　　址	天津市和平区西康路35号康岳大厦
邮政编码	300051
邮购电话	（022）23332469
电子信箱	reader@tjrmcbs.com
策划编辑	韩玉霞
责任编辑	李佩俊
封面设计	陈栋玲
印　　　刷	天津海顺印业包装有限公司
经　　　销	新华书店
开　　　本	710毫米×1000毫米 1/16
印　　　张	49.75
插　　　页	2
字　　　数	720千字
版次印次	2024年11月第1版　2024年11月第1次印刷
定　　　价	248.00元(上、下卷)

版权所有　侵权必究

图书如出现印装质量问题，请致电联系调换（022－23332469）

总　　序

万新平

盛世修史是我国的文化传统。编纂《天津通史》是我市广大干部群众和专家学者期盼已久的文化盛事。2004年12月，在纪念天津设卫建城600周年之际，《天津通史》编纂工作正式启动，这是跨入21世纪后天津历史学界的一件大事，是一项具有重要现实意义和学术价值的划时代的文化建设工程。

《天津通史》作为天津市哲学社会科学重大研究项目，我们以马克思列宁主义、毛泽东思想、邓小平理论、"三个代表"重要思想、科学发展观、习近平新时代中国特色社会主义思想为指导，以唯物史观为主导，完整把握天津历史发展的脉络，全面分析天津历史变迁的特征，深入总结天津发展的规律，深刻论述天津在中国历史发展中的地位和作用。这项工程对进一步推进天津改革开放和现代化建设，挖掘地方历史文化资源，推动文化建设和学术研究的发展，进而提高天津城市文化品位，都具有十分重要的作用。

编纂地方通史历来是一个地区文化建设的重要标志性工程。近年来，地方通史编纂工作方兴未艾，北京、上海、重庆、河北、山东、山西、湖北、贵州等省市都相继编辑出版了大型地方通史。天津是我国历史文化名城，有许多独特的历史发展轨迹和特点。在古代，天津从军事重镇逐步成为畿辅名城，具有中国封建城市发展的重要典型意义。在近代，天津是近代中国的缩影，所谓"近代中国看天津"就是对天津近代重要历史地位的一种通俗的概括。比如，天津是帝国主义列强侵略中国的战略要地，是中国人民反抗外来侵略的重要战场,是近代中国政治势力角逐的主要舞台,是近代中国海陆军建设的重要基地,是中国北方城市近代化的发源地,是中国共产党领导北方白区革命斗争的重要中心,是中国北方最大的进出口贸易口岸和工商业经济中心。中西社会思潮在此交汇,新式文化教育由此兴起,一批思想家、教育家和文人巨匠聚集津门,从而形成海纳百川、包容中外的社会人文环境和历史文化积淀。新中国成立后,在社会主义建设历程中,天津克服了发展中的种种艰难曲折,取得了令人振奋的显著成就。改革开放以来,天津进入了社会主义现代化建设快速发展的新时期。在党的领导下,全市广大干部群众,在中国特色社会主义伟大旗帜指引下,解放思想,开拓创新,真抓实干,团结奋进,努力建设国际港口城市、北方经济中心和生态宜居城市,不断开创改革开放和社会主义现代化建设的新局面。天津正在迅速崛起,成为推动环渤海经济圈发展的强大引擎。

回顾历史,在中国社会由一个建基于古老农业文明之上的传统社会,逐步向以高度发达的工业文明为标志的现代社会转变的历史进程中,天津占有突出的地位,起了很重要的作用,拥有极为丰厚的历史文化底蕴。中国城市发展进程中的成就与局限、经验与教训、发展与曲折、突破与障碍,都集中反映到天津这一历史文化名城身上,致使天津的演变成为中国城市变迁的重要代表。通过编纂《天津通史》,对天津历史进行深入的研究,可以更深刻地认识中国城市发展的复杂性和多样性,不仅可以深入地研究天津、认识天津、展示天津,而且可以更深入地研究中国、认识中国、展示中国。

编纂《天津通史》,是一项汇聚集体智慧和力量的系统工程,是在前人基础上的升华和提高,是在新的起点上的开拓和创新。因此,必须牢固树立精品意识,力求在理论构架、学术观点、研究方法和史实资料上有所创新,有所突破;必须组织一批素质优良、功力深厚、作风扎实的专家学者集体攻关。因此,从专题研究着手,从基础资料起步,是做好该工程的基本路径。要坚持对天津历史发展进程进行全方位、综合性的研究,把各个时期、各个阶段天津地区变迁的历史全貌，真实地加以展现和记述，深入地总结天津城乡地区的政治、军事、经济、社会、文化诸方面的发展进程。不仅要研究和叙述天津的规模、形制、建筑和环境，更需要研究和分析其经济特征、文化渊源、社会结构、人口变化、居民素质等发展和演变的内涵；不仅要注重天津与周边地区，乃至与华北、西北、环渤海地区的关系和互动，还要关注天津与国内其他区域中心城市、东北亚地区乃至世界各国的相互关系；不仅要着重叙述天津本身在政治、军事、经济、文化和社会诸方面的演变史实，并从中得出符合客观实际的带有规律性的认识，还要反映出不同时期天津在全国的地位和影响。要高度重视天津历史资料的搜集和积累。史料是史学研究的基础。应该看到，前人已经收集整理了大量的天津历史资料，但从编写大型多卷本通史的需要来看，还有相当大的差距。如历代实录、通鉴、类书、文集、方志中有关天津地区的史料，开埠以来各个时期的大量档案文献，特别是散失在国外档案馆、图书馆收藏的有关天津的外国租界、领事馆、教会活动的文件、报告、调查和私人日记、信件等，近现代中外文报刊中关于天津的记述，以及反映天津历史的考古和现存文物资料等，都需要进行全面系统的征集整理工作，以使《天津通史》编纂工作建立在坚实完备的史料基础之上。

为此，我们根据《天津通史》编纂工作的需要，将国内外专家学者对天津历史研究的重要成果汇编为"天津通史专题研究丛书"；将经过专家整理的较为珍贵的中文历史档案和文献资料选编为"天津通史资料丛书"；将征集到的有重要价值的外文历史档案和书刊资料编译为"天津通史编译丛书"。这三种丛书的编辑出版，不仅有利于提高《天津通史》的研究和编纂工作水平，同时可以把一些重要的研究成果和珍贵的历史资料及时介绍给学术界和广大读者，对深入地了解天津、认识天津、研究天津，将发挥积极的不可或缺的作用。

目 录

上 卷

图表目录 ·· 1

导 言 ·· 7
  一、天津的自然环境 ·· 7
  二、天津城区的形成与空间范围 ·· 9
  三、古代天津经济发展诸阶段 ·· 14
  四、近代天津经济发展诸阶段 ·· 17
  五、天津经济发展的因素 ·· 20
  六、天津经济发展的特点 ·· 22

第一章　从村落经济到城镇经济的起步（先秦—1404） ············ 28
  第一节　河海交汇与天津的初现 ··· 28
    一、海岸线的变化与华北平原的成陆 ·· 28
    二、海河水系的形成与天津的初现 ··· 29
    三、人口的聚集与行政建制的起始 ··· 31
  第二节　农业与渔盐业为主的经济形态 ······································· 34
    一、狩猎、渔业和农业的出现与阶段性发展 ······························· 34
    二、盐业的生产方式与发展 ·· 42

1

第三节　手工业与商业的起步…………………………………46
一、战国以前手工业和商品交换的出现……………………46
二、秦汉至隋唐时期手工业和商业的发展…………………49
三、宋元时期手工业和商业的初步发展……………………51

第四节　水陆交通的兴起与商品流通的多重方式……………54
一、陆路交通的变迁与功能的增强…………………………54
二、内河航运的发展与水运网络的构建……………………58
三、沿海航路的开拓与漕粮海运的出现……………………60

第二章　城市经济的兴起与集散中心的初成（1404—1859）……63

第一节　行政建制与城市功能的定位…………………………63
一、行政建制的设立与对城市空间范围认知的变化………63
二、城市主要功能的初显与人口增长………………………70

第二节　农业与盐业的长足发展………………………………75
一、农业的发展………………………………………………75
二、屯田的扩大与营田的规模化经营………………………80
三、兴修水利设施的经常化…………………………………85
四、农作物生产的多样化……………………………………88
五、长芦盐成为城市经济的支柱产业………………………95

第三节　商业、金融、手工业的发展与商人力量的增强……101
一、商路畅通与商品贸易的发展……………………………101
二、以钱铺、票号和典当业为主的金融业的发展…………105
三、以城市生产和消费为主的手工业的兴起………………108
四、城市商业聚集空间的形成………………………………111
五、以盐业、粮食和航运业为主体的商人群体不断增强…114
六、体现区域贸易特点的异地商帮与会馆…………………122

第四节　集散中心的初成………………………………………131

一、倚河傍海交通运输网络的拓展 ················131
　二、漕运兴盛与商品集散规模的扩大 ················138
　三、以沟通南北贸易为特色的沿海航运的兴起 ········140
　四、以天津为中心的商品集散中心的形成 ············144

第三章　开埠通商后城市经济的初步发展（1860—1900）········148
第一节　开埠通商、城市空间拓展与地位的提升 ········149
　一、开埠通商与接轨国际市场 ························149
　二、外国租界的初设 ································152
　三、各类管理机构的设置与政治经济地位的上升 ······153
　四、城市空间的扩大与人口的迅速增长 ··············156
第二节　进出口贸易的初期发展与特征 ················157
　一、津海关的设置与各项税收 ······················157
　二、进出口贸易的起步与迅速增长 ··················161
　三、对外贸易地区和商品结构的初期构成 ············164
　四、进出口贸易初期发展阶段的特征 ················176
第三节　商业和金融业的发展与商人群体的新变化 ······178
　一、洋行的出现和商业的发展及转型 ················178
　二、银号和票号的发展与新式金融机构的出现 ········183
　三、买办的兴起及其地域特色 ······················188
　四、近代商人组织的出现与示范作用 ················195
第四节　近代工业的兴起和手工业的转型 ··············197
　一、官办近代工业的产生 ··························198
　二、私营工业企业的出现与初步发展 ················205
　三、城市手工业开始转型 ··························208
　四、近代工业初步发展中的投资类型及特征 ··········209

第四章　近代经济的起步与全面发展（1901—1927）……212

第一节　环境演变与经济发展的关系……212
一、城市型行政管理机构的初步构建……212
二、租界的扩张、城市空间的扩展与人口的迅速增长……218
三、振兴实业等政策和措施助推经济发展……225
四、动乱环境对经济发展的制约……228
五、环境改善和海洋开放意识对经济发展的影响……234

第二节　进出口贸易的迅速发展……243
一、进出口贸易的迅速发展与直接贸易的增长……244
二、进口商品结构的多样化与规模的扩大……249
三、出口商品结构的多样性和工业制成品初现……256

第三节　商业的外向型发展与空间演变……265
一、影响商业发展的诸因素……265
二、商业发展的概况……267
三、商业转型中的业态变化……269
四、商业聚集空间的演进与多元……276
五、新型商业组织的建立与发展……279

第四节　银行兴起与政府行为的影响……286
一、新式金融业的迅速发展……286
二、传统金融业的兴衰演变……292
三、金融业对工商业发展的助推……298
四、政府行为对金融业发展的作用……303
五、金融风潮及其对金融业发展的影响……310

第五节　工业各部门的迅速发展与并存互补之特征……320
一、近代电力和电讯业的兴起与持续发展……321
二、纺织工业的引领作用与新旧生产方式的互补……325
三、食品工业和轻工业的迅速崛起……333

四、化学工业的率先起步与规模化发展 …………………………340
　　五、机械制造业生产方式的新旧并存与动力的更新 …………345
　　六、这一时期工业发展的概况与特点 …………………………351
第六节　交通通信业的迅速发展 ……………………………………358
　　一、轮船航运业的发展与华洋竞争 ……………………………358
　　二、近代通信业的拓展 …………………………………………367
　　三、铁路运输的迅速发展与网络的演进 ………………………370
　　四、长途汽车的运营与陆路运输的重组 ………………………377

下　卷

第五章　北方经济中心的形成（1928—1937）………………385
第一节　城市地位的演变 ……………………………………………385
　　一、特别市的设置与行政区划的变化 …………………………385
　　二、城市空间的扩展与城市定位、规划的厘定 ………………387
　　三、人口的缓慢增长及其不均衡性 ……………………………390
第二节　进出口贸易的新变化 ………………………………………391
　　一、进出口贸易发展的概况与特征 ……………………………392
　　二、进口商品结构的变化 ………………………………………399
　　三、出口商品结构的固化 ………………………………………402
　　四、冀东走私及其对对外贸易的影响 …………………………405
第三节　工业整体发展和部门架构的调整 …………………………409
　　一、工业发展的整体状况 ………………………………………409
　　二、各工业部门的发展与整合 …………………………………412
　　三、工业发展的阶段特征 ………………………………………443
第四节　商业转型中的新旧交融 ……………………………………449
　　一、商业专营化发展 ……………………………………………450

二、商业资金筹措与运作的新旧交替 …………………………… 455
　　三、综合性百货商场的出现与发展 …………………………… 461
　　四、经营方式的变与不变 …………………………………………… 468
第五节　金融业的发展与区域金融中心地位的确立 ………… 473
　　一、金融业的充实与调整 …………………………………………… 473
　　二、银行与企业关系的新动态：代管与投资 ………………… 477
　　三、金融市场的格局与区域金融中心的确立 ………………… 482
第六节　天津农业的发展与城郊型特征 ………………………… 493
　　一、发展概况 ……………………………………………………………… 494
　　二、生产组织与技术的演进 ………………………………………… 512
　　三、农业发展的城郊型特征 ………………………………………… 522
　　四、制约农业发展的因素 …………………………………………… 528
第七节　周边的城镇与集市的发展演变 ………………………… 534
　　一、天津与周边地区的交通和经济交流 ……………………… 535
　　二、县城的经济状况与发展 ………………………………………… 540
　　三、周边市镇与经济发展 …………………………………………… 543
　　四、周边的集市与经济变迁 ………………………………………… 547
第八节　经济腹地的扩展和经济中心的形成 ………………… 550
　　一、20世纪以前天津与内地的经济交流 …………………… 551
　　二、20世纪以来天津与内地的商品流通与规模的初步估算 … 555
　　三、外向型经济腹地的形成与扩展 ……………………………… 568

第六章　全民族抗战时期经济的畸形发展与衰落(1937—1945)
……………………………………………………………………………………… 574
第一节　城市定位的变化与经济统制方针计划的出台 ……… 574
　　一、管理机构的殖民化 ……………………………………………… 574
　　二、城市人口变动与空间扩展 ……………………………………… 577

三、天津的经济定位与城市规划 ……579
四、战前侵华大本营地位的确定与经济掠夺方针计划的出台 ……582
五、日伪政权经济掠夺的计划与变化 ……585

第二节　交通与港口的强化管理和建设 ……591
一、铁路机构重置与运输能力的强化 ……592
二、公路和汽车运输网络的战时应用性建设 ……596
三、市内公共交通的统一经营与衰落 ……603
四、海运的局限与内河航运的军事化统制 ……604
五、不断强化的港口建设 ……610

第三节　统制性工业各部门的兴衰 ……613
一、跨地区输电网的形成与电气器材行业的初立 ……613
二、钢铁冶炼业的出现与机器制造业发展的困境 ……616
三、化工等行业的发展与停滞 ……623

第四节　非统制性工业的生存与衰落 ……633
一、棉纺织业的萎缩 ……634
二、毛纺织与皮革业的军需化生产 ……641
三、面粉业的管控与衰落 ……645
四、火柴、造纸等行业的低迷 ……647

第五节　对外贸易与商业的全面统制 ……652
一、对外贸易的缓慢发展与单一化 ……652
二、商品流通统制机构的建立和统制政策的实施 ……659
三、战争劫掠下的市场萧条与投机盛行 ……665

第六节　日本对金融业的独占与金融市场格局的变化 ……670
一、战时金融统制机构的建构与货币的统一 ……671
二、金融各行业的停滞与金融市场格局的改变 ……675
三、非常态下票据交易所与证券交易所的建立 ……678
四、北方金融中心作用的削弱 ……682

第七节　盐业和水稻生产及农产品产销的统制 ……………………685
　　一、盐产量的增加与对日输出 …………………………………686
　　二、广设日系农场与掠夺土地 …………………………………692
　　三、广设管理机构与不断强化产销统制 ………………………696
　　四、水稻种植的强制性措施与产销管制 ………………………702
　　五、对粮食收购和配给的统制 …………………………………706

第七章　抗战胜利后经济从短暂恢复到凋敝（1945—1949）……711

第一节　城市区划与经济定位 ……………………………………711
　　一、城区调整与人口增加 ………………………………………711
　　二、城市规划与经济定位 ………………………………………713
第二节　工业的接收、恢复与全面衰退 …………………………714
　　一、对敌伪产业的接收与工业资本结构的变化 ………………714
　　二、各工业部门从略有恢复到全面衰退 ………………………718
　　三、结构的渐变与固化 …………………………………………733
第三节　内外贸易萎缩与市场萧条 ………………………………737
　　一、对外贸易从略有恢复到迅速萎缩 …………………………738
　　二、商业的兴衰与市场的凋敝 …………………………………741
　　三、各类商店的总体考量 ………………………………………749
第四节　金融业的短暂复苏与银行的运营特点 …………………753
　　一、对日伪金融机构的接收与重组 ……………………………753
　　二、银号、银行的资金运转与特点 ……………………………757

参考文献 ………………………………………………………………765
后　记 …………………………………………………………………779

图表目录

图3-1　1867—1904年天津净进口、净出口贸易值变化图 …………………162

图3-2　1867—1904天津出口净值和进口净值占天津净贸易总值比重变化图 …………………………………………………………………162

图3-3　1867—1904年天津净进口、净出口值占全国净进出口值比重变化图 …………………………………………………………………164

图3-4　1867—1903年天津洋货净进口值变化图 ………………………………165

图3-5　1864—1904年天津洋货进口不同来源地贸易值变化图 ………………166

图3-6　1869—1904年天津洋货进口来源地示意图 ……………………………167

图3-7　1869—1904年天津进口洋货大宗商品贸易值变化图 …………………170

图3-8　1867—1904年天津土货净进口、出口、复出口总值变化图 …………171

图3-9　1867—1904年天津土货出口至外洋和国内其他口岸比重变化图 …………………………………………………………………172

图3-10　1867—1904年天津土货出口至国内其他口岸示意图 ………………174

图3-11　1867—1904年天津大宗出口商品贸易值变化图 ……………………175

图4-1　1901—1923年海河裁湾取直工程示意图 ………………………………239

图4-2　1867—1930年天津净进出口贸易值变化图 ……………………………244

图4-3　1867—1930年天津净进口、净出口贸易值变化图 ……………………245

图4-4　1867—1930年天津净进口、净出口值占天津净贸易总值比重变化图 …………………………………………………………………246

图4-5　1867—1930年天津洋货与土货进口增长比重变化图 …………………247

图4-6　1867—1930年天津土货净进口、土货进口和复出口值变化图 ………248

图4-7　1867—1930年天津土货出口至外洋和国内比重变化图 ………………248

1

图4-8	1869—1930年天津糖类进口值变化图	252
图4-9	1840年天津人口职业构成空间分布图	277
图5-1	1900—1936年天津进出口贸易净值变化图	394
图5-2	1932—1937年天津净进口、净出口贸易值变化图	395
图5-3	1932—1937年天津进出口贸易出超值变化图	396
图5-4	1900—1936年天津洋货净进口、土货净进口占净进口贸易总值比重变化图	397
图5-5	1867—1936年天津土货出口国外、国内占土货出口净值比重变化图	398

表1-1	1283—1329年直沽港海漕转运数量表	62
表2-1	清嘉庆年间天津及附近地区各盐场范围表	97
表2-2	清嘉庆年间长芦盐区10场户口统计表	100
表2-3	1911年长芦盐区各场年产量统计表	101
表2-4	1846年天津人口与职业统计表	113
表2-5	明代至清乾隆年间浚修北运河大事年表	134
表2-6	明代经由天津漕粮数量统计表	139
表3-1	1867—1905年天津直接进出口贸易占进出口贸易净值比重表	163
表3-2	1863—1903年天津进口商品概况表	169
表3-3	天津早期各类工业企业比较表	209
表3-4	1860—1900年天津外资企业一览表	210
表3-5	1860—1900年天津民族企业一览表	210
表4-1	1901—1923年海河裁湾取直工程量统计表	238
表4-2	1919—1931年天津进口主要洋货占贸易总值比重表	250
表4-3	1919—1931年天津主要出口货物占出口总值比重表	257
表4-4	1930—1936年间天津棉花出口值及占出口总值比重表	258
表4-5	1905—1933年天津棉花出口量及占全国出口总量比重表	259

表4-6	1927年部分华资银行所持有价证券数额与资产总额比较表	304
表4-7	1916—1926年中国银行对政府放款额一览表	305
表4-8	天津银行业中军阀、官僚投资者情况表	309
表4-9	1930年天津六大纱厂概况表	327
表4-10	1929年中国城区华资工业企业统计表	352
表4-11	1929年中国城区华资工业企业分行业统计表	353
表4-12	1861—1937年天津港到港船舶统计表	360
表4-13	河北省内河航运局通航状况表	362
表4-14	行轮局主要轮船性能指标情况一览表	364
表4-15	1866—1909年进出天津各国轮船数量表	366
表4-16	1924—1927年进出天津各国轮船吨数占总吨数比重表	367
表4-17	1909—1935年京奉路货运量统计表	372
表4-18	1910—1924年津浦路货运量统计表	372
表4-19	1937年前后天津煤炭来源及运送路径表	373
表4-20	1931—1935年天津、塘沽销售门头沟、大同、井陉等矿煤炭数量表（经北宁铁路运入）	373
表4-21	1921—1930年内地棉花输入天津市场不同运输工具运量及占比表	374
表4-22	1929—1935年内地商品经铁路运津情况统计表	375
表4-23	1912—1930年出入天津货物不同运输方式占比表	377
表4-24	1937年天津至周边地区公路客运量表	380
表4-25	1937年经营平津线长途汽车公司（车行）状况表	381
表5-1	1928—1946年天津人口及职业统计表	391
表5-2	1929年与1933年中国城区华商工业企业情况比较表	411
表5-3	1936年天津外资发电厂概况表	412
表5-4	1932年天津工厂自备发电设备发电量一览表	413
表5-5	1935年天津各纱厂负债统计表	417
表5-6	1936年前日资收买天津各纱厂简况表	417

表5-7	1937年天津各纱厂概况表	419
表5-8	1937年天津毛织业工厂一览表	421
表5-9	1933年天津纺织工业概况表	426
表5-10	1931年天津面粉业概况表	428
表5-11	1936年天津盐碱酸工厂概况表	431
表5-12	1934年天津火柴工厂概况表	433
表5-13	1936年天津油漆工厂概况表	434
表5-14	1937年前天津橡胶工厂概况表	436
表5-15	1931年天津新式制革厂概况表	437
表5-16	1934年天津有一定规模的华资机器工厂表	441
表5-17	1936年天津外资工业概况表	444
表5-18	1938年天津华资工业与外资工业比较表	445
表5-19	1935年天津72家银号资本额分配情况表	475
表5-20	20世纪30年代初期天津金融市场中外银行和银号资力比较表	483
表5-21	1917年前天津等六县主要农作物分布表	495
表5-22	1928—1930年小站各营水稻生产状况表	502
表5-23	1930—1935年天津等五县棉花种植面积统计表	503
表5-24	1917年天津等六县蔬菜种植状况表	505
表5-25	1937年前天津等六县农产品运销天津状况表	524
表5-26	1928年静海县农产品运销状况表	526
表5-27	1935年天津及周边县棉花运销状况表	539
表5-28	1901—1930年津海关领有子口税单运往内地洋货统计表	560
表5-29	1920—1930年天津运往内地各类商品值统计表	563
表5-30	1920—1930年天津运往内地各类商品值占比表	563
表5-31	1912—1928年天津运往内地商品估算总值表	564
表5-32	1901—1930年内地凭三联单运到天津出口的土货价值统计表	566

图表目录

表 5-33	1902—1930年天津领有子口税单运往内地各省洋货值统计表	569
表 5-34	1902—1930年天津领有子口税单运往内地各省洋货比重表	570
表 5-35	1919—1930年天津领有子口税单运往内地各省仿制品值统计表	571
表 5-36	1919—1930年天津领有子口税单运往内地各省仿制品值占比表	571
表 5-37	1906—1930年内地各省运到天津领有三联单之土货价值统计表	572
表 5-38	1906—1930年内地各省运到天津领有三联单之土货价值占比表	572
表 6-1	1938—1941年永利公司纯碱生产量统计表	625
表 6-2	1939—1944年永利公司烧碱生产量统计表	625
表 6-3	华北盐业公司天津各化工厂一览表	627
表 6-4	华北盐业公司天津各化工厂生产状况表	627
表 6-5	1939年天津橡胶制品生产能力与产额比较表	629
表 6-6	1945年前天津染料厂一览表	633
表 6-7	天津日资新设纱厂计划表	635
表 6-8	1938年9月天津日资纱厂生产规模一览表	636
表 6-9	1945年天津各棉纺织厂设备统计表	637
表 6-10	天津棉纺织厂设备和1940、1941年生产状况表	638
表 6-11	沦陷时期天津面粉厂一览表	647
表 6-12	伪火柴联营社1939年12月对华北区各工厂生产限额表	648
表 6-13	1936—1941年天津进出口船只吨位和贸易总额统计表	654
表 6-14	1937—1941年天津进出口贸易额和船只吨位在华北各口岸占比表	655
表 6-15	1937—1943年天津进出口贸易额中各国所占比重表	657
表 6-16	1938—1942年华北盐业公司长芦盐田面积统计表	689

表6-17　1938—1945年华北盐业公司长芦盐产量统计表 …………………690
表6-18　华北垦业公司直属农场简表 ……………………………………698
表6-19　伪米谷统治协会直属农场简表 …………………………………700
表6-20　1940—1944年天津地区水稻生产情况表 ………………………705
表6-21　1940—1944年天津地区收买米谷情况表 ………………………708
表6-22　1940—1944年天津地区水稻生产与军需收购比重表 …………708
表7-1　1949年天津较有规模民营工业状况表 …………………………736
表7-2　1936、1946—1948年天津对外贸易总值及在全国占比表 ……739
表7-3　1936—1949年天津商会所属商业同业公会统计表 ……………751

导　言

　　研究天津经济史,是在明了天津的自然环境、城市空间范围等方面变化的基础上,以天津城市的形成和发展为主线,通过总结天津自早期聚落形成至1949年1月解放期间,不同发展阶段中建制沿革、城市人口、城市职能和地位的变化,考察内外贸易、金融业、工业、手工业、农业、交通、市场等方面的发展,探索天津与周边城镇乃至腹地之间的经济联系,全面呈现天津经济发展的基本面貌和主要特征,以从经济发展的角度对天津城市有整体的认识。

一、天津的自然环境

　　天津市地处华北平原东北部,东临渤海,北依燕山。天津市位于北纬38°34′至40°15′,东经116°43′至118°04′。市中心位于北纬39°10′,东经117°10′。现今的天津市南北长189千米,东西宽117千米,海岸线长153千米。天津距北京120千米,是拱卫京畿的要地,首都的门户。对内腹地辽阔,辐射华北、东北、西北13个省市自治区,对外面向东北亚,是中国北方最大的沿海城市。

　　天津市地处华北平原北部,位于海河下游,地跨海河两岸。总的地貌轮廓是,西北高东南低,呈簸箕形向海河干流和渤海方向倾斜。最高峰在蓟州东北长城附近的八仙桌子,海拔1052米;最低处在大沽,海拔为零。平原面积占全市土地总面积的95.1%,绝大部分在海拔5米以下;地表河流纵横交织,洼淀众多,自然堤、人工堤呈带状弯曲延伸。天津市的地质,从地表看除蓟州山区外,大部分地区被河流冲积物覆盖,有利于农作物的生长,为人类生存和发展提供了良好的环境。

　　天津的土壤,除北部蓟州山地、丘陵的上部是岩石风化形成的薄层粗骨土外,其余地区都是在深厚沉积物上发育的土壤。山地的棕土壤、淋溶褐色土壤分布于蓟州北部海拔800米以上的林区和海拔50～800米的低山丘陵地带，褐色土壤分布于海拔10～50米的蓟州南部地区；潮土分布于海拔3～5米的广大平原区，约占全市土地总面积的72%，土层深厚，有机质及氮、磷、钾含量较高；受海水影响形成的盐质土壤，约占全市土地总面积的6.79%。另外，在沿海附近还有沼泽土壤。①天津以及周边地区的山地丘陵主产干鲜果品，平原地区主产粮、棉、油等粮食作物和经济作物，也为城市提供蔬菜和水果；在渤海湾的滨海地区，富享渔盐之利，明清以后是长芦盐的主要产区，还有地势低下的洼地和沼泽，出产水稻和芦苇，明清以后滨海各地生产的小站稻是天津极负盛名的特产。

天津市的气候四季分明，主要受季风环流的支配，冬季受蒙古—西伯利亚高压控制，多刮西北风，寒冷干燥；夏天受太平洋副热带高压影响，多刮东南风，高温多雨；春秋两季为过渡季节。渤海作为内海，虽然距离天津很近，但对天津市气候影响不大，天津市仍属于大陆性季风气候，其特点是：春季多风，干旱少雨；夏季炎热，降水集中；秋季凉爽，气候宜人；冬季寒冷，干燥少雪。一年四季，冬季最长，约有160天，夏季约有100天，春季约有55天，秋季约有50天。冬夏与春秋长短相差很大，所以天津时令有"非冬即夏"之说。天津市年平均气温摄氏12度左右，大致是南部略高于北部，市中心略高于周边区县。季节气温变化大，1月最冷，平均气温在摄氏零下4～6度；7月最热，平均气温在摄氏26度以上。年平均降水量在600毫米左右，降水量的分布，山区多于平原，沿海多于内陆。夏季降水最多，占全年总降水量的70%，且主要集中在7、8月；冬季降水量仅占全年的1%～3%。晚秋和初春，冷空气较频繁，常常出现寒潮天气，少数强寒潮最长可达5～6天。地面最低温度低于摄氏零度时，常出现霜冻。风速大于或等于每秒17米的大风也常袭击天津，大风天气一般年份在30天以上，以3、4两月大风日数最多。夏季在气温高、湿度大、气流对流强烈的情况下，有时会产生风力达12级以上的龙卷风。每年

---

① 参见《天津市土壤类型数据分布图》，中国科学院南京土壤研究所：中国1∶400万分类土壤类型分布图数据库。

平均降冰雹1~2次,最多一年可达4~5次。这些气候条件对农作物生长和盐业生产等有一定的影响。

在历史上,天津的水源一直比较丰富,数条河流在天津汇入海河入海,海河上游来的水量每年约100亿立方米。但20世纪60年代以后,由于海河上游建成诸多水库,上游泄入天津的水量每年平均仅18亿立方米,不足50年代的1/5,城市用水开始紧张,直到20世纪80年代以后引入滦河之水,才缓和了这种局面。2014年12月12日南水北调中线工程正式通水,截止到2018年9月,累计向京津冀豫调水169.29亿立方米,其中天津供水31.57亿立方米,有效地解决了天津的缺水问题,改善了生态环境。

天津的能源并不十分丰富,金属矿和非金属矿储存量有限,没有长期开采的价值。近代以前受技术的限制,石油、天然气、煤等燃料矿产只是一些不成规模的人工民间开采。天津的沿海地区,有盐田402万亩,明代以后长芦盐区闻名中外,是中国最大海盐产区,产盐含氯化钠达96%~98%,为海洋化工的重要原料基地之一。

天津是中国北方的沿海城市,有长达133千米的海岸线,近海渔区总面积210平方千米,沿海可利用的海滩约30万亩,低洼港地3万亩,盐田面积约8万亩。海洋渔业资源中,主要品种有带鱼、鲮鱼、鲈鱼、对虾、海蟹、贝类等,支撑着早期天津的人口聚集和经济发展。同时,天津是海河水系的出海口,汇集数条河流入海,不仅具有捕捞淡水鱼类的条件,而且内陆水域宽广,河渠纵横交错,形成天津与华北经济联系的运输网络。

尽管以上因素随着资源的开发和利用有所变化,但其构成了天津赖以生存和发展的环境条件。

二、天津城区的形成与空间范围

本书研究的空间范围,以天津建制市的中心城区即建成区为主,兼及各环城区和远郊区(县)。

天津地区在春秋战国时代隶属于燕国,故主体文化是燕文化,在南部有齐文化渗入。秦汉时代设立郡县制时,天津地区的海河以北属于渔阳郡,海

9

河以南属于巨鹿郡。渔阳郡泉州县的空间范围包括今天津武清区的一部分，其县治也在武清境内；渔阳郡雍奴县的空间范围内也包括了武清区的一部分，这是天津地区最早的行政建制。西汉末年，渤海沿岸发生毁灭性的海溢海侵，平原一带陷入人烟绝无、一片荒凉的景象。东汉建安年间，曹操开凿白沟等人工运渠，形成了今天的海河水系，人口开始聚集。魏晋南北朝时期，北方少数民族混战，天津及周围平原先后为后赵、前燕所统治，在今军粮城一带，有漂榆邑和角飞城出现，这是以海运转输港口和傍海煮盐著称的人口聚集地。隋朝开凿大运河，为天津地区的进一步发展提供了有利的条件。唐代，渔阳（即天津蓟州区）成为北方的军事重镇，驻军近10万。

北宋时期，天津地区是宋辽对峙的地带，海河的北岸是辽之军粮城，南岸则为北宋的泥沽海口。女真族建立金朝后，天津地区开始稳定，尤其是金朝迁都燕京（今北京）后，随着首都的发展，天津的漕运和盐业开始兴起，子牙河、南北运河与海河交汇于三岔河口，形成天津市区最早的人口聚居地。在行政建制上新设立了靖海县和宝坻县，出现了柳口镇和直沽寨等官兵戍守驻地。柳口镇即今天津西青区的杨柳青镇，当时是黄河入海口，政府为保护漕运，驻有官兵，设有巡检等官员。直沽寨出现在金贞祐二年（1214）以前，这是天津最早的名称，驻有由都统和副都统率领的军队。元朝以后，直沽寨升格为海津镇，从行政建制上仍然以海河为界分属于中都路的大兴府武清县、河北东路的沧州清池县和靖海县。

明永乐二年（1404），明朝政府设立天津卫，标志着天津作为地名登上历史舞台。建文二年（1400），燕王朱棣在三岔河口附近渡过运河南下争夺皇位，其称帝后于永乐二年十一月二十一日（1404年12月23日）在此设立天津卫，翌年在三岔河口西南的小直沽一带筑城，是为天津卫城。城址在南运河与海河交汇处西南的三角地带，北抵南运河200步，东去海河220步，南面临近城南洼地。城垣周长九里十三步，高三丈五尺，是东西长、南北短的矩形"算盘城"。从此，天津有了军事性的建制，后又增设天津左卫和天津右卫。天津是作为军事要地设立的卫所，没有行政管辖权，其军事管辖范围东起渤海，南达山东德州。在行政上，天津卫城仍然分属静海、武清二县。随着人口的聚集,盐业生产和漕运的兴起,地方行政事务增加,弘治四年(1491)另设天津道按察副使,负责练兵理讼、修筑城池、禁革奸弊,并兼管运河航务。

清顺治九年(1652),天津卫、天津左卫和天津右卫合并为天津卫,设立民政、盐运和税收、军事等机构。雍正三年(1725)改天津卫为天津州,隶属直隶河间府,旋改直隶州,属地方行政建制,表明天津从此纳入了地方行政管理体系。天津成为直隶州后,将原先卫所管辖的143个屯分别并入了武清、静海、青县等县,另拨附近267村庄归天津州管辖;雍正八年(1730),重新厘定疆界,将交错之地就近归并管辖。雍正九年(1731),天津州升为天津府,附廓置天津县,管辖天津、静海等6县1州,府界东至渤海,西至顺天府霸州,南界山东武定府乐陵县,北界顺天府宝坻县,东北、西北界顺天府宁海县、东安县,西南界河间府东光县。天津府和天津县的管理机构均设于天津城内,一直延续到清朝灭亡。民国初年废除府级行政建制,天津县继续存在。

南京国民政府成立后,根据1928年6月28日国民政府行政法令,直隶省改为河北省,天津则根据《特别市组织法》确定为特别市,直属于南京国民政府行政院管辖。天津市政府置市长为行政主管,另有秘书处和数个科室,同时按照《特别市组织法》,设有社会、公安、财政、工务、教育、卫生、土地、港务等局。随着中央政府机构和天津市的变迁,各科室和主管局时有裁撤或者合并。1930年11月,因河北省省会由北平迁至天津,天津由直辖市改为省辖市。1935年6月,河北省省会迁往保定,天津又改为直辖市,即特别市。

近代以后,天津除了中国政府设置的行政建制外,还有西方列强划设的租界区。1860年天津被迫开埠通商后,英、法等国在天津设立租界;1895年《马关条约》签订后,德国、日本等国也强行设立租界;到20世纪初期,天津有八国租界,总面积为23,350.5亩。这些租界各自有其独立的司法、立法和行政管理机构,不受中国政府管辖。1905年,直隶总督袁世凯为了抑制各国租界的扩张,借京奉铁路要在天津建设新火车站之机,在旧城以北的京奉铁路车站附近建设新街区,因其位于海河以北,故称之为河北新市区,以与老城区和各国租界形成平衡格局。

地方政府在天津城区范围内还设置了行政区。1900年八国联军占领天津后，建立了军事殖民政府——天津都统衙门，并开始在其管辖的范围内创设警区，任命区长负责各区的治安。1902年，袁世凯接收天津都统衙门后，建立巡警总局，将天津城区划分为东、西、南、北、中五个区，各区有区长和派驻的巡警分所。虽然警区并非一级地方行政建制，却是在中国开创了区级管理的层级。1909年1月18日，清政府颁布了《城镇乡地方自治章程》，除引入了市、镇、乡的概念外，还规定在人口众多的城市中可以建立有具体治安管辖范围的"区"，以便于地方自治的推行。1912年，天津县政府将清末的五个区改划为东、南、西、北、中五区，从此天津有了正式的区级行政建制。

第一次世界大战期间，中国政府收回德、奥两国租界，分别改为特别第一、二两区；1924年8月又收回俄租界，改为特别第三区。1928年，天津成为特别市后，原来的东、南、西、北、中五个区分别改为公安一、二、三、四、五区，这时天津共辖5个行政区、3个有管理局的特别区和各有其管理机构的英、法、日、意、比五国租界。第二次世界大战前后，随着英、日、法等租界的收回，市管区的数量和名称有所调整。1945年，天津市区重新划分为10个区，1947年增设为11个区。

1958年，随着国家城市政策和形势的变化，天津成为河北省省会，1965年又恢复为直辖市，下辖的行政区也随着城市建制和空间发展不断调整。截至2017年，天津市的辖区包括：和平区、河北区、河东区、河西区、南开区、红桥区，以及由塘沽区、汉沽区和大港区合并而成的滨海新区，这是天津城市的中心区，还有东丽区、西青区、津南区、北辰区、武清区、宝坻区、静海区、宁河区、蓟州区等，总共16个行政区。

天津城区的空间自清代到民国时期逐渐扩大，进而形成城区的概念。清雍正九年(1731)天津成为县级地方行政单位后，便有了县域的四至，但除城内、城厢和四乡外，当时尚无城市性质的行政管理单位，也就没有城区的概念，更没有城区的空间划界、面积与人口的统计。道光二十六年(1846)问世的《津门保甲图说》，以城内、城厢、四乡作为人口和地域的统计单位，依据民众习惯将城厢作为城区。

清咸丰八年(1858年)四月，英法联军攻陷大沽炮台，溯白河而上，进逼天津。随后,清廷决定加强天津的防御能力。翌年,钦差大臣僧格林沁与直隶总督联名上奏朝廷,建议修筑濠墙,即在距离天津城五六里之外,挑挖壕沟,修筑土墙,形成一道防御工事。由土墙和壕沟组成的濠墙将天津老城圈在其中,周长36里,设立了14个营门,并有大小12座炮台。于是,天津城外又多了一重城防工事。然而这道濠墙在以后的抵御外侵上并没有起到什么作用,1900年八国联军占领天津时被夷为平地,仅残留了几座营门和壕沟。但随着天津人口的聚集和经济的逐渐繁荣,原有城区已显狭窄,濠墙与壕沟附近逐渐成为居民聚居之地。因此,1900年八国联军在天津建立军事殖民性质的都统衙门时,其行政条款中的管辖范围就是以濠墙为界,即濠墙内方圆30余里地方,由该衙门设立警区直接管理,其他地方为四乡。1902年,袁世凯接管天津后也按照此制度,设立南段巡警总局管理。因此在20世纪初,至少在行政管理和民众习惯上,是将濠墙内视为天津城市的空间范围。同时,1903年前英、法、美、德、日、俄、意、奥、比九国(后美租界并入英租界,故称八国租界)设立的租界,总占地面积达23350.5亩,约合15.57平方千米。1903年以后,袁世凯鉴于天津城厢一带已没有发展空间,而海河沿岸已被各国瓜分辟为租界,因此决定开发海河上游以北地区,形成与租界区的相抗衡,进而建成了河北新区。

20世纪以后,由于租界的开辟和袁世凯对河北新区的开发,使天津城市面貌发生了很大的变化,城区面积有了较大的扩展,旧城区、租界区和河北新区三大块连成一片,市区面积达到16.5平方千米。1948年,天津市地政局统计的全市土地面积为227,246亩,包括住宅、商业、工厂、机关、部队、团体等用地为83,544.37亩,约占全市土地面积的36.76%,其大致可视为天津城市的建成区,其他为农田、水田、荒地、坟地,以及河流和道路。[①]1949年初,天津城市空间的四至是东至赵沽里、大毕庄、月牙河,西至大围堤、西横堤,南临大围堤,北至丁字沽、天穆村、宜兴埠,面积为151.343平方千米;天津建成区面积

---

① 天津市人民政府研究室编印:《天津市土地面积情况初步整理》(1950年2月8日),天津市档案馆编:《近代以来天津城市化进程实录》,天津人民出版社2005年版,第20页。

为48.98平方千米,建成区面积占全市面积的32.36%;城市人口从1945年的172万人增加到191.3万人。

三、古代天津经济发展诸阶段

本书是对1949年1月天津解放前经济发展的研究,因此需要考察天津产生和发展的脉络,总结其发展阶段,论证和阐释经济发展的特点。

(一)第一阶段

从旧石器时代到1404年天津设置军事卫所之前,是天津在自然和人文环境下人口聚集和经济起步时期,为天津经济发展的第一阶段。这是从以狩猎和农耕为主的人类聚居区向具有一定海盐产销和转运职能的沿河沿海重镇的发展过程。

天津的蓟州地区地处燕山山脉,在旧石器和新石器时代就有人类居住。最初,以狩猎为主,渐渐有了农耕,形成了聚落。天津市区所在地原来是海侵地,4000多年前黄河和诸多河流在这里入海,在黄河泥沙作用下慢慢形成冲积平原。古黄河曾三次改道,在天津附近入海。秦汉时代,天津地区内的渔阳郡泉州县,东濒渤海,有辽阔的海滩可以煮盐,政府始行食盐专卖,在泉州设置了专门管理盐业生产和运销的盐官,表明当地有了一定的产盐能力。东汉末建安年间,曹操开凿的人工运渠,沟通多条河流,五大主要河流汇集于横穿现天津市区的海河后,东流入海,促使周边成为人口繁衍生息的聚集地,海河水系由此而成。魏晋南北朝时期,天津沿海地区今军粮城一带,先后出现了漂榆邑和角飞城的地名。据史料记载,这是以海运转输港口和傍海煮盐著称的人口聚集地。隋朝开凿了通济渠和永济渠,使大运河南北贯通,而且子牙河、南运河和北运河的交汇地点即在城区的三岔河口附近,史称三会海口,是天津市区最早的发祥地。唐代,渔阳(即今天津蓟州区)成为北方的军事重镇,这一时期开凿的平房渠接通了从海河到渔阳的运输,军粮城也成为沟通海运和河运的转运码头,天津开始成为军事运输的转运地。

北宋时期,天津是宋辽对峙的边境和战场,白河成为界河,界河南北分属宋、辽边境，界河两岸的军队驻守之地成为铺、寨。金王朝建立后，天津地区结束了长达200余年的分裂局面，进入稳定发展时期。尤其是1153年金朝迁都燕京（今北京）后，天津的政治、经济地位开始发生显著的变化。盐业和漕运的兴盛带来运河沿岸和三岔河口一带的繁荣。此时，漕运改为海运，漕粮由海船中转接运的码头设在直沽寨，政府设置了接运厅，周边建仓廒。到元朝后期，直沽寨改为海津镇，成为以海盐产销和漕粮转运为特色的海口重镇。

（二）第二阶段

天津发展的第二个阶段是明永乐二年（1404）天津设卫至清雍正三年（1725）改为天津州，这是天津城市初步形成时期。该阶段突出的特点是，由于天津与首都北京的依附关系，天津不仅成为首都的门户，拱卫京师，保证食粮和军需转运，而且由此带来的交通运输、盐业生产、屯田，以及商品流通和人流，促进了自身经济的发展，进而形成了城市经济发展的基础。

明朝初期，政府在边境地区设置卫所，以增强军事防御能力，天津是首善之区和畿辅重地，设卫后军事重镇的性质更加明确，拱卫首都的作用十分突出，军事和政治地位进一步凸显，三卫军士的职责是戍守卫城，监督保护漕运和粮仓，以保障南方、首都和辽东前线之间粮饷、军队与装备的运输。随着漕运和盐业产销的增加，人口逐渐聚集，天津还陆续增添了盐运都司、巡盐部院、督饷部院、屯田部院、天津巡抚、天津通判和海运、漕运总兵等官署，弘治三年（1490）以后，在天津又增设了天津兵备道。这表明天津拱卫京城的重要性已经超过一般的军事卫所。

这一阶段天津的经济发展主要体现在漕运和盐业，以及由此带来的相关产业。北调的漕粮逐年增加，从明代初年的二三百万石，到宣德七年（1432）达到最高峰的670万石。大量漕粮在天津汇聚、储存和转运，不仅带来船运业的发展和仓廒的迅速增加，提升了天津的中转运输能力，更重要的是随船往来人员均携带免税土特产品在这里售卖，从而促进了南北贸易的兴盛，使其自身经济实力得到增强，城市集散功能逐渐显现，不仅仅限于一个区域的交通枢纽,而且发展为一定区域的集散中心。天津是海盐产区,属于长芦盐区。在辽代,天津就有芦台盐场,元代长芦盐区设 22 处盐场,其中富国、兴国、厚财、丰财、三叉沽、芦台等 5 处盐场在今天津境内。长芦盐区产量大,盐质白味纯,不仅是华北城乡民众必需物资,也是朝廷的贡盐,每年解北京 53 万斤以上,供给祭祀及宫廷人员、部分在京官员食用。

(三)第三阶段

第三阶段从清雍正三年(1725)设置天津州,到清咸丰十年(1860)天津被迫开埠通商,是开埠前天津经济快速发展时期。天津凭借交通的优势、运输转运和自身经济的发展,已经成长为具有一定规模的传统城市。

清雍正三年(1725),天津卫改为天津州,完成了由军事城镇向具有行政管理等级的城市过渡。雍正九年(1731),清廷又将天津州升为天津府,附廓置天津县,管辖一州六县。天津城内既有天津府和天津县的衙署,也有许多专门性的机构,如河道总督巡理河务和漕粮,长芦盐运使和长芦巡盐御史督察、审理和巡视一切盐务事项,天津钞关负责收取关税等。这时天津的政治、军事和经济地位迅速提升,在经济上已经发展成为以直隶、山西、山东省等省为腹地的经济中心。

这一阶段推动天津经济发展的仍然是盐业和漕运。

其一,在产业方面,长芦盐生产技术改煎煮为滩晒后,产量大增,年产量由清初的约 1.6 亿斤增至乾隆中叶的 3.36 亿斤,食盐除了进贡朝廷外,均在天津集中,经运河和陆路运销直隶北部、南部诸府及河南四府。长芦盐的产销均由清政府控制,属于官营产业,由此产生出一批附属于官府的盐商,他们垄断盐业的销售,盈利极丰,成为天津最著名的富商,并投资粮食、船运、钱业、典当等行业,带动了天津经济的发展。

其二,在物流方面,漕运以及漕运带来的南北贸易,使天津成为沟通南北贸易、港口与腹地经济联系的集散中心。无论是漕粮河运,还是改为海运,天津都是最重要的中转集散地。漕运使得更多南北货物进入长途贸易,海运也促进了天津与东北地区的贸易往来,于是天津聚集了众多的商品和各路商人,市场繁荣,出现了"其地为漕运孔道,冠盖之所往来,商贾之所辐辏,舟车络绎,百货骈填,鼓角管弦之声不绝于耳"的繁盛景象。[①]在北门外的钞关附近,店铺、货栈、会馆,与宫南、宫北大街联成一体,顺城墙沿河的走势逐渐形成一个新月形的商业带,成为天津最繁华的地段,城外街巷的居民数量渐超过城内。1846年前后,天津城厢人口共3.27万余户,19.8万余人,是北方第二大城市。

四、近代天津经济发展诸阶段

1860年天津开埠通商,自此进入城市经济发展最快的时期。此后,天津经济功能增强,在全国的地位迅速提升,成为华北乃至西北、东北部分地区的经济中心。从开埠通商到1949年初,天津经济的发展分为以下四个阶段。

(一)第一阶段

第一阶段是城市经济的转型时期。从1860年开埠通商到1900年义和团运动中被八国联军占领,随着近代经济的引入,天津经济开始出现近代的因素,带动了城市性质的转变。

天津是中国北方最早开埠的城市之一,虽然该时段的进出口贸易多是通过上海和香港开展的间接贸易,但已经与国际市场接轨,对外贸易迅速兴起。洋货大量进入天津市场,并通过天津运销内地,内地的土货也不仅仅以国内市场为主,而是开始经天津进入国际市场。洋行、银行、买办等新式商业机构开始出现,并逐渐增多,在天津商业中占有一席之地。因此,对外贸易引领了天津内外贸易在商品种类、规模和经营主体方面的转变。北洋大臣兼直隶总督李鸿章将督署移到天津后,这里既是清廷处理各种洋务和对外交涉的中心,也是兴办近代工业、海军、学堂等新兴事物的试验场。城市经济增加了新的动力,经济实力随之增强,城市人口从开埠前的近20万人,迅速增加到1903年的36.7万人。

[①] 乾隆《天津县志》卷7《城池公署附园亭》,第21页。

(二)第二阶段

第二阶段是天津城市经济振兴时期。从1900年八国联军建立天津都统衙门到1928年设立特别市这一阶段,天津政治地位空前提高,城市经济实力迅速增强,经济功能成为其主要功能,奠定了其在北方和全国的经济地位。

1900年7月,八国联军占领了天津,摧毁了洋务运动时建立的各种经济实体,传统的票号、钱庄也被洗劫一空,天津经济发展一度停滞。由八国联军组织的天津都统衙门,既是军事殖民统治机构,也是天津城市政治和经济的管理机构,设立了司法、司库、卫生、工程、巡捕等八个管理城市的机构和四个管辖区,颁布了各种法规制度,从经济上加强了对市场的管理,采取了稳定金融和物价、恢复经济等一系列措施,以促进市场的复苏。

1902年以后,新政的推行和民国初期的振兴实业,以及对外直接贸易的发展,使天津与国际市场的联系更为密切,助推了城市经济的迅速发展。直接对外贸易的增长,促使对外贸易进入一个较快发展的时期,带动了商品流通的种类增加和规模扩大,商店的数量迅速增加,商业主体和组织形式开始向近代化演变。更为重要的是随着近代工业的兴起,在清末和第一次世界大战前后出现了创办民族工业企业的高潮,形成了以纺织、化工、卷烟、火柴、造胰、食品等业为主体的近代工业构架。据1928年的统计,包括纺织、化工和食品在内的工业企业,资本总额占全部民族工业资本总额的82%,厂家数占全部厂家的92%。与此同时,外资银行数量增加,华资银行从无到有,占据了金融市场的最大份额。轮船、铁路和公路的兴起,标志着交通运输方式的变革和近代交通运输系统的建立,也为天津与海外、南方和华北等腹地的经济联系提供了条件。于是,华北、西北乃至东北部分地区均纳入了天津的经济腹地。天津城市人口从20世纪初期的36.7万人,增加到1925年的107万人,是人口增长最快的时期。

(三)第三阶段

第三阶段是天津城市经济持续发展时期。从1928年设立特别市到1937

年被日本占领前,天津经济结构基本定型。

南京国民政府建立后,首都南迁使天津摆脱了首都门户的束缚,政府行为对近代经济发展的影响减弱,为天津经济带来了新的机遇与有利条件,使其沿着市场经济的轨迹持续发展。天津的近代工业增加了毛纺、印染、冶金、机械制造、橡胶等行业,使原来的以轻工业为主体的构架有所改变,增强了各个部门的协调性。外国经济势力尤其是日本势力迅速增强,使得近代经济中的殖民色彩愈发浓厚。在对外贸易上,天津与青岛、大连等环渤海湾内主要港口形成了一定的分工。进出口贸易由于世界经济危机、东北市场丧失和华北走私等因素影响,发展速度有所减缓,但占全国进出口贸易总值的比重仍在上升,1935至1937年期间在大连暂时缺席的情况下约占12%,位居第二位。市场上的商品种类呈现多样化,经营呈现专业化,商业组织的经营方式逐渐近代化,商店在开始向大型和综合化发展的同时,分工更加细密,1936年前后天津商店数量增加到31,600余户,并形成了新的商业中心区。金融业虽然有部分华资银行总行南迁,但天津对北方金融市场的控制力并没有减弱。20世纪20年代以后,天津的经济腹地随着天津集散能力的增强逐渐扩大到陕西、河南,以及西北的甘肃和新疆等省,与东三省的经济联系则由于日本侵占东北而有所衰减。这时,天津作为北方的经济中心,代表着北方社会经济近代化的水平。天津的城市人口到1936年增至125万余人。

(四)第四阶段

第四阶段,是天津经济畸形发展和衰落时期。从1937年7月末天津沦陷,到1949年1月解放,是天津城市经济在非常态战争局面下的停滞阶段。

1937年7月末沦陷后,天津经济被日本侵略者纳入了战时的统制经济,成为日本建立的"大东亚经济共荣圈"的组成部分,一切为日本的侵略战争服务。日伪军政当局和日商通过军管和投资掌握了天津工业的命脉;通过经济统制垄断了工商业的原料来源和销路,除个别工业略有改善外,大部分工业企业和金融、商业完全受制于"以战养战"的统制经济,完全脱离了市场经济发展的正常轨道,是殖民统治下的畸形发展。尽管日伪当局将天津作为侵华战争的兵站和物资供应的基地,对天津的经济定位为"将来是华北最大的贸易港,在经济上将发展为最重要的商业城市和大工业地"[①],并极力企图新建塘沽港口以维持与日本的联系。但是随着战争的扩大,战时紧急经济的实施,加之野蛮的强制性掠夺,摧残了原来的基础,经济到了崩溃的边缘。天津此前几十年在市场经济下不断发展的工业和内外贸易,以及各级商品市场遭到遏制,与广大腹地的经济联系急剧削弱,经济地位迅速下降。

抗战胜利后,各国租界收回,天津最终形成了完整的城市形态。此时,天津工业经过接收,由国民政府控制了主要工业命脉,改变了工业投资的原有结构,官营企业主导了天津工业的发展,银行也完全被国家的银行系统控制,致使民资企业和银行很难有发展的空间。虽然天津经济有短时期的恢复,但随着全面内战的爆发,物资紧张,物价飞涨,通货膨胀,市场紊乱,天津经济很快就进入了一蹶不振的境地,失去了全民族抗战爆发之前的经济地位。

五、天津经济发展的因素

总结天津历史发展进程可知,推动经济发展的因素集中体现在以下几个方面:

(一)地理位置的优势为天津经济的起步与初期发展奠定了重要基础

河海交汇的地理位置成为天津经济发展的一个重要优势。最初主要体现在内河在人流和物流上发挥的集散作用。随着航海技术的提高和"海禁"的松弛,沿海的民间贸易沟通了天津与江南、闽粤以及辽东的经济联系,并通过内河扩大了与华北内地的经济沟通。天津开埠以后,通过港口连接了国际市场,铁路开通后又成为京奉、津浦铁路的枢纽,进而强化了天津作为港口城市的优势。天津作为首都的门户,既是地理位置的优势,也是促进天津政治地位提升和经济发展的客观因素。在明代,天津作为军事卫所登上

---

① [日]塩原三郎:『都市計画・華北の点線』,1971年自印本,第47页。

了历史舞台,其拱卫首都的重要性不言而喻,同时也成为保证首都食粮供应的重要中转地。到了清代,随着漕运功能的增强、盐业的发展和商品集散能力的提升,天津从军事卫所上升为府县治所,政治地位随之提高,首都门户的作用成为其首要职责。政府的封疆大吏、官僚政客和文人骚客,以及历代的府志、县志,无不将门户的地位视为其首要职能。晚清以后,天津需要面对的除以往来自海上的倭寇海盗,更重要的是西方列强的军事入侵及其带来的器物、制度和文化、文明,其首都门户的地位更显重要。随着北洋大臣兼直隶总督的移驻,以及北洋海军、天津机器局和北洋新军等的创办,天津成为清政府对外防御的军事屏障、对外交涉中心和洋务活动的试验场,从地缘的视角看都是首都门户地位愈加重要的体现。因此,随着经济的发展,天津成为华北乃至西北、东北地区的经济中心,不仅仅是由于河海交汇带来的经济集散作用不断增强,而且作为首都门户这一政治地位不断提升也是不可忽视的重要因素。

(二)商品流通和市场经济为天津成长为华北的集散中心和经济中心提供了根本动力

天津最初以军事城堡的面貌出现,周边的农业生产发展较为缓慢,农作物难以供应日渐增多的本地消费者,能够提供给其他地区的农产品与手工业品更十分有限。但由于具有大运河和九河下梢的地理位置,以及渤海湾口岸和广阔的经济腹地,开埠通商后又被纳入了全球经济的发展轨道,因此天津得以依靠南北、沿海与内地、海内外的商品流通和市场网络,使市场经济得到快速发展,实现了经济结构的转变和经济实力的增强,进一步聚集了人流、物流、资金流和技术流,带动了市场经济的转型和规模扩大,进而经济腹地拓展,引领着华北乃至中国北方市场经济的发展。

(三)国内外政治环境对天津经济的发展具有至关重要的影响

一方面,在清代,政治局势相对稳定,黄河改道后政局和经济布局基本定型,虽然政府施行了海禁政策,但民间的沿海贸易仍有发展,天津与内地的商品往来也不断扩大,集散能力不断增强。康熙二十二年(1683)开始,清政府开海禁,特别是道光二十二年(1842)以后国门洞开,开始与国际市场接轨,以及清末中央和地方政府推行的振兴实业等政策,又营造了天津经济发展的环境,出现了内外贸易的繁盛和创办工业的两次高潮,以及近代金融业的发展,也带来了人口的增加、物流和资金流的聚集,增强了天津的经济实力和辐射能力。

另一方面,当政治环境出现不稳定时,天津经济又会失去持续发展的条件,甚至放缓了发展的进程。例如,近代以后,天津三次被西方列强攻陷,遭遇两次兵燹,致使工商业损失惨重,甚至是毁灭性的打击。20世纪后,政权的更迭和军阀混战,天津失去了良好的投资环境,腹地也惨遭涂炭,生产力尽失,导致各级商品市场萎缩,市场化不能持续。尤其是在1937年沦陷后,天津成为日本侵华战争的兵站和基地。日伪当局实施战时统制性经济,迫使工农等各行业完全服务于日本的侵华战争;加之海运与陆路交通几乎断绝,腹地沦为战场,天津与国际、沿海和腹地之间的经济联系严重受阻,市场经济发展的优势完全丧失,天津经济与全国一样陷入崩溃。因此,战乱带来的环境恶化是天津经济不能持续稳定发展的主要因素之一。

六、天津经济发展的特点

诚然,天津经济的发展与中国经济发展同步并行,因而具有共性的规律和原因,但由于其具有独特的自然和人文环境,因此也有其自身的特点及其成因。

(一)天津的经济形态完成由依附型经济到外向型经济的转型

天津最初依靠渔盐之利形成一定规模的人口聚落。魏晋南北朝以后,尤其是大运河贯通南北以后,天津的军事防御功能开始凸显,其周边有军事重镇渔阳郡,以及界河沿岸和沿海地带的军事寨堡,驻军屯田垦殖既补充了军饷的不足,也带来人口聚集和农业发展。因此,具有军事垦殖性质的农业成为天津早期经济的特征。到了金代,海河南北均被纳入金王朝版图,随着金

导言

迁都燕京(今北京),供应首都的漕运开始兴起,沿海地区也开始设立盐场,天津经济有所发展,形成一些聚落和村寨。作为首都的门户,天津的政治地位不断提升,在经济上形成了依附于首都的特征。到元代,统治者非常重视天津地区的军事防御作用,改直沽寨为海津镇,并调遣大批军卒在直沽周边地区戍守,驻军屯田10万顷,在解决驻军食粮的同时,也带动了农业生产技术的改进和农业生产的发展;沿海一带的盐业生产也形成一定的规模。更为重要的是,漕运的兴起促进了天津经济的发展。由于华北地区农业生产力有限,必须由南方调运食粮以解决首都居民和驻守部队之需,并保证北部边防驻军的军需供应,于是江南食粮北运的漕运成为保证朝廷安危的生命线。当时的直沽寨以及后来的海津镇,作为海上和内河漕粮运输的枢纽,每年承担着数百万石漕粮的转运和储存任务,随之出现的"土宜"政策,既减轻了漕运的运输成本,也推动了天津自身经济的发展。随着漕运发展而出现的码头、仓廒,护送漕粮的运兵、船工和装卸工,带来了人口的聚集;随漕运而来的南北货物交流,带动了商业逐渐发达。因此,明清以前天津的经济发展在很大程度上与其作为首都的门户地位关联在一起。

明初天津设卫筑城,清初天津设立州府县,拱卫京师之责更显紧要,经济上仍具有依附于首都的特点。一方面,天津主要通过盐业和屯田增强自身的经济实力,另一方面,河海交汇的地理优势、漕运中夹带"土宜"的政策和航海技术的改进,带来了天津与南北、沿海、内地以及东北地区更具规模的商品流通。除漕粮外,还有从江南沿海地区运来的茶叶、毛竹、锡箔、南纸、绍兴酒、明矾、瓷器、棉纱、棉布、丝织品、蔗糖、珍贵木材,以及燕窝、鱼翅等海货和香料等广货。同时,北方的豆饼、大豆等豆货,花生和杂粮,以及红黑枣、核桃等干果和中草药等,也汇集到天津,并运往南方。因此,明清时期的天津经济,已经不再单纯依附于首都,而是沟通了南北、沿海与内地的商品流通,显现出商业城市的集散能力,成为北方最具有经济活力的集散中心。天津经济开始逐渐脱离对首都的依附,面向江南、东北和华北内地市场,成为国内市场的组成部分。

进入近代以后,以小农经济为主的国内市场受到海外市场的冲击,天津经济开始向面对国际市场的外向型经济转变。随着内外贸易的发展、城市经济结构的重组,以及近代交通运输网的建构,天津从面向国内市场拓展到面向国内和国际两个市场,两个市场在天津的交汇,使之成为沟通国内市场与国际市场的桥梁和纽带。近代以后,天津外商银行和洋行林立,为进出口贸易服务的近代工业如打包厂、船舶修理厂等率先出现,其他近代工业和金融业随之兴起,服务于进出口贸易的加工和仓储业、生产洋货替代品的工业,以及洋行、银行、货栈、批发商、采购商等,成为天津经济中最活跃的部分。随着进出口贸易的兴盛,天津市场上的商品种类不断增加,商业规模日益扩大。更重要的是,火柴、棉纱、棉布、煤油、面粉、五金、机器等舶来品充斥市场,内地专供出口的皮毛、棉花、药材、干果、草帽缏、花生、禽蛋等农副土特产品也源源不断地涌入天津市场,这些逐渐成为天津与各地市场之间商品流通的主要成分。商品集散规模的扩大及近代工业生产能力的提升,提高了辅助中外商品流通的资金融通和汇兑能力,港口、铁路和内河码头也较为充分地在商品进出口和集散等方面发挥作用。天津经济的转型不仅体现在商品市场、金融机构等方面,而且在工业发展中也有诸多体现。例如,打包厂、地毯厂和地毯作坊、蛋品加工厂等直接服务于出口贸易;为抵制进口洋货和挽回利权,企业家创办了涉及棉纺织、毛纺织、面粉、火柴、造纸、化工等行业的工厂,其产品行销于广大腹地,在一定程度上阻止了洋货的倾销;五金加工厂、机械厂、机车厂、汽车和自行车装配厂等工厂的创办,与洋货进口也不无关系。因此,开埠通商后天津经济转变为同时面向国内、国外两个市场的外向型形态,引领着北方经济的现代化进程。

(二)天津的经济结构转变过程深受政府行为的影响,具有浓厚的官营色彩

华北区域为畿辅重地、首善之区,中央和地方政府无不将其防御来自陆地和海上威胁的"首都门户"的职责放在首位。近代以后,面对内忧外患,首都门户的作用进一步强化和泛化。天津毗邻首都,作为门户的政治地位更加突出,不仅体现出各级政府的职责所在,也成为民众价值判断的一个标识。

导　言

同时,在这种门户的职责和意识的影响下,各级政府极力在政治、外交、经济、文化各领域构筑拱卫首都的屏障,下野军阀官僚、清朝遗老、士绅商民也时常以政府的权力和意志马首是瞻,将依恃政府的政策和特权,抑或寻求政府庇护和支持,作为衡量投资办厂等举措成败的一个重要因素。早在明清时期,天津的漕运和盐业莫不具有政府行为与官营色彩。到了近代,大型企业的创业和商业银行的开办,也得到了政府的政策和资金支持,具有政府背景的在职和下野的军阀官僚的投资则带来了产业结构的转变,对社会经济有一定的促进作用。与此同时,政府行为又是一把双刃剑,具有制约和阻碍的弊端,既抑制了民间资本创办大型企业,也阻碍了商品经济的发展与市场机制的转型。因此,政府行为的深刻影响和浓厚的官营色彩,是天津社会经济发展中的一个突出特点。

(三)天津经济在总体上呈现出发展与不发展并行的态势

不可否认,商品集散和市场经济推动了天津经济的发展。但是,由于包括天津在内的华北平原长期以小农经济为主体,商品化程度有限。在外国经济势力不断增强,以及农村经济发展缓慢、天灾人祸等诸多因素的影响下,天津经济发展的内生动力不足,工业、商业和金融业等缺少持续性和稳定性。明清时期,天津周边农业的发展无法跟上城乡人口的增长,难以长期稳定地保障日常生活品的供应,其商品市场仍属于以聚集和转运为主的地区性市场。近代以后,随着内外贸易和工业企业的发展,以及商品市场规模和范围的扩大,各种要素市场日益发展,市场网络发生重构,城市开始发展为一定地域范围的经济中心。由于天津近代工业的资金聚集有限,众多的手工业工场、作坊与近代工厂形成了相互依存和互补。1949年初天津解放后,中共天津市委政策研究室经过调查,对民营工业的评价是"尚未完全脱离手工业的原始状态,是半手工半机器的性质",这符合当时的客观实际。

天津的商业和金融业发展迅速,但组织与经营方式新旧杂陈。周边和腹地农村的农副土特产品的商品化程度有所提升,但在国内外各级市场的盘剥下,没有能够长期有效地推进农业扩大再生产和改善农民生活,对市场经济的拉动和依赖依然十分有限。全国性商品市场虽然已经形成,但战祸频仍的环境致使商品流通不畅,常常处于无序状态,各地商品市场的组织结构各不相同,各级市场之间在供需关系、交易方式、流通路径等方面缺乏互通性和一致性,市场经济未能构成长期稳定且有效的网络系统和互动关系,导致天津的经济实力和集散能力受到一定的限制。

(四)天津的城市职能由因商而兴,转变为工商业城市和北方最具实力的经济中心

天津早期的制造业仅有盐业和以生产生活用品为主的手工业,制盐业不仅需要大量的生产者(灶户、灶首),还需要专营官盐运销的盐商、盐店,由此形成了完整的具有官营属性的产业链。明清时期的天津因商而兴,依靠海港和内河码头构成交通枢纽,形成商品流通网络。食盐运销沟通了天津与内地的经济联系,漕运兴盛带来南北商品的集散。因此,天津与商品流通有关联的金融业和手工业有较快的发展,如银钱、票号、装卸、修船造船,以及五金、铸铁等。1860年开埠通商后,天津经济加速向外向型经济转变,除内外贸易外,工业、金融、仓储、货栈等业都得到发展,形成了诸业叠加的局面。金融业从传统的票号、银号、炉房、钱铺等,发展到中外银行、交易所等近代金融机构。工业从最初的磨面工场、修理交通工具工厂,向以官办的机器局、煤矿、铁路、船坞、考工厂和民办的火柴厂、面粉厂为代表的近代工业发展。经过20世纪初期两次创办近代工业高潮,形成了纺织、地毯、面粉、火柴、造纸、化工等六个支柱行业,还有一定规模的蛋品和皮革加工、五金、机械等工业,以轻纺、食品和精盐、化工为主的工业构架初步显现。同时,织布、针织、地毯等业的工场和作坊也有所发展,呈现出大、中、小型工厂并存,现代工厂和传统工场、手工作坊互补的发展格局。20世纪30年代以后,钢铁冶金、机械制造、机电、橡胶等业的兴起,以及一些小型工厂进行增加动力的升级,体现出工业向现代化产业的升级与转型,也体现了自身产业结构的重组与互补。此外,随着天津政治和经济地位的提升,一批在华北兴建的煤矿、铁矿等大型能源生产企业,也将总公司设在天津,以便于资金的筹措和产品的运销。

总之,天津的经济是在明清时期特别是近代以后迅速发展起来的,到20世纪30年代中期,已经成为中国北方最重要的港口城市,聚集工商业的大都会,以及覆盖华北、东北和西北部分地区的经济中心。

第一章　从村落经济到城镇经济的起步(先秦—1404)

天津从有人口聚集到有行政建制的市镇,经过了一个十分漫长的过程。海退后的平原和海河水系造就了人口聚落,有人口聚集就有经济活动,早期的渔盐之利带来了商品交换和手工业的兴起,并使其通过陆路交通升格为基层行政建制——县的组成部分,而河海交汇的地理位置凸显出其军事防御的功能。

第一节　河海交汇与天津的初现

一、海岸线的变化与华北平原的成陆

(一)海岸线的变化

距今1.21万年左右,中国北方进入地质史上的全新世时期。冰期结束后,气候迅速变暖,雨量增多,海面逐步上升,渤海发生了海侵,海水侵入陆地最深的范围已经抵达现今宝坻、武清、沧州一线,淹没了渤海湾西岸的大片土地。距今6000年,海侵达到最高峰值,海平面开始回落,海侵变为海退,生成古海岸线,即第一道贝壳堤。渤海湾西岸被海水浸泡的陆地又逐渐开始显露出来,形成平地滩涂。在这样的大环境下,天津先民的生存空间,由分布在蓟州山前洪积平原一带,开始不断向南推进,从山区向海边移动。

第一章　从村落经济到城镇经济的起步(先秦—1404)

(二)华北平原的成陆

距今5000—4000年前,全新世大暖期的高温期渐渐结束,肆虐二三千年的洪水就此退却,陆地逐渐延伸至宝坻北部河湖冲积平原地区。距今4000年前,渤海湾的海平面已经回落至与近代海平面大致持平的程度。华北地区地壳缓慢的脉动式升降运动,导致黄河的迁移摆动,呈散漫状入海,大量泥沙沉积在海口,加上海水潮汐时带来的少量海相沉积,使得天津市区以东的浅海地区逐渐成陆,渤海西岸和南岸入海陆源物质明显减少,牡蛎礁普遍死亡,海浪对海岸带的作用相对加强,进而由贝壳堆积生成了自西南向东的三道贝壳堤。此后,经过波浪式的海退,天津平原地区逐渐成形。[①]

同时,黄河泛流,下游频繁改道,几度经由天津附近流入渤海;分布在华北北部的几条主要河流均分别流入渤海。这些,为天津平原积淀了深厚的黄土层,为以后先民的居住和农耕打下基础。从考古发掘遗址的分布看,这时的先民大多分布在燕山南麓的蓟县山前丘陵高地和低矮的小山阳面坡地,少数在蓟县以南和宝坻北部的河湖冲积平原,天津平原虽然慢慢成陆,但多经河流冲积后平缓低洼,缺乏人类生产和生活的基本条件,也没有人类在此定居的迹象。

二、海河水系的形成与天津的初现

(一)海河水系的形成

海河是天津的母亲河,无论是城市的形成和发展,还是经济实力的不断增强,都离不开海河的影响。

所谓海河,狭义上是指从天津市区三岔河口到海河出海口数十千米干流,广义上则是指海河水系,除了干流外还包括永定河、大清河、子牙河、北运河、南运河五大支流。这五大支流呈辐聚状,河床比较窄,没有一条纵横贯穿

[①] 参见韩嘉谷:《天津古史寻绎》,天津古籍出版社2006年版,第25页。

的主干河流，犹如一把巨大的扇子，覆盖了整个华北平原，且均由西向东在天津附近汇入海河干流入海，所以称天津为"九河下梢""诸河尾闾"。

  与中国其他河流水系形成的历史相比较，海河水系的历史较短。一般认为，海河水系形成于公元3世纪的东汉时期。天津周边的主要河流与现今河流有一定渊源，如河水即今之黄河，沽水与白河大体相当于现今的北运河，㶟水是永定河，濡水即滦河，桃河上流即今拒马河，下流为大清河，滹池河即今滹沱河。这些河流都分别流入渤海。东汉建安十一年（206），曹操北征乌桓，"遏淇水入白沟，以通粮道"，即为运输粮秣军马，在淇水入黄河处筑枋堰，迫淇水脱离黄河水系改道东流入白沟，进而沟通了多条河流；并且从参户亭开平虏渠至文安县东，引滹沱河水入泒水；为了增加人工运渠的水量，从泃河口凿泉州渠，引水入潞河以通海。①至此，华北平原众流归一，会合于天津入海，海河水系继而形成，正如《水经注》所说的"清、淇、漳、洹、滱、易、涞、濡、滹沱同归于海"。这些河流连通了华北平原上大部分水道，即北运（沽水）、永定（㶟水）、大清（泒水）、子牙（滹沱）、南运（清水）等海河水系的五大主要河流，汇于今天的天津市区后东流入海。②所以，早期天津地区的人口繁衍生息和聚集，无不与河流的走向尤其是海河水系的形成有着密切的关系。

（二）大运河与华北内河航运的格局

  大运河是从隋炀帝于大业元年（605）开凿通济渠开始形成的，大业四年（608）利用白沟及清河，"诏发河北诸郡男女百余万，开永济渠，引沁水。南达于河，北通涿郡"，即连接白沟和清河，直通涿郡（今北京），③从而形成1400余千米的大运河。大运河沟通了海河与黄河两大水系，开拓了南北方水路交通的动脉，也增强了海河水系的航运功能，进而形成了由大运河贯通南北，由海河水系纵横东西的华北地区内河水系的格局。唐代开凿的平虏渠又接通了从海河到渔阳的军事运输航线，军粮城成为"三会海口"，沟通了海运和河运，

---

① 《三国志》卷1《魏书·武帝纪》，中华书局1982年版，第25页。
② 谭其骧：《海河水系的形成与发展》，《历史地理》第4辑，上海人民出版社1986年版，第7页。
③ 《隋书》卷3《帝纪·炀帝纪》，中华书局1973年版，第70页。

可以直达蓟州的边境。元代定都北京后,又疏挖永济渠,以沟通运河北端,增强运输能力。此后,运河成为关乎王朝生存的水上运输线,到了清代更成为中国最发达的水上运输系统之一,这样的内河水系格局一直延续至今。

三、人口的聚集与行政建制的起始

(一)人口的聚集

天津在城市形成前的发展主线是,经过长期的起起落落,从人口聚落逐步发展为军寨,以后又发展为城镇,到了元代末期成为沿河临海的重镇。

考古发掘证明,天津地区在远古时期就有人口居住,战国时期出现了以渔、农和盐业为生的人口聚集地。汉代以后,海侵和黄河泛滥引起的自然灾害,导致开发进程夭折,人口减少。魏晋南北朝时期,北方陷入少数民族混战局面,天津及周边平原先后为后赵、前燕所统治,在现今的军粮城一带先后出现了漂榆邑和角飞城,这是以海运转输港口和傍海煮盐为主的人口聚集地。大运河南北贯通后,天津地区开始有人口聚集,其军事防御功能开始凸显。如渔阳(天津蓟州)隋唐时期驻军近10万人。金贞元元年(1153)迁都燕京(今北京)后,随着首都的发展,漕运的兴起,盐产量的增加,出现了由官兵戍守的重要军事驻地——柳口镇和直沽寨。这里除了驻军外,还有人口不多的聚落和村寨,其经济活动的特色是生产海盐,此时已有高松、谢实等18户奉政府之命煎造海盐,逐渐形成一定的规模,即史书所言的"人得安业,盐如山积"[①]。

元朝定都大都后,周边地区的农业生产难以保证首都人口日益增加的粮食需要,而且北部边防的驻军也需要有稳定的军需供应,因此从江南各地漕运大量的粮食成为最主要的措施之一,直沽成为距离首都最近的漕船转运枢纽和漕粮的储备地。同时,在渤海沿岸已经设置了长芦盐区,自沧州至辽东一带均属于长芦盐区,先后有22处盐场,有的在今汉沽、宁河地区,人们聚集在这里从事盐业生产。直沽寨因为漕运、盐业和屯田,人口增加,发展为相当

[①] 光绪《重修天津府志》卷38《金石》,第2页。

繁荣的海口重镇。盐业产销和漕粮运输规模的扩大,加速了直沽人口的聚集过程。大批漕粮在进入大都之前,都要在直沽装卸和转运,于是漕船聚泊,在子牙河、南运河、北运河和海河交汇之处,出现了元代张翥诗中所言的"晓日三叉口,连樯集万艘"的景象。①此外,为了保障漕粮转运以及大都的安全,元朝还在直沽常年驻有军队,而且军人可能来自江南,故傅与砺的《直沽口》中有"兵民杂居久,一半解吴歌"的诗句。②大批军卒在直沽周边屯田戍守,带动了周边的农业种植。而且,由于政治原因,黄河流域民众多有南迁者。至明太祖统一全国后,实行招抚政策,很多人又从长江流域返回黄河流域。人口的大量集聚,带来了诸多的社会需求,于是商人随着商品的集中而设店建铺,一些地方逐渐成为热闹的市廛。

(二)行政建制的出现

历代朝廷均根据人口的聚集设置行政建制,天津周边地区最早是隶属于秦国的渔阳郡。西北地区隶属于渔阳郡的泉州和雍奴县,西南地区则属于渤海郡的章武和东平舒县,其中与天津城市发展关系最为密切的是泉州县。泉州县城在今武清区东南的城上村50米处。经过考古勘查,泉州故城遗址平面为长方形,东西宽600米,南北长500米,城墙厚17米,用土夯实垒筑,夯层10厘米。在南城墙有城门,北城墙外还有外城。遗址出土有战国和西汉时期的瓦当、陶器和印有"泉州"的陶片。据史书言,汉代设置泉州县,隶属渔阳郡,后并入雍奴县。依专家所论,西汉政府之所以设置泉州县,首先因其是水运交通枢纽,有数条河流从这里入海;其次,其傍河临海,有渔盐之利,促使政府建立地方性税收和行政管理机构,其三,其是渔阳这个北部边防要塞的后方军需供应基地。可以说,西汉时期的泉州已经成为天津平原的政治和经济中心,是边防军需的供给地。③

汉代以后,海侵和黄河泛滥导致天津周边地区发展中断,泉州一带又陷

---

① 〔元〕张翥:《代祀湄洲天妃庙次直沽》,《张蜕庵诗集》一卷,涵芬楼石刻本1934年,第17页。
② 〔元〕傅与砺:《直沽口》,杨匡和校注:《傅与砺诗集校注》,云南大学出版社2015年版,第184页。
③ 参见郭振山:《泉州故城的初步考察》,《天津历史资料》第3期,1983年版,第33—37页。

第一章　从村落经济到城镇经济的起步(先秦—1404)

入一片荒凉,县治迁移合并,人口减少。天津周边在汉代至少有三处故城遗址:静海西钓台古城址、武清城上村城址和武清大宫城城址,分别隶属于渤海郡的东平舒、渔阳郡的泉州古城和雍奴故城。魏晋南北朝时期,随着平原地区人口的聚集,在现今的军粮城一带形成了人口聚集地——漂榆邑和角飞城,其主要功能是海运转输港口和傍海煮盐。同时,各民族的交战促使其军事防御功能开始凸显,渔阳(蓟州)就是北方边境的军事重镇。在五代时期的战乱中,长城以北由契丹人建立的辽王朝逐渐兴盛,天津地区尤其是北部多隶属于辽。北宋时期,宋辽对峙的边界是界河,即自雄州以下的拒马河(白河),经霸州、信安,迤东直至天津地区的泥沽海口,其中海河是界河的一部分。当时的海河近海口处宽六七百步,深八九丈,在三女寨(今天津静海境内)处河宽也有三四百步,深五六丈。行政建制上,天津多在辽军的管辖之内,以今海河为界,南部属宋高阳关路乾宁军和沧州的清池县(后升为清州),北部属辽幽都府(后改为析津府)武清县和蓟州渔阳县。宋王朝为了防御辽军南下,在界河南岸一带广设军事寨堡。天津静海县内沿河和沿海地带的钓台、独流、沙涡、百万涡、乾符、巷沽、三女、泥沽、小南河等均是军事寨堡,后成为自然村,其名称延续至今。宋朝政府还将海河以南的塘泊联成一体,组成所谓"深不可舟行,浅不可徒涉,虽有劲兵,不能渡也"的塘泊防线。①这条塘泊防线的东端,大体上在今天津以南、沧州以北的地区,由破船淀、蒲淀、灰淀、方淀四个塘泊组成,往西与白洋淀相连。但是宋庆历八年(1048)黄河改道夺南运河入海,该防线诸塘泊干涸,防御功能尽失,但界河的作用依然存在,在界河入海口处,北岸是辽之军粮城,南岸则为北宋的泥沽海口。

金灭辽和北宋统治结束以后,海河南北均被纳入金朝的版图,天津的政治、经济地位开始发生显著变化。行政建制上新设立了静海县和宝坻县,出现了由官兵戍守的柳口镇和直沽寨,其中后者是在今天津市区最早的建制。柳口镇即今西青区的杨柳青镇,当时是黄河入海口,为保护漕运等,驻扎官兵巡检。直沽寨在三岔河口西南岸,作为地名见诸于史书的是金太宗六年

---

① 《宋史》卷48《河渠志》,中华书局1975年版,第2359页。

(1234),设立直沽寨的主要目的之一,便是保护漕运,由都统和副都统率领驻军驻守。元朝定都大都后,天津从行政建制上仍然以海河为界分属二县管辖,海河以北属中都路的大兴府武清县,海河以南属河北东路的沧州清池县和靖海县。由于漕运和盐业的发展,政府在直沽寨设置了接运厅和临清万户府,负责持续2个月左右的漕粮接运,并在附近建立了一些仓廒,有官兵驻守,加之盐业和屯田的发展,促使政府在元延祐三年(1316)"改直沽为海津镇",这是军事建制,由副都指挥使镇守。元至正九年(1349)"立镇抚使于直沽海津镇",有南北兵马司派官率队,在通州、直沽等处设巡捕,以防御起义军的北上。

第二节 农业与渔盐业为主的经济形态

一、狩猎、渔业和农业的出现与阶段性发展

(一)狩猎、渔业和农业的出现

考古发掘为探索天津地区早期先民的生产和生活提供了大量的根据,从而改变了以往"滨海弃壤,无古可考"的认知。通过对物质文化遗存的不断发掘,以及汇总古代文献中的记录,我们可以粗线条地勾勒出天津古代先民经济生活的大致轮廓。

长期以来的考古发掘可以证明,天津地区早在十万年前已经有人类活动的记录,数万前的旧石器时代,燕山南北的人类迁徙已经逐渐活跃,天津地区的先民在蓟县北部山区和山前丘陵地带,留下了丰富的石器文化的遗存,如切割兽皮的刮削器、砍砸器和雕刻器等,是迄今发现的最早的天津地区民众经济生活状况的体现。蓟州青池遗址第一期考古发掘遗存,展现的是距今8000—7000年前的房址、灶址、窖穴,出土的文物有两大类,即石器和陶器。陶器以生活用品为主,出土有陶罐、陶豆、陶钵等。石器出土较多,从其用途来看,可分为生产工具和生活用具。生产工具多属于农用工具,有清理农田

第一章　从村落经济到城镇经济的起步(先秦—1404)

和采集食物用的石铲、石斧,加工谷物用的石杵、磨盘和磨棒等,表明原始农业已是当时居民经济生活的主要内容。值得注意的是,石器中有数量颇多的饼状砍砸器和石球,有加工兽皮的刮削器和石刀等细石器,有些石器保留了燧石打制或二次加工的痕迹,十分锋利。这说明了狩猎依然是当时居民获取生活资料的重要手段。①

蓟州青池遗址二期遗存和蓟州下埝头遗址一期遗存,展示的是距今7000—6000年前经济生活状况,出土的文物呈现出继承与变异共存的特征。在农用工具中,第一期的铲、磨盘、磨棒等器类依然沿用,又出现了两种新型农具:一是石耜,平面近似鞋底,前端聚成尖锋,便于绑扎在木棍上使用,主要用于松土;另一种是石刀,长方形,一侧磨出弧刃,用于收割。捕猎工具中出现大量的石网坠,且形式多样,有的用球形石块中间磨出凹槽,有的用片状石块两侧打出缺口,以系绳索。②由此可以推断,居住在这里先民开始营造聚落,经济生活以种植谷粟原始农业为主,采集和狩猎为辅。另外,在天津地区北部平原也发现具有这一时期遗存特征的地方,说明长居山地的人们开始走向了平原,但数量仅十余处,且活动的时间不长,遗存显示这一时期人们主要还是从事采集活动。③

距今5000—4000年前,天津平原逐步成形,中国历史进入了夏商时期。从考古发掘遗址的分布看,先民聚集地大多分布在燕山南麓的蓟州山前丘陵高地和低矮的小山阳面坡地,少数在蓟州以南和宝坻北部的河湖冲积平原地区,天津平原虽然慢慢成陆,但多经河流冲积后平缓低洼,并不具备人类生产和生活的基本条件,也没有人类在此定居的迹象。这一时期,在天津出土的生产工具仍以石器为主,多是磨制,少数打制。磨制石器有斧、锛、刀、凿、锤和矛、纺轮等。其中石斧数量最多,多为上窄下宽的长方形,横剖面多呈椭圆形,少数有穿孔。石刀皆为长方形,有的有穿孔。打制石器主要是用燧石打制的细石器,常见的是一种平面呈等腰三角形、底边略内凹的石镞,琢制精

---

① 韩嘉谷:《天津古史寻绎》,第6—7页。
② 韩嘉谷:《天津古史寻绎》,第9页。
③ 韩嘉谷:《天津古史寻绎》,第18页。

致,宛若工艺品。蓟州张家园出土有一件用片岩打制的石器,呈三角形,中部穿孔,形状与中原地区出土的夏商时期的石磬相似,是一件珍贵的古乐器;骨、角器有镖、镞、锥、匕、针和鹿角锤等。从生产工具的种类看,聚居张家园的住民以从事农业为主,狩猎活动亦是重要内容。[1]

春秋战国时期,天津地区的社会经济在自然环境和社会环境变动的影响下发展迅速。天津平原成陆之初,地势低洼,沼泽星罗棋布,芦苇杂草丛生,以石器为主要工具的先民难以进行开发。黄河下游频繁改道,几度经由天津附近流入渤海,天津及其周围是黄河泛流之区,在河流和海侵的双重作用下多是斥卤滩地。在中国北方燕山一带,有诸多考古遗存,表明以游牧为主的少数民族部落集团势力日渐强大,冲击着燕国在内的中原政权。所以,天津地区也属于中原农业居民与游牧民族相互接触的地带,其生产和生活方式是农牧交错,经济形态时农时牧,根据所属先民的环境不断发生变化。[2]此时,西周燕国建立,天津地区被囊括其中,从此纳入了中央王朝的政治版图。

进入战国时期以后,黄河改由山东入海,河流带来了泥土的积垫,地面淤高,部分洼地被填平,人们摆脱了常年受困于洪水和潮汐侵袭的处境,可以在数百年黄河流经形成的肥沃泥沙上开发和生活,为天津地区的农业发展提供了必要条件。这一时期,天津地区的考古遗存骤然增多,迄今已发现战国遗存98处,其中城址2处、聚落址80处、墓葬16处,是夏商和西周遗存的5倍;分布范围明显扩大,从商周时期的北部山区延伸到南部的平原,涵盖了除天津市区和塘沽以外的大部分地区,充分显示出社会经济的发展和居民的聚散。在时间分布上呈现第一个高峰值期。[3]在考古遗址中,出现了较大的聚落和城址。在津南区巨葛庄、十八岑子和北辰区北仓等遗址,均出土了耜、铲、锄、镢、斧、镰、凿等多种用于松土、播种、中耕、收获等农业生产全过程的铁制农

---

[1] 韩嘉谷:《天津古史寻绎》,第34—36页。
[2] 林沄:《夏至战国中国北方长城地带游牧文化带的形成过程(论纲)》,《燕京学报》2003年第14期。
[3] 据考古专家研究,天津考古遗存数量与历史年代存在一定的对应关系,进而在时间分布上出现战国秦汉、宋辽金元、明清三个高峰值期。参见陈雍:《考古的天津》,《庆祝张忠培先生七十岁论文集》,科学出版社2004年版,第569页。

第一章　从村落经济到城镇经济的起步(先秦—1404)

具和工具,说明铁器在农业生产中广泛使用,这是生产工具的革命。在陶制磨盘上发现了稻粒和茎叶,表明农业已经初兴。春秋战国时期,各诸侯国对农业进行了诸多改革,有效削弱了阻碍生产力发展的桎梏,提高了农民劳动的积极性。在天津地区还出现了渔业的初步发展。在天津地区发掘的战国遗址内,几乎都有渔网坠出土,证明了当时先民的生产活动是农业与渔业并举。在北辰区北仓砖瓦厂遗址不足100平方米范围内,出土网坠达40多件,其中有专门烧制的陶网坠;在巨葛庄、沙井子等遗址中均陆续出土数十件网坠;在张贵庄战国墓出土的一件陶壶上,刻有近似鹭鸶捕鱼场景的鱼和鸟纹图案。

(二)西汉以后农业的阶段性发展

西汉时期政府实行轻徭薄赋,鼓励农桑政策,农业生产迅速发展,对此天津地区留下了丰富的文化遗存,包括聚落址、城址、墓葬等达150处。但是,西汉末年的公元前47年,天津地区遭受了毁灭性的渤海海溢和海侵,且持续时间颇久,整个渤海湾西岸的冲积平原,包括现今的天津市区、宁河、静海的全部,宝坻、武清的大部均遭海侵。近海地带的低地直接遭到海水浸淹,有的甚至重新沦为渤海海域的一部分,60多处战国和西汉遗址至此全部废毁。《汉书·沟洫志》记:大司空掾王横言:"河入渤海,渤海地高于韩牧所欲穿处。往者天尝连雨,东北风,海水溢,西南出,浸数百里,九河之地已为海所渐矣。"[1] 北魏的郦道元也记述了海侵结果:"昔燕齐辽旷,分置营州,今城届海滨,海水北侵,城垂沦者半。王横之言信而有征,碣石入海非无证矣。"[2] 原来的开发进程中断,人们在生产和居住条件尽失的情况下,只能向离海较远的山地迁移,平原一带因此人烟绝迹,一片荒凉。

东汉晚期,海面波动平复,平原又有了先民的痕迹。魏晋南北朝时期,曹魏政权在各地修建了许多水利工程,以发展农业。镇北将军、持节都督河北诸军事的刘靖,为"开拓边守,屯据险要",在鲍邱水(今潮河)支流高梁河上游

---

[1]《汉书》卷29《沟洫志》,中华书局1975年版,第1697页。
[2]〔北魏〕郦道元原注,陈桥驿注释:《水经注》卷5,浙江古籍出版社2001年版,第88页。

的灅水(今永定河)北岸,修筑戾陵渠大堨,立水门,开车箱渠,引灅水入高梁河,灌溉蓟城南北,使"积石笼以为主遏,高一丈,东西长三十丈,南北广七十余步。依北岸立水门,门广四丈,立水十丈。山水暴发,则乘遏东下。平流守常,则自门北入,灌田岁二千顷。凡所封地,百余万亩"。魏元帝景元三年(262),因"以民食转广,陆费不赡",朝廷再遣谒者樊晨赴幽州改造戾陵堰水门,"水流乘车箱渠,自蓟西北径昌平,东尽渔阳潞县,凡所润含四五百里,所灌田万有余顷。高下孔齐,原隰底平,疏之斯溉,决之斯散,导渠口以为涛门,洒彪池以为甘泽,施加于当时,敷被于后世"①。建安年间,曹操为讨伐北方乌桓,在渤海湾西岸开凿白沟、平虏、泉州等人工运渠,沟通多条河流,形成了海河水系的五大主要河流。这些河流汇集于横穿现天津市区的海河后,东流入海。从此,天津周围成为人口繁衍生息的聚集地,出现了一些人群居住的聚落。在武清、静海、宝坻和蓟州等地进行的考古中,发现了故城和聚落的遗存。

　　隋朝为加强中央权威及用兵之需,开凿了广凿渠和永济渠,但其对天津早期经济开发的影响有限。唐朝初建不久,天津是唐太宗征辽的后方基地。屯田成为解决军饷不足的重要举措,并成为一项基本国策,这对天津农业发展有很大的促进。天津处于河北道管辖,是主要的屯田之地。《大唐六典·尚书工部·屯田郎中》记载:"河北道:幽州五十五屯,清夷一十五屯,北郡六屯,威武一十五屯,静塞二十屯,平川三十四屯,平卢三十五屯,安东一十二屯,长阳使六屯,渝关一十屯"②,天津附近的屯田就是幽州屯田的一部分。为发展农业生产,唐代兴修了许多水利工程。据《新唐书·地理志》记载,在天津地区的三河县、蓟州之间修建了渠河塘,"灌田三千顷"。《旧唐书·贾敦颐传》称,贾敦颐于贞观"二十三年,转瀛州刺史。州界滹沱河及滱水,每岁泛溢,漂流居

---

① 〔北魏〕郦道元原注,陈桥驿注释:《水经注》卷14,第223页。
② 清夷在妫州,今河北省怀来县;威武在檀州,今北京市顺义区;静塞,今天津市蓟州区;平川疑平州;平卢在营州,今辽宁省朝阳市;安东在营州东;渝关,今河北省榆关镇。参见乌廷玉著:《唐朝二百九十年》,中国经济出版社1999年版,第42页。

人。敦颐奏立堤堰,自是无复水患"[1]。贾敦颐所言的二河皆至天津。裴行方任检校幽州都督,"引卢沟水,广开稻田数千顷,百姓赖以丰给"[2]。卢沟水即桑乾河,下游也至天津地区。除屯田外,还有盐屯。《旧唐书·食货志》载,唐开元元年(714),河中尹姜师度以安邑盐池渐固,奏请朝廷"开拓疏决水道,置为盐屯",由国家从事盐业生产,使"公私大收其利"。天津附近的驻兵也有盐屯。《新唐书·食货志》载:"幽州、大同、横野军有盐屯,每屯有丁有兵,岁得盐二千八百斛,下者千五百斛。负海州岁免租为盐二万斛,以输司农。青、楚、海、沧、棣、杭、苏等州以盐价市轻货,亦输司农。"[3]盐屯的管理办法,按《通典·食货》开元二十八年(740)屯田节记载:"幽州盐屯,每屯配丁五十人,一年收率满二千八百石以上,准营田第二等;二千四百石以上,准营田第三等;二千石以上,准营田第四等"[4],即是以收获盐的数额抵充农业屯田应缴的粮食。

安史之乱导致了唐朝由盛而衰,造成藩镇割据的局面。这些藩镇与中央政府对抗,也为争夺地方而互相残杀,同时内部因争权夺利而无休止地内讧,给百姓带来极大灾难。天津所属的幽州,自安史之乱平定至唐末的145年间,先后更换节度使(包括留后)达27人,差不多平均5年即换1人。这27个人中,有17人是靠兵变上任的,其中甚至还有子弑父及兄弟相残的,政治无序,道德沦丧,社会混乱。他们为壮大势力而蓄养大批军队,青壮年均被强迫去当兵,只留老弱妇女从事耕作,使农业生产遭受严重破坏。军队所需要的巨额给养,全靠横征暴敛,压榨百姓,人民生活苦不堪言。藩镇混战更使民众饱受战祸之苦,流离失所,大批死亡,生活和生产遭到摧毁。

(三)两宋以后农业的进一步发展

两宋时期,天津地区长期地处边境,南北对峙长达三个多世纪,时常成为兵戎相见的战场。在农业上,宋朝采取的屯田(营田、方田)成为一种军事防

---

[1]《旧唐书》卷185《列传第135良吏上》,中华书局1975年版,第4788页。
[2] 光绪《顺天府志》卷65《故事志一时政上》,北京古籍出版社1987年版,第2276页。
[3]《新唐书》卷44《食货四》,中华书局1975年版,第1377页。
[4]〔唐〕杜佑:《通典》(上),岳麓书社1995年版,第123页。

御措施,"屯田以兵,营田以民"。屯田垦殖虽为防御手段,但一定程度上推动了垦殖区农业和社会的发展。北宋初年,辽军南犯成为北方的主要边患,沧州节度使何承矩建议吸取历史上屯田边疆的经验:"若于顺安砦西开易河蒲口,导水东注于海,东西三百余里,南北五七十里,资其陂泽,筑堤贮水为屯田",既可"遏敌骑之奔轶",又垦播稻田"止留城守军士,不烦发兵广戍",更可"休息民力"。①宋太宗核实后,不顾朝臣的反对采纳了他的建议。淳化四年(993)春,何承矩等"督戍兵万八千人,自霸州界引滹沱水灌稻为屯田,用实军廪,且为备御焉"②。"由是自顺安以东濒海,广袤数百里,悉为稻田,而有莞蒲蜃蛤之饶,民赖其利。"③"随田塍四方穿沟渠,纵广一丈,深二尺,鳞次交错。两沟间屈曲为径",时称"方田"。④为使屯田在军队中有效推行,沿御河边有些"砦"下设"稻田务"。据北宋曾公亮《武经总要》前集载,沧州横海军有九个砦在今天津境内,泥沽砦东至鲛脐港铺10里,北至界河;双港砦东至泥沽砦25里;三女镇砦东至双港砦8里;苇场港砦东至三女镇砦20里;小南河砦东至苇场港砦18里;百万涡砦东至小南河砦30里;沙涡砦东至百万涡砦11里;独流砦东至沙温砦12里;钓台砦南至乾宁军60里,北至独流砦60里。⑤这些砦堡名大多成为现今的村落名。

辽代立国之后,统治者十分重视天津地区的农业生产。辽太祖"喜稼穑,善畜牧,相地利以教民耕","弭兵轻赋,专意于农"。辽太宗认为:"军国之务爱民为本,民富则兵足,兵足则国强。"于是"诏征诸道兵,仍戒敢有伤禾稼者以军法论"。辽统和六年(988),"徙吉避寨居民三百户于檀、顺、蓟三州,择沃壤,给牛、种谷"⑥。在辽政府的大力扶持,天津地区农业生产得到发展,"蔬瓠

---

① 《宋史》卷273《列传第32》,中华书局1977年版,第9328页。
② 《宋史》卷95《河渠五》,第2364—2365页。
③ 《宋史》卷273《列传第32》,第9328页。
④ 崔士光主编:《滨海城市天津农业图鉴》,海洋出版社2001年版,第137页。
⑤ 曾公亮等:《武经总要》第10册,台湾商务印书馆1969年版,转引自张树明主编:《天津土地开发历史图说》,天津人民出版社1998年版,第104页。
⑥ 《辽史》卷59《食货志上》,中华书局1974年版,第923—924页。

第一章　从村落经济到城镇经济的起步(先秦—1404)

果实稻粱之类,靡不毕出,而桑柘、麻、麦、羊、豕、雉、兔,不问可知"①。其中,水稻种植尤显突出,蓟州盘山《祐唐千像寺创建讲堂碑》称:"夫幽燕之分,列郡有四,蓟门为上。地方千里,籍冠百城。红稻香秔,实鱼盐之沃壤。"②

入元后,天津地区仍然战事不断,没有脱离战争的困扰。为筹措军队的给养,政府在京畿大兴屯田,以军屯方式将农田分拨给军队屯种,既保证了军需,也在一定程度上改变了当地的经济状况。此时,在天津地区有七处屯田③:

(一)中卫屯田,元世祖至元四年(1267)于武清、香河等县设立。至元十一年(1274),因屯田相距百余里,往来耕作不便,迁于河西务、荒庄、杨家口、青台、杨家白等处,有屯军2000名,屯田1037.82顷。

(二)右翼屯田,元世祖至元二十年(1289)在武清县崔黄口增置屯田,屯军1540人,屯田699.50顷。

(三)左卫率府屯田,元武宗至大元年(1308)在大都路漷州、武清县置屯,后因为左卫与右卫屯田的地界相隔较远,不便耕作,将两卫屯地互换分置三翼屯田,有军士3000名,屯田1500顷。

(四)营田提举司屯田,不详其建置起始,设立于大都漷州的武清县,为户军253户,1235人,屯田3502.93顷。

(五)广济署屯田,元世祖至元二十二年(1291)正月,以崔黄口空城屯田,岁涝不收,迁于清、沧等处,后又迁济南、河间、平滦、真定、保定,三路屯夫四五百户,并入本屯,共1230户,屯田12,600.38顷。

(六)丰闰署,元世祖至元二十二年(1291)创立于大都路蓟州之丰闰县,为827户,屯田349顷。

(七)宝坻屯,元世祖至元十六年(1285),大都属邑编民300户,立屯于宝

---

① 《宣和乙巳奉使金国行程录》,《靖康稗史七种》,转引自漆侠、乔幼梅:《中国经济通史·辽夏金经济卷》,北京经济日报出版社1998年版,第81页。
② 李仲宣:《祐唐寺创建讲堂碑》(统和五年),《全辽文》卷5,转引自漆侠、乔幼梅:《中国经济通史·辽夏金经济卷》,第68页。
③ 《元史》卷100《兵志·屯田》,中华书局1976年版,第2559—2563页。

坻县,为田450顷。

天津地区至今仍有昔年屯田留下的历史痕迹。据史料记载,直沽沿海屯田达10万顷,今见大港地区古文化遗存中战国至西汉时期达16处之多,汉代以后一直稀少,而元代遗存则增至13处,这极可能与元代屯田有关。蓟州东部的州河上游,临近洵河的蓟州西部和三河县接壤处,以及濒临古鲍邱河的武清、香河县境内,都有从"头百户"至"十百户"等的地名,具有"编户"特点,这应是在元朝屯田中诞生的村庄。1973年在今西青区张家窝镇小甸子村发现元代遗址一处,面积约1500平方米,出土了一批包括铁、瓷、铜、陶、石等各种不同质料的文物,保存较好的有80多件。其中最引人注目的是一大批保存完好的铁农具,共30多件,包括犁铧、犁镜、铡刀、月牙形大铲、耧铧、耙、锄、垛叉等,锈蚀和磨损皆不大,是复原700年前农具组合的绝好资料。此遗址可能与直沽酸枣林海口屯田军有关。此屯田军建于元至大二年(1309),至元延祐四年(1317)由于漕运量大增,"调海口屯储汉军千人隶临清海运万户府,以供转漕,给钞二千锭"[①]。屯田军从建立到调走只有七八年,故新置的农具磨损不大,许多生活器皿都留了下来。张家窝镇一带的枣林具有悠久历史,至今犹存千年树龄的枣树,遗址的文物内涵和地理位置都和此处的屯田契合。

二、盐业的生产方式与发展

(一)辽金以前的盐业生产

濒临渤海湾的天津地区有着丰富的海盐资源。《管子·地数》曰:"齐有渠展之盐,燕有辽东之煮。"[②]渠展即齐国境内的渤海,"请君伐菹薪,煮沸水为盐,正而积之……十月始正,至于正月,成盐三万六千钟",农事耕作期也"聚庸而煮盐"。《史记·货殖列传》也有"燕有鱼盐枣栗之饶"的记载。史料说明,

---

[①] 韩嘉谷:《天津古史寻绎》,第254页。
[②] 〔唐〕房玄龄注,〔明〕刘绩补注,刘晓艺校点:《管子》卷23《地数》第77,上海古籍出版社2015年版,第444页。

第一章 从村落经济到城镇经济的起步(先秦—1404)

居齐国和燕国之间的天津地区的沿海,也利用海水煮盐,而且从附近出土的货币推测,有可能还是这一地区商业的组成部分。人们在农隙之际竞相煮盐,政府为不误农时,保证春耕的正常进行,规定:"孟春既至,农事且起。大夫无得缮冢墓,理宫室,立台榭,筑墙垣。北海之众无得聚庸而煮盐。"①

到了汉代,渤海湾沿岸的盐业进一步发展。当时的泉州东濒渤海,有辽阔的海滩可以煮盐。在宁河、宝坻等地进行考古,多次出土印有"大富牢罂"戳记的西汉时期的陶瓮腹片。"罂"是器物名称,按照《说文》《玉篇》等书的解释,是陶器,属陶罐类皿。"牢",《史记·平准书》记:"愿募民自给费,因官器作煮盐,官与牢盆。"如淳解释曰:"牢,廪食也,古者名廪为牢也。盆者,煮盐之盆也。"由此说明,这些有陶文的陶器都是属于"大富牢(廪)"的器物。《史记·平准书》还记载:"(盐为)山海天地之藏,皆宜属少府……敢私铸铁器煮盐者,钛左趾,没入其器物。"②汉代政府始行食盐专卖,这些器物(牢盆)是为了防止生产私盐,由官家发给的煮盐器具,雇民煮盐,给以工本。"大富牢"实是煮盐专用的器物。《汉书·地理志》记载,在渤海湾西岸的章武县和泉州县都设有"盐官",专门管理盐业的生产、运销和税收,"牢"约是"盐官"管辖下的盐业生产管理单位。有的学者认为,应是由国家颁发的煮盐器皿。在东丽区小东庄乡大郑庄以北、军粮城泥沽贝壳堤里侧,发现地表下密布一个个红烧土圈,直径数10厘米至1米不等,遗址面积约2000多平方米,应为西汉时期的盐灶遗迹。西汉以后,由于海侵的原因,沿海的人群聚落稀少,没有发现煮盐的遗迹。

魏晋时期,曹魏政权重视渤海盐业的生产。此前,渤海郡高城东北100里(今盐山县故城赵村)至漂榆(今黄骅海丰镇附近,一说天津东丽区军粮城)沿海先民均以煮海煎盐为业。《水经注·濡水》云:"濡水东南流,径乐安亭南,东与新河故渎合,渎自雍奴县承鲍丘水东出,谓之盐关口。"③此盐关口在今宝坻区城关。光绪《宁河县志》称,汉沽的小盐河即源自潮河:"即曹孟德凿潞水通

---

① 〔唐〕房玄龄注,〔明〕刘绩补注,刘晓艺校点:《管子》卷23《轻重甲》第80,第454页。
② 《史记》卷30《平准书第八》,中华书局1972年版,第1429页。
③ 〔北魏〕郦道元原注,陈桥驿注释:《水经注》卷14,第230页。

泉州渠以入海者也。汉时,官给盐船自潮河运入,而盐自小河运出。汉无漕运,即潮河亦利运盐耳。"①从今芦台镇海口到宝坻区东南部,曹魏时皆为盐区。曹操开凿的新河贯穿整个盐区,并循此以转输幽燕,于是鲍邱水、新河、泉州渠交汇处成为征榷盐税最适宜的地点。十六国时期战事频繁,政权更迭不断,给当时天津平原的人们带来了巨大灾难,但也不乏有政权重视经济生产的。如石勒政权十分重视天津的盐业资源。《水经注·淇水》记:"清河又东径漂榆邑故城南,俗谓之角飞城。《赵记》云:石勒使王述煮盐于角飞,即城异名矣。《魏土地记》曰:高城县东北百里,北尽漂榆,东临巨海,民咸煮海水,藉盐为业。即此城也。"②漂榆邑故城为今东丽区务本古城,高城县故城在今河北省盐山县,故此范围包括了自盐山县迤北至天津的整个渤海湾西岸沿海。东丽区务本三村的煮盐遗迹中,即有魏晋时期的遗存。

北魏孝文帝元宏即位后,全面实行改革,整顿吏治,劝民农桑,对渤海盐业生产也十分重视。《魏书·食货志》记:"自迁邺后,于沧、瀛、幽、青四州之境,傍海煮盐。沧州置灶一千四百八十四,瀛州置灶四百五十二,幽州置灶一百八十,青州置灶五百四十六,又于邯郸置灶四。计终岁合收盐二十万九千七百零二斛四升"③,约合10,485,100斤,其中天津所处的沧、瀛、幽州均为长芦盐区内。唐贞观初年,沧州刺史薛大鼎开隋末填废的无棣河,"引鱼盐于海"④,使海盐生产气象一新。到了唐代中期,沧州海盐生产一片繁荣。《新唐书·食货志》在谈及盐价时将沧州与楚、海、杭、苏州并列,表明南北海盐发展大致相当。五代后唐同光三年(925),镇守芦台的幽州节度使赵德钧为解决军费问题,在芦台南部卤地设置盐场,即后来的长芦盐区的盐场之一。

(二)辽金以后盐业的发展

辽代天津周边地区盐业生产的发展成果卓著。在当时,香河县设置了榷

---

① 光绪《宁河县志》卷16《杂识》,第3页。
② 〔北魏〕郦道元原注,陈桥驿注释:《水经注》卷9,第159页。
③ 《魏书》卷110《食货志》,中华书局1974年版,第2863页。
④ 《旧唐书》卷185《列传第135良吏传上》,第4787—4788页。

第一章 从村落经济到城镇经济的起步(先秦—1404)

盐院,辽称新仓镇。"晋献十六州地,有瀛、莫在焉,始得河间煮盐之利,置榷盐院于香河县,于是燕、云迤北暂食沧盐。"①盐业让此地变得颇为富饶,于当时寺庙的碑文可见一斑:"富庶倾必,溢袖盈襟,奉财施之如林;宾寮率已,连镳继轨,赍俸给之若市。"②金代开辟了今天津汉沽、宁河一带的盐场,在北方七个盐司中,沧州、宝坻盐司产量之和位居第二。

蒙古和元代统治者非常重视盐业生产,"国之所资,其利最广者莫如盐"③。距离大都最近的天津沿海各盐场,受到朝廷的关注。元太宗六年(1234),蒙古政权在今天津市区三岔河口创建了盐场。王鹗《三叉沽创立盐场旧碑》云:"燕京所辖有县曰宝坻,芦台、越支畴昔之盐场也。曰三叉沽则未之闻。甲午之秋,三叉之地未霜而草枯,滩面宽平,盐卤涌出,或经日自生,时人指以为瑞,遂相率诉于官,按验得实,受旨煎造。初得旧户高松、谢实十有八人,岁不再易。招徕者日益众,河路通使,商贩憧憧往来,是年办课五百余锭,比之他场几倍之。"④三岔河口盐场很快取得经济效益,两年后即设置盐司,扩大了规模。《元史·食货志》记:"大都之盐:太宗丙申年,初于白陵港、三叉沽、大直沽等处置司,设熬煎办,每引有工本钱。世祖至元二年,又增宝坻二盐场,灶户工本,每引为中统钞三两。"⑤天津地区盐业发展很快,有富国、兴国、厚财、丰财、三叉沽、芦台六个盐场。富国场署设于咸水沽,场界东至上古林接兴国场,西南至静海县子牙镇。兴国场署初设于咸水沽,后因水灾迁至葛沽高家庄,场界西南接富国场,南接沧州严镇场(今河北省黄骅市)。厚财场署亦设于葛沽高家庄。丰财场署设于葛沽,场界东沿海,南接严镇场,西连兴国、富国场,北至海河。三叉沽场署设于今天津市内。芦台场署设于今宁河县芦台镇。自元太宗六年(1234)到至元二十四年(1287),长芦盐区域先后设置盐场22处,盐区开始统一管理。

---

① 《辽史》卷60《食货志下》,第930页。
② 陈述辑校:《全辽文》13卷,中华书局1982年版,第134页。
③ 《元史》卷94《食货二盐法》,第2386页。
④ 王鹗:《三叉沽创立盐场旧碑》,康熙《天津卫志》卷4《艺文中》,第34页。
⑤ 《元史》卷94《食货二盐法》,第2386页。

第三节 手工业与商业的起步

一、战国以前手工业和商品交换的出现

(一)战国以前手工业和商品交换的出现

在距今约一万多年前的新石器时代,天津地区最早的土著居民就已经出现在燕山山脉。这里依山傍水,气候宜人,土壤肥力高,宜耕宜狩,有利的自然条件为新石器时代先民的生产和生活提供了良好的条件。

根据考古发掘出土的文物,新石器时代的先民已经掌握了生产工具磨制技术。其中石斧用砂岩磨制,呈双面刃,用于翻土掘地、收割作物、砍伐林木;石矢用燧石琢制成等腰三角形,装在箭杆上以备防身和狩猎;石磨盘、石磨棒以及陶磨盘则用来研磨谷物果核;石锛、石斧、盘状器等燧石片可切割兽肉、皮革以及加工木器。

另外,从质料、制法、造型、器类、纹饰和烧制技术看,诸如罐、盆、钵等陶制生活用具也具备了一定的技术含量。比如陶器底部普遍存在的同心圆旋纹,说明轮制制陶技术已经普及;在烧制陶器过程中,先民也开始在粘土中加入耐高温的沙子,避免了陶胚变形或破裂;为美化陶器,他们还会在陶器表面压印"之"字形花纹、绳纹、篮纹和制作鸡冠状的器耳。[①]

夏商周时代,天津地区文化以"围坊文化"与"张家园文化"为主,居民逐渐从山地走向平原,生产方式也由狩猎开始向农耕转变,手工业进一步发展。与新石器时代相比,人们使用的生产工具进一步精细化,出现了清理环境的石斧、播种松土的石铲以及收割用的石刀等等。该时期的手工制品主要有三个特点:一是手工制品主要以生产生活用具和装饰品为主,外形美观。如扁

---

① 文启明:《天津史前时期经济与文化》,《农业考古》2004年第1期。

第一章　从村落经济到城镇经济的起步(先秦—1404)

喇叭形耳环,一端呈细巧的扁喇叭口形,一端为弯成环形的钩状,颇有游牧文化之风;二是生产工具品种较多。如加工木器的石锛和石凿、纺纱捻线用的纺轮、缝制衣服用的骨针和骨锥、生产陶器用的陶拍和陶鬲、用于束发的铜簪和骨笄,以及装饰品铜耳环和陶环;三是体现了地区间文化的频繁交流。蓟州张家园和刘家坟的西周遗址中,出土了作为礼器的鼎、簋等青铜器,虽然制作工艺简陋粗糙,却可以反映出中原文化对北方游牧文化的影响。除手制泥质陶外,张家园出土的陶器中还有少量夹蚌壳的粉红陶鬲。这些陶器表面多素面,有少数划纹、弦纹;器底为平底或三足;器型有折腹盆、大敞口折腹盆等等,明显带有辽西小河沿文化某些特征。弥勒院遗址中的早期陶器与冀中地区北福地一期的陶器相似,晚期陶器则与冀中地区南阳庄遗存晚期的陶器有某些相似之处,但又内含一些红山文化因素。这都说明,夏商周时代燕山地区在保持独立文化系统的同时,也与中原文化相互影响共存。

(二)战国时期手工业技术的进步和以货币为媒介的商品交换

战国时代,天津地区的居民开始向平原聚居,出现了"村烟相望,鸡犬相闻"的农业生产及生活景象。随着精耕细作、以户为单位小农经济的发展,战国时期天津地区的手工业技术也随之发展。

从目前考古发掘出土的器物看,生产工具的质和量都有显著提高。首先,是制陶技术进一步提高。天津平原的战国遗址中出现了专门用于捕鱼的陶网坠,这些陶网坠有的呈长方形,两端留有系绳用的沟槽;有的是用陶片修整,磨圆穿孔后使用。[1]甚至在今东丽区和津南区发掘的众多战国古遗址中,还发现了大量掺杂了矿石的红陶、灰陶等黏土制品。[2]在高温作用下,这些易熔的矿石会填充到陶胚的孔隙里,从而使陶器质地更加细密,表面更加美观。

其次,铁器代替铜器,成为生产工具的主要制作原料。《管子·轻重乙》载:"一农之事必有一耜、一铳、一镰、一钢、一椎、一铚,然后成为农。一车必有一

---

[1] 罗澍伟主编:《近代天津城市史》,中国社会科学出版社1993年版,第29页。
[2] 侯福志:《大地史书——地质史上的天津》,天津古籍出版社2015年版,第116页。

斤、一锯、一钉、一钻、一凿、一铢、一轲,然后成为车。一女必有一刀、一锥、一箴、一铢,然后成为女。"①这里农夫、车夫、女工所使用的工具皆为铁器,这也说明战国时期铁器的用途已相当广泛了。因为与铜相比,铁矿石具有较高的硬度,不仅可用于制作礼器和乐器,以及贵族生活用品,还可以广泛地应用于各种生产工具的制作,更具有实用性和普遍性,比如用来松土、播种、中耕、收割的铲、镢、锄、镰等铁器农具。1956年,在天津地区出土的58处战国遗址和8处墓葬中,发现了大量铁制农业生产用具,比如战国铲,除了按把呈方形外,外形基本与现代使用的锹类似;还有用于播种的镢,外观为楔形,有的还铸成空心筒状,套在木把上使用。②虽然铁器的发现与利用是一个长期的过程,但铁器一旦得以广泛应用,势必会极大提高社会生产力,并在生产、军事和生活等领域引发深刻的变革。

根据出土的各种铁器、陶器等手工制品,可以确定战国时期天津地区已经开始了较为频繁的物资交流。比如齐国的"豆区釜钟"四种小量器,齐国田氏的"豆区釜"三种大量器同时在天津地区出现。正如《史记·货殖列传》中所言,南方有木材、丹砂、兽皮、鸟羽、象牙等,东方有鱼、盐、织物等,西方有玉石、皮革、竹木等,北方则有家畜、铜铁等,构成了货物的互补。而随着各地间物资交流的日益增加,战国中晚期出现了以货币为媒介的商品交换。像宝坻歇马台、静海西钓台、武清兰城、东丽张贵庄等遗址,都出土有战国明刀币。其中津南巨葛庄发掘出土了二十多枚燕国明刀币,而沧县肖家楼一次就出土了一百多公斤共计一万多枚的燕国明刀币。

货币的产生分离了商品流通中的买与卖,从而使商人在不同地区间专门从事商品买卖活动成为可能。静海西钓台遗址出土的直口折腹灰陶钵,同时期也出现在齐临淄城,而且印在泥质红陶罐肩部的"导"字,与山东邹县纪王城出土的陶文写法完全相同。还有,在今西青区境内出土的单树纹灰陶半瓦当,同样也是齐国临淄故城代表性的瓦当图案。③值得一提的是,静海王口村

---

① 〔唐〕房玄龄注,〔明〕刘绩补注,刘晓艺校点:《管子》卷23《轻重乙》第81,第459页。
② 天津文物管理处编:《津门考古》,天津人民出版社1982年版,第24页。
③ 刘幼铮:《春秋战国时期天津地区沿革考》,《天津社会科学》1983年第2期。

第一章　从村落经济到城镇经济的起步（先秦—1404）

出土的一批铸有"明"字的刀币，与山东省博山一带发现的背面刻有"齐化""齐化共金"等文字的"博山刀"相似，这也说明战国初期，齐国商人的足迹就已经出现在天津南部了。①

生产方式和商品交换的发展进一步改变了人们的生活方式。这一时期，以半穴式房屋为主的住宅逐渐减少，定居型房屋在考古遗址中逐渐增多，同时出现了贫富两极分化。富裕的人们已经住上用砖砌成的华屋，而且配有精美的瓦当。泉州故城出土的双鹿对立瓦当，以及津南区大任庄出土的奔驰中回首怒吼的猛虎瓦当，均是十分考究的精美艺术品。贫穷的人却只能住低矮的窝棚，北仓砖瓦厂就发现了长2.26米、宽1.87米的狭窄窝棚。②因此，城址的出现、铁器的使用以及货币的广泛流通，反映出战国时期天津地区人们生产、生活方式的发展变化，以及商品流通渐成规模。

二、秦汉至隋唐时期手工业和商业的发展

（一）秦汉时期手工业和商业的起步

从目前出土的器物看，秦汉时期天津地区的陶器、铜器等手工业水平，较战国时期有了进一步发展。这一时期的工艺水平具有三个特点：其一，制作精致。静海东滩头汉墓的墓壁和券门顶部有黑、白、红色几何形彩绘，色彩鲜艳，图形大方。蓟州别山汉墓的后室内砌石室，外套砖室，顶部修成长方形藻井，浮雕莲花。还有武清东汉鲜于璜墓出土的陶灯，器形高大精美，造型为多盏托盘式，座高50.8厘米，座身分为上中下三层，每层均有人物环绕，上层是一盘腿而坐的官吏，左右为侍从和骑士；中层多为骑士，骑马佩剑；下层为农耕之夫和驯兽之师。陶灯整体造型精巧，器形富于装饰性变化，呈现出淳朴典雅的风格。③

---

① 天津市文物管理处编：《津门考古》，第29页。
② 天津市文物管理处编：《津门考古》，第23—25页。
③ 敖承隆：《浅析东汉鲜于璜墓出土的陶灯》，孙进己等主编：《中国考古集成·华北卷》，哈尔滨出版社1994年版，第309页。

其二,器物的材质和种类繁多。除了铁器、陶器外,两汉时代的器物种类有铜器、玉石器、漆器、蚌器,甚至还有银器、金器和琥珀制作的器物。不仅材质多样,比如静海东滩头汉墓出土的陶器有灰陶、红陶、彩绘陶和釉陶,且品种繁多,仅铜器就有方形楼、扁楼、瓮、罐、壶、盆、鼎、钵、熏炉案、耳杯、勺、连支凤鸟灯、铜镜、镂孔堆塑车马人物灯座等,以及骨簪、玉珠、铜泡、蚌片、玛瑙串珠、银戒指、铜鎏金铺首等装饰品,铜镜还有乳钉纹和四神、昭明等种类。①

其三,手工制品除满足日常生活所需,更多的是用于装饰和祭祀。蓟州东关汉墓出土的随葬品中,就有大量的铜镜、玉器、宝石玛瑙串珠以及银戒指等随身佩戴的饰品;②静海东滩头汉墓不仅有日常生活的器具,也有大量的骨簪、玉珠、铜泡、蚌片等装饰品。③

战国至秦汉时期,天津地区的商业亦开始有所发展。战国时期,天津地区流通着燕国明刀币、齐国刀币、赵国安阳布、平阳戈以及博山刀币等多种钱币。计量方面,民间用田氏大量器借出粮食,用齐国小量器收进粮食,弊端颇多。秦统一六国后,推行车同轨,打破关津障碍;修治驰道,利于商旅往来;统一货币,推动商业发展。到汉朝,五铢钱和"货泉""大泉五十"先后成为天津地区主要的流通货币,商业渐兴。

(二)魏晋至隋唐时期手工业和商业的进步

汉代海侵后,天津地区先民离开平原,返回山地。魏晋南北朝时期,天津介于中原农区与北方牧区之间的过渡地带,受战争侵扰,经济发展迟缓。隋朝建立后,南接黄河,北达涿郡(今北京市大兴县)的大运河带动了运河航运发展,促进了南北经济文化交流。江都(今扬州市)的物品源源不断地北上,经过天津抵达涿郡城南(今北京市宣武区),"舳舻相次千余里"。受益于大运河,沿河的柳口镇(今杨柳青镇)也出现了"昨日临清买苇回,今日贩鱼桃花

---

① 赵文刚:《天津市静海县东滩头汉墓》,孙进已等主编:《中国考古集成·华北卷》,第314页。
② 赵文刚等:《蓟县东关汉墓》,孙进已等主编:《中国考古集成·华北卷》,第315页。
③ 赵文刚:《天津市静海县东滩头汉墓》,孙进已等主编:《中国考古集成·华北卷》,第314页。

口"的商业繁荣景象。①地处运河北端的派河尾,因兼有内河和海路运输的便利条件,南方的大米、绸缎经此北上,天津货物转运功能日渐凸显。

唐朝,政府在今东丽区军粮城以东一带开辟入海口,实行海运。军粮城一带是清河、滹沱河与潮河"三会海口"的集散码头,也是唐幽州(渔阳)驻军军饷运输的主要海运通道。有杜甫诗为证:"渔阳豪侠地,击鼓吹笙竽。云帆转辽海,粳稻来东吴。越罗与楚练,照耀舆台躯。"作为连接河海的漕粮转运集散地,来自南方的海船在军粮城靠岸后,所载的粳米、帛练由小船装载,或是沿着今天的潮白河、永定河至幽州,或者沿着曹操开凿的泉州渠、平虏渠到蓟州。这条海运线与蓟运河的连接,沟通了渤海湾内近海与内河的运输,不仅解决了边境驻军的粮饷和装备需求,也促进了天津与沿海、边境等地区的贸易发展。②

作为连接河海的物资转运和军粮储屯之地,军粮城日渐繁华,聚集了来自各地的民众,既有运兵,也有商人和本地居民。刘台村发现的唐代石棺,刻有龙形浮雕,随葬品有陶俑、乐俑、执箕俑、胡俑、驼俑等,③以及马、驼、羊、鸡等兽俑和日用器物模型,④塘洼砖墓出土的三彩陶罐以及白沙岭出土的青瓷豆等,直接证明了当时军粮城的繁荣。

三、宋元时期手工业和商业的初步发展

(一)宋辽时期手工业和商业的初步发展

早在唐中后期,饮茶之风遍及全国,"起自邹、齐、沧、棣,渐至京邑"⑤。位于沧、棣的天津地区饮茶也渐成风俗。宋辽对峙期间,以界河(今海河)为界,界河以北,酿酒业尤为发达,有官酿和私酿之分,天津地区所处的燕京一带的

---

① 《杨柳青谣》,邓绍基编注:《元诗三百首》,百花文艺出版社1991年版,第139页。
② 曹子西主编:《北京通史》第2卷,北京燕山出版社2012年版,第255页。
③ 乔虹编著:《天津城市建设志略》,中国科学技术出版社1994年版,第9页。
④ 王伟凯:《海河干流史研究》,天津人民出版社2003年版,第6页。
⑤ 封演撰:《封氏见闻记校注》,赵贞倍校注,中华书局1958年版,第46页。

作坊以产粮食酒而闻名,有"燕酒名高四海传"的说法。①

天津地区的制镜业不论是生产规模和技术,还是产品的数量和质量都超过了前代。从目前出土的情况看,天津的蓟州区、津南区、西青区、武清区等地均有铜镜出土,而且造型美观,花纹繁复。比如蓟州区营房村出土的"折枝牡丹镜"圆形紫铜色纹,外饰折枝牡丹3朵,3朵之间另加1小朵,花纹清晰,制作规整;桥状钮,宝相花钮座,镜体较薄。西青区大寺乡出土的"马家柳毅传书故事镜",镜面人物栩栩如生,衣带随风飘拂,河水波涛翻滚,依稀可见河底小鱼。②

宋辽时期,天津手工业技术呈现出两个显著特征:一是手工制作方法具有鲜明的文化交融特色。以定窑系白瓷烧制法为例,宋辽时期多采用支钉垫烧,天津北部佛教遗迹出土的精细白瓷,精巧的制作工艺和装饰纹样充分反映了辽代白瓷的制作水平。③金以后烧造方法开始多元化,出现了垫圈垫烧、疆烧法等,还有刻划及篦划等纹饰。二是手工制造工艺高超且独特。比如蓟州区西大佛塔,塔基内部为八角形夯土基座、外部砌砖,重修时又在外部夯土加固,此建造技术为我国现存唐、辽佛塔所鲜见。又如宝坻辽代佛教建筑广济寺三大士殿,则以"内部梁枋,结构精巧,似繁实简,极用木之能事,为后世所罕见"④。

隋唐五代之后,虽南北边界时有冲突,但经济交流却不断加强,商人交易屡禁不止。界河以北的辽国,既有煮盐之利,又有宋朝所必需的金、银、羊、马、骆驼,而宋朝产之锦帛、漆器、茶叶、香料、稻糯,以及所印之各类书籍,对辽人有足够的吸引力。尤其是廉价的北盐,经由泥沽海口进入界河沿河销售,边吏因循,不能禁止。⑤所以,地处交界、驻军增加、生产与生活方式的差异,以及南北方产品的互补,使得天津地区成为当时最合适的经济交流和商品集散之处。据史料记载,宋在雄、霸、沧各州县设置的榷务,年可获利40万缗。

---

① 赵荣光主编:《中国饮食文化史·京津地区卷》,中国轻工业出版社2013年版,第234—235页。
② 天津博物馆编:《天津博物馆集刊》第1期,天津人民出版社2008年版,第290页。
③ 故宫博物院古陶瓷研究中心编:《故宫博物院八十七华诞定窑学术研讨会论文集》下,紫禁城出版社2014年版,第394页。
④ 张炳学、刘志永主编:《中国地域文化通览·天津卷》,中华书局2014年版,第80页。
⑤ 廖隆盛:《北宋与辽夏边境的走私贸易问题(上)》,《食货》第10卷第11期,1981年。

第一章　从村落经济到城镇经济的起步(先秦—1404)

(二)金元时期盐业和商业的发展

金灭辽后,迁都燕京(今北京)。为满足燕京消费需求,金朝疏浚运河,山东、河北一带的粮食经南运河,"皆合于信安海壖,溯流而至通州"①。鉴于信安位置的重要,金朝在信安东界三岔河口建立直沽寨,设都统领兵戍守。三岔河口因汇集诸条河流入海,为重要的交通枢纽和军事要冲,加之盐业产销、驻兵屯田,使得在沿河与沿海两岸形成装卸货物的码头,由是人口聚集,商业逐渐发达。元定都大都(今北京)后,改直沽寨为海津镇。

元朝初年,京城所需之漕粮主要靠南方各省供应,"百司庶府之繁,卫士编民之众,无不仰给于江南"②。为此,元代相继疏通了北京至通州的通惠河,须城至临清的会通河,从而完成了北起大都,南达杭州,沟通海河、黄河、淮河、长江和钱塘江五大流域的大运河,形成了以大都为终点的大运河,也就是京杭大运河的前身。每年从江南运至京师的漕粮多达三百余万石,正如《元史》河渠志所云:"漕运粮储及南来诸物,商贾舟楫,皆由直沽达通惠河。"③后由于漕粮河道日渐淤塞,至元十九年(1282)政府试行海运成功。于是,粮船可自江南平江路刘家港(今江苏省太仓市东北)泛海,抵达直沽后,再沿河北运至大都。

直沽成为重要的海船、河船和驳船中转地。元朝设立了"接运厅",专门负责接运海路漕粮,还设置了"直沽海运仓"用于存放漕粮。同时大都附近的商船,也可通过内河经直沽出航至辽东半岛。④直沽进一步繁荣,张翥的诗云:"一日粮船到直沽,吴罂越布满街衢"⑤,并开始显现商品集散和贸易的职能。

---

①"信安海壖"即天津西青区北部,或已近天津旧城西;《金史》卷27《河渠志》,中华书局1975年版,第682页;卞僧慧:《试说直沽寨和信安》,卞僧慧:《天津史志研究文集》,天津古籍出版社2011年版,第204—211页。
②《元史》卷93《食货志一》,第2364页。
③《元史》卷64《河渠志一》,第1598页。
④孙玉琴、常旭:《中国对外贸易通史》第1卷,对外经济贸易大学出版社2018年版,第139页。
⑤〔元〕张翥:《读瀛海喜其绝句清远因口号数诗示九成皆实意也》,四部丛刊续编集部《蜕庵诗集》卷4,上海书店1985年影印版,第23页。

元朝诗人傅与砺曾感叹道:"驿路通畿辅,廥仓俯漕河。骑瞻西日去,帆听北风过。燕蓟舟车会,江淮贡赋多。近闻愁米价,素食定如何?"①

金元时期,天津地区的盐业也有了较快发展。元太宗六年(1234),三岔河口一带已有18户人家获得了煮盐许可,"初得旧户高松、谢实十有八人"。而后随着河路通畅,"商贩憧憧往来",设立盐场,"是年(1285)办课五百余锭,比之他场几倍之"②,将直沽所产食盐运往通州、大都和临清等地。值得注意的是,这些商贩不仅仅有经销食盐的商人,还有当地的坐商和往返于产销各地的客商。

总之,金元时期,天津河海通津地位进一步加强,为明清时期天津商业的发展创造了条件。

第四节　水陆交通的兴起与商品流通的多重方式

自先秦时期至元朝,随着村落和村镇的出现,天津的陆路、内河航运和海运等交通方式均有不同程度的发展。

一、陆路交通的变迁与功能的增强

(一)先秦至汉代的陆路交通

原始社会时期,随着辽河流域的"红山文化"、古黄河流域下游的"龙山文化"及西北部"夏家店文化"之间联系的加强,天津的陆路运输发展起来。当时,位于燕山南麓的蓟州、宝坻等,恰好处于上述文化的交错地带,其主要交通线应有三条:一是从今天津至北京,对北京山顶洞人的考古发现,"居住在北京龙骨山的'山顶洞人'已把海蚶壳钻孔做成项链,还捕猎过一米多长的青

---

① 〔元〕傅与砺:《河西务》,杨匡和校注:《傅与砺诗集校注》,第184页。
② 〔元〕王鹗:《三叉沽创立盐场旧碑》,康熙《天津卫志》卷4《艺文中》,第34页。

第一章 从村落经济到城镇经济的起步(先秦—1404)

鱼,他们捕鱼的地点多是在现今天津西北部当时的渤海沿岸,所以从北京至天津应当是有路可通"。二是由今天津向东北经今唐山、昌黎(或由天津向北经燕山山脉)通往辽河流域,"从几个文化系统的交流看,由天津地区向东北,经现今的河北省唐山、昌黎一线,向辽河流域有道路相通;或由天津向北经燕山山脉,向辽河流域有道路可通"。三是由今天津往南通向沧州、德州方向,"根据黄河下游山东地区'龙山文化'对天津地区直至东北辽河流域的影响,可以说明,由天津往南经沧州、德州方向是有路可通的"①。

到了周代,各地的农业、手工业、商业、文化、交通有所发展,相关的文化遗迹及其他资料表明,隶属于燕国的天津北部蓟州、宝坻一带,已经有了通向四方的道路:往东经令支(今河北迁安)、孤竹(今河北卢龙)一线去辽河流域;往西去燕(也称匽,今北京)、代(今河北蔚县西);往南到河口(指古黄河入海口),沿河经洺(今河北石家庄西南、山西昔阳一带)、邢(今河北邢台一带),可去宗周的国都镐京(今陕西省西安市长安区一带)和后来的东周国都阳邑(今河南洛阳);往北可翻越燕山,去"山胡"和"鬼方"(今长城外承德、赤峰等地)。②

秦汉时期是天津陆路交通有较大发展的一个时期。秦始皇统一中国后,开始在全国修筑驰道,"东穷燕齐,南极吴楚,江湖之上,滨海之观毕至"。散布在现在天津行政范围的聚落,分别隶属于泉州、雍奴、东平舒等县,蓟(今北京)是广阳郡的治所,已是繁盛的通都大邑,无终是蓟东边的重镇,也是通往辽东的必经咽喉。这时,在天津地区以驰道为骨干,已有了较为便捷的正规道路。在九条具有全国性的驰道中,有两条通过今天津北部:一条由咸阳出发,向东经过河南境,往北沿太行山麓,经邯郸、中山、燕京,过天津北部,到达碣石,"这是西起京城咸阳,通往东北疆域,远达朝鲜半岛的交通线"。另一条西起九原,连结云中(今内蒙古托克托一带)、雁门、代郡(今河北蔚县西南)、上谷(今河北怀来县东南),然后经今天津北部地区的渔阳、无终等重镇,到达碣石,形成了从东到西一条横贯中国北部的交通大干线。到了西汉时期,通

---

① 天津市政工程局公路史编委会编:《天津公路史》第1册,人民交通出版社1988年版,第10页。
② 天津市政工程局公路史编委会编:《天津公路史》第1册,第12页。

过天津地区的主要交通线发展到六条：一条由晋阳（今山西省）东出井陉，可直达赵、燕（今北京、天津一带）；一条经邯郸北行，到达涿（今河北涿州）燕（今北京、天津一带）；一条濒东海行，过碣石，到达辽东、辽西、朝鲜、真番之地；一条往东北出卢龙塞（今河北喜峰口附近），然后向东北行，可至右北平（今唐山往北包括承德、赤峰一带）；一条往北出无终（今天津蓟州），然后向东北行，也至右北平；一条由燕、涿诸地向南行，可至济北（今山东济南北部）、历城、临淄。①

（二）魏晋南北朝至元代的陆路交通

魏晋南北朝时期，北方陷入少数民族混战局面，天津及周围地区先后为后赵、前燕所统治，天津的军事防御功能开始凸显。如渔阳（天津蓟州）隋唐时期是北方的军事重镇，有驻军就必须有交通的支持，以保证与中央、地方政府的联系。在中原地区，陆路交通围绕着政治军事中心而构建。到隋唐时期尤其是唐武德元年至开元二十九年（618—741），形成了以都城长安为中心的道路交通网络。在六大干线中，有一条由代州（今属山西）到蔚州往东经飞狐道，经过太行山，由易州可达幽州、蓟州（今天津地区）等地；另一条通到魏州（今河北大名一带），经过冀州、瀛洲（今河北河间一带）等地，到达天津地区，此路支线可由青州（今山东益都）往北过黄河，经棣州、沧州通至今天津地区。②此外，唐朝初年，天津地区还有多条以蓟州治所渔阳为中心向外辐射的主要道路：第一条往东可达安东都护府（治所在今河北卢龙）、榆关（今河北山海关）；第二条往北经黄崖成（今蓟州黄崖关）、北口守捉（今古北口）、洪水守捉、盐城守捉（今河北遵化北长城上之龙井关、喜峰口等关口），可达绕乐都督府（今河北承德）；第三条往西可达潞县（今通州区附近）、幽州；第四条向南可达雍奴、昌州（今廊坊市安次区西）、会昌、范阳（今涿州）。③晚唐时期，今天津

---

① 天津市政工程局公路史编委会编：《天津公路史》第1册，第14—17页。
② 天津市政工程局公路史编委会编：《天津公路史》第1册，第20页。
③ 天津市市政工程局公路交通史编委会主编：《天津公路史略》第1册，天津市市政工程局公路交通史编委会，1984年版，第32页。

第一章　从村落经济到城镇经济的起步(先秦—1404)

地区的蓟州与宁河、宝坻、武清、静海之间的道路又有了进一步的拓展。

唐朝统治结束后,契丹、女真等北方少数民族先后兴起,分别建立了辽和金两个朝代,并与宋朝形成对峙。天津地区处于宋代的北部边境,是与辽、金两国交战的战场,陆路交通主要服务于军事防御。随着战事的升级,陆路交通又有新的拓展:一是北宋在宋辽边界设置了26砦(寨)和125叫铺,在海河南岸戍寨铺哨之间逐步形成了相互联系的道路;二是辽所属的军事重镇渔阳(今蓟州)成为重要的交通枢纽,向南可达东京(今开封),往西南可达长安,向东可至平州(今河北卢龙一带),往北可至长城以外地区;三是金大定年间,今京津一带成为金的后方基地,在一定程度上促进了道路建设。①其中,北宋所设乾宁军下属的六砦(寨)均在今天津地区内,"其路线大约是:往北六十里至钓台砦";"往北一百二十里至独流北砦";"往北一百二十里至独流东砦";"往北一百三十里至当城砦";"往北一百四十里至沙涡砦";"往北一百四十里至百万砦"。②

元朝定都燕京后,直沽(天津)成为京都门户,既是陆路和海防的要冲,也是首都居民生活和边境驻军粮饷装备的供应重地,地位日益重要,交通运输进一步开拓。从陆路交通上看主要是驿道,一是直沽、杨村、靖海(天津静海)与蓟州,分别是大都至陵州(山东德州)和大都至大宁(内蒙古宁城)驿道上的主要驿站。另一方面,天津远郊的道路交通有了新的发展。宝坻往西60里可通达香河,武清往西北70里也可到香河,靖海往北240里或蓟州往西南150里,均能通到香河县城,靖海往西北140里又可通达永清。③

由此可见,在先秦至元代的较长时期内,今天津地区的陆路交通逐渐形成,且随着天津政治军事地位的上升,防御职能得以加强。尤其是在金元时期,随着北京地位的日益提升,天津地区作为首都的屏障,驿路和道路均有进一步的发展。

---

① 天津市政工程局公路史编委会编:《天津公路史》第1册,第23—28页。
② 天津市市政工程局公路交通史编委会主编:《天津公路史略》第1册,第37页。
③ 天津市地方志编修委员会办公室编著:《天津通志·公路运输志》,天津社会科学院出版社2007年版,第22—23页。天津市政工程局公路史编委会编:《天津公路史》第1册,第30页。

二、内河航运的发展与水运网络的构建

(一)汉唐时期的内河航运

天津的内河航运也有悠久的历史。"早在公元三世纪以前,中国北方人民就利用天津一带的天然河流进行水运活动。"①东汉末年,天津的内河航运随着战争物资运输的需求而出现。公元206年,曹操为北伐乌桓,先后开凿平虏渠、泉州渠和新河渠,沟通了华北平原上的300多条河流,使其汇流成的清河(今南运河)、滹沱河(今子牙河)、泒水(今大清河)、永定(漯水),汇合于泒水尾(今海河)入海,形成了海河水系。而泉州渠和新河渠的通航,使南来船只可驶入蓟州一带,东达濡水(今滦河),把天津周围的水路勾连起来,形成海河水系的航运,这既保证了军需供应,也为当地民众的生产生活提供了方便。

隋唐时期,随着大运河及新平虏渠的开凿,南起杭州、北达涿郡(今北京附近)、长1400多公里的大运河通航,沟通了海河、黄河、淮河、长江、钱塘江五大水系,天津地区逐渐形成运河北端的航运枢纽,每年经过这一带转运的漕粮在200万石左右。唐代,燕山脚下的渔阳已是北方的军事重镇,驻扎官兵9万余人、马6000余匹,需要军粮50万石。这些军需民食在运往渔阳和范阳时,由于没有河道直达,所以从永济渠和海上来的漕船,只能从军粮城出海北上,经过一段海路,再进入鲍邱水,才能到达渔阳。为了避海难,缩短行程,公元707年,沧州刺史姜师度沿泉州渠故道开凿一条新平虏渠,连通了泒水尾和鲍邱水。南方的军需物资经过沿海的军粮城和北部的蓟运河供给燕山山脉的驻军。②

(二)金元时期的内河航运

金贞元元年(1153),海陵王完颜亮把都城从上京迁到燕京,改称中都,为

---

① 天津市地方志编修委员会编著:《天津通志·港口志》,天津社会科学院出版社1999年版,第5页。
② 天津市地方志编修委员会编著:《天津通志·港口志》,第15页。

第一章　从村落经济到城镇经济的起步(先秦—1404)

满足中都皇室贵族、文武百官和军队的粮食物资需要,金朝大力发展漕运。有学者认为,"天津漕运虽然起源很早,但其真正成为漕运枢纽和首都门户却开始于金朝"①。大定二十年(1180),金政府疏通黄河以北大运河段。次年,运往中都的漕粮达170万石。泰和五年(1205),金政府再次疏浚运河,"转年,设漕运司及巡河官吏,令河漕所经之地州府官衔内皆兼提控漕河事,县官则兼管勾漕河事,俾之催检纲运营护堤岸。并设立专业漕运船队,转运滑州、大名、恩州、景州、沧州、会川之粟;苏门、获嘉、新乡、卫州、浚州、黎阳、卫县、彰德、磁州、洺州之馈;衡水经深州会滹沱献州、清州之饷,各路皆汇于直沽(三岔口)至通州,由通州入闸十余日至京都"。泰和六年(1206),漕运逐渐形成一套定制:"漕船分官雇民载和民赁官船两种,每30只为一纲,分春、秋二运,装粮前三天验船,一天装一纲,贴上封条,三日启行(航);根据水路远近、逆顺流规定船期。到达受粮地,三天卸完,挽漕报酬。水运盐每石百里48文,米50文,粟40文;陆运米每石百里112文,粟57文;对于漕船规定轻重船只的上下水日行里程,上水重船日行35里,轻船日行50里,下水重船日行百里,轻船日行200里。漕制完备,后人多以效仿。"②

至元八年(1271),忽必烈建立元朝,定都燕京。"元都于燕,去江南极远,而百司庶府之繁,卫士编民之众,无不仰给于江南",因此政府对漕运十分重视。当时,漕粮在运输过程中,大部分仍然使用此前的旧有运河,"自浙西涉江入淮,由黄河逆水至中滦旱站,陆运至淇门,入御河,以达于京"③。在元政府推行漕运初期,每年运到大都的漕粮只有30万石。"至元二十年(1283年)江淮水运不通,于是自淮水以北开济州泗河,分汶水至须城之安民山,入清济故渎,经东阿旱站至利津河入海,由海运至直沽。因海口泥沙壅塞,不便通行,又改由东阿陆运二百里至临清入御河,劳费甚巨。后开凿胶莱新河通海。至元二十二年(1285年)经胶莱水道载江淮之米,达运直沽港转运京师者有六十

---

① 李俊丽:《天津漕运研究(1368—1840)》,天津古籍出版社2012年版,第3页。
② 天津市地方志编修委员会编著:《天津通志·港口志》,第16页。
③ 《元史》卷93《食货志一》,第2364页。

万石。"[1]

综上所述,虽然天津地区的内河漕运兴起较早,但由于在较长时期内,中国的政治中心多位于关中平原和中原地区,因此直到金元时期,经由内河运输的漕粮数量并不多,仅有30～60万石,内河航运仍处于兴起阶段。后来,随着天津周边人口的聚集和内河漕运带来的商业发展,天津地区初步形成了内河运输网络的骨架。

三、沿海航路的开拓与漕粮海运的出现

(一)沿海航路的开拓

始于东汉末年的"河漕",仅是天津漕运的组成部分之一,随着海运的发展,到了唐代,海运已成为漕运的又一重要组成部分。据查证,唐宋时期海河尾闾的"泥沽嘴""军粮城"即为当时的海河入海口。当时,唐朝政府为防备北方游牧部落袭扰,曾在今河北省北部驻守重兵,设置范阳节度使,由于给养庞大,当地无法筹措,唐王朝"于扬州置仓,以备海运,供东北边防用"。遂有"禄山镇范阳,江淮输輓,千里不绝"之举。为加强海漕管理,唐朝于开元二十七年(739)任命李适之为河北海运使,统管河北一带的海运。随后又命令范阳节度使经管河北支度营田及河北海运,以加强天津港口的海漕管理。

到了元代,由于运河初开时道狭水浅,只能通航150料以下的船只,因此河漕远不能满足京师的需要,海运乃应运而兴。至元十三年(1276),伯颜曾令南宋官员朱清、张瑄等将南宋库藏图籍由海道运入京师。至元十九年(1282),元政府首次试行海漕:"是年,命罗璧、朱清、张瑄试行海运漕粮,由浙西平江刘家港起航,抵直沽杨村码头。次年,设海道万户府和千户所,分驻直沽与吴会,专司海道运粮;并设都漕运使司,掌管御河上下至直沽等处积聚漕运粮斛之事。"[2]

---

[1] 李华彬主编:《天津港史》(古、近代部分),人民交通出版社1986年版,第21页。
[2] 天津市地方志编修委员会编著:《天津通志·港口志》,第17页。

第一章　从村落经济到城镇经济的起步(先秦—1404)

到至元二十九年(1292)以前,"海道运粮之航线,初创时自刘家港入海,经黄连沙头,万里长滩开洋,沿山岙而行,历东海、密州、胶州界,放灵山洋,投东北路,多有浅沙,行月余才抵成山,更由成山至杨村码头(今河北武清),首尾计程6670公里。此路初时,因沿山求屿,风信失时,经年始至。此航线虽近大陆海岸山峡,但浅沙无算,航路极为险恶"①。

至元二十九年(1292),又开辟了一条海运航线:"自刘家港开洋,至撑脚沙转沙嘴,至三沙、洋子江,过匾(檐)(担)沙、大洪,又过万里长滩,放大洋至青水洋,又经黑水洋至成山,过刘岛,至芝罘、沙门二岛,放莱州大洋,抵界河口(即直沽,今海河口——引者)。"②"该航线比旧路径直,且前后均有便风,如无它故,约半月可达;如遇风浪不便,也许要三四十天以上。由于此航线必须以一路顺风为前提,难以掌握,不少船仍习惯于近岸航行。"③

至元三十年(1293)由殷明略开辟了第三条南北海运航线:"从刘家港入海,到崇明州三沙放洋,向东行,入黑水大洋,取成山转西,至刘家岛,又至登州沙门岛,于莱州大洋入界河"④,最终到达直沽,"这条航线远离海岸,路程径直,缩短了航期,奠定了近代北洋航线的基本走向"⑤。

(二)漕粮海运的兴起

由于航线不断缩短,造船和航海技术不断进步,海运漕粮的数量也不断增加。据统计,至元二十年(1283),经直沽港转运的海运漕粮约为4.6万石,到天历二年(1329)增至约352万石。"在初行海运时,大船不过千石(150吨),小船不过300石(46吨),延祐(1314—1320年)以来,大船已达八九千石,小船二千余石。"⑥

---

① 辛元欧:《上海沙船》,上海书店出版社2004年版,第59页。
② 《元史》卷93《食货志一》,第2366页。
③ 辛元欧:《上海沙船》,第59页。
④ 《元史》卷93《食货志一》,第2366页。
⑤ 辛元欧:《上海沙船》,第59页。
⑥ 辛元欧:《上海沙船》,第59页。

表 1-1　1283—1329 年直沽港海漕转运数量表　（单位：石）

年代	海漕起运量	年代	海漕起运量	年代	海漕起运量
1283	46,050	1284	290,500	1285	100,000
1289	935,000	1290	1,595,000	1291	1,527,250
1292	1,407,400	1293	908,000	1301	796,528
1302	1,383,883	1303	1,659,491	1304	1,672,909
1305	1,843,003	1306	1,808,199	1319	3,021,585
1320	3,264,006	1321	3,269,451	1322	3,251,140
1323	2,811,786	1326	3,375,784	1327	3,152,820
1328	3,255,220	1329	3,522,163		

资料来源：李华彬主编：《天津港史》（古、近代部分），第 24 页。

随着河漕和海漕的发展，直沽成为漕粮最重要的转运港，与码头相适应的仓储设施不断增建。"至元十六年（1279 年），在潞河尾闾，三岔河口附近，地势较高的地方，建立了广通仓，以接储南来海船之粮，疏京师之粟。随着海运量的增长，至元二十五年（1288 年）又增直沽海运米仓，仓库的建设和发展标志着直沽港开始向转运、存储等多方面发展。元代皇粮存储，京师前后共置二十二仓，通州置十三仓，在直沽港口附近的河西务置十四仓。"[①] 其中，广通仓包括仓上、南仓、北仓在内，并设秩正七品大使管理；[②] 设于河西务的十四仓分别为永备南仓、永备北仓、广盈南仓、广盈北仓、充溢仓、崇墉仓、大盈仓、大京仓、大稔仓、足用仓、丰储仓、丰积仓、恒足仓、既备仓。[③]

总之，在由村镇兴起到成为海河沿岸重镇的较长时期内，天津地区的陆路运输、内河航运和海运均有不同程度的发展，尤其是金元时期内河航运和海运又有了进一步的发展。随着直沽成为河漕和海漕最重要的转运港，与之相适应的仓储设施也不断增建。由于河漕与海槽的衔接与转换需要借助海河水系才能完成，因此这一时期天津地区的交通状况表明，海河的交通功能已经得到一定程度的利用和发挥。

[①] 李华彬主编：《天津港史》（古、近代部分），第 27 页。
[②] 天津市北辰区地方志编修委员会编著：《北辰区志》，天津古籍出版社 2000 年版，第 162 页。
[③] 天津市文物管理处编：《津门考古》，第 77 页。

第二章 城市经济的兴起与集散中心的初成(1404—1859)

明初,天津设卫筑城,以军事防御为主要功能,然而河海交汇的地理优势使其迅速成为漕粮转运地,成为南北商品、沿海与腹地商品流通的汇集地,盐业和屯田也增强了自身的经济实力。到了清代,天津设立州府县,被纳入地方行政管理体系。由于天津地处畿辅,具有拱卫京师之责,其政治地位逐渐凸显;河海交通的逐渐便利,促进了各路商品和商帮的汇集,推动了城市经济的发展,逐渐形成了以天津为中心的贸易网络。明清时期的天津,不单纯是京师屏障和首都门户,也是沟通南北、沿海与内地的商业城市。到了清代中叶,天津的城市人口稳居北方第二位,分别拥有内河码头和沿海港口,已经发展成为北方最具经济活力,以直隶、山西、山东以及内蒙古与东北部分地区为腹地的集散中心。

第一节 行政建制与城市功能的定位

一、行政建制的设立与对城市空间范围认知的变化

(一)行政建制的设立

最早以天津为名称的建制,是明永乐二年(1404)设立的天津卫。明初政府为了防御外族,在北方边境设立了大同、宣化等"九边"重镇的同时,在沿海也设立了诸多军事卫所,以增强海防,如天津卫、金山卫、靖海卫。《山东通志》

记载,明嘉靖年间山东省的18个卫中,在沿海有登州、大嵩、宁海、靖海、安东、成山、威海、莱州、灵山、鳌山10个。浙江省沿海也有宁波、海宁、海门、观海、磐石、金乡、松门、临山、昌国、定海等卫所。① 在天津设立军事卫所,标志着中央政府对天津军事地位的认可及其作为军事城堡性城市的形成。"卫"是明代兵制的等级,是一级军事建制,只有军事管辖范围,没有明确的行政区划。天津及周围设立了天津卫、天津左卫和天津右卫三个卫,军事管辖范围大致东起渤海,南达山东德州。永乐三年(1405)年,天津修筑天津城,开始有了早期的城区,由于明朝中央政府决定全部漕粮通过运河运输,因此天津城的城址选定在临近南、北运河交汇的三岔河口,又靠近海河,东边距离海河220步,北边距离南运河也就是卫河200步。天津卫城设计成东西长、南北短的矩形,城垣周长9里13步,高3丈5尺,开设四个城门,城门上均有城门楼。这就是人们常常说的"算盘城",它是明清传统城市最常见的形态。从初建的环境条件分析,城北面对卫河,南面临近城南洼地,设计成矩形可说是最佳的形状。

天津三卫的指挥机关设于城中,天津各卫设置指挥使,以下有指挥同知、指挥佥事、千户、镇抚、百户、经历、知事等各级官吏。政府在天津设卫主要是出于军事上的考虑,而天津卫城在行政上仍然分别隶属于直隶顺天府的两县,即西门和南门外属静海县,东门和北门外属武清县,诸如民刑、庶政以及户口、税收等各项事宜,则归各府、州、县地方行政机构掌理。因此,最初的卫所权限职能多局限在军事方面,漕运则另有官吏执掌。当时的卫所实行兵农合一的管理办法,世袭的军士在所属之地屯垦,其主要职责是筑城垣、守卫城、监督保护漕运,修建和保卫粮仓,以及屯田和军事训练。随着天津拱卫京都和承运漕粮等政治经济地位的提升,天津城内还陆续增添了盐运都司、巡盐部院、督饷部院、屯田部院、天津巡抚、天津通判和海运、漕运总兵等官吏和衙署。明弘治四年(1491),中央政府设按察司副使一人,"整饬天津等处",其职能除了掌管"操练军马,修竣城池"之外,还有"禁革奸弊,问理词讼,兼管运

---

① 参见施剑:《试论明代浙江沿海卫所之布局》,《军事历史》2012年第5期;孙献涛:《明代沿海卫所研究》,北京师范大学硕士论文,1997年。

第二章 城市经济的兴起与集散中心的初成(1404—1859)

河事宜"的权力,①这使得天津这一军事卫所长官的职责,在军事防御、监管漕运和保护仓廒的范围之外,增添了一些地方行政管理的色彩。

清王朝建立后,开始裁并卫所。顺治九年(1652),天津三卫合为一卫,统称天津卫,仍然属于军事型的建制,卫守备武秩正五品,由兵部直接委任,归漕运总督管辖,掌率屯丁耕种屯田及领运漕粮等事。但是,此时的天津作为首都的门户,人口聚集,大量的漕粮和南北商品在这里集散,仅仅靠军事卫所已不能有效管理地方事务,需要设立地方行政管理机构。于是,雍正三年(1725)清政府将天津卫改为天津州,隶属于河间府,成为地方行政的一级机构。天津州的设置,完成了天津由军事城堡向具有行政管理职能的城市的过渡,标志着天津地域型区划的初立。天津州的政区仍旧,散布在其他州县,原来的卫城即是州城,除南运河南岸和海河西南的一隅之地属天津州外,城内外的西南与东北分属静海县和武清县。城区分属不同的州县管辖,是清代常见的一种规制。天津虽然由卫改州,由军事建制改为行政管理建制,但在管理上仍然是错落纷歧。同年十月,天津州升为直隶州,辖武清、青县、静海三县,直隶州的行政层序与府同,只是没有附置县。建制如此变化的好处是:"经界整齐,设施便利,既无鞭长不及之虞,亦无邻封掣肘之患。"②由于当时制度草创,诸多事宜一时难以落实,直至雍正八年(1730)才正式将武清县所属的143个村庄,静海县和沧州地区的113个村庄划归天津直隶州管辖,形成了地方行政管理的地域范围。

雍正九年(1731),清政府又将天津州升为天津府,附置天津县,将原管辖之青县、静海,以及沧州、南皮、盐山、庆云等一州六县归天津府管辖,府界东至渤海,西至顺天府霸州,南界山东武定乐陵县,北界顺天府宝坻县,东北、西北界顺天府宁河县、东安县,西南界河间府的东光县。据光绪年间《重修天津府志》卷19记载,天津县设立之初,其政区四界为:东100里至海,西南35里到静海县界,东北75里至顺天府宝坻县界,西北50里与顺天府武清县为界。全

---

① 康熙《天津卫志》卷2《职官》,第37页。
② 同治《续天津县志》卷16《艺文一》,第2页。

县东西宽90里,南北长75里。① 于是,天津城成为清政府地方行政管理的中心,既有天津府衙署,又有天津县衙署,由知府、知县分管府、县辖境内的行政、司法、治安和经济。地方教育也分设府学、县学,由教谕、训导主其事,另设有天津理事同知、同知等。

由于天津为畿辅首邑,又有漕运、海口和盐业等,清廷还在此设立了许多专门性的机构。如雍正八年(1730),河道总督一分为三,分别为江南河道总督、东河河道总督与北河河道总督。设在天津的直隶河道总督(简称北河总督)管辖海河水系各河及运河防治工作。因海河水系几乎全在直隶辖区内,乾隆十四年(1749)后北河总督例由直隶总督兼理。康熙七年(1668)长芦巡盐御史、康熙十六年(1677)长芦盐运使的官署移到天津,督察、审理和巡视盐务事项;康熙元年(1661)钞关衙署于从河西务移到天津,更名天津钞关,负责收取关税;天津总兵总署也设在天津,统辖顺天、永平、河间、天津四府所属的军务,下辖镇标营、城守营和水师营等。

(二)对城市空间范围的认知

随着天津政治经济地位的提高和人口的聚集,人们在观念上对天津城区的认识不再仅仅局限于城内,而是延伸到了城外的四乡。1846年前后,根据清政府的要求,天津地方政府进行了户籍和人口的调查,编成《津门保甲图说》,该书所示天津城的空间范围包括了天津城、城厢和四乡,其中天津城厢北连真武阁,东北连毛贾伙巷,东界至磨盘街东浮桥,东南到连闸口,南到海光寺,西南到南掩骨会,西连三官庙,西北界连板桥市。这大概就是当时民众观念中的天津城区。

天津民众对天津城区的认识,也与其防御功能增强有直接的关系。第二次鸦片战争期间的咸丰八年(1858)四月初八日,英法联军攻陷大沽炮台,溯白河而上,进逼天津,六天后驶抵天津城下。清朝军队节节败退,同年五月初八日便签订了《天津条约》。条约签订后,清廷既对外国的入侵感到恐惧而无

---

① 光绪《重修天津府志》卷19《舆地》,第3页。

第二章 城市经济的兴起与集散中心的初成(1404—1859)

力抵抗,又对外国公使驻京等条款难以接受,于是决定加强天津海口的防御能力。五月底,英法联军舰船驶离天津后,钦差大臣僧格林沁开始奉命复设水师、整修炮台、操演兵勇,并从吉林、黑龙江、内外火器营等调拨官兵7000余人次加强天津防备。

同年五月,列强再次兵临大沽口,要求进京换约。两军在大沽炮台激战一昼夜,伤亡惨重,清军最终获得第二次鸦片战争中唯一的一次胜利。于是,咸丰帝再次下旨增调兵马,僧格林沁也开始在天津训练民团,准备修筑新的防御工事。十一月三十日,僧格林沁和直隶总督恒福联名上奏朝廷:"天津城池半已残缺,城内民无宿粮,地无井泉,每日水米,均恃城外接济。所有富商大贾,百货居集,均在城外,防守甚难。"奏折中讲到天津城内物资紧缺而防守不易,提出了修筑濠墙的建议:"亟应设法严防,揆之地势,亦应附城一带挑挖重濠,筑立土城,将四门关厢,圈入重濠,设有警动,守濠即系守城,较为得力。"僧格林沁等还描述了修筑濠墙的工程:"勘濠墙地势,周围约长三十五里。因东西北三面铺户居民房屋林立,相连数里,南面近城地方多系坟茔,是以不能收缩。而三十五里尚不甚大,易于防守。"[1]其设想就是根据天津城的地势,在城外挑挖重濠,修筑土城,用濠墙将天津老城圈起来,形成一道抵御外来之敌的防线。咸丰帝上谕称道:"挑挖环濠,布置事宜,亦属周密。"[2]

咸丰十年(1860)正月二十六日,天津濠墙修筑正式开始,其主要工程包括挑挖壕沟,并以挑挖沟土垒成土墙,设门出入,最初设门6处,后增加到11处。该项工程估计用时数月,应于当年五月底前完工。五月二十四日,僧格林沁曾在奏报中提及:"又因天津环濠炮台工竣,必须派兵防守,已将天津镇兵一千名饬交盐运使崇厚统带,以资守卫。"[3]据清同治年间编纂的《续天津县志》卷三城池中记载:"筑建濠墙,距城里余至五六里不等。营门凡十一:东沈

---

[1]《钦差大臣僧格林沁等奏筹画海防布置事宜折》,中国史学会主编:《第二次鸦片战争》第4册,上海人民出版社1978年版,第282页。
[2]《钦差大臣僧格林沁等所筹津防布置已悉著先期奏调官兵并即行来京陛见上喻》,中国史学会主编:《第二次鸦片战争》第4册,第285页。
[3]《钦差大臣僧格林沁等奏调拨官兵防守津沽并俄船到北塘派员往晤情形折》,中国史学会主编:《第二次鸦片战争》第4册,第418页。

家庄;东北锦衣卫桥、窑洼;北玉皇庙;西北佟家楼、教军场西岸善庆庵、三官庙;南海光寺;东南梁家园、行宫。围长共三十六里,濠如之。"该濠墙将临近的河道及城外居民、店铺等密集地带一并圈入,并在濠墙之外设置大炮台2座、小炮台10座,驻兵5000人,铺勇3000人。自此,天津城外又多了一重用于防御的外墙。但是,这道防线并没有起到防御外敌的作用。咸丰十年(1860)七月,英法联军再次进军天津时,僧格林沁放弃了刚刚修好的濠墙,致使联军很快攻破濠墙,占领了天津。

此后,天津地方政府曾经多次维修这道濠墙。如同治二年(1863)正月和八月修补濠墙以防农民军,同治七年(1868)三月崇厚下令重新修筑濠墙以抵御捻军,使其"屡次冲扑不能犯,郡城赖以安堵,众始知濠墙足恃,而服公之先见焉"①。光绪七年(1881),李鸿章督直,认为天津无险可守,而天津已经开埠,居民增多,城区日渐扩大,必须依赖濠墙才能抵抗突发事件,因此开始大规模重修濠墙。六月十日,李鸿章率官员验收,此时濠墙长6900余丈,高1.1丈,底宽3.6丈至4.5丈,顶宽1.2丈,墙顶加筑垛墙一道;濠长也是6900余丈,底宽3丈至8丈,深5尺至9尺;重新修建了14座营门,土炮台28座,兵房21间,配置了马道、木桥、水关、涵洞、石闸等相关设施。

1900年,清军与八国联军在濠墙内外多次战斗,未能阻挡住侵略军,濠墙被夷为平地,壕沟成为天津的墙子河。这道濠墙的范围比《津门保甲图说》所记的范围有所扩大。尽管在防御外敌中几乎没有起到作用,但适应了天津城市人口迅速增长、经济活动日渐活跃和集散能力不断增强的新形势,形成了民众和管理者观念中天津城区的范围,即天津的城区以土墙子为界。1900年八国联军在天津设立都统衙门时,其行政管辖范围即以濠墙为界,如《天津城行政条例》中宣布:"本委员会将天津城和直至土墙的周围地区行驶其管辖权。"②

因此,当地居民对天津地域空间的认知,也是随着天津政治经济地位的

---

① 同治《续天津县志》卷3《城池》,第2页。
② 《八国联军占领实录 天津临时政府会议纪要》,倪瑞英等译,天津社会科学院出版社2004年版,第1页。

第二章　城市经济的兴起与集散中心的初成（1404—1859）

提高和人口的剧增不断扩大。天津开埠之前，民众观念中的天津空间范围已经超过了原有的城墙内外，包括了周边的四乡，即沿着海河西岸向北、向南延伸到子牙河与金钟河周边，以及城墙以南为防卫陆路上北犯的要道，有的地方与土围墙（墙子河）重合，有的地方已经越过了墙子河。因此，20世纪初濠墙内外已经是当时民众观念中的城区范畴。

天津城厢人口的分布和职业构成也可以印证其集散和贸易商业功能的增强和城区范围的扩大。明代的天津虽有城墙，但在城内外形成不同的居住区。天津城内的道路是以官道为主干，共有20多条街道；清代新辟街道和里巷后，增至300多条。①运河和海上运输的发展，使得城东和城北的河道沿岸码头遍布，货物堆积，从事转运、商品批发和收购的商店，以及斗店、货栈与经纪人等的聚集，使其成为人口最为集中的地区和最早的商业区。从空间分布上看，天津城里是政治中心，除了各级行政机构外，"余文武大小公廨十有四，庙三十有一。大街四、小街四、街巷一百有六"，格局井然有序。1850年前后的人口统计表明，天津城内和东北部沿河一带繁华商业区的居民中，"土著居民为746户，仅占全城区总户口数的2.28%"。正如当时的史书所言："本卫土著之民，凋零殆尽，其比闾而居者，率多流寓之人，是津门虽属商贾凑集之地，而土著者不得获利焉。"②甚至有人认为天津"无所谓土著"③，城内外居民多是从华北各地乃至南方沿海而来，经过几代的繁衍，成为天津久居民众。

天津城厢人口的职业结构也可以说明其经济功能。据《津门保甲图说·总说》记载，包括城内和城厢，共有盐商372户，其中住在城里的159户，占盐商总数的42.74%；住在城里的坐商、行商和负贩占总数的51.11%。在城外，商业繁华地区是北门外和东门外，这里包括盐商、铺户和负贩在内的经商人口户数分别占该地区总户数的59.27%和53.01%。在东北城角、西门外和南门外，经商人口户数也分别占41.45%、38.01%和44.52%。整个城厢32761户中，从事商业的也有17,709户之多，占总户数的比重达到54.1%，即全城超过半数

---

① 参见乔虹：《天津通志·城乡建设志》上，第262页。
② 康熙《天津卫志》卷2《利弊》，第5页。
③ 高凌雯：《志馀随笔》卷3，天津古籍出版社1982年版，第19页。

的居民在经商。

二、城市主要功能的初显与人口增长

(一)城市主要功能的初显

首先,天津是以一个军事卫所而设立的,这决定了其军事防御的定位和主要职能。天津是拱卫首都的门户,明朝迁都北京后,天津的军事防御职能更为突出,即当时朝野所言的"当海河之要冲,为畿辅之门户"。明代的《天津三卫志》只留下的序和跋,其中亦言天津"北迩京师,南扼千万里之通津,而东为滨海捍蔽矣"。弘治八年(1495)李东阳的《修造卫城旧记》言其为"畿辅之近,喉禁之要",十年后《天津提刑兵备分司新建旧记》镌刻的碑文称:"去京师二百余里,地连大海,当南北往来之要冲。"文人则形容天津为"屹然京师一巨屏"。[1] 首都的门户是天津出现和城市形成中的政治因素,也说明了天津对首都的依附关系。

清代以降,天津改卫为州,并升格为天津府,表明地位的迅速提高,其功能中仍然保持着不断增强的政治和军事职能。这时,天津已经不用再防御关外进犯,但拱卫首都的地位没有削弱,一方面是防御台湾郑成功等抗清力量的北进,另一方面防范西方殖民者和日本对中国的窥伺。当时天津有较为完整的军事防御系统,城外和沿海筑有炮台,海口有水师营。道光初年政府又命令直隶总督召募团练,修筑壕墙和濠沟,以加强对内对外的防务。

康熙朝《天津卫志》总纂修薛柱斗在序中言道:"名虽为卫,实则即一大都会所莫能过也。"这表明,清代中叶以前的天津是在军事防御为主要职能的前提下,因政府与市场双重作用而发展起来的城镇。

其次,包括漕运、南北贸易在内的集散功能和驻军屯田,原有农业和盐业的发展,成为支撑天津经济实力增强和促使其成为一定规模商业城市的最主要原因。运河是漕粮运输的通道,是朝廷生存的命脉。由江、浙、两湖和安徽

---

[1] 康熙《天津卫志》序、旧序,卷4《艺文中》,第4、1、13、14、20页。

第二章　城市经济的兴起与集散中心的初成(1404—1859)

等省运往北京以及北部边境驻军的粮食,都要通过运河运输。首都北京是北方最大的城市,明正统十三年(1448),城区有96万人;[1]生活消费品的供应日见增多,而该地区又是中国东部临海地区三大缺粮区之一,[2]所以需要大量南方粮食来维持城市的消费。北部是与辽东接壤的前线边界,有大量的驻军,其粮饷和装备的供应也要靠南方供应。天津是距离北京最近的交通枢纽,粮食与军需品由南方海运或河运至天津,再用小船运往北京和辽东的驻军,"输粟四十九万余石,饷北京及辽东"[3]。永乐六年(1408)运北京的漕粮总数为180余万石,其中100余万石是先卸存在天津后陆续运至的。大运河全线贯通后,遂罢海运,漕粮运量日增。在明初每年南粮北调的漕粮约在200～300万石之间,宣德七年(1432)达到最高峰670万石,正统年间每年漕粮运量在450余万石上下。

由于北运河河道浅窄,漕粮运至天津后需要倒载到能在北运河行驶的驳船运至京通各仓。这样一来,天津便成为最重要的漕运枢纽和漕粮贮存地,大量的漕粮汇聚转运或储存,天津及附近囤积粮食的仓厫迅速增加,从15世纪中叶的近百座,17世纪初增加到三百余座。这些仓厫既有露天的,也有永久性的,"所贮水次官粮,动称万计"[4]。清代,天津作为首都等地食粮转运和囤积地,漕运枢纽功能继续增强,有常年负责漕运及屯留的兵丁14万人,运船万余只,运送漕粮400余万石。漕粮转运和仓储促进了天津经济功能迅速增强,进而成为南北交通枢纽和货物集散中心。

明代政府规定,漕船水手和运兵允许随粮船夹带"土宜",即各种土特产品沿途交易,免除税收,以替代运费;其数量从最初的每船10石,逐渐增加到60石,到了清代增加到100石。所以,承运漕粮的运兵和船工同时也是南北贸易的推动者。清代,在天津各条河道上有众多装载土特产品的漕船,"漕船到

---

[1] 转引自韩光辉:《北京历史人口地理》,北京大学出版社1996年版,第104页。
[2] 参见[美]德·希·珀金斯:《中国农业的发展(1368—1968年)》,宋海文等译,上海译文出版社1984年版,第191页。
[3] 《明史》卷153《陈瑄传》,中华书局1974年版,第4027页。
[4] 郭蕴静主编:《天津古代城市发展史》,天津古籍出版社1989年版,第227页。

水次,即有牙侩关说,引载客货,又于城市货物辐辏之处,逗留迟延,冀多揽载,以博微利"①。每值漕运时节,天津沿河码头帆樯云集,穿梭往来,商贾汇聚,一时间市声鼎沸,百货云集,"繁华热闹胜两江,河路码头买卖广"②。这时的天津,不仅在南北粮食运输系统中占有重要的地位,提升了中转运输的功能,更为重要的是江南和天津腹地货物的交易增强了自身的经济实力。

这时,天津没有地方行政建置,但作为拱卫首都的军事要地,加之内河外海交通带来了商品交易范围的扩大,增强了聚集性功能,经济职能愈发突出,其规模和作用超出了军事卫所,成为中国北方最重要的城镇。明宣德四年(1429),中央政府先后设户部钞关(常关)于运河沿岸的漷县、临清、济宁、淮安等处,所有从南运河北来的漕船、货船,都要在此验关纳税。明正统初年,钞关从漷县移至河西务,清初康熙元年(1662)又将河西务关移至天津,改称天津关。

海运兴起,使得天津的南北方贸易更加兴盛。清中叶,"商船往还关东、天津等处,习以为常"。南方各地商旅纷纷放舟北上,直趋天津、奉天,出现了"万商辐辏之盛,亘古未有"的景象。由上海往来于天津、牛庄、芝罘的船只为数更多。上海一带有沙船3500只左右,大号沙船可载5000石,小号沙船也可载1500石左右,总运输力约达20万吨以上。开埠以前,航行于北洋航线的江浙沙船等约有万艘,货运在50~60万吨左右。从上海到天津、营口等地的船只,在宁波装上茶叶、毛竹、锡箔、南纸、绍兴酒、明矾、瓷器后,启航到上海再装上棉纱、棉布、丝织品及粮食等驶往北方。从杭州湾乍浦镇起航北来的船,运来的商品中有洋广货,如哆罗呢、羽纱、哔叽、金属品、香料、珍贵木材以及燕窝、胡椒、槟榔等。从闽粤来的乌船也为数不少,这些船队从闽粤运来的商品以蔗糖为大宗,还有鱼翅、胡椒、洋碗、烟草、海货、香科、毛边纸、缝衣针、铜钮扣、蓝靛、松香、翎羽、金箔、锡箔等。秋后从天津启航南归,运去的产品有花生、麦、豆饼、大豆、植物油、杏仁、红黑枣、核桃、药材、木材、瓜子、肉类、人

---

① 《清史稿》卷122《食货三 漕运》,中华书局1977年版,第3584页。
② 〔清〕张焘撰,丁绵孙、王黎雅点校:《津门杂记》,天津古籍出版社1986年版,第101页。

参等,这些来自闽粤江浙的商船,往来贩运百货,使北方所产粮豆枣梨运往江浙者,每年不下1000万担。

明初,天津境内有盐场,明末时产量仅次于两淮,居全国第二位。盐业是官府专卖垄断,其产销受到严格的控制,长芦盐行销河南以北地区,天津盐商利用官府发放的盐引将盐运销各地,带回土特产品,获利丰厚,是天津财力最雄厚的商人,明清之际天津著名的"八大家"商人中,有5家是经营长芦盐的商人。清代,天津的盐业有了更大的发展。

(二)天津地区人口的增长

随着军事防御、经济实力和集散功能的增强,天津地区人口也有较快的增长。

天津城市人口的形成是从建卫筑城的时候开始的,20世纪20年代高凌雯在《志馀随笔》卷四称:"天津户籍最早者,大率由永乐迁来。"20世纪30年代编纂的《天津政俗沿革记》也称:"洎明立卫城,人户渐繁矣。"[1]天津置卫之初,有官军二籍守备。"旧志谓天津曩只七姓,明永乐初设卫筑城,调有官军二籍,户口渐繁"[2]。在天津的卫所中,"录名官籍者三百有九,则此三百九人者,皆卫官属也;三百九人之子孙,世世各以其职承袭者,又莫非卫官属也,何其盛欤!"[3]天津的居民除了有官籍者官职承袭,也有军籍和民籍散居在城厢周边。据军籍规定,一个卫有军士5600人,在内地有20%守城,80%屯种;在边城30%守城,70%种地。当然,这些官、军二籍人口,除居住在天津城周边,还散住在各州县,子承父业,繁衍生息。20世纪30年代初编纂的《天津县新志》言道:"讲武之区,不遑文学,故门祚虽盛,谱牒未兴,以三百官籍之多,而其子孙流演至今犹能上溯其宗祖者,仅得数姓焉。"[4]根据后来的研究,这些人的籍贯

---

[1] 王守恂:《天津政俗沿革记》卷5《户籍》,《中国地方志集成·天津府县志》第3册,上海书店出版社2004年版,第1页。
[2] 民国《天津县新志》卷17《职官三》,第68页。
[3] 民国《天津县新志》卷17《职官一》,第1页。
[4] 民国《天津县新志》卷17《职官三》,第72页。

以安徽、江苏最多，还有的是山东、河北和山西移民，民间有来自山西洪洞县大槐树之说。在天津城居住的一般是从事商业、盐业和农业的居民。据估计，当时天津卫城和附近地区有居民近2万人。①

天津人口的增加，多属于迁移人口等机械增长。在明代，除了驻军、屯田和本地居民外，还有经过内河水路与陆路聚集而来的华北地区民众，以及乘坐海船北上的江浙、山东等沿海各省的移民。明嘉靖年间天津兵备副使汪来有碑记曰："天津近东海，故荒石芦荻处，永乐初始辟而居之，杂以闽广吴楚齐梁之民，风俗不甚统一。"②更为重要的是，因为天津依附于首都北京带来的政治地位提升和经济实力增长，吸引着周围地区各色人等汇集，有商人、文人墨客和官宦，有寻求发展的淘金者，也有农村的富豪和绅士，更多的则是因灾荒和贫困而来的农民、灾民和难民。如雍正十年，饥民"路过津邑者日以千计"③；嘉庆六年（1801），天津附近大水，"四乡灾民纷逃来城"④；同治十年（1871）夏季，天津及其周围暴雨成灾，"被水之区甚广，四民携扶来郡者，以数十万计"⑤。正如时人所说："津邑居民，自顺治年来，由各省迁来者约十之七八。"⑥19世纪中叶，根据清政府的要求，天津曾组织过一次人口调查，形成了道光二十六年（1846）刊印的《津门保甲图说》，这也是天津城区最早的比较准确的人口统计。根据其记载，天津县的人口为442,343人。天津城区共有居民32,761户，近20万人。其中，城内有9914户，95,351人；城外东、北部有22,847户，103,364人。该图说还大概描述了居民的状况，即天津城内和城厢属于城区范围的居民中，"土住"居民为746户，仅占全城区总户口数的2.28%。这是近代以前天津城区和周边地区的人口规模。

---

① 参见吉石羽：《传统期之天津城居人口探析》，《城市史研究》第2辑，天津教育出版社1990年版。（注：《城市史研究》第1—9辑由天津教育出版社出版；第10—14辑由天津古籍出版社出版；第15—29辑由天津社会科学院出版社出版；第30辑以后由社会科学文献出版社出版。本书以下所引该系列各辑，均只简注辑数与出版年份。）
② 康熙《天津卫志》卷4《艺文中》，第36页。
③ 同治《续天津县志》卷11《名宦》，第14页。
④ 同治《续天津县志》卷8《风俗》，第8页。
⑤ 民国《天津县新志》卷24《碑刻三》，第32页。
⑥ 徐士銮：《敬乡笔述》卷1，天津徐氏濠园1932年版，第1页。

第二节　农业与盐业的长足发展

一、农业的发展

明清时期，天津的农业生态环境不佳，复杂的水文环境、相对贫瘠的土壤成分构成，以及寒冷的小冰期气候等，限制了农业生产活动。但是，天津农业仍然有显著的发展。究其原因，得益于官方对农业生产的提倡，以及南方士人在天津的农业活动。这一时期，由于地方农书的出现、农田水利思想和技术的传播、土壤改造与施肥技术的提高，以及农学思想的突破，使得农业生产技术得到提升，屯田规模有所扩大，开始兴修水利，各种农作物的品种也有所丰富。

（一）地方农书的出现

明代万历年间的宝坻县令袁黄在任期间，劝课农桑，营治水田，种植水稻，并于万历十八年（1590）撰写了《宝坻劝农书》五卷。该书总结了以往的农学成果，考察了当时宝坻的自然条件、生产水平等情况，记录了宝坻地方实际的田制、播种、耕治等，为宝坻乃至天津农业生产提供了借鉴。《宝坻劝农书》篇幅不大，但对农业生产的主要方面均有所涉及，是天津地区第一部系统而详细的地方性农学著作。

在整体架构上，《宝坻劝农书》自成体系，涵括从天时到农时的各个方面；在各个部分也多从原理、技术、方法等方面加以论述，引经据典，系统而简明。《宝坻劝农书》的出现是天津农学发展的重大进步，直到清代仍然对天津农业生产发挥着重要的作用。后人称赞道："袁黄为宝坻令，开疏沽道，引岸潮河于壶芦窝等村，教民种稻，刊《劝农书》一卷，详言插莳灌溉之方。盖潮水性温，发苗最沃，一日再至，不失晷刻。虽少雨之岁，灌溉自饶，犹江浙所谓潮田也。"①《宝坻劝农书》不仅停留在理论上，还在农间和周边地区广泛传播，对农业生产产生了一定的影响。袁黄在其自序中写道："今以农事列为数款，里老以下，人给一册。有能遵行者，免其杂差。"为《宝坻劝农书》作序的杨起元亦称："吾将挟此书以告父母吾土者，推而行之，以与吾土之人人共乐之，吾愿亦足矣。"②清代乾隆时期撰写的《宝坻县志》评价道："维时宝坻民尊信其说，踊跃相劝，及袁公去而其迹废焉。"③

（二）农田水利思想和技术的传播

中原民众在宋代以后南移江南，利用其河流纵横的环境种植水稻和经济作物，促使农业生产水平提高。在北方，多种植小麦、黍谷，对天气高度依赖，忽视了水利的开发和运用，旧渠废堰处处存在；泉水和河水本可以供给农田，却没有兴修和利用水利设施，反而积水成害。明万历初年，曾任浙江山阴县知县的徐贞明调任工科给事中，他主张北方特别是西北皆可兴修水利，推行屯田，发展农业生产，寓兵于民，以减少对南方食粮的依赖。他曾经考察了北京周边各条河流，于万历八年（1580）撰写了《潞水客谈》，指出："蓟州城北则有黄崖营，城西则有白马泉、镇国庄，城东则有马伸桥夹林河而下，城南则有别山铺，及夹阴流河而下，至于阴流淀。疏渠，皆田也。"④徐贞明返回朝廷，守卫蓟州边塞的官员在蓟州、永平、丰润、玉田推行此法，均有效果。顺天巡抚张国彦、副使顾养谦等官员特意上奏评论与举荐，朝廷便晋升徐贞明为少卿，敕令与抚按大臣们核查、商议。此后，万历、天启年间，水利营田活动在天津兴起。万历二十九年（1601）始，右都御史代天津巡抚汪应蛟见葛沽等地屯田草莽丛生，询问当地人，都说盐碱地不能耕种。他考察后认为："此地无水则碱，得水则润。若以闽浙濒海治地之法行之，穿渠灌水，未必不可为稻田。"于

---

① 乾隆《宝坻县志》卷16《集说》，第7页。
② 〔明〕袁黄等撰，郑守森等校注：《宝坻劝农书·渠阳水利·山居琐言》，中国农业出版社2000年版，第2页。
③ 乾隆《宝坻县志》卷16《集说》，第9页。
④ 〔明〕徐启明：《潞水客谈》，转引自谢国桢选编：《明代社会经济史料选编》校勘本，福建人民出版社2004年版，第226页。

第二章 城市经济的兴起与集散中心的初成(1404—1859)

是,他在天津"募民垦田五千亩,为水田者十之四"。其方法是,屯田时引入南方的耕种海田法。在滨海地区围田,"一面滨河,三面开渠,与河水通,深广各一丈五尺,四面筑堤以防水涝,高厚各七尺。又中间沟渠之制,条分缕析"①,使得"禾稼畅茂,与南方稻田同"②,结果"亩收至四五石,田利大兴"③。为了应对天津沿海多咸水这一状况,汪应蛟在天津屯田采用引潮灌溉法,适应了天津的农业生产,即利用天津一日两次海潮的特点进行灌溉,"地在三岔河外,海潮上溢,取以灌溉,于河无妨"④。同期,左光斗出任屯田监察御史,在天津实施"三因十四议"屯田方案,主要内容是疏浚沟渠、开设塘陂、修筑堤坝、引进南方水稻良种等,梳理了水利与屯田的关系,"水利大兴,北人始知艺稻"⑤。天启初年,董应举作为太仆寺卿兼河南道御史主持天津至山海关屯田事务时,开水渠,修堤防,围民田和荒地引水种植水稻。他记道:"今门生所屯双、白、陶辛等田已成大围,以兵少止耕得六千亩。葛沽亦筑长围,以兵少止耕得二千亩,遗地甚多。"⑥

徐光启于明万历和天启年间多次在天津养病,并开渠种稻,将经验汇集在其撰写的《农政全书》之中。他认为:"水利者,农之本也,无水则无田矣。水利莫急于西北,以其久废也;西北莫先于京东,以其事易兴而近于郊畿也。""用水一利,能违数害","每患财乏者,非乏银钱也。承平久,生聚多,人多而又不能多生谷也。其不能多生谷者,土力不尽也。土力不尽者,水利不修也。能用水,不独救旱,亦可弭旱"。他在汪应蛟的基础上形成了用水五法,即用水之源、用水之流、用水之潴、用水之委、作原作潴以用水,⑦系统、详细地向北

---

① 〔明〕汪应蛟:《海防奏疏·抚畿奏疏·计部奏疏》卷8,金沛霖主编:《四库全书·子部精要》上,天津古籍出版社1997年版,第760页。
② 〔明〕汪应蛟:《中诠》卷6,四库全书存目丛书编纂委员会编:《四库全书存目丛书》子部,第13册,齐鲁书社1995年版,第42页。
③ 《明史》卷241《汪应蛟传》,中华书局1974年版,第6266页。
④ 乾隆《天津县志》卷12《田赋志附屯田》,第18页。
⑤ 乾隆《天津县志》卷16《名宦志》,第3页。
⑥ 〔明〕董应举:《崇相集》疏2,《四库禁毁书丛刊》集部,102册,北京出版社1997年版,第63页。
⑦ 〔明〕徐光启著,陈焕良等校注:《农政全书》凡例、卷16《水利》,岳麓书社2002年版,第15、254—258页。

方传播水利思想与技术。正是明清两代农田水利技术的不断进步,天津水利营田活动取得了显著成效:"自海光寺创修河道汊港,旱则汲引,涝则泄放,近年以来,土人熟娴其事,虽遇荒歉,津城独享其利焉。"①

(三)土壤改造和施肥认识的提高

明清时期,在天津的农业生产中,对土壤改造和施肥的认识也有所提高。袁黄在《宝坻劝农书》中已经记载对盐碱地的治理,即涂田之法,认为可用雨涝刷土地碱气,"初种水稗,斥卤既尽,可种稻,所谓'泻斥卤兮生稻粱'非虚语也"②。徐光启认为水稻较为适合在碱地生长,并可降低土壤的盐碱化程度,是改造盐碱化土壤的一个重要方法,"天津屯兵言:碱地不害稻,得水即去,其田壮,亦与新田同"。

袁黄《宝坻劝农书》中详述了各种粪肥的名称,并系统说明了制粪方法,强调了施肥对农作物种植和土壤改良,尤其是种植水稻的重要性。③徐光启在天津时,借鉴了袁黄的积粪施肥方法,在其《雍粪规则》中言道:"初年碱地不宜稻,苟下多不发。二年以后渐佳,后来更不复薄,不须上粪,尤胜不碱者。此当由碱盛耶?抑凡碱地多不宜初栽耶?抑水力未到、碱气未除耶?"④徐光启还通过种稻实践对施肥进行了总结:"天津雍稻,丁巳年每亩用麻糁四斗,是年每亩收米一石五斗,科大如酒杯口;丙辰初到天津,用南稻种,田师孙彪用干大粪,每亩八石。是年稻科大如盎,根大如斗,而含胎不秀,竟不收。不知是粪多力峻耶?抑为新地不能当粪力耶?抑为南种土地不宜耶?"⑤经过实践,徐光启认为草木灰可作为植稻的肥料,"天津海河上人云,灰上田惹碱,吾始不信","近韩景伯上云:灰用之菜畦中果不妙,吾犹不信也,必亲手再三试

---

① 同治《续天津县志》卷7《河渠附水利营田》,第14页。
② 〔明〕袁黄等撰,郑守森等校注:《宝坻劝农书·渠阳水利·山居琐言》,第9页。
③ 〔明〕袁黄等撰,郑守森等校注:《宝坻劝农书·渠阳水利·山居琐言》,第8、27页。
④ 徐光启:《雍粪规则》,转引自胡道静:《徐光启研究农学历程的探索》,《历史研究》1980年第6期。
⑤ 〔明〕徐光启:《测量法义》,朱维铮、李天纲主编:《徐光启全集》,上海古籍出版社2011年版,第441页。

第二章　城市经济的兴起与集散中心的初成(1404—1859)

之乃信耳"。①由此可见,明代天津地区农业生产中施肥种类多样,农业用肥较为普及。

(四)农学思想的继承与革新

明清时期,天津的农学思想已不再拘泥于传统农业的"风土论",而是有所继承与革新。徐光启曾在天津进行农学研究和试验,试种水稻、番薯、桑、葡萄、罂粟等作物,他在《农政全书》中说:"若谓土地所宜一定不易,此则必无之理。立论若斯,固后世惰窳之吏、游闲之民、偷不事事者之口实耳。古来蔬果,如颇棱、安石榴、海棠、蒜之属,自外国来者多矣。今姜、荸荠之属,移栽北方,其种特盛,亦向时所谓土地不宜者也。凡地方所无,皆是昔无此种,或有之而偶绝。果若尽力树艺,殆无不可宜者。就令不宜,或是天时未合,人力未至耳。试为之,无事空言抵捍也。"②徐光启这种较为先进的农学思想,为在天津移种和推广水稻等作物提供了理论支持,有利于包括蔬菜、水果等各种农作物品种的丰富和扩大栽培。

农具和农业生产技术的进步从明代后期比较明显,且影响也更加深远。天启年间,天津屯田时就对耕犁有所改进。时在天津主持屯田的赵鉴在《天津卫屯垦条例》中言道:"天津不拘荒地、熟地,耕耨皆用四牛二人犁,铁木绳重七十斤,人牛何等费力。今卑职照依武安、永年、南和种稻地方,置来犁铁木绳止重二十斤,用二牛一人耕之,自有余地。比之往时一具分为两具相去甚远,若照样行之推之,事事岂不事半而功倍乎?"③他这是提倡将耕犁改为轻犁,省力省时。清乾隆三十年(1765),直隶总督方观承在京畿推广种棉,绘制《棉花图》,教农民种棉技术,其有图十六幅,计有布种、灌溉、耕畦、摘尖、采棉、拣晒、收贩、轧核、弹花、拘节、纺线、挽经、布浆、上机、织布、练染等。如在选种方面:"种选青黑核,冬月收而曝之,清明后淘取坚实者,沃以沸汤,俟其

---

① 〔明〕徐光启:《徐光启手迹》,转引自张树明主编:《天津土地开发历史图说》,第390页。
② 〔明〕徐光启:《农政全书》卷2《农本》,第28—29页。
③ 〔明〕赵鉴:《天津卫屯垦条例》(残卷),〔明〕袁黄等撰,郑守森等校注:《宝坻劝农书·渠阳水利·山居琐言》,第66页。

冷,和以柴灰种之,宜夹沙之土,秋后春中频犁取细,列作沟塍。种欲深,覆土欲实,虚浅则苗出易萎,在谷雨前者为植棉,过谷雨为晚棉。"①《棉花图》成为清代北方棉花种植的教科书,促使棉花种植面积增加,带动了经济作物的发展。

二、屯田的扩大与营田的规模化经营

(一)屯田的扩大

天津地区在明代有大量未开发或半开发的荒地,"荒地南自静海,东至直沽等处,弥望无际,垦熟则成膏腴,弃置则属荒芜"②。永乐二年(1404)天津建卫,次年派兵驻守,政府为弥补军饷,加强京师门户,开始在天津屯田,但规模有限。据记载,天津卫三所原额屯地有9202.43余顷;中所尚有原额屯地2976.97余顷。③鉴于天津的屯田规模不大,朝廷发布谕旨:"先帝立屯种,用心甚至,迨后所司多征徭之,既违农时,遂鲜收获,以致储蓄不充。"④万历、天启年间,北边战事不断,国库空虚,屯田成为解决困境之途,天津屯田出现新局面。汪应蛟、徐光启、左光斗和董应举的屯田最见成效。

万历二十六年(1598),汪应蛟任天津等处海防巡抚后,进行实地考察,见到大片荒芜之地,"葛沽、白塘诸田尽为污莱,询之土人,咸言斥卤不可耕",汪应蛟认为:"地无水则碱,得水则润,若营作水田,当必有利。"他上书朝廷力言开垦荒田之益:"天津当河海咽喉,为神京膊户。自倭警震邻,开府设镇署将增兵,而其地益重。今鲸波虽息,内备未忘,矧中原多事之秋,尤未雨彻桑之日。见在水陆两营兵,尚存四千人,岁费饷六万余两,原无请给内帑,俱加派民间。欲留兵不免于病民,欲恤民无以给兵",惟有"屯田可成,斯得足食长

---

① 〔清〕方观承:《棉花图说摘抄五则》,王履泰编、陈见微、高淑清分点,衣保中整理:《双城堡屯田纪略·东北屯垦史料》,吉林文史出版社1990年版,第205页。
② 〔明〕汪应蛟:《抚畿奏疏》卷8《海滨屯田试有成效疏》,《续修四库全书》第480册,上海古籍出版社1995年,第507页。
③ 康熙《天津卫志》卷2《赋役》,第7页。
④ 〔清〕刘锦藻:《清朝续文献通考》卷5,商务印书馆1936年版,第2821页。

第二章 城市经济的兴起与集散中心的初成(1404—1859)

策"。天津葛沽一带,"地广人稀",虽地土碱大,不好耕种,但用"闽浙濒海治地之法行之,穿渠灌水,未必不可为稻田","岁益谷千万石,畿民从此饶给,无旱潦之患"①。朝廷同意了其开渠垦田的请求,汪应蛟于万历二十九年(1601)在天津开始屯田。他用水陆两营官兵4000人,"买牛制器,关渠筑堤",计葛沽、白塘二处,"耕种共五千余亩,内水稻二千亩,其粪多力勤者,亩收四五石;余三千亩,或种蜀、豆或旱稻,蜀、豆得水灌溉,粪多者亦亩收一二石;惟种旱稻,竟以碱立槁","水稻约可收六千余石,蜀豆可收四五千石"。②实践证明天津土质宜种稻。万历二十九年十月,汪应蛟调离天津,但依然以"复奏天津屯田事宜"为题,全面阐述了天津屯田的意义以及施行的办法,奏请朝廷在天津大力推行水利屯田,并提议留春班军3000名在天津屯田,其结果较上年有了更大的收获,"其冬报收六万石"③。

万历朝以后,战争频发,导致了社会经济的衰败。天启二年(1622),董应举上疏朝廷提出"保卫神京在设险营屯",以屯田作为改善社会经济环境的举措。明政府采纳了他的意见,令他以太仆卿兼河南道御史之职,掌管天津至山海关的屯务。他到天津东南的何家圈、白塘口、双港、辛庄、羊马头、大人庄、咸水沽、泥沽、葛沽等处实地考察,"见汪司农(应蛟)往日开河旧迹犹存,可作水田甚多,荒废不久,开之甚易,一亩农工止用八钱,可得粟三石三斗;久荒者,亩用农工一两,其挑浚旧河为力不多,只须挑浚数尺,明年万石之粮可必也"④。在实地调查的基础上,他"分处辽人万三千余户于顺天、永平、河间、保定"等处屯垦,"用公帑六千买民田十二万余亩,合间田凡十八万余亩,募耕者畀工廪、田器、牛、种,浚渠筑防,教之艺稻,农舍、仓廒、场圃、舟车毕具,费二万六千,而所收黍、麦、谷五万五千余石"⑤。董应举将一部分屯田改造为水田种植水稻:"天津道王弘祖申送双港、白塘口兵屯剩地三千六百亩,屯田御

---

① 《明史》卷241《汪应蛟传》,第6266页。
② 〔清〕吴邦庆辑,许道龄校:《畿辅河道水利丛书》,农业出版社1964年版,第375页。
③ 〔清〕汪应蛟:《中诠》卷6,第42页。
④ 〔清〕胡渭著,邹逸麟整理:《禹贡锥指》,上海古籍出版社2006年版,第671页。
⑤ 光绪《顺天府志》卷48《河渠志》,第1769页。

史马鸣起画图标出陶庄、辛庄三千余亩,共成六千余亩,并石公衔开宝坻县邓家庄二千亩。"①明廷褒彰董应举在天津屯田有功,擢升其为右副都御史。

天启年间,以屯田监察御史头衔负责京畿屯田的左光斗也热衷开荒。他在天津考察屯务时发现,"京以东,畿以南,山以东,两河南以北,荒原一望率数十里,高者为茂草,洼者为沮洳,岂尽其地哉?"究其因,"苦旱兼苦涝也。其苦旱与涝者,惟知听命于天,而不知有水利也",故"一年而地荒,二年而民徙,三年而地与民尽矣"。他认为欲使旱不为灾、涝不为害,惟有兴水利,"水源一开,溉旱田之利,胜水田之利一倍,每田之值,亦增价三倍,渐渐由而不知,通而不倦,而焦原尽泽国矣"②。在吸取前人经验的基础上,左光斗提出了"三因十四议":"曰因天之时,因地之利,因人之情;曰议浚川,议疏渠,议引流,议设坝,议建闸,议设陂,议相地,议筑塘,议招徕,议择人,议择将,议兵屯,议力田设科,议富民拜爵。"③左光斗力主开垦土地以饶民:"小垦小利,大垦大利。小利在地门辟而民聚,民聚则垦者愈多。大利在粟贱而民饶,民饶则垦者愈易,生聚渐烦,和粜转便,即不必省东南之漕,而亦不专靠东南之运矣。"④他提倡开展屯学,在《请开屯学疏》中称:"今国家日日养士,而不得士之报,则教非而养亦非日日养兵,而不得兵之用,则兵非而农亦非。""救目前之急,而犹存古人之遗者,莫如屯学",其目的是"储材积粟,以广文教,以训武备",并举屯学有七利,经过多年举办,已取得事半功倍之成效。⑤

(二)营田的规模化经营

明清之际的战乱使明代的屯田逐渐废弃,在清初政局稳定后,天津以种植水稻为主的开垦营田逐渐兴起,大致起于康熙年间,而盛于雍正年间。康熙朝中期,直隶巡抚李光地奏请朝廷在静海县等地开水田,利用子牙河等之

---

① 〔明〕董应举:《崇相集》疏2,《四库禁毁书丛刊》集部,102册,第63页。
② 〔明〕左光斗:《足饷无过屯田疏》,吴纯生点校:《左光斗诗文集》,合肥工业大学出版社2017年版,第51—53页。
③ 《明史》卷244《左光斗传》,第6329页。
④ 〔明〕左光斗:《足饷无过屯田疏》,《左光斗诗文集》,第56页。
⑤ 光绪《重修天津府志》卷28《屯田》,第16—17页。

第二章　城市经济的兴起与集散中心的初成(1404—1859)

水,化水害为水利,"臣愚谓静海、青县上下一带水居之民,正宜以此利导之。其可兴水田者,教之栽秧插稻之法。其难以成田者,则广其蒲稗菱藕之利。使民资水以为利,则不患水之为害矣"①。然而,朝廷并未批准,上谕称:"朕以为水田不可轻举者,盖北方之水难于积蓄。初任之官,但当雨水有余时,见水之大,遂以为可种水田。不知骤长之水,即浚沟引入,其涸固甚易也。观琉璃河、莽牛河、易河之水,入夏皆涸,则可知矣。"康熙四十三年(1704),天津总兵官蓝理奏请在天津等地开垦水田,"直隶沿海旷地,丰润、宝坻、天津等处洼地,可仿南方开为水田,栽稻一二年后渐成肥沃。臣愿召募闽中农民二百余人,开垦一万余亩。倘可施行,召募江南等处无业之民安插天津,给与牛、种,将沿海弃地尽行开垦,限年起科。又臣标兵皆依前朝屯卫之制,入籍力田,亦可以节省兵饷"。此奏议随即得到朝廷允准。蓝理后调任福建,天津屯务由蓝珠接管,垦田成绩不大,"开垦水田一百五十顷",其中"有洼地五十顷,时被水浸,不便耕种,又有高地五十顷不宜种稻,止种收杂粮,供给农工,其可作水田种稻者止五十顷",一年之内"收二千五百余石"②。

雍正年间,天津屯田取得了显著成绩。当时朝廷激励发展农业生产,重视屯田开垦荒地,认为"惟开垦一事,于百姓最有裨益",鼓励各级官吏在辖区内开垦荒田,天津的耕地也随之有所扩大。雍正三年(1725),怡亲王允祥等奉旨勘查直隶水利,他上疏建议水利营田:"北方本三代分田授井之区,而畿辅土壤膏腴,甲于天下……言水利于此地,所谓用力少而成功多者也。润物者水,其为人害者,由人之不能用水也。农田之利兴,则泛滥之害消。惟是小民可与乐成,难与虑始。请择沿河濒海施功容易之地,若京东之滦、蓟、天津,京南之文、霸、任邱、新、雄等处,各设营田专官,经画疆理,召募南方老农,课导耕种。小民力不能办者,动支正项,代为经理,田熟岁纳十分之一,补库帑足额而止。"③他在天津地区屯田,先兴修水利,后开始屯田,小有成效。翌年,"营过稻田共七百十四顷九十三亩"。雍正五年(1727),在天津府内设立了专

---

① 乾隆《天津府志》卷33《艺文志》,第8页。
② 光绪《重修天津府志》卷28《屯田》,第18—19页。
③ 光绪《顺天府志》卷48《河渠志》,第1760页。

门负责水利营田的机构和营田观察使等官员,天津统辖有天津、静海、沧州及兴国、富国二个盐场,"自苑口以东凡可营田者咸隶焉",于是各地兴修水利用于营田种植水稻。① 据各处陆续呈报的营田数量大致如下,"京东滦州、丰润、蓟州、平谷、宝坻、玉田等六州县稻田三百三十五顷","天津、静海、武清等三州县,稻田六百二十三顷八十七亩"。而且,农民也自发地改为种植水稻的营田:"其民间亲见水田利益,鼓舞效法,自营己田者,如文安一带多至三千余顷,安州、新安、任邱等三州县多至二千余顷。且据各处呈报,新营水田俱系十分丰收,田禾茂密,高可四五尺,颖粟坚好,每亩可收稻谷五六七石不等。"② 各地充分利用当地的水利条件,屯田见效颇快。蓟州各地利用当地的山泉、淋河、沟河等水灌溉,数年间官营和农民自营数十顷。宝坻县各地引蓟运河水营治稻田,每年都有新开营田,雍正五年有官营稻田近59顷,农民自营稻田84余顷;雍正七年官营稻田44余顷,农民自营稻田近28顷;雍正九年又新辟83余顷旱田。③ 宁河亦引蓟运河水灌溉,雍正五年后的数年间,官营和农民自营新辟稻田150余顷。武清则引凤河水,"疏渠引溉苑囿以南,淀河以北,行潦顺流,秔稻葱郁。五年成田十八顷二亩五分一厘"④。雍正年间,天津城区周边的贺家口、何家嘴、吴家嘴、双港、白塘口、东西泥沽、葛沽、盘沽等地,也纷纷建闸引水,设涵洞围沟渠,形成农田,并引来沽河、西河之水灌溉种植水稻,营田既有官营,也有民间自营,少则数顷,多者数十顷。⑤ 据记载,雍正五年(1729),贺家口营田38.92顷,民间自营田9顷;何家圈等营田83.16顷,民间自营田23.40顷;吴家嘴营田27.92顷,民间自营田14.41顷;双港营田38.255顷,民间自营田38.72顷;白塘口营田64.67顷,民间自营田4.72顷;辛庄营田61.62顷,民间自营田59亩。葛沽、盘沽二盐场营田59亩,民间自营田4.91顷,兴国、富国二盐场东、西泥沽营田(后归天津县)35.27顷,民间自营田6.28顷。⑥

---

① 光绪《重修天津府志》卷28《屯田》,第21页。
② 乾隆《天津府志》卷33《艺文志》,第17—18页。
③ 乾隆《宝坻县志》卷16《集说》,第6—7页。
④ 光绪《顺天府志》卷48《河渠志》,第1763页。
⑤ 光绪《重修天津府志》卷28《屯田》,第21—23页。
⑥ 乾隆《天津县志》卷11《河渠志附营田》,第25—27页。

第二章　城市经济的兴起与集散中心的初成(1404—1859)

此后天津地区营田活动不断,道光二十年(1840),直隶布政使"亲至天津查办,勘定天津县所属之新城、葛沽、咸水沽附近海河可种之地,令民认垦纳粮,永为民业。一切章程,悉心经画,百姓蒙利"①。

三、兴修水利设施的经常化

天津地处九河下梢,河道纵横,水资源丰富,水灾频发,故兴修水利,去除水害,成为发展农业的必要措施。尤其是一些官员撰写的在北方兴修水利的农书问世以后,引起朝野的重视,被视为发展农业的要务。水利的勘查与治理,也是新任地方官的第一要政,他们多亲历亲为,率先办理。兴修水利一般有挑挖新河、疏浚淤河、修筑堤岸等。

(一)开挖和疏浚河道

开挖和疏浚河道,主要是为了减轻水患,并非农业灌溉。明永乐十年(1412)四月,明朝著名水利官员宋礼有言:"视会通河至魏家湾与土河相连,宜于彼开二小河从泄于土河,则虽遇水涨,下流卫河自然无漫衍之患。现今已分拨军夫用工。今复视德州,城西北亦可开泄水小河一道。盖自卫河岸东北至旧黄河一十五里内,五里旧有沟渠,五里系古路,二里系平地。今开通泄水以入旧黄河,则至海丰县大沽河入海。凡四百五十七里,约用军夫三千余人,十日可完。"②同年十一月,为在德州西北开河泄卫河之水,太仆寺卿杨砥言:"吴桥、东光、兴济、交河诸县及天津等卫屯田,雨水决堤伤稼。窃见德州良店驿东南二十五里有黄河故道,州南有土河与旧河通,若于二处开河置闸,则水势分,可以便民。时土河已命置闸,上令工部侍郎蔺芳往经理之。"③

明代地方政府对天津附近淤塞的河道进行了多次疏浚。成化七年

---

① 光绪《重修天津府志》卷40《宦绩》,第33页。
② 《明太宗实录》卷127,永乐十年夏四月壬戌条,万新平、于铁丘主编:《明实录天津史料汇编》,天津人民出版社2012年版,第22页。
③ 《明太宗实录》卷134,永乐十年十一月戊戌条,万新平、于铁丘主编:《明实录天津史料汇编》,第23页。

(1471),顺天、保定、河间、真定四府所属霸州、固安、东安、大城、香河、宝坻、新安、任丘、河间、肃宁、饶阳诸县,累被水患,周边地势平坦,加之唐河、滹沱河、白沟河堤岸不修,雨水与河水潴积成患,巡抚北直隶右副都御史杨璇奏请敕工部遣能干郎中一员,督查各县人员勘查后,"寻沟河之故道,相地形之高下,计工聚料,随宜疏浚"①。成化二十年(1484),"发蓟州迤东等处军民夫疏浚鸦鸿桥河道,并造丰润县海运粮储仓;宝坻县迤西等处军民夫疏浚蓟州新开沽河道"②。弘治初年,又"修通州至天津河道"和"疏浚直沽迤东海口新开沽一带河道"。③

(二)修筑堤岸和水利工程

明代历朝为减轻水害、防止水灾,频繁修筑堤岸。武清县要儿渡常发生决口,是水患发生的重灾地,因此地方政府修筑此处堤岸的记载甚多。明永乐十二年(1414),"顺天府武清县言:河决要儿渡口六百五十余丈,命工部遣官备筑"④。宣德三年(1428),通州要儿渡口又决口,地方政府发民修筑;宣德十年(1435)"修桑干河桥、通州直沽要儿渡等处堤岸"⑤。成化元年(1465),命工部主事蒋埥等官员主持疏浚通济河要儿渡口。宣德九年(1434)修筑蓟州潄流诸堤岸、北河河西务东西决口的15处堤岸。⑥正统七年(1442)"久雨,水决武清县筐儿港、漷县、中马头、小蒙村、河西务、上马头堤岸共二十二处,诏

---

① 《明宪宗实录》卷97,成化七年冬十月癸巳条,万新平、于铁丘主编:《明实录天津史料汇编》,第140页。
② 《明宪宗实录》卷248,成化二十年春正月壬子条,万新平、于铁丘主编:《明实录天津史料汇编》,第173页。
③ 《明孝宗实录》卷28,弘治二年七月癸未条,万新平、于铁丘主编:《明实录天津史料汇编》,第185页。
④ 《明太宗实录》卷155,永乐十二年九月丙子条,万新平、于铁丘主编:《明实录天津史料汇编》,第24页。
⑤ 《明宣宗实录》卷7,宣德十年秋七月己卯条,万新平、于铁丘主编:《明实录天津史料汇编》,第50页。
⑥ 《明宣宗实录》卷111,宣德九年六月癸丑、乙亥条,万新平、于铁丘主编:《明实录天津史料汇编》,第48页。

第二章 城市经济的兴起与集散中心的初成(1404—1859)

修其易为功者,其功力繁多者计费以闻"①。清代统治者也十分重视兴修水利,关于天津地区的记载颇多,现以永定河的治理为例。永定河明代称浑河,又称桑干河,河流湍急,水势盛大,极易造成水灾。从康熙朝开始政府就治理永定河,一直延续到清末。康熙三十七年(1698),康熙前往霸州和文安处"亲临阅视,命直隶巡抚于成龙疏筑兼施",挑浚浑河淤沙,兴修自良乡到永清、固安七十里旧堤,然后会于东安安澜城筑南堤,过霸州柳岔口三角淀,"达于西沽入海,长一百四十五里。赐名永定"②。雍正年间,多次采取分流、筑堤等方式修治永定河。如四年,改柳岔口少北为下口,筑堤坝,分流永定河之水东入三角淀,达津归海。六年,疏长淀河,筑三角淀堤。八年,筑武家庄等处及清河口以下堤。十年,培筑南上七汛、北五汛堤。十一年,筑北岸重堤,开重河引河,又筑两岸大堤鹅房月堤。③

乾隆年间对永定河的修治方式与雍正朝略有不同,以开引河为主,筑堤为辅。如乾隆元年,决东沽港,筑之;二年,修南北堤开黄家湾、求贤庄、曹家新庄各引河,浚双口下口黄花套;三年,除了疏浚外,开麻峪、半截河、郭家务各引河,筑北大堤、月堤、格子堤、重堤、土堤,修南北堤,筑拦河坝、石子坝、金门闸坝、郭家务坝、隔淀坦坡埝;六年,堵金门闸放水堤口,展双口等处河,挑葛渔城河槽,浚新河口以下,开川字河,筑张客、曹家务月堤,改郭家务坝,筑胡林店、双营、小惠家庄等坝;七年,开大河湾引河,筑王庆坨、范瓮口堤埝,筑清凉寺、张仙务、五道口等埝;④八年,浚新河,疏引河筑埝。十六年,下口改移冰窖,开王庆坨引河,培南坦坡埝、两岸堤埝,浚淤,修长安城坝、三角淀北埝、东老堤,开倒勾引河四;十九年,筑南埝及凤河东岸等处土格,又修凤河东堤、韩家树北埝,开安澜城引河;二十一年,筑凤河东堤上段。⑤

经过历朝的兴修,永定河在嘉庆以后河势较为稳定,危害减少,政府对其

---

① 《明英宗实录》卷94,正统七年秋七月癸亥条,万新平、于铁丘主编:《明实录天津史料汇编》,第71页。
② 光绪《顺天府志》卷41《河渠志六河工二》,第1442页。
③ 光绪《顺天府志》卷41《河渠志六河工二》,第1451—1455页。
④ 光绪《顺天府志》卷41《河渠志六河工二》,第1458—1482页。
⑤ 光绪《顺天府志》卷42《河渠志七河工三》,第1485、1493、1495—1496页。

修治也相应减少。除永定河外,武清县的耍儿渡、静海县的子牙河等水患之处,在清代历朝多有修筑。

明清两代兴修水利的目的并不完全一致,各有其特色。明代地方政府兴修水利多以运河漕运为中心,目的是保障漕粮的运输。成化年间,自通州抵天津卫河道淤塞,漕运不通;其自天津迤南直抵扬州一带河道亦有淤浅,需要不断疏通,以便漕运。如成化十三年(1477),天津通往通州的北运河,"冲决甚多,有妨粮运",工部奏请,要求地方政府"于通州、直隶天津等卫附近处所量起军余三千名,顺天府沿河州县起民夫一千名,相兼堤浅人夫并工修筑,以便漕运"①。因此,明代"每年粮运将到,预先料理疏浚"②。

清代,作为地方政府的天津,兴修水利则以维护当地农业生产为主。光绪朝《宁河县志》议论道:"河渠所以备旱涝也,北地平衍,田无沟洫,偶逢旱潦,动即成灾。河渠之利,诚不可不亟讲也。他邑形势,或恐经营未易,若吾宁中贯长河,蜿蜒萦绕,蓄泄固甚便也。倘能大兴水利,穿渠置插,区划得宜,沿河村庄,旋成沃壤。而由近及远,以次开挖,将斥卤之乡,转盼皆为乐土,间有旱潦,亦可以人事胜之。"③总体说来,明清时期政府兴修水利,均为天津地区的农业发展提供了条件。

四、农作物生产的多样化

明清时期天津地区农业种植结构的进步表现在两个方面,一是水稻种植得以推广和巩固,二是各种新的品种和经济作物也开始引进种植,从而使天津农作物种类不断丰富。

明代中后期,官方和民间不断开发水利营田,天津地区开始逐渐普及水田并广泛种植水稻。万历年间,"时顺天府臣张国彦、道臣顾养谦方有事于兴

---

① 《明宪宗实录》卷168,成化十三年秋七月戊子条,万新平、于铁丘主编《明实录天津史料汇编》,第159页。
② 《明神宗实录》卷387,万历三十一年八月丁亥条,万新平、于铁丘主编《明实录天津史料汇编》,第528页。
③ 光绪《宁河县志》卷3《建置志》,第41页。

第二章　城市经济的兴起与集散中心的初成(1404—1859)

水田,行之蓟州、玉田、丰润而效"。①万历十三年(1585),徐贞明被任命为尚宝司少卿,受命兴修水利。他在京东推行水田,持续不到一年时间,开垦成熟地3900余亩;翌年因朝中有官员向皇帝进言不宜种植水田而停止,但在宝坻开垦了葫芦窝水田。其后的万历十五年至二十年,袁黄为宝坻县令,他以一己之力在宝坻推行水田种稻,取得了一定的成效,"葫芦窝四十三顷系马房地,已申请巡青衙门每亩一分起科矣";典史谭华言,"于近城洼地为民所弃者皆开为水田,收谷甚佳,乃知北地原宜稻,北人不知其利耳"。②

在袁黄调任后,汪应蛟在葛沽附近大力开展水利营田活动,"葛沽、白塘二处耕种共五千余亩。内稻二千亩,其粪多力勤者,亩收四五石。余三千亩或种蓿,或稻,旱稻、蓿豆得水灌溉,粪多者亦亩收一二石,惟旱稻,竟以碱立槁"。③葛沽等处的水田逐渐发展成为天津重要的水稻产区。时任翰林院检讨的徐光启因与朝中一些大臣意见不合,于万历四十一年(1613)秋至四十六年(1618)四月告病去职来到天津,在此倾心于水稻种植。为实行南稻北植,徐光启经过调查,认为天津的生态环境适于种植水稻,且"荒田无数,至贵者不过六七分一亩,贱者不过二三厘钱,粮又轻,中有一半可作水田者。虽低而近大江,可作岸备涝车水备旱者也。有一大半在内地,开河即可种稻,不然亦可种麦种秋也,但亦要筑岸备水耳。其余尚有无主无粮之荒田,一望八九十里无数,任人开种,任人牧牛羊也"。

汪应蛟等前期试种成功的经验,也使徐光启对种植水稻增加了信心。徐光启为速成"南稻北植"之愿,既在近郊垦田试种水稻,又在住处辟田,亲自试植水稻,积累了种植水稻的经验。他在《壅粪规则》中道:丙辰(1616)初,在天津种植南方水稻,耕者用干大粪为肥,"是年稻科大如碗,根大如斗,而含胎不秀,竟不收"。溯其因,"不知是粪多力峻耶?抑为新地不能当粪力耶?抑为南种土性不宜耶?"其又言道:"北天津壅稻,丁巳年(1617)每亩用麻糁四斗。是年每亩收米一石五斗,科大如酒杯口"。进而证实:屯田后"碱地不害稻,得

---

① 〔清〕孙承泽纂:《天府广记》,北京古籍出版社1984年版,第544页。
② 〔明〕袁黄:《两行斋集》卷9,《袁了凡文集》第11册,北京线装书局2007年版,第1326页。
③ 乾隆《天津县志》卷12《田赋志附屯田》,第17页。

水即去。其田壮,亦与新田同"。

徐光启在天津垦田并推行南稻北植,取得了一定的成功。"天津大旱,近稍得雨。有麦八百亩,若每亩收到五斗,便分得二斗,有一百五六十石麦,便不赔粮,亦留得做种也。"万历四十四年(1616)八、九月间的开荒所获,相当可观:"天津早收得三百石,豆约有五百石"①。

明代在天津的屯田,虽往往是"人去政废",限制了水稻种植与推广,但水稻在天津的种植局面已成,何家圈等五庄"所存地一万七千四百三十三亩六分,与前院李御史疏称何家圈水旱两地约有一万八千余亩者,盖大略相同",②水稻已经成为天津屯田的农作物之一。

清代雍正时期,天津水稻种植得到了极大发展,成就斐然,"天津、静海、武清等县共营成稻田六百二十三顷八十七亩,逾年所营稻田或一茎三穗,或一茎双穗,怡贤亲王特疏进呈。今则如坻如京,岁庆丰年,群黎共霑乐利矣"③。天津各地围地种植稻田的面积不等。在蓟州,"(雍正五年),治东大屯庄、三家店,治西山冈庄等处二十顷六十四亩五分;农民自营二十九顷四十二亩。(雍正)六年,治东三家店、丁家庄,治西夏各庄等处四顷五十四亩七分,农民自营一顷九十四亩八分。(雍正)九年,改旱田十三顷四十一亩"。在宝坻,"(雍正)五年,治东南尹家圈、八门城等处二十五顷五十三亩九分五厘五毫;农民自营三十四顷二十八亩七分九厘三毫。(雍正)七年,治东南下王各庄等处四十四顷七十九亩四厘;农民自营七顷五十八亩七分四厘。(雍正)九年,改旱田四十六顷五十三亩四分"。在宁河,雍正五年,"县治西关、东关暨东窝庄、南窝庄、岳旗庄、江潢口、林家庄、张家庄、齐家沽、田家庄、崔家庄等处,暨县城,引蓟运河潮水,初仍泄于本河,蓟运河北来环治,复合为一,涯广流深,潮汐沾道,民引厈灌蔬,至是因地浚渠置闸,沿河数十邨沟塍绣错,宛然江乡,而芦台一带,民利鱼盐,不以沾涂自给,多改旱田,存者二十七庄",共营稻田33顷45亩;农民自营稻田49.81顷有余。雍正七年,宁河县城及芦台等处,农

---

① 〔明〕徐光启:《徐光启全集》第10册,第190、201、441、209页。
② 〔明〕毕自严:《度支奏议》卷28,上海古籍出版社2008年版,第268页。
③ 乾隆《天津府志》卷5《风俗物产志》,第13页。

第二章　城市经济的兴起与集散中心的初成(1404—1859)

民自营稻田共 20.3996 顷。雍正九年,"改旱田三十七顷一十亩七分四厘"。在武清,雍正五年在县治西北桐林村等处,营治稻田 18.251 顷有余。① 由此可见,天津地区尤其是武清、宝坻和宁河附近,都曾围地种植水稻。

(一)新作物的引种

明代后期,中西交流日益频繁,番薯、玉米等作物被引进中国,天津地区也陆续开始种植。新作物的种植打破了天津原有农作物的种植结构,又因这些新作物高产且适应贫瘠土壤生长,因此对提高天津农作物产量起到了重要的作用。

番薯又称甘薯、红薯、金薯等,万历二十一年左右引种至福建,逐渐传至胶州、开封诸处,后传布全国,"大河之北皆食其利矣"②。明万历年间,徐光启在天津试种。但由于北方冬季温度较低,薯种不好保存。番薯在天津得到广泛种植,当在清乾隆二十二年以后。乾隆年间的贡生陈世元编辑的《金薯传习录·种薯谱合刊》,总结种植番薯有多种优点,如对土壤要求不高,"若原、若野、若沙、若堤、若山坡、若海岸、若斥卤、若坟墙,各遂其生,皆能有秋";任何时期都可以种植,且不畏雨涝干旱、虫灾与风沙,即"不拘乎时,始于立夏,终于立秋,九十阴晴,任凭栽植。不穗而实,雨不能损,深培而结,旱不能侵。风狂而藤惟贴地,蝗过而叶可复萌,俭岁亦收,灾行不害";其生长期短、用劳力少、收获量大,还可以充分利用地力和耕耘之暇,"工力未半于农功,丰登自倍于百谷"。而且,番薯从食用上多种多样,"虽非谷比,却有谷功,藉其实为饔飧,饥可果腹,摘其实以淹菹,馑可充蔬","功并稻粱"。并且,番薯易于保存,在救荒、增加粮食产量方面具有重大作用。据考察,"西北省各州县,凡膏腴上地,更际丰年,每亩共收谷子一大担,计官斗三十余斗,连稃不满五百斤,如大麦、小麦、膏粱、荞麦,到秋收成,轻重大略相等。而薯上地一亩约收万余斤,中地约收七八千斤,下地约收五六千斤,不烦碾臼,且无糠枇"③。

---

① 光绪《顺天府志》卷48《河渠志》,第1762—1763页。
② 农业出版社编辑部编:《金薯传习录 种薯谱合刊》,农业出版社1982年版,第11页。
③ 农业出版社编辑部编:《金薯传习录 种薯谱合刊》,第48—53页。

乾隆七年(1742)，方观承任直隶清河道时，"购种雇觅宁、台能种薯者二十人来直，将番薯分配津属各州县，生活者甚众"①。方观承任直隶总督时，在正定府和保定府力推番薯种植，"饬各属劝民种植，以佐食用"②，时人皆习称"方薯"。与方观承督直时间相近的无极县知县黄可润，原籍恰是番薯始传之地福建，他在《种薯》一文中写道："任无极时，以此地宜番薯，状寄家人，曾以薯藤数筐附海艘至天津，转寄任所"，进行试种；但培育的薯苗皆被冻干，没有成功。后他回乡探亲时路经德州，看到该地已广为种植番薯，于是请德州老农到无极教种，得广泛种植，一亩"可获千斤"③。

各省政府也重视种植番薯，通过各种方式推广。如山东布政使李渭曾颁布《种植红薯法则十二条》，提出种薯是救灾的第一要义；曾任直隶天津道的陈宏谋主政陕西时，也曾颁布《劝民领种甘薯谕》，推广甘薯种植。由此可见，天津地区在清乾隆年间已经开始种植番薯。

明清时期，玉米、土豆等各种作物也陆续传入天津。玉米在天津最早出现于乾隆年间，当时称为玉秫米，"叶似秫，实生节间，一株可结数穗"④。清光绪朝以前，天津各地的称呼不同，种植尚未普及。如光绪时的《天津府志》称："包谷，一名玉米，或名玉蜀秫，有黄、白、赤三种。俗名棒子。"⑤在宁河各地也称为"玉蜀黍"，"苗似蜀黍而子颗颗攒簇，黄白色，可炒食，做澄浆，面更香美，田家园边多种之"⑥。清后期，玉米成为天津普遍种植的作物之一，为"吾乡食品之最普通者"⑦。康熙年间土豆已在天津附近种植，直称"土豆"。乾隆时的方志中已见记载："芋，又一种小者名香芋，俗名土豆"⑧，"性易活，水边垅畔俱

---

① 〔清〕陈谨纂集：《济荒必备》，李文海、夏明方、朱浒主编：《中国荒政书集成》第6册，天津古籍出版社2010年版，第4011页；谢志诚：《甘薯在河北的传种》，《中国农史》1992年第1期。
② 戴逸、李文海主编：《清通鉴》第10册，山西人民出版社2000年版，第4468页。
③ 周立：《粮食安全下种子主权发展路径探析》，《人民论坛》2021年7月中。
④ 乾隆《天津县志》卷13《风俗物产志》，第5页。
⑤ 光绪《重修天津府志》卷26《风俗物产》，第11页。
⑥ 光绪《宁河县志》卷15《风物》，第11页。
⑦ 民国《静海县志》，台湾成文出版社1968年影印本，第293页。
⑧ 乾隆《天津府志》卷5《风俗物产志》，第15页。

第二章　城市经济的兴起与集散中心的初成(1404—1859)

宜,此地不经见,然秦蜀俱有,未有不宜于此者,故并纪之,以待老圃之利"①。到清末,土豆也发展成为天津地区重要作物之一,"土豆,大者如拳,小者如胡桃,炒食蒸食均可,近多种之,系重要食品。一名马铃薯,以其作面粉,食亦佳"②。

明清时期,华北地区蚕桑种植业不发达,未成规模,且时断时续。《宝坻县志》记载了宝坻一带的蚕桑发展情况。成化五年(1469),"御史叶琪来知县事,劝课农桑,物利滋阜。是蚕桑之教,祺实开之"。嘉靖元年(1522),"知县张元相建大片桑园,在县西十五里,周围凡二十亩,桑阴蔚然。当治蚕时,携筐者相望于道"。嘉靖四十三年(1564),"知县唐炼令民垦治,复筑垣以缭之,植桑数百株,视前尤盛焉"。明万历十六年(1588),该县知县袁黄作《劝农书》,其序云:"予为宝坻令,训课农桑,予得专之"③。书中详言道:"营田溉水之方,而不及桑者,以其时去唐公未几,桑园之利自若耳。及其季而此地屡经兵燹,荆棘纵横,将耕耨之不获,而何有于桑。此桑园所由废乎。及本朝修志,并不载桑园旧名,一若从未尝有桑也,而桑织之休久矣。其事既废,而其法不传,为可惜也。"④实际上,明代天津地区受到气候条件的限制,种桑养蚕难以发展,故没有桑蚕和丝绸市场。

棉花、烟草、花生等经济作物虽然在明代开始落户天津地区,但是直至20世纪初均未受到政府和农民的重视,种植数量十分有限。明万历年间,宝坻县令袁黄在《宝坻劝农书》中谈及沙田时称:"沙田,谓沙淤之田也。今通州等处皆有之,本县亦有之,而民间率视为弃地,然江淮间有此田,则为腴地。"他认为,沙田低处可以种植水稻和芦苇,"稍高者可种棉花、种麻"⑤。这表明,此时宝坻已经有棉花种植。

清乾隆三十年(1765),直隶总督方观承在京畿推广种棉,绘制棉花图,教

---

① 乾隆《宁河县志》卷15《风物志》,第16页。
② 民国《静海县志》,第302页。
③ 天津市农林局:《天津市农林志》,天津人民出版社1995年版,第392—393页。
④ 乾隆《宝坻县志》卷16《集说》,第12页。
⑤ 〔明〕袁黄等撰,郑守森等校注:《宝坻劝农书·渠阳水利·山居琐言》,第10页。

农民种棉技术。同治十年(1871),天津蓟州人王竹舫(晋之)在家乡穿芳峪修建了问青园。他在光绪二十九年(1903)撰写的《山居琐言》谈到了棉花的种植:"吾山近亦颇讲种棉,然多不得法,病在科密而吝于施功。棉科宜稀,科之相去宜尺许,去冲天尖时一科留五六枝,或七八枝,视地力斟酌之。止留正枝作桃,再有附枝悉宜摘去。""一科总可结数十桃。每亩出一二百斤子棉,乃是恒事,再盛则所出益多。棉多不可尽鬻,须习学纺棉织布。"①这表明,清末时地处山区的蓟州已经有一定数量的棉花种植,只是其介绍的种植技术似乎仍然处于种植初期的实验阶段。

与此同时,历朝的天津府志和天津县志中却鲜见种植棉花的记载。如在由薛柱斗纂修的康熙朝《天津卫志》中,仅提及棉花,归属于麻类。②乾隆《天津府志》中,转载了《南皮县志》的记述,称其东部"木棉之产颇饶",说明此时在天津南部地区已有棉花种植。③乾隆《天津县志》则将棉花归为"货属",与布同列,④说明更看重的是棉絮制作棉被、棉衣的使用价值。在光绪《重修天津府志》中,又将棉花归入麻类:"棉有木本、草本二种,府属所产皆草本。旧志或入谷属,或入货属,均未安,今移此与麻类列。"⑤《宁河县志》载:"沙地皆可种,宁土亦宜,能兼习纺织,则女有余布矣",⑥也是看重其纺纱织布的用途。只是,天津地区的棉花种植在20世纪以前所占耕地面积的比重很少。

烟草在乾隆年间已在天津种植。《天津府志》称,烟草"闽产者佳,燕次之。春种夏花,秋日取叶,切细如发。草顶数叶名曰盖露"⑦。清代中期,烟草逐渐扩种并以运河两岸所种为佳。民国《静海县志》载:"以运河两岸及多瓦砾之高地基[瘠]产者,其味最良,西人名淡巴菇,亦曰相思草。"⑧向日葵、花生等也

---

① 王竹舫:《山居琐言》,转引自张树明主编:《天津土地开发历史图说》,第330—331页。
② 康熙《天津卫志》卷3《土产》,第7页。
③ 乾隆《天津府志》卷5《风俗物产志》,第5页。
④ 乾隆《天津县志》卷13《风俗物产志》,第17页。
⑤ 光绪《重修天津府志》卷26《风俗物产》,第17页。
⑥ 光绪《宁河县志》卷15《风物》,第12页。
⑦ 乾隆《天津府志》卷5《风俗物产志》,第24页。
⑧ 民国《静海县志》,第340页。

第二章　城市经济的兴起与集散中心的初成(1404—1859)

于明清时期陆续传入天津。向日葵在天津种植的记载见于县志："葵花,有冬葵、戎葵、菟葵、向日葵、黄葵、锦葵、蜀葵诸种。"①花生传入天津地区似乎较晚,但发展很快。在静海,"落花生,有大小两种,用作油,零食为多,销路广"②。天津地区种植的蔬菜多以北方常见蔬菜为主,明清时期种类变化不是很大,主要的蔬菜作物明代已多有种植,根据《顺天府志》记载,已经开始种植葱、蒜、韭菜、芥菜、芹菜、芥兰、葫芦、藤蒿、莴苣、茄子、菠菜、芫荽、山药、茴香等。茄子有紫、白二色,白菜有数种,萝卜有红、白、青、水、胡五种,瓜类有多种。除此之外,据明代《河间府志》(风物志物产)记载,种植的蔬菜还有"荼苦菜、蘴、春不老、地皮、青蓟菜、香椿、紫苏菜、荬心菜、槐芽、时萝、榆仁、葵、荷芙蕖、蕈菜、蒲尹、藕、茨菇、鸡头菜",以及"蒿菜、玉环菜、银条菜、柳芽、榆钱、薯蓣"等。辣椒天津也有种植,"一名辣椒,有大小数种,长而尖,实俱下垂,其味辛,亦有圆如小柿者。初则纯青,老则纯赤。青时可生食"③。主要是自用和售予周边城镇、农村。天津各地的一些野菜,除一些供时令食用外,有的是牲畜的饲料,有的在灾荒年间用于充饥,如苜蓿和黄菜的嫩苗等可以食用,"荒岁赖以糊口",根叶用于喂马;葍,土名葍根,福根,掘其根可救荒,俗称杨妃苗。④

明清时期,天津地区种植果类作物的品种鲜有变化。明代主要有梨、桃、杏、枣、柿、栗、羊枣、沙果、苹果、核桃、樱桃、石榴、莲房、葡萄等。清代记载水果种类较明代略多,品种略有增加,如樱额、银杏、杜梨、倒吊果、甜果、松子、山楂等。

五、长芦盐成为城市经济的支柱产业

明清两代,天津的盐业生产均属长芦盐区,其事务由盐区管理机构负责。自明万历间始,长芦盐务管理机构相继移驻天津。明代,长芦盐以煎盐为主,

---

① 乾隆《天津县志》卷13《风俗物产志》,第12页。
② 民国《静海县志》,第294页。
③ 光绪《顺天府志》卷50《食货志二物产》,第1798页。
④ 参见光绪《重修天津府志》卷26《风俗物产》,第13—14页。

至清康熙时,天津沿海地势低平,春秋气候干燥,多风少雨,日照时间长,又很少受台风和潮汐的侵袭,因此煎盐逐渐改为滩晒,制盐技术的进步使得食盐的产量和质量大大提升,天津最终成为长芦盐区的中心产地,盐业也成为当时天津经济的支柱产业。

(一)盐场和管理机构的变化

"盐务根本在场产"[1],盐场是盐业生产的基础,盐场状况与盐业生产的规模、产量等密切相关。盐场之"场"如农田,"田之办经界也"[2],是政府组织灶户进行盐业生产及征课的单位。明洪武二年(1369)在元代22个盐场的基础上,又增设2场,至此长芦盐区共设24个盐场,是长芦盐区历史上盐场最多的时期。天津地区境内有三叉沽、厚财、兴国、富国、丰财、芦台六盐场(后减为五场),三叉沽场(属静海县,今天津市河东区)、厚财场(位于静海县高家庄附近,今天津市津南区)、兴国场(位于今天津市津南区咸水沽)、富国场(位于今天津市津南区咸水沽)、丰财场(位于今天津市津南区葛沽)、芦台场(位于今天津市宁河区芦台),各场置一盐课司,皆隶属于青州分司。

自明代中期以后,长芦盐区南场的数量陆续减少,呈现出北场兴盛、南场衰败的趋势。这是因为,明初战争时期,沧州地区被军队劫掠,盐民逃亡而大减,盐滩荒芜。每年五六月的晒盐时期,"正值农忙之候,灶户一时觅夫不得,所产盐斤不能随运归坨堆,积滩中缺人巡守之故",[3]造成私盐泛滥。清代以后,长芦盐区各盐场很多都改煎盐为滩晒制盐,北部各盐场滩晒的自然条件远远优于南部各盐场,故北部各盐场滩晒制盐质量好,产量也迅速增加。同时,南部各场由于河流改道,运输不便,多有灶户弃滩改业,盐场的数量因此逐渐减少。明代一些盐场荒废,裁撤了一些盐场。清康熙十八年(1679)裁并为16个,雍正十年(1732)再次裁并为10个,面积减至6135余顷。道光十二年

---

[1] 戴逸、李文海主编:《清通鉴》,山西人民出版社1999年版,第5658页。
[2] 刘洪升点校:嘉庆《长芦盐法志》,科学出版社2009年版,第132页。
[3] 《巡视长芦盐政安宁为严镇海丰两场滩盐被盗拨兵巡辑事奏折》,中国第一历史档案馆等编:《清代长芦盐务档案史料选编》,天津人民出版社2014年版,第39页。

第二章　城市经济的兴起与集散中心的初成(1404—1859)

(1832),长芦盐区共有8个盐场,即集中在北部的归化、石碑、济民、越支、芦台、丰财盐场,以及南部的严镇、海丰盐场,盐田面积缩至5637余顷。

清代,天津的盐场集中在今宁河区南部、滨海新区、东丽区、津南区、静海区东部,延广约1180里,与长芦沧州分司所属南八场总和相近,约占长芦盐场总体面积三分之一有余。各盐场的疆界犬牙交错,由北至南,自东向西,分别有:芦台盐场位于宁河县,明代属宝坻,雍正八年析出为宁河县,以芦台镇为中心,东至斗沽(今属天津滨海新区)接丰润县的越支盐场,其南界大海,西南至军粮城(今属天津东丽区)接丰财盐场界,西跨夹河子牙河之支流之侧,北连宝坻县境;丰财盐场东北濒海,南界为兴国盐场,西至咸水沽,今属天津津南区,与兴国、富国盐场接壤转北直抵宁河,接芦台盐场;兴国盐场东滨大海,南入沧州境接严镇盐场界,西南至四党口(今属天津静海区)接富国盐场境,西北近军粮城、潘儿庄,北接丰财盐场界;富国盐场东至上古林接兴国盐场界,南近芦北口(今属天津西青区),西至静海区界,北滨北运河。①

表2-1　清嘉庆年间天津及附近地区各盐场范围表

场　名	地　点	范　围
兴国场	初咸水沽,今天津	西南接富国,南入沧州接严镇,东北并厚财场接丰财。延广五百里。
富国场	初咸水沽,后移天津	东至宁河北塘接兴国,西南入静海,南界山东乐陵。延亘百六十里。
丰财场	葛沽	增并三叉沽场,东北沿海,南连沧州接严镇,迤西连兴国、富国,北抵军粮城,入宝坻境接芦台。延广四百余里。
芦台场	宁河芦台镇,辽时为新仓镇。	南界大海,北接宝坻,东至斗沽接越支,西逾夹河。延广百二十里。
越支场	丰润宋家营,青州分司旧驻地,后改设蓟永分司。	南临滨海,东接济民逾沙河,西至斗沽接芦台。广袤二百四十里。

资料来源:刘洪升点校:嘉庆《长芦盐法志》,第135—136、422—426页。

明朝沿袭元制,以各盐产区的规模、生产能力、可征课赋为依据,设置了都

---

① 雍正《新修长芦盐法志》卷3,转引自张毅:《明清天津盐业研究(1368—1840)》,天津古籍出版社2012年版,第54—55页;刘洪升点校:嘉庆《长芦盐法志》,第414—415页。

转运盐使司、盐课提举司等机构进行管理。天津各盐场由长芦都转运盐使司总理,受长芦巡盐御史提督巡视。明成祖朱棣定都北京后,长芦盐区开始输京贡盐。长芦贡盐包括青盐、白盐、盐砖、盐卤四种。由于芦台场盐质白味纯,始有"芦台玉砂"之称。明永乐间定制,长芦岁解青、白盐534,669斤2两,即2673引,于正课内进解。运京贡盐分别用于祭祀及宫廷人员、部分在京官员食用。

清朝初入中原,政局不稳,战事不息,经济凋敝。清政府着力恢复遭战乱破坏的盐业,以获得巨额盐课收入。恢复之首务,是重建盐业管理系统。清代,中央政府的盐业管理机构比明代更为成熟。对天津影响最大的是,长芦盐区的高层管理机构——巡盐御史与都转运盐使司相继移驻天津,使天津跃升为长芦盐区的管理中心。

(二)制盐技术的变革与盐业生产的发展

明代以后,长芦盐区制盐的技术有了巨大的变革,使盐产量大增,占全国各海盐产区的比重增加。明初,长芦各盐场仍以煎盐法为主。最初的煎盐法是刮土取卤,然后煎煮成盐。"每灶十丁,伙置铁浅锅一面,阔五尺,深一尺五寸","各灶丁每岁预于十二月间窖冰。至春打草,积垛在滩。二、三、四月,天道晴明,将滩内碱土黑色者用耙或锄铲浮在地晒干,刮土入池,以水浸之,淋卤流入池内。陆续舀入浅锅内,发火烧煎。随干随添,盐至满锅方止";用石莲子投于卤水中测试其浓度,每锅出盐约20斗,约费时三天。清代以后,仍然有一些盐场使用煎盐法,但改为撒灰淋卤,所得卤水浓度相对较高。其方法为:"秋日刈荡草以煎盐,而藏其灰。至十一月,凿海水藏之。待开春晴暖以后,摊灰于亭场,俟盐花浸入,用海水淋之成卤。"[1]这样,煎煮的时间缩短,出盐较多,一锅能有百斤,而且那些草灰还可以继续使用。

清代,长芦盐区各盐场改煎盐为滩晒制盐,这是生产技术的改革。由于滩晒更适合该盐区的自然条件,如日照时间长、春季以后干燥等,故滩晒制盐

---

[1] 章潢:《图书编》卷91《长芦煎盐源委》,转引自张毅:《明清天津盐业研究(1368—1840)》,第72页。

第二章　城市经济的兴起与集散中心的初成(1404—1859)

不仅质量好,产量也迅速增加。据传长芦盐区运用滩晒法制盐约始于明代正德、嘉靖之交。当时有一福建人来到海丰(位于今河北黄骅羊二庄)、深州海盈(位于今海兴县苏基)的盐场,视其处有"大口河一道,其源出于海",便对当地灶户高淳等称可借此晒盐,并向之传授晒盐方法:首先于河边挑修一池,隔为大、中、小三段,次第浇水于段内,日晒"浃辰"(十二日),则水干,盐结如冰。于是,高淳等成为长芦盐区首批使用晒盐法制盐的灶户。其后,海丰场和深州海盈场共56家灶户也纷纷仿效,滩晒制盐法开始传播。晒盐法大致分为四步:1.准备期,包括预掘土沟,夯筑晒池,整治晒盐场地等。2.纳潮,即将海水引入场地。3.制卤,通过日晒方式获得卤水,并试卤水浓淡。4.晒盐,即经过日晒成为食盐。滩晒法明显优于煎煮法,其操作较为省力:首先,在制卤阶段,滩晒法不需刮土、淋卤。其次,成本较低而"利厚",不需要草、木等燃料,免去割草、伐木的辛劳。第三,原煎盐场所用草荡地可开垦为农田,增加粮食产量。第四,效率较高,晒池的一次成盐量远高于煎锅。第五,对政府而言不易隐匿,便于稽私。明隆庆三年(1569),长芦盐区仅有沧州分司下辖的四个盐场采用滩晒法,其它盐场仍使用煎煮法。但到万历三十六年(1608),青州分司部分盐场也开始使用滩晒法。天津地区的丰财盐场,清顺治元年(1644)开始滩晒,芦台盐场滩晒制盐略晚。

　　盐场是盐业生产的空间,其主要生产资料是土地及制盐器具。长芦盐区的盐业土地主要有滩地、草荡地、灶地三类。其中,滩地为"斥卤不毛之地",听灶户"刮碱取土,盘煎池晒,资以成盐者",是灶业的一部分,但免于征课和杂差;草荡地即供灶户获取煎煮制盐燃料芦苇的生产地,"樵采草刍煎办盐课者"[①];灶地是供灶户耕种的土地,以使其获得维系生存的基本口粮。决定盐业生产规模和产量的是滩地的面积。清代天津滩地面积总体呈上升趋势。顺治年间(1644—1661)长芦盐区20个盐场,共有灶地(即盐民聚居设灶煮盐之地)10,285.9顷,草荡地422.61顷,总计10,708.51顷。其中北部各盐场占

---

① 刘洪升点校:嘉庆《长芦盐法志》,第480页。

49%,南部各盐场占51%。①道光年间,不断减灶并场,加之海啸、大潮侵袭,长芦盐区的盐田面积有所减少,道光十二年(1832)仅有盐田面积5637.46顷。②

各盐场居住的是灶户,其生产者为灶丁,即盐丁,负责制盐各个程序,如种植芦苇、放海水、扒灰制卤和滩晒等等,根据盐场的规模由管理者设定灶丁的数量。清嘉庆年间,长芦盐区10个盐场的户口统计如下:

表2-2 清嘉庆年间长芦盐区10场户口统计表

场名	户口
兴国场	共男妇大小10,595口。户籍隶宝坻、武清、天津、静海、沧州、青县、盐山、南皮和山东乐陵
富国场	共男妇大小8660口。户籍隶宝坻、武清、天津、静海、宁津、沧州、青县、庆云、南皮和山东乐陵
丰财场	共男妇大小26,657口。户籍隶宝坻、武清、天津、静海、沧州、青县、盐山、宁河、蓟州和山东乐陵
芦台场	共男妇大小4678口。户籍隶宝坻、宁河
越支场	共男妇大小14,771口。户籍在丰润、滦州、遵化、玉田
济民场	共男妇大小8325口。户籍隶滦州、丰润、玉田、乐亭、迁安、遵化、热河等处
石碑场	共男妇大小20,141口。户籍隶乐亭、昌黎
归化场	归化、惠民二场共男妇大小14,562口。户籍在抚宁、昌黎
严镇场	共男妇大小6918口。户籍在玉田、武清、宝坻、丰润、沧州、南皮、盐山、宁津、交河、青县、静海、东光
海丰场	归并海盈场。二场共男妇大小15,688口。户籍隶沧州、盐山、青县、庆云、兴济及山东乐陵
合计	130,995口

资料来源:刘洪升点校:嘉庆《长芦盐法志》,第135—137页。

从上表也可以看出,长芦盐区各盐场,尤其是北部天津地区周围的盐场,其聚集的灶户多为周边沿海的居民。虽然盐场减少,但由于采用滩晒制,提高了生产效率,盐产量有所增加,而所用灶丁却没有明显的增加。据统计,晚明时期长芦盐区盐丁数量为12,997口,清雍正时期为10,361口,嘉庆时期反减少到9128口。③

由于技术的改进,长芦盐区各盐场的年产量逐年增加。据统计,明洪武年

---

① 河北省地方志编纂委员会编:《河北省志·盐业志》,中国书籍出版社1996年版,第7页。
② 长芦盐志编修委员会编:《长芦盐志》,百花文艺出版社1992年版,第53页。
③ 根据张毅《明清天津盐业研究》第80页统计。

第二章　城市经济的兴起与集散中心的初成(1404—1859)

间(1368—1398)的产量为63,100余大引,约2,524万斤;弘治时期(1488—1505)的产量为180,800余小引,约3,616万斤;到万历时期(1573—1619),因部分盐场改煎盐为滩晒,产量大增,年产量达到239,850引,约1.5亿斤左右。①

清初,长芦盐的产量约为6亿斤,占全国盐产量的12%;到清末,长芦盐区各盐场的年产量如表2-3。

表2-3　1911年长芦盐区各场年产量统计表　（单位:万斤）

名	产　量	单位重量	总计
丰财场	544,400包	每包:360斤	19,584
芦台场	523,360包	每包:400斤	20,934.4
严镇场	13,170包	每包:340斤	447.78
海丰场	5624包	每包:580斤	326.192
越支场	5507包	每包:580斤	319.406
济民场	19,757筐	每筐:200斤	395.14
石碑场	270,000筐	每筐:200斤	5400
归化场	20,000筐	每筐:200斤	400
总计			47,806.918

资料来源:《长芦盐运使为查明长芦盐务最近情形复盐政筹备处函》,天津市档案馆等编:《北洋时期长芦盐务档案史料选编》,天津人民出版社2016年版,第117页。

第三节　商业、金融、手工业的发展与商人力量的增强

一、商路畅通与商品贸易的发展

(一)商路的畅通

元定都大都后,保障首都物资供应,特别是解决官兵、市民的粮食问题成

---

① 参见张毅:《明清天津盐业研究》,第90页。

为重中之重,而其解决途径无外乎是,开辟运河和沿海航线将南方米粮运至京城,即"南粮北运"的漕运。天津作为门户,无论"先是河运,"还是"后改海运",①都是漕粮南运的转运港口,"东南负赋由海上直沽达燕都,舟车攸会,聚落始繁",出现了"晓日三叉口,连樯集万艘"的景象。②

　　元明易代,明朝初年基本上沿袭着元代海运漕粮的政策。"靖难之役"后,明成祖实行海禁政策,下令"缘海军民人等,近年来往私自下番交通外国,今后不许"③。但是,相较于河运而言,海运漕粮到永乐十三年(1415)仍然为政府漕粮运输方式之一,"海运粮船上抵直沽,欲于直沽置仓储粮,别以小船转运北京","皆以为便";并且"于天津等卫多置露囤,以广储蓄",④并派"天津卫籍兵万人戍守"⑤。明永乐年间,官府重新疏浚运河河道,引汶水在南旺注入运河,解决了运河山东段水源不足的问题,南北运河重新畅通。为体恤运军之苦和减轻运费压力,洪熙元年(1425)颁布"土宜"政策,"今后除运正粮外,附载自己什物,官司毋得阻当";成化元年(1465)又诏令免除"各处运粮旗军附带土宜物货"的税赋,⑥即允许漕船运兵和船工夹带南北方土特产在沿岸贩卖,给予免税。土宜数量,最初每船附载30石,顺治元年(1656),清廷规定运军空舟南下时可随带北方干果杂货60石,重舟北上时可随船载土特产100石,所经关卡免其纳税。因此,随漕贸易日渐兴盛。天津因为漕粮转运之口,"天下粮艘,鱼贯而进,殆无虚日",一时间"商旅往来之帆樯,莫不栖泊于其境"。⑦

　　除漕船外,还有"油船、茶船、杂货等项船只"⑧,以及"河南、山东豆麦船

---

① 李文治、江太新:《清代漕运》,中华书局1995年版,第511页。
② 陈树生主编:《天津市经济地理》,新华出版社1988年版,第172页。
③〔明〕宋端仪:《立斋闲录》四卷,明钞本,第126页。
④《明太宗实录》卷36,永乐二年十一月己末条,万新平、于铁丘主编:《明实录天津史料汇编》,第36页。
⑤〔明〕谢纯:《漕运通志》,明嘉靖七年杨宏刻本,第372页。
⑥ 赵全鹏:《明代漕运中的商业思想》,《河南师范大学学报(哲学社会科学版)》1995年第1期。
⑦ 中华舆图学社编:《津门精华实录》,中华舆图学社1918年版,第2页。
⑧《乾隆五十二年四月初四日穆腾额奏折》,台北故宫博物院:《宫中档乾隆朝奏折》第63辑,台北故宫博物院1982年版,第813页。

第二章　城市经济的兴起与集散中心的初成(1404—1859)

只"等商船也日渐增多,运河沿岸市声鼎沸,"城西北沿河一带,旧有杂粮店商贾贩粮百万,资运京通,商民均便"①。康熙元年(1662),为方便运河商船验关纳税,河西务的钞关也迁至天津城北门外的南运河沿岸,天津逐渐成为南北商品汇集之地。

明万历初年,朝廷逐渐放开私人海上贸易管制,"备示沿海地方,不拘军民人等,如有情愿将自己或收买杂粮,用自己船只装载,自胶州海口起,至天津粜卖者,许赴该道禀告,给与执照"②。通过海路,更多的粮食进入了沿海商品流通市场。到清中叶,运河水量不断减少,"以致商贩稀少"③。考虑到日渐窘迫的财政以及严峻的钱荒,"海禁太严,财源杜绝,有耗无增,是以民生穷困……远不足国计民生之需"④,康熙二十三年(1684)下令开海贸易。海禁开放后,上海至牛庄、天津、芝罘的三条北洋航线,成为闽粤、江南至华北、东北之间贸易的海路通道。广东潮州的商船"游弋登莱、关东、天津间,不过旬有五日耳";福建厦门的商船"顺风,十余日即至天津";江浙一带赴天津、奉天贸易的商船由一年两趟增至一年四趟。雍正七年(1729)六月中旬,"闽商张宁世等闽船十只,装载客货到津",七月十八日又有12只闽广商船"陆续抵关"。⑤天津的商船不仅频繁往来于山东、直隶、奉天各地开展贸易,而且也南下江浙等地贩运各地土特产品。乾隆四十三年(1778)六月至十月,前往锦州贩粮的天津商船,"往回三次者四十四只,二次者九十只",船只总数达到了199只,⑥"不仅船户借以为生,沿海贫民以搬运粮石生意者不下数万人"⑦。

---

① 康熙《天津卫志》卷1《建置》,第25页。
② 〔明〕梁梦龙:《海运新考》卷上《试行海运一》,台湾正中书局1981年版,第235页。
③ 《乾隆五十二年四月初四日穆腾额奏折》,《宫中档乾隆朝奏折》第63辑,第813页。
④ 叶建华:《浙江通史》第8卷,浙江人民出版社2005年版,第472页。
⑤ 许檀:《清代前期的沿海贸易与天津城市的崛起》,《城市史研究》第13—14辑,1997年。
⑥ 许檀:《清代前中期东北的沿海贸易与营口的兴起》,《福建师范大学学报(哲学社会科学版)》2004年第1期。
⑦ 天津市地方志编修委员会编著:《天津通志·商业志·粮食卷》,天津社会科学院出版社1994年版,第9页。

(二)商品贸易的发展

河海交汇的地理之利,使得商人利用地区之间的商品差价,通过长途贩运获取利润成为可能。明代中叶,华北各地市场棉贱布贵,而江南棉贵布贱,各路商人借内河之便,将江南的布匹从天津逆流而上,贩卖到天津和内地各城镇市场,之后购买棉花顺流而下,即"棉则方舟鬻于南,布则方舟鬻诸北"[①],盈利颇丰。天津也由此成为北棉南运、南布北销的集散中心。

明清之际,天津城厢四方商贾云集,不仅交易商品种类繁多,除了每年聚集转运数百万石漕粮,生产运销至京师、直、豫180余府厅州县数十万担食盐外,[②]还有杂粮、布匹、豆货、药材和干鲜果以及来自南方的丝绸、瓷器、红木、藤织品、蔗糖、茶叶、海货、香蕉、橙柑等,甚至一些外国的"洋货"也出现在天津市场上;而且往来商品产地多元,如直隶省永年和邯郸的煤炭,磁州的陶瓷器皿,涉县的花椒和核桃,以及山西的铁器、山东的干鲜果品等;东北地区的大豆、豆饼、药材、木材等;闽粤地区的蔗糖、鱼翅、橘饼、胡椒,江浙地区的丝绸、布匹、茶、烟叶、水果、毛竹、绍酒以及江西瓷器等。天津成为北方与江南、沿海与内地各种商品的集散中心,商品流通规模不断扩大,运河沿线出现了"燕、赵、秦、晋、齐、梁、江淮之货,日夜商贩而南;蛮南、闽广、豫章、楚、瓯越、新安之货,日夜商贩而北"的盛况。[③]

清乾隆年间,西洋商船来华贸易数量大增,各种洋货也经由闽粤和江浙的商船贩运而至,[④]天津出现专营洋货的洋行,即以经纪人身份"立洋货起卸行代客评价出售"和储存的洋货局栈,[⑤]嘉庆四年(1799)在紫竹林的海河沿岸有九家洋货局栈,他们带来了各种洋货和奢侈品,如洋碗、名贵木料、拷纱云

[①] 王毓铨主编:《中国经济通史 明代经济卷》下,经济日报出版社2007年版,第510页。
[②] 胡光明:《清末民初京津冀城市化快速进展的历史探源与启示》,《河北大学学报(哲学社会科学版)》1997年第1期。
[③] 〔明〕李鼎:《李长卿集》卷19《借箸编》,万历四十年刻本,第10页。
[④] 许檀:《清代前期的沿海贸易与天津城市的崛起》,《城市史研究》第13—14辑,1997年。
[⑤] 宋美云主编:《天津商民房地契约与调判案例选编(1686—1949)》,天津古籍出版社2006年版,第251页。

绸、象牙雕刻以及各种香料,丰富了天津的商品市场。

由此可见,天津作为河海码头,到清中叶已经成为汇集南北商品的集散中心,经济腹地覆盖首都北京、直隶、山西,以及山东的部分地区。①

二、以钱铺、票号和典当业为主的金融业的发展

(一)钱铺与票号

商品经济的繁荣势必会加速货币的流通,促进天津金融业的兴起。清入关之前,天津市场上的货币主要有金、银、铜、钱和币帛。清朝建立后,统治者吸取以前通货膨胀的教训,放弃纸币,沿用明代旧规,实行以白银为主、辅以铜钱的货币制度。该制度规定商民交税用银,百姓日常消费用铜钱,于是与银钱兑换相关的银钱业应运而生。天津的金融机构主要有炉房、钱铺、钱局、银号、票号等钱业,以及典当和银楼等。

天津早期经营货币兑换的多是独自经营、设摊而贾的兑钱摊、兑钱铺,也称"钱商",以兑换制钱、银钱及发行钱帖为主。同时,一般商铺也兼营兑换。如首饰楼在主营制造销售首饰外,兼营银钱兑换。炉房专门经营熔铸银锭,官营炉房有户部发给凭照,为各级政府财政服务,商人私开炉房兼营存放款和兑换等业务。银钱兑换经营有淡旺之分,资金有盈绌变化,盈利不断,于是在货币兑换过程中,引发了银钱存放、金融借贷等活动。一些钱铺和首饰楼转化为既从事银钱兑换,还经营存放款业务的钱铺、钱局或钱号。天津最早的钱铺开设于乾隆四十年前后,在银钱市场上一些首饰店、绸缎庄等也兼营兑换银钱、镕制元宝及收存款项,以方便顾客。有些具有一定规模的钱铺和兼营店发行以制钱为本位的钱贴和以白银为本位的银贴,发展为钱局,或钱号。在天津银钱市场上,钱铺、钱局中间有为数不多的经营存放款业务,多集中在北门外和东门外一带,以宫南、宫北大街为银钱市场;资本额较大的是后

---

① 许檀:《从北洋三口发展的历史脉络看中国近代化历程》,《天津师范大学学报(社会科学版)》2005年第1期。

来兴起的银号，多由巨商开办，如盐商王文郁开有益得、益兴恒、益源恒三家银号，李士铭开设有瑞恒等五家银号；天成号韩家既有当铺，亦有银号。

　　清代中叶，天津商业规模进一步扩大，为了满足买卖双方在商品流通中的供需调剂，以及扩大资金运转的需求，票号应运而生。票号产生于19世纪20年代初的清道光年间，是为解决长距离贩运贸易中运送现金的不安全与不方便产生的。与钱商不同，票号是专门从事异地间的银钱汇兑、吸收存款、发放贷款的私人信用金融机构，服务对象包括个人、商号甚至政府相关部门。明清时期，长距离贩运贸易空前发展，异地汇兑的数额增大且频繁，各地商人为完成异地结算的现银调动，采取自身携带或委托镖局运送现银，成本高、风险大，越来越不适应长距离贸易的需要。最初的汇兑多是商人兼作，不收费用。

　　票号的创始人是山西平遥人雷履泰，原是颜料商，为西裕成颜料行北京分号经理，该商号在天津、汉川、重庆等地有分号。早在乾隆年间，雷履泰每年在四川采办铜绿，运北京、天津销售，首先试用汇票来为商人提供异地取现业务，利用西裕成颜料行总号在平遥，在北京、天津、沈阳、四川等地设有分号的便利，办理两地交易的清算业务，收取一部分汇水。道光三年（1823）雷履泰开办了日升昌票号，专营汇兑业务。《山西票号史料》载，嘉庆道光年间，雷履泰"在津贩卖铜碌，运售四川，所得之款，由川兑津，收零星汇兑，利益很多，从此引起汇兑一业"①。日升昌业务不断扩大范围，联络四川来华北采购货物的商人将现银交与四川日升昌分庄，换取汇票，持票向北京、天津日升昌兑取现银；然后联系京津去川采办货物的商人将现银交与日升昌，持票向四川日升昌分庄兑取现银。②此法既方便又安全，大受欢迎，日升昌所得汇水十分丰厚，随后还承办个人的异地银两汇兑。日升昌票号的创始人中还有同乡毛鸿翙，他将蔚泰厚绸缎庄改组为票号，还设立蔚丰厚、天成亨、蔚盛长、新泰厚四

---

　　① 黄鉴晖等编：《山西票号史料》，山西经济出版社2002年版，第14页。
　　② 参见杨固之等：《天津钱业史略》，天津市政协文史委编：《天津文史资料选辑》第20辑，天津人民出版社1982年版。[注：本书所引《天津文史资料选辑》各辑，均为天津市政协文史委编，由天津人民出版社出版，故以下不再注编者及出版社，只注辑数与出版年份。另，本书参考文献，涉及多种由全国及各地各级政协文史资料委员会编辑的文史资料性质的图书，鉴于政协的全称文字较多，文史资料委员会的名称也多有变化，为简省注释文字，此类文史资料，作者名均简注为：(全国/某地)政协文史委。]

第二章 城市经济的兴起与集散中心的初成(1404—1859)

家联号,所谓"蔚字五联号"。到咸丰十年(1860),在山西的票号发展到15家;至同治年间,在天津的山西票号共有16家,总资本达到了333万两。

(二)典当业的发展

典当业是古老的金融行业,历史悠久,是经营抵押借贷的一种信用行业,俗称当铺。天津典当业大约兴起于明代,有文字记载则见于清代。其有长芦盐政等机构投资的,也有官僚、商人投资设典的,如直隶总督琦善即在天津投资当铺。天津各当铺的业务主要是以收取民众送来的各种物品为抵押,借予现钱,划定赎期,设定高利,到期向抵押人收取本利,归还原物;至期不来取赎,即以抵押物顶债。①

明清时期,典当业成为主要的信用机构,也经营抵押放款和普通信用放款,且规模扩大。清代的当商需要官府发放的"当帖"(也称之为"龙票")作为经营业务的凭证,每年上交捐税,当时也有"官当铺"一说。清代中叶,天津城乡有当铺几十家之多,乾隆年间仅城厢一带就发展到四十多家。当铺多由财力雄厚的官僚、盐商出资开设或经营。天津的大盐商几乎每家都有当铺,其中以长源杨家居首,所营当铺遍布天津城乡各地。道光年间,除以上在县署立案,拥有谕帖的典当大户外,还有许多在"县署中不立案,只贿通地面官人,即能暗中营业"的小典当商。②

因典当一行利大,发展迅速,形成相当规模的行业,民间有顺口溜云:"天津卫,好地方……稳是当铺利久长。此外别行,总是本大利广。"③嘉庆十七年(1812)经营者成立了当商公所,在北门外(今北马路北门东)购地,兴建80余间房屋作为办公用房等,公推当商中负有声望者为董事,负责管理典当行业事务,并呈现商业资本与高利贷资本结合为一体的走势。

---

① 参见郭蕴静主编:《天津古代城市发展史》,第337页。
② 参见吴石城:《天津典当业之研究》,《银行周报》第19卷第36期,1935年。
③ 〔清〕张焘撰,丁绵孙、王黎雅点校:《津门杂记》,第102页。

三、以城市生产和消费为主的手工业的兴起

明清以前,天津手工业主要集中在与渔业、盐业有关的制卤、制硝、虾油、虾酱等初级产品,以及与农业、漕运有关的生产工具,"吾邑地势通达,器皿皆来之远方,是以工艺恒少特色,惟土木工筑房屋以卫生,作舟车以济用,造棺椁以送死,不假客民,咄嗟立办耳。女工习纺织者少,仅能织蒲包、蒲席、草帽缠等"①。不过随着漕运、盐业、渔业、农业发展的需求,到清中叶,天津地区手工业不仅工艺水平有了较大的发展,而且出现了一些专业性手工作坊。

(一)造船业与盐业

明清时期,天津造船业有了较快的发展。明代造船厂分官办和民办两种。官办造船厂一般设在海运交通口岸和海防驻军卫所,按照官方规定的造船数量,挑选运军造船。天津官办造船由天津三卫承担制造漕船,每年有定额,天津卫8艘,左卫3艘,右卫9艘。随着漕运的日渐兴盛,天津三卫最多一年制造量可达35艘。万历四十七年(1619)四月,地方政府"发银三千两",在天津制造可装400石的船只100艘;十二月,又将"天津造船,专责成天津司道,当急行者",即由专门官员督造;翌年二月,天津"造船二百只,芝麻(芝罘)湾造船一百只"。②当时,天津所造漕粮船两舷高,头和尾向上翘,吃水深,有樯两根至六根不等,专为抵挡海浪冲击而设计。与官办造船业同时发展的还有民间造船业。为了促进商品流通和人员往来,以及保证援辽饷粮北运,明政府鼓励民间发展造船业,"在津者,官为发银,民为打造,限五年扣完,船归本主";同时,与官造漕船不同,政府"立有各帮朋造之法"③,鼓励合资造船。民间制造的内河航行用船,形状呈扁平,只有一樯,船体长而窄,吃水不深,行驶速度较快。如此大规模的造船量,说明了天津造船业的发达。

明清天津制盐生产也有了较大的发展,生产技术实现了从煎盐到晒盐的

---

① 民国《静海县志》,第902页。
② 〔明〕佚名:《海运摘钞》,明季辽事丛刊本,第240页。
③ 参见高艳林:《天津人口研究(1404—1949)》,天津人民出版社2002年版,第32页。

第二章　城市经济的兴起与集散中心的初成(1404—1859)

变革。煎和晒最根本的区别就是,前者把盐卤放入陶制牢盆,或者铁制平锅里用芦苇煮,使之蒸发后结晶成盐。比如明初煎锅是"只用中釜,不用牢盆",到明末则变为平坦的铁制大盘,器型比明初煎锅大十倍,底深且厚,边宽,提高了煎盐生产率。滩晒则是利用阳光暴晒,使之蒸发结晶为盐。工艺程序是先修建滩地,再通过纳潮把含盐(氯化钠)分高的海水引入滩地,经过日晒风吹,调制成饱和卤水,然后输入到盐池,继续利用日晒进一步蒸发水分,最后自然结晶成为海盐。这些贮存海水的池塘,由人工围筑,称作"盐汪子"。盐的质量,主要取决于盐池里卤水的浓度,这是滩晒制盐工艺中最重要的环节,一般是由有着丰富制盐经验的"埝头"掌控。埝头将用盐腌渍过的莲子放入池水中,观察其在水面沉浮的位置,即可确定池子里卤水的浓度,这项技术俗称"莲子看漂"。同时,清代前期盐户就开始用骡马套水车引海水入潮沟,代替了明初人力引海水入潮沟,提高了生产效率。

采用晒盐法后,长芦盐的产量不断增加。清康熙年间,政府大力推广此法,奖励招民开滩,至雍正初年丰财场全部改为晒盐。为了加快纳潮晒盐效率,清嘉庆年间沿海盐户借鉴帆船技术,在盐滩上竖起桅杆,利用多面风帆㧿海水引入盐田,当地人称为"八卦帆",替代了人力或畜力的水车,节省了劳力,提高了效率,一时间广阔的沿海滩涂到处耸立着"八卦帆"。随着晒盐技术和㧿水工具的日益普及,盐滩规模不断扩大,个体生产逐渐被盐场代替,且制盐分工更加细化。如运盐工大致可分为绠行、杠行、称行及车行四类;盐工也分为挑沟工、滩工、驳运工和坨工;制盐工具也从明代的水斗、盐筐、铁铲等简单工具,发展为较为复杂的卤膏棚、卤锅、水车、风车等工具。①

(二)酿酒业、编席业和地毯工业

清乾隆时期,酿酒业和编席业也是天津的特色产品。天津酿酒被称为"烧锅",大约在道光朝时已具相当规模。酿酒作坊多分布在海河两岸,尤以大直沽一带最多。到19世纪初,大直沽白酒已经闻名遐迩:"名酒同称大直

---

① 参见《中国海洋文化》编委会编:《中国海洋文化》(天津卷),海洋出版社2016年版,第156—157页。

沽,香如琥珀白如酥。南中(南方)也爱烧刀好,一斗葡萄博得无。"1920年左右,大直沽地区烧锅达几十家,其中又以义聚永、义丰永、永顺祥等最有名。大直沽的烧锅之所以"酿酒未终舟子报,柁(舵)楼黄蝶早飞来",一方面是与其制作原料相关,直沽烧锅以小麦、大麦和豌豆制曲,其中又以高粱为主要原料,高粱"滋味厚,寒宵斟酌最相宜"①。另一方面也与水质有关,大直沽地旷人稀,空气清新,尤其是大直沽后街的小溪,水质纯净,适宜酿酒。

编席业的发展与长芦盐业发展有密切关系。盐场生产粗盐后先集中在天津内河沿岸,形成盐坨,然后用芦席分装成包,根据盐商引票分别运往各地销售。因此每年都需要消耗大量芦席,进而直接推动了周边编席业的发展。宁河县有些地方因地势低,多洼淀,盛产芦苇,据丰台镇康熙六十一年立、同治四年重抄《重抄蠲免席税碑》记载,早在"康熙八年已免其税",足证明此地编席业历史久远,历三百年而不衰。②

清乾隆时期,天津地毯业主要以家庭作坊为主。作坊中有固定的台案,最初,工人在师傅指导下凭记忆完成拴头工序,后工艺技术有所改进,利用放大样解决了死记拴头的问题,生产效率得以迅速提高。还有,整形工序中"片活"的应用,工人通过专门的剪子,根据地毯的纹样进行凹凸片剪,使地毯具有明显的立体感。天津地毯的编制工艺不仅使花色由单一变为多品种的美丽、鲜艳的图案,质地坚实而柔韧,而且立体感强,在朝廷和王公贵族中有一定的市场。

(三)艺术品制造

伴随着城市的发展,天津也出现了一些艺术作品。有满足人们娱乐需求的风筝,以纸为原材料的风筝,又叫纸鸢、鸥子、纸鹞;以木为原材料制作的风筝,又叫木鸢。道光朝时,有董姓、王姓、朱姓三位文人酷爱风筝,发明了能折叠的风筝,提高了风筝扎制的水平。此后,天津风筝以做工考究、色彩鲜明、

---

① 杨光祥编著:《天津津辰史迹》,天津古籍出版社2007年版,第33页。
② 李家璘主编:《天津文博论丛》第2集,天津人民出版社2010年版,第367页。

技艺高超,驰名中外。

为满足达官贵族、富商大贾的需求出现的木雕和砖雕,也是天津具有特色的工艺。砖雕既是建筑上的工艺品,又富于装饰性,尤其适合古色古香的建筑。天津砖雕的内容大致可分为:吉祥图案、亭台楼阁、神话故事、民间传说、世俗生活、花鸟走兽、博古、婴戏、古典小说、文字配图案,其题材内容随着安放的部位不同而变化,如:门楼和影壁上多刻"三星高照"、"韦驮进财",而屋脊上则常用"平升三级"等。天津砖雕以完整美观、庄重大方的艺术风格著称于世,往往一件砖雕作品使用了浮雕、透雕、浅刻等多种高难度的雕刻技法。清道光朝时,天津砖雕艺术有了突破性的进展,匠人马顺清等发明了"贴砖法",就是在原雕砖的砖面上,再附上一块砖,增加砖的厚度,雕刻后增加了图案层次,给人一种高浮、透彻的感觉,加强了表现力,其主要是点缀山墙、后檐墙的大平面,有时也装饰着砖雕小品,尽显华美,形成天津砖雕艺术的特有风格。[①]在天津现存的古建筑中,清真大寺、广东会馆和杨柳青旧民居尚有部分砖雕保存较好。

天津的木雕广泛吸收了南北木雕的特点,既有南方木雕的灵巧、玲珑剔透的优点,又有北方木雕讲究整体、大气的长处。后来木雕艺人又吸取了中国画的技巧,将花鸟画与木雕艺术有机地结合起来,使天津的木雕艺术独具特色。

四、城市商业聚集空间的形成

(一)商品交易场所的更替

随着商品交易规模不断扩大,商业集聚区逐渐取代集市贸易,成为天津城区商品交易的主要场所。

明代宣德年前,天津城区商品交易方式主要是以市集为主,城厢内外共设有宝泉集、仁厚集等十个集以及一个常设的"市"。其中城内有五处,分别

---

① 马美惠编著:《至精至好且不奢》,北京工业大学出版社2013年版,第47页。

是鼓楼的宝泉集,逢五开集;东门里的仁厚集,逢三开集;南门里的货泉集,逢六开集;西门里的富有集,逢九开集;以及北门里的大道集,逢八开集。城外主要有东门外的通济集,逢二开集;北门外的丰乐集,逢十开集;北门外西的恒足集,逢七开集;张官屯的永丰集,逢四开集;以及逢一开集的宫前集。另外,还有西门外的安西市。① 这些集市主要分布在天津老城以及城门四周,每天均有集市,方便了天津城内外的民众生活和商品交易。

与城内各集相比,城外的集市更有特色,这些集市多为沿河分布,"大都内河行船装运货物卸载屯集必于近河之处,取便利也"②。受益于天津漕运的发展,到明末天启年间,与"屋瓦萧条、半为蒿莱"的城内相比,天津城外内河和海河两岸却是商家辐辏。东门外沿河地带逐渐形成海河以江浙粮船和海船为主的粮食集散地;而城北门外因"过浮桥而北,为赴京师大道,运河逶迤其间",且紧邻县衙,往来商船都要在南运河沿的钞关(习惯上称为北大关)停泊验货纳税,而后天津的批发商或是通过北运河或子牙河码头,或是通过运河对岸陆路运往京城或直隶各地。因此,城北门日渐繁荣,并与周围集市构成了新的商业繁华中心。

(二)商业业态的转型

早期商业区的发展刺激了商业业态的转型。天津的商业随着漕粮贩运、农业、手工业的发展以及区域间贸易的发展,开始向一定区域的转运集散中心转变。

到清中叶,北门外已形成了包括大量专营商铺和商业街在内的商业区。该商业区以北门外大街为中心,全长半里。南北向是北门里大街和河北大街,沿街有百货店、鞋店、杂货店、药店、饭店等各种商店,东西向依次是估衣街、锅店街、侯家后大街、洋货街、竹竿巷、针市街等专门性的街道和市场。银号业集中在东街和西街,纱布业集中在竹竿巷、针市街以及周边地区,金店集

---

① 康熙《天津卫志》卷1《建置》,第25页。
② 王守恂:《天津政俗沿革记》卷7《货殖·商栈》,第4页。

第二章　城市经济的兴起与集散中心的初成(1404—1859)

中在估衣街、北门以及北门里一带,药材业在河北大街及周边街道,颜料业则分布在北马路、河北大街和北大关一带。外地客帮,如潮、广、建、宁客商多集中在前街和后街一带,华北内地客帮则多集中于河北大街、北门附近区域。一时间,河中船舶往来,陆上车马杂沓,街旁店铺林立,市中熙熙攘攘,诗人誉为"小扬州"。

东门外也是繁华的商业区。宫南、宫北两条大街,银号、钱庄、土产杂货、竹藤檀木、酱菜、香蜡纸张、儿童玩具、绒绢纸花等专营特色店铺沿街而立;因紧傍海河,大批粮米、杂粮和南北货物在这里装卸,批发、货栈、零售店铺鳞次栉比。特别是每逢天后宫祭神时节,"数日之内,庙旁各铺所卖货物,亦利市三倍"①,成为天津早期商业中心。

表2-4　1846年天津人口与职业统计表　（单位:户）

	县城内	东门外	西门外	南门外	北门外	东北城角	西北城角	总计	乡区一带
绅衿	288	129	39	2	103	36	56	653	57
盐商	159	110	4		52	13	34	372	14
铺户	3132	2975	823	280	3196	318	902	11,626	1,218
负贩	1935	1330	465	102	799	762	318	5711	1086
烟户	2887	1717	1526	418	1426	1087	658	9719	4850
应役	1139	383	156	19	427	95	119	2338	69
佣作	30		130		422	27	98	707	844
船户	19	200	37		131	192	94	673	846
土住	257	113	197	31	31	78	39	746	
乞丐	25	22	7	2	10	14	9	89	32
僧道	32	29	15	4		17	8	105	47
医卜	11				11			22	1
寡居									34
窑户									3
捕鱼									97
税局									3
种园									116
总计	9914	7008	3399	858	6608	2639	2335	32,761	9317

乡区一带包括城厢四周的东、西南、西北、南和东南各乡。

---

① 来新夏主编,刘卫国副主编:《天津历史与文化》,天津大学出版社2013年版,第91页。

"清朝中叶,天津全部居民20万人左右,城里占10万多,东门外与北门外沿河地区占八九万。"①道光二十六年(1846)编纂的《津门保甲图说》对城厢居民的职业有过统计,从空间分布看,主要商业街区包括城内、东门外和北门外,聚集的盐商、铺户以及商贩等近18,000户,其中城内有5226户,北门外4047户,东门外4415户,东北角有1093户,西北角1254户;而且坐商多集中在城内、东门外和北门外(见表2-4)。

五、以盐业、粮食和航运业为主体的商人群体不断增强

明清时期,天津盐业、粮食业以及航运业的发展不仅带动了盐商、粮商以及船商的发展,也带动了转运、集散相关行业商人的兴起,构成了该时期主要商人群体。

(一)盐商

食盐为官府专卖,盐商以官府发的盐引(龙帖)作为销售凭据,垄断了地方食盐经营权。明代以后,长芦盐区盐产量增加,销售范围和销量随之大增,盐商因此获利丰厚。据清嘉庆九年(1805)《长芦盐法志》记载,当时长芦盐区有京商99人,外商130人,足见长芦盐商群体规模之大。到清中叶,天津作为长芦盐业重心所在地,盐商已然是津城最显赫的商人群体。《天津盐坨厅碑记》中称:"津门滨北海,岁运长芦盐七十余万引。"②咸同年间,虽然长芦盐区行销盐引数量有所减少,总额为66.24万引,但盐引却日益集中在少数盐商手中。据《长芦额引册》记载,各盐商的引岸数量,动辄数万盐引,如瑞昌号的李春城拥有盐引37,913道,信昌号的李连城有永年、平乡等县盐引29,707道,晋益恒号的杨元第有26,934道、杨成源号的杨俊元有23,402道,华家的长裕号和德裕号有通州、新城等县盐引29,925道。不仅长芦盐商,其他盐商的盐引也出现了集中的趋势。如德兴裕号的王守善有32,083引,益照临号的张锡

---

① 王绣舜、张高峰:《天津早期商业中心掠影》,《天津文史资料选辑》第16辑,1981年。
② 乾隆《天津县志》卷21《艺文》,第5页。

第二章 城市经济的兴起与集散中心的初成(1404—1859)

赓有 31,414 引,义泰公号的方肃堂有 30,552 引,德源号的刘承先有 28,454 引,晋有孚和永裕号的刘如简有 19,013 引,全德号的黄铠有 18,820 引,益德裕号的高树棠有 17,516 引,永利昌号的崔岱云有 17,017 引,恩裕泰号的姚家也有 25,926 引。①

引岸的集中催生了大盐商的产生。清初,天津"八大家"多出自盐商,其中有长裕华家、振德号黄家、瑞昌和信昌号李家、恩裕泰姚家、杨成源杨家、益照临号张家、益德裕号高家等。据《津门保甲图说》记载,天津县共有盐商 401 户。民国初年,天津商会评价天津富户"多半盐事,津门除直接盐业者外,其各项事业亦多与盐事息息相关"②。

天津盐商构成主要有三类:一是出自名门望族。曾担任福建布政使的张霖,去职后在天津承办盐引,天津极负盛名的"遂闲堂"就是其私家园林。祖籍安徽的查日乾,先祖以贩盐致富,明定都北京后,查家随之将盐务拓展至京津一带,成为芦盐巨商。二是借某种机遇起家。"益照临"创始人张锦文,祖籍江南,借其母在天津府知府罗海瑛家当乳母之机,结识查家,从查家杂役做起,后提升为盐务管事,后自立门户成为津门盐商。太平军北伐趋津时,张锦文协助长芦盐运使成立芦团,并捐助钱物数万两,入缙绅之列。三是世代业盐,成为巨商。益德裕高家,先辈曾充任芦纲公所纲总。振德店黄家为世居天津的商人,经营盐务范围包括河南省的舞阳、偃城、内黄、孟县、修武、阳武、温县、西华、济源,河北省的威县、广宗、武强、赵州、献县等。据咸同年间的《长芦额引册》记载,振德号的黄世奇有盐引 39,867 道。③

盐商的经营方式大致分为业商、租商和号商。业商也称承办,是坐商,拥有注有本名的引票,他们在政府中注册,执有官帖龙票,拥有数县的引岸,垄断引地内的盐业销售,并受地方官府保护,与官府、盐场等关系密切。他们人

---

① 《长芦额引册》未注明年代,根据字号所有人所处年代推断,当为咸同朝之间。此书为天津社会科学院图书馆藏。
② 《天津商务总会为保全天津盐商致大总统电》,天津市档案馆藏,档号:J128-3-3672-1。
③ 纪华:《天津八大家》,全国政协文史和学习委员会编:《文史资料选辑合订本》第 40 卷(总第 116—118 辑),中国文史出版社 2011 年版,第 146 页。

数不多,控制着盐场的生产和分配的数额,往往将引岸租给经销商,坐收巨利。租商则是从业商承租引岸专销权利的商人,也称租办。他们有自己的店铺,在承租期内付给业商租金,有的也有引岸,他们有权利在承租区域内直接经营引盐的运输与销售。很多租商不直接销售,主要是将盐运到各地,然后再批发给盐贩等号商。号商则以零售为主。在盐业生产中,还有坐场收盐的商人,称"场商",他们是盐场的管理者,出资租赁灶地,雇佣灶户,坐场收盐,控制盐业生产和运销,形成商业资本与生产相结合的商人出资、灶户生产的产业链,构成原始性产业资本。①

盐商所纳捐税、捐资是朝廷和地方政府重要的财政收入来源。长芦盐商所纳捐税有正课、杂课、帑利三类,正课包括额征引课、加课等;杂课则多为官府陋习,巡盐御史卸任回京以后,例有呈献(当差),也属杂课;帑利即官府将公费银两借贷给盐商,又名生息银两,盐商支付利息,租息则随不同事由而生。此外,每遇战争、灾荒、河道修浚和皇帝临幸等事,盐商还向清廷内务府等贡献一定数额的报效银,数目达十万至百万不等。

天津盐商为商籍,为了提升其社会地位和声誉,经常出资于社会公益和社会教育。一方面,他们通过捐输增加本地学额,为本土士子谋求更多的科举入仕机会。清初,天津府学只有21名文学和25名武学的名额,天津县学只有文学18名和武学15名的名额,考取贡生等功名的人数十分有限。清中叶以后,国库逐渐空虚,长芦盐商利用越来越多的捐输和报效,以及皇帝临幸行宫等机会,请求朝廷加增本地学额和商籍名额。咸丰三年(1853),因为长芦盐商办理团练,守城有功,清廷特别增加天津府文学和武学额各5名,增加天津县文学和武学额各3名。咸丰八年(1858),长芦盐商张锦文捐输协助办理军务、交涉等事务有功,清廷增加天津县文、武学额各3名,因续捐又增加天津县文、武学额各1名。同治五年(1866),长芦盐商通过捐输,又新增天津府商籍文、武学额各6名,新增灶籍文、武学额各1名。②

---

① 参考方兆麟:《长芦盐业历史名词举凡》,鲍国之等主编:《长芦盐业与天津》,天津古籍出版社2015年版,第131页。
② 光绪《重修天津府志》卷35《学校》,第5—6页。

第二章　城市经济的兴起与集散中心的初成(1404—1859)

另一方面,盐官和盐商也积极扶持天津教育事业。他们热衷于出资修缮学校,官办的府学和县学场所需要经常维修,而地方财政匮乏,于是捐资修缮学校成为盐商经常性的善举之一。雍正十一年(1733),长芦巡盐御史鄂礼、知府李梅宾、知县徐而发等组织盐商重修天津府学学宫;同治二年(1863),长芦盐商杨成钰、张凤墀、华树、黄昭融、徐墀、王敬熙、姚承丰等人捐资重建天津府、县学宫,后因经费不敷,诸生求助于盐商张锦文,张"慨然任之",最终保证工程顺利完工。①

除了出资修缮官学外,盐商还资助书院和义学。天津第一所私家书院——三取书院,每月二次的开课经费均由长芦盐商捐付,每年束脩膏火等费用也都从长芦盐商捐资项内支给。②问津书院所在地皮为查为义所捐,书院的建设则由长芦盐运使卢见曾与众商人捐资修建,书院每年费用也都由长芦运库的闲款生息项内支出。③光绪元年(1875)长芦盐商严克宽、杨光仪等人倡建会文书院,其经费也来自长芦运库和津门官绅的捐赠。乾隆五十七年(1792),长芦盐运使嵇承志设立天津义学,凡属天津附近贫民子弟无力延师者,俱准其附入义学读书,义学每年束脩、房租等所需费用皆从长芦盐商捐款项内领取。在盐商的资助下,天津城厢先后共设立了六处蒙童义学。④

盐商热衷于慈善事业以提高社会声望,其慈善活动主要有捐资常设慈善机构和临时性救济。乾隆五十九年(1794),盐商筹办成立长芦育婴堂,每年捐助5000两到7000两作为常年经费。对其他官办或民办慈善机构,如天津县留养局、全节堂、育黎堂、延生社、广仁堂、保贞社、恤嫠会、同善救火会、育婴堂分堂、恤产保婴局、保赤堂、牛痘局等机构的创办和常年经费,盐商也多有捐助。盐商严克宽以长芦纲总的身份经营育婴堂、施馍厂、牛痘局、施材社、惜字社、恤嫠会等。

临时性赈济救助是指灾荒之年,盐商多捐输粮食衣物、布施粥厂以济流

---

① 光绪《重修天津府志》卷35《学校》,第4—6页。
② 〔清〕张焘撰,丁绵孙、王黎雅点校:《津门杂记》,第8页。
③ 刘洪升点校:嘉庆《长芦盐法志》,第442页。
④ 刘洪升点校:嘉庆《长芦盐法志》,第409页。

民。康熙四年(1665)夏，天津水患，查为义除了赠送食粮外，还将灾民"各以舟护出境，所活无算，而郡人亦赖以无忧"①。康熙五十年(1711)，安尚义设粥厂于南门外，煮粥供饥饿者食，"继十余年不替，全活无算"②。振德黄家在灾荒之年施放米面、开设粥厂和发放衣食资费。③光绪初年，直隶省频遭水旱灾害，在地方政府的劝导下，盐商"倡捐巨款"，李世珍倡捐银5000两、盐商严克宽、杨俊元、黄世熙、杨云章、李士铭等各捐银1000两，并成立备济社征收船捐，筹集16,000银两，"发商生息"，"添备米粮、棉衣，散发济赈"④。据不完全统计，从天津建城到1911年，在140余件(次)公益和慈善事业中，盐商参与捐资的就达到60多件(次)。⑤当时的《津门小令》有云："津门好，善事出芦纲，千领共捐施袄厂，百间新建育婴堂，丸药舍端阳。"

盐商也热衷参与地方公共活动。比如各类寺庙的修建，自清初至嘉庆年间，盐商出资捐修的庙宇有海神庙、宏仁庙、龙王庙等，而且组织法鼓会等多种形式支持皇会；盐商武廷豫创立同善救火会，盐官和盐商等出资购买灭火器具；城东门外的盐关口，水势湍急，时有船翻人溺之事，雍正初年众盐商捐造浮桥，用船14只，"聚舟如筏，横亘中流"，以通往来，浮桥每年的修护费用、器具和桥夫工食等皆由商捐公费内给发。⑥

盐业孕育出盐商阶层，富甲一方的盐商兴建园林，延揽天下名士，推动了天津文化艺术的兴盛。很多盐商出资修建了私人园林，并招揽文人墨客吟诗作画，形成一定的清雅氛围。盐商张霖修建的问津园，"树石葱茜，亭榭疏旷"。查日乾的水西庄被誉为"水木清华，为津门园亭之冠"。该园占地百亩，园内树石清幽，有揽翠轩、枕溪廊、数帆台、藕香榭、花影庵、碧海浮螺亭、泊月舫等景致，乾隆皇帝曾经驻跸此园，适值春夏之交，园内紫芥盛开，遂赐名为

---

① 《天津县新志》卷21，第41页。
② 刘洪升点校：嘉庆《长芦盐法志》，第336页。
③ 《天津急赈会开董事会》，《益世报》1920年12月21日。
④ 李鸿章：《绅捐备济社片》，《李文忠公奏稿》，上海商务印书馆影印金陵原刊本1921年版，第2184页。
⑤ 关文斌：《文明初曙：近代天津盐商与社会》附录三(B)，天津人民出版社1999年版，第271—279页。
⑥ 刘洪升点校：嘉庆《长芦盐法志》，第436页。

"芥园"。杭世骏、万光泰、陈仪、刘文煊、汪沆、英廉等名流学子,受邀经常来这里吟诗作赋、挥毫书画;安家的沽水草堂,以收藏名人字画名噪一时。安岐所著《墨缘汇观》,书中记载了其本人所收藏的三国魏晋至明代的书画名迹,共计历代书法332件、名画201件,使后人得以考察真伪。

(二)粮商

鸦片战争以前,中国国内市场是以粮食为基础,以布、盐为主要对象的小生产者之间交换的市场结构。漕粮是官府调拨给京城旗人和边境官兵的食粮,而一般民众则要依靠粮食市场。随着城市人口的增加,食粮的需求逐渐增加,诸如粮食的长距离运销;不同种类食粮的调剂和加工,解决地区之间的余缺,以及灾荒的赈济和调拨等,都离不开粮商。因此,明清时期的天津不仅粮食行业十分活跃,而且粮商的实力也足以与盐商比肩。

粮食主要包括小麦、大米、玉米,以及谷类、高粱、豆、豌豆等杂粮,分为没有加工的原粮和加工后的麦粉、玉米粉等,其中尤以原粮交易为大宗。天津开埠前,粮食业由粮店、斗店、磨房三个行业组成。粮店以经营粮食批发业为主,主要集中在河东和河北两个粮店街,河东粮店街的业务主要来自于海运,如江南的漕粮大米和东北的大豆杂粮,以及开埠以后进口的米面;河北粮店街则以南运河、大清河、子牙河等河运粮食为主。像天津"八大家"的石家早在明代就以贩卖粮食为业,后开设万兴粮行,至嘉道年间成为拥有4万余亩田地的商人兼大地主。斗店为代客买卖、评价过斗的牙纪,领有牙帖,每年向官府缴纳牙税,各有地界,"专事采买各省米麦杂粮等,囤存发售"[1],比较著名的斗店有怡和公、同顺永等。磨房则为粮食加工业,主要供应居民消费。

值得一提的是,天津粮商还通过北洋航线从事东北粮豆贸易。该航线始于康熙年间,最初是为了救济津民灾荒,由政府颁给天津船户"龙票",以准许其用海船贩运奉天米谷。开放海禁后,政府给予船户和商人免税等优惠政

---

[1] 金城银行总经理处天津调查分部编:《天津粮食业概况》,张研等主编:《民国史料丛刊》第539册,大象出版社2009年版,第73—74页。

策,鼓励其承运辽东粮豆,调剂关内外粮食余缺。乾隆初年,因直隶歉收,政府"谕令商贾等将奉天米石由海岸贩运,以济畿辅"。之后又"命嗣后奉天海洋运米赴天津之商船,听其流通,不必禁止",因而到奉天贩运粮食的商人大为增加,最初每年运牛庄(今营口市)米、豆不过7200石,"嗣益锦、宁、广、义四州县,视前几加三倍"。据嘉庆四年(1799)统计,仅天津县"向来以商贩东省粮石营生者,每岁约船六百余只,每船往返四五次或五六次不等"①。如以每船载粮400石,每年往返四次计,一年600船可运粮食140万余石。②

乾隆年间,实力日渐壮大的粮商东门内成立同业公所,即三津磨房公所。

(三)船商(船户)

天津的航运业也十分发达。天津地当九河津要,"东吴转海输粳稻,一夕潮来集万船",是贯通南洋和北洋航线的重要码头。

彼时来津贸易的商船,各有分工,颇具特色。像闽粤和江浙的乌船、沙船,"船大载重",每船约有50名船工,"及到郡城停泊,连樯排比"。③后来随着南北贸易的兴盛,宁波沙船赴北方贸易的航次由每年两次,增加为"一年行运四回"④。卫船因天津卫而得名,此类船型多航行于天津、山东和辽东各港口之间。卫船一般身长腹阔,头尾不高,樯短无棚,旁无粉饰",立三桅,使用铁锚,偶尔也驶出渤海南行。乾嘉时期,上海港内就停泊有天津的卫船。

五桅帆船是北方黄渤海区域的代表性船型。船型方头方梢平底,载重量大,抗风浪能力强,除在主桅主帆上设有软帆"头巾顶"之外,二桅与主桅之间还挂有三角软帆,三角帆在高处又吊挂一幅纵式软帆,顺风航行时有利于提高航速。这些船多以渤海湾大沽、牛庄等港口为母港,往返于渤海湾与江浙各港口之间,与上海江浙一带北上沙船构成了近海航运主体,以贩运米谷、土

---

① 牟昌裕:《条陈时政疏》,转引自邓亦兵:《清代前期商品流通研究》,天津古籍出版社2009年版,第92页。
② 许檀:《清代前期的沿海贸易与天津城市的崛起》,《城市史研究》第13—14辑,1997年。
③《直隶总督讷尔经额奏为筹议天津各海口善后章程折》,中国第一历史档案馆编:《鸦片战争档案史料》第6册,天津古籍出版社1992年版,第449页。
④〔清〕顾炎武:《日知录集释》,四库全书本,第990页。

第二章　城市经济的兴起与集散中心的初成(1404—1859)

布为主营业务,"从前不过十数艘,渐增至今(乾隆初年)已数百艘"①。据统计,道光年间,直隶全省有帆船1000艘,年货运量约17万吨。②除此之外,内河河道因弯曲且深浅不一,主要以平底帆船为主。此类帆船吃水浅,载重量小,适宜内河河道航行。另外,还有用于转运和装卸的驳船。

在天津经营航运业的基本是由天津本地船户和外地来津船户组成。就天津本地而言,鸦片战争前夕天津城厢一带已有船户673户,多集中在靠近北门外、东门外、西门外和东北角一带;天津周边农村还有船户5229户,其中以城厢东南和西北一带的船户最为集中。③这里的大多数船户都是小户,拥有十条船以上的船户为数甚少。史料记载较多的海船大户有:东大沽的乔岱,拥有海船90余条,而且还配有船坞;居"八大家"之首的"天成号韩家",早在清初就已成为养船大户,拥有海船数十艘,航线远至朝鲜、日本和中国的江浙与台湾等地。他们既代客运输,本身也做南北贸易,获利丰厚。

随着海运的不断发展,在津外地船商的实力也不断增强。作为海运终点的天津,每当江浙沙船抵津之际,清廷都钦派大臣会同江浙粮道一起负责漕米验收和收购余耗,后为方便大臣在天津处理有关事宜,专门在天津东门外南斜街设立浙江粮道行馆和浙江海运公局,在城东南闸口设立江苏粮道行馆和江苏海运公局。当江浙沙船漕米进津"被土人勒卖"时,浙江海运总办通常会出面保护,像总办朱观察就曾代沙船了结所欠账款,并提供南归盘缠。在官商联合下,天津的江浙沙船业一度达到鼎盛时期。为方便江浙漕粮商船到津安顿食宿、洽谈业务以及账目结算,众沙船主于同治十年(1871)四月,在小闸口西大街南石院,设立"江浙沙船公所","由船号商集款置办,为海运绅董办公之处"④。清末,江浙的沙船在外国洋船的挤压下,"无力出洋,大半废搁",在李鸿章的建议下,清廷允许其在天津交清米石后,可以在天津、牛庄自

---

① 光绪《重修天津府志》卷30《漕运》,第24页。
② 曲金良主编:《中国海洋文化史长编(明清卷)》,中国海洋大学出版社2012年版,第265页。
③ 庞玉洁:《开埠通商与近代天津商人》,天津古籍出版社2004年版,第38页。
④ 天津市档案馆等编:《天津商会档案汇编(1903—1911)》,天津人民出版社1989年版,第1104页。

运回货,全行免税,[①]从事北洋航线的宁波等地商船受惠于此政策,"海运利息尚好,渐添至三百余号之多,仰食于海船之进出者,不下万余人"。[②]

另外,牙行货栈、木材等业也是天津商人较多从事的行业。如前述之斗店牙行,洋货局栈,多以本地人经营为主。《津门杂记》将其列为商业之第三等,"又次开粮店、洋行杂货行,认客投主,有帖应行,拿用也够加一帐"[③]。业木者则多集于城北之西沽,以船料为最,屋材次之。木材商又分为松木、泾木两大类,前者购自东北大东沟一带,每年运来松木等二三百船;后者则主要购自南方诸省。他们除在外地采购各种原木和雇船海运来津外,还在沿河设立木厂加工成各类板材,供应给造船、建筑和零售商。

六、体现区域贸易特点的异地商帮与会馆

天津的地理位置和日渐发达的商业,吸引了大批外地商人在此聚集。明代,寄寓天津的客商主要来自直隶、山西和辽东等省,以及溯河而上的闽潮粤商。到了清代,天津客商地域范围不断扩展,其中随北洋航线而来的沿海江浙客商后来居上,实力愈发强大。随着异地商人的不断增多,为联络乡谊,旅津商人或者基于地缘兴建同乡会馆,或是基于业缘兴建商人会馆。天津曾经出现过的会馆和同乡会有闽粤、浙江、晋都、山西、中州、济宁、吴楚、潮帮、登莱、邵武、江西、怀庆、江苏、山东、安徽等。

(一)闽粤商人与闽粤会馆

在明代,闽粤和潮州商人就组成船队到天津、直隶、山东等地经商。闽粤的"乌船",吨位大,抗风浪能力强,船头油成红色,并画有大眼鸡,亦称为"红头船""大眼鸡船"。到天津后,他们分别组成了类似同乡会的组织,广东帮组建了"常丰盛公所",潮州帮组建了"万世盛公所",福建帮则组建"苏万利公

[①]《海运回空沙船请免税折》,顾廷龙、戴逸主编:《李鸿章全集》2(奏议二),安徽教育出版社2008年版,第368页。

[②] 天津市档案馆等编:《天津商会档案汇编(1903—1911)》,第91页。

[③] 〔清〕张焘撰,丁绵孙、王黎雅点校:《津门杂记》,第102页。

第二章　城市经济的兴起与集散中心的初成(1404—1859)

所"。清代以降,由于"南货至津,净利倍以上,北货南返,又可得倍以上的利润",清廷开广东海禁后,"闽粤两省商人来津贸易者日众,其时均乘红头船,遵海北来,春至冬返"。①乾隆年间,广东人在天津城内外开设的大商号已达18家,小商号30多家。

随着来津闽粤商人的增加,清政府规定,"凡闽粤商船运货至津海关报税,原例三抽七六扣,蒙恩准闽粤加以对折上税"。也就是说,原来各地商人到天津从事贸易活动,需要向天津海关上缴相当于货物价值3%的税(每价值百两货物抽3两),清政府为了鼓励闽粤商人北上贸易,在3%的海关税率上打七六折,即2.28%(每价值百两的货物抽2.28两)。后来清朝中央政府为了以示格外柔远之意,在3%税率的基础上再对折征税,闽粤商人在天津从事贸易活动的税率仅为1.5%。受益于清政府的宽税政策,天津的福建、潮州和广东三帮商人将结余的税款统一管理,用于举行盛大的酬神活动,以及闽粤商人的迎来送往和与各方官员的交往。经过几十年的经营,到乾隆年间节省下来的余款十分可观,闽粤商人因"客货抵津,寄顿无所,加以海船惯习,入口、出口均须虔祀天后,报答神庥",议定利用这笔资金,"集资建造会馆一区",用以"祀奉神祇、联络邦谊"。②闽粤会馆始建于乾隆四年(1739),又名洋蛮会馆,设址在北门外针市街的竹竿巷。竹竿巷主要是闽粤商人从事竹竿和竹筷批发生意之地,故因此得名。闽粤会馆是天津最早的异地会馆,由闽粤会馆、潮帮"万世盛公所"以及厦帮"苏万利公所"等三帮轮流值年,管理会馆。

闽粤会馆是广东商人举行盛大酬神活动的主要场所,又称"天后行宫"。由海路而来的闽粤商人每次出海和靠岸前,都会在天后宫举办酬神功德会,以答谢天后的庇护,"海舶粮艘风浪稳,齐朝天后敬神香"。闽粤会馆也是服务于广东、福建省籍官员、学人的场所。科举致仕同乡经过天津,均入馆祭拜,"前清时代最重鼎甲,凡两省新科及第到津,例拜会馆,晋遵欢迎,致送匾金"。广东的梁耀枢、谭宗浚、陈伯陶、庄有恭、罗敦衍、唐绍仪等都曾题字,并

---

① 刘正刚:《清代以来广东人在天津的经济活动》,《中国经济史研究》2002年第3期。
② 王日根主编:《中国老会馆的故事》,山东画报出版社2014年版,第93页。

送匾金。①每年秋后农历九月十七是财神爷生日,闽粤商帮设宴并演戏三天,招待各家往来客户,作为生意往来的一种公关联络方式。除会馆外,闽粤商人共同捐资在天津城东门外东南的普家园为同乡修建公共义冢。

清道光年间,闽粤会馆管理者亏欠公款发生矛盾,会馆衰落。光绪末年,身任津海关道的广东顺德人唐绍仪,为了发展巩固广东帮势力,倡议集资修建广东会馆,并捐银4000两,此倡议立即得到广东帮商人的积极响应,很短时间内便集资九万余银两,购置城内鼓楼南原盐运使署旧址土地,兴建新的会馆——广东会馆。该会馆于光绪三十三年(1907)落成,有房三百余间,有花园、药房和十分精致的戏楼。此外,广东会馆还建立了旅津广东小学和中学,资助同乡入学。

(二)晋商与山西会馆

在天津经营历史最久、最有实力的内地商人是山西商人。至少从明代,旅津晋商已经有一定的规模,到了清代则成为客商中最为活跃的群体。随着旅津晋商人数逐年增多,经营范围也更加广泛。除早期的盐业、茶叶、颜料、铁锅、杂货和典当等外,票号业异军突起,钱铺、银号、账局和炉房等银钱业也多有参与,还有染整、煤炭、皮毛、海杂货、南纸、红白糖、藤竹货、烟丝烟叶、绸缎呢绒、五金、食碱、洋广货、棉布和货栈等业,②其实力强、影响力大,遂成为外地客商之翘楚。

在明清两代天津的盐商中,可以寻觅到晋商的痕迹。山西平阳府蒲州地区张氏家族的墓志铭中记载,张允令经商远及酒泉、东达吴地,南至楚蜀,"北游沧博";其子张四教在明正德万历年间随父经商,"历汴泗,涉江淮,南及姑苏吴兴之境",后又"从先君,居业沧瀛间"。因"谙于东方鹾利源委,分布调度,具有操纵,末年业用大裕,不啻十倍其初",后迁居天津,成为长芦盐商。③在顾起元的《懒真草堂集》中,也有蒲州商人孟桐定居天津,经营长芦盐的记

---

① 刘正刚:《广东会馆论稿》,上海古籍出版社2006年版,第59页。
② 刘续亨:《在天津的山西商人》,《天津文史资料选辑》第117辑,2012年,第32—37页。
③ [日]寺田隆信:《山西商人研究》,张正明等译,山西人民出版社1986年版,第263—264页。

第二章 城市经济的兴起与集散中心的初成(1404—1859)

录。①晋人康从征"明季业鹾于芦,遂家天津。性好义,不苟于财"。牛钟瑞也是山西人,"父奭业鹾于芦。岁祲,钟瑞承父命,出家谷八百斛施赈之"。大同人武中岳明季作为军官在天津城守营,"晚年家天津,业芦鹾",其三子武廷豫"承父志,推解无倦色。每岁腊及严冬雪夜,必率仆携钱遍历闾巷散给之,不使人知其名",并创建了同善救火会。②山西徐沟的刘氏家族,原来有直隶栾城地区的盐业专卖权,乾隆年增加了获鹿和井陉的引岸,在晋有孚和永裕的名号下经营。③乾隆年间武举人杨秉钺的先辈来自山西永济县,"家贫,有叔父在津为牛姓盐商理盐,因来投靠,习业于牛氏钱铺,极勤慎。后牛姓出资使行贾,未几巨富"④。根据咸丰三年至五年柏葰和盛京各省督抚奏折清单统计,咸丰初年在天津的山西商人(包括经理人)有131人,其中长芦盐商103人。这两个数字虽然未必准确,但至少可以说明在当时的地方官员理念中,旅津晋商中经营盐业的不在少数。⑤

茶业也是晋商长期经营的行业,他们利用陆路和水路从湖南、湖北等省将茶叶运销内外蒙古、俄国,在天津完成水路与陆路的转运。天津开埠后,仍然有大量的茶叶经海路到天津,然后陆运到恰克图。根据1866年津海关的统计,当年经津转往恰克图的砖茶有1.8万担,1870年已达62,194担,1873年为100,314担,1879年转运量达到269,937担。津海关官员认为:"据信晋商所营循汉水越晋省之砖茶贸易,在长江各口对外通商并与天津通轮之后,将日渐衰落。但此种见解究有几分正确则难以言明,盖因尚无有案可稽之资料足以得出稍许准确之论断。"⑥根据1869年汉口贸易报告,晋商由陆路转运之砖茶比同期天津的转运量约少10,000担,说明天津晋商仍继续经营着相当数量的砖茶运销业务。天津运销恰克图等地的茶叶虽多被俄商控制,但晋商凭借长期的经营和在各地的分号、票号等仍然有很强的经济实力。道光七年

---

① [日]寺田隆信:《山西商人之研究》,第235页。
② 刘洪升点校:嘉庆《长芦盐法志》,第336页。
③ 关文斌:《文明初曙:近代天津盐商与社会》,第68页。
④ 穆雯瑛主编:《晋商史料研究》,山西人民出版社2001年版,第392页。
⑤ 黄鉴晖:《明清山西商人之研究》,山西经济出版社2002年版,第296页。
⑥ 吴弘明编译:《津海关贸易年报(1865—1946)》,天津社会科学院出版社2006年版,第105—106页。

（1827），晋商在锅店街创办山西会馆，其中十三帮的武茶帮众号复捐银1215.87两，[1]可见当时茶商之实力。到20世纪20年代，茶商仍以晋商代表的身份处理天津山西会馆房地产的纠纷。

山西票号是道光初年出现的，主要是异地汇兑，也开展存放款业务，以资金雄厚和信用卓著而闻名。清末，政府财政逐年紧张，山西票号靠着汇通天下的财力，替代国库、藩库实施京饷、协饷、捐输等官款的异地存汇业务，在增强与官府关系的同时实力大增。天津开埠以后，逐渐发展的进出口贸易也加快了沿海各地、沿海与内地的资金往来，天津的山西票号实力迅速飙升，几乎左右着天津与各地的金融流通，"各行商业无不赖市面流通，以资挹注。即外行各商取借于钱业，钱业以各银行、票号为周转，声气相通，互相维系"[2]。1866年津海关评价道："晋省自可谓为中国商业群魁之居所，盖晋商之雄心勃勃堪称华夏之最，彼等操纵二省之金融并左右贸易之主流。"[3]在天津的票号，由19世纪50年代的日升昌1家，至同治年间增加到16家，到19世纪末达25家。[4]

山西商人在天津的颜料、铁锅、锡器、货栈等行业也占有一定优势。山西的煤、铁、烟、颜料等在清代初期已经销往外省，尤其是冶铁业制品大多来自山西，所以天津的铁器店、烟商多为"西商"，或由"山右"之人经营。随着晋商群体以及晋商经营范围的扩大，货栈业也日渐兴盛。清光绪十三年（1887），山西棉花大量运津，为方便来津晋商的棉花交易，一些票号投资兴建货栈，代客买卖。[5]最早兴建的是益隆货栈，后宝成、宝昌货栈相继成立。比如像山西的洋广货客商，"向由山西来津，寄居栈店，购买洋布广货等货，运回销售"，也有"赁居栈店开设铺户者"。[6]1908年前，天津主要的行栈（栈房）有19家，晋商开办的占四分之一，其中比较有名的货栈有：晋生货栈、德茂栈、集义栈、晋义栈、荣裕货栈等。这些货栈有的发展为专业性货栈，如晋生货栈主要做棉花

---

[1]《重修山西会馆记》，该碑藏于天津市河北区中山公园碑林。
[2] 黄鉴晖等编：《山西票号史料》，山西经济出版社2002年版，第297页。
[3] 吴弘明编译：《津海关贸易年报（1865—1946）》，第11页。
[4]〔清〕羊城旧客：《津门纪略》卷10，1898年石刻本，第11页。
[5] 李家裪：《天津仓库业概述》，《工商生活》1941年第5期。
[6] 天津市档案馆等编：《天津商会档案汇编（1903—1911）》，第1442页。

第二章　城市经济的兴起与集散中心的初成(1404—1859)

交易,晋安西栈、晋安栈、德兴栈、易馨栈、松茂栈等五家,主要为洋布、杂货、药材、皮毛和金融业商人提供居住和交易。

晋商会馆的创立和建设也体现出旅津晋商的实力。天津有三处晋商修建的会馆:清乾隆二十年(1755)兴建的"晋都会馆",坐落在粮店后街;嘉庆年间创建的山西会馆,地处锅店街;①20世纪20年代晋商在杨柳青镇也建了山西会馆。

位于粮店后街的晋都会馆,创立人是被同乡尊为"敦厚长者"的山西翼城商人冯承凝。考虑到"吾同乡旅寄天津者甚伙",冯承凝"率乡人贸易天津者,各捐资财"建立晋都会馆。该会馆耗时3年,修建完成了包括客厅、南北厢房、正厅等在内的18间房屋。以后晋都会馆经过多次修缮、扩建,增设了大殿3间及乐亭、廊庑,另辟了新院,重盖了舞楼,抬高了大殿基址,并改名为山西会馆;并在馆址之南购义地"以安旅梓",使"孤魂永慰"。②随着旅津晋商规模不断扩大,原有会馆"办公事,联乡谊,历久分散,借地从无定所,虽河东建有会馆,又苦于地势逼窄,隔河不便"。嘉庆十二年(1807),旅津晋商公同立议,在锅店街创建会馆,后因变故,建设中止,经过"杂货众号西裕成、阎永寿等复起而倡之,盐、当诸商并各行字号又从而和之",至道光三年(1822)建成新的山西会馆。③山西会馆几经扩建,"栋宇巍焕,局面堂皇"④。嘉庆十六年(1811),山西在天津的当商因"贸易于津门者甚伙,久欲同立公所一区,为岁时处祀神明之地而苦无其基",于城北共同购置孙氏旧宅建立了当商公所,有办公用房80余间。该公所一直是天津典当商人的办公场所,1921年,直隶全省各县典商为"维护同业利益,联络同仁感情起见"组织的直隶典业联合会也设在这里。⑤

---

① 参见张利民:《从山西诸会馆的旅津晋商碑刻看清代天津集散中心地位的形成》,《史林》2017年第4期。
② 山西省政协《晋商史料全览》编辑委员会编:《晋商史料全览·会馆卷》,山西人民出版社2007年版,第337页。
③ 该馆碑原位于锅店街山西会馆,现存天津市红桥区文管所。
④ 〔清〕张焘撰,丁绵孙、王黎雅点校:《津门杂记》,第11页。
⑤ 《直隶典业联合会简章》,《益世报》1921年10月13日。

(三)浙商与浙江会馆

天津的宁波帮崛起于明末清初,虽形成较晚,但后来者居上,逐渐成为天津商界的重要商帮。明清时期,宁波帮的活动范围日渐扩大,不仅国内各主要沿海口岸都有宁波人从事商贸活动,而且他们与日本、朝鲜和南洋一些国家的商人也保持着密切的贸易关系。天津是京畿门户,又是明清时期与直隶等省商品流通的集散地,善于经商的宁波人相继在此驻足。

在天津的宁波帮,实际上涵盖了江苏、浙江以及来自上海的商人。明末年间,宁波药材商人开始北上,将宁波以及南方的特产药材如茯苓、黄药等带到北方,也在天津购买北方药材。到嘉庆年间,宁波"北头船"更是频繁往返于天津、宁波两地。当时天津设有宁波船队"北号",专门于水路贸易。开海禁后,天津与江浙等沿海地区的贸易频繁,航行由一年两次增加到一年四次,载货数量也达到1000万石之多。此外,清初长芦盐运公署从沧州移至天津后,为漕运及盐业的发展提供了更多的机会。一些宁波人则以长芦盐业起家,一跃而为著名富商。他们中的佼佼者还在天津定居并广置产业,成为天津的名门。如宁波地区鄞县商人王世荣本是长芦盐商,在乾隆三十八年(1773)捐得郎中职,每年将盐引30万包经天津贩运直隶大名府等地销售。[①]

随着天津南北贸易和与经济腹地贸易的扩展,浙江商人经营活动扩展到洋货贩运、票号、金店和绸缎庄等。尤其是天津开埠初期,浙江商人凭借东南沿海开埠早、进出口贸易活跃和经商灵活等优势,捷足先登,以买办的身份经营天津的进出口贸易,经济实力大增。如浙江的严信厚,同治末年在天津设同德盐号、源丰润票号,并开设新泰银号物华楼金店、老九章绸缎庄天津分号,十余年间积资百万元。叶澄衷、严蕉铭等作为洋行买办来到天津,除了身为洋行或银行买办外,还有自营商号。如叶澄衷开设老顺记分号,并附设信裕公司,做军服和地产买卖;王铭槐有银号和军服庄;叶星海开设兴隆西栈,代客销售羊毛羊绒、皮张等货物,创办天津打包公司和利济贸易公司等,其中

[①] 张守广:《超越传统——宁波帮的近代化历程》,西南师范大学出版社2000年版,第41页。

第二章 城市经济的兴起与集散中心的初成(1404—1859)

利济贸易公司是天津第一家华商经营的对外贸易行,主要经营天津羊毛出口贸易。①

明朝后期,一部分有名望的旅津浙江籍绅商,基于乡土观念与客居他乡的各种社会需要,也为了寻求地方政府的保护,发动旅居商人创建同乡组织。②据《乡祠旧碑记》载,浙绍乡祠最初修建于明朝,清康熙七年(1668),浙江人高启泰捐资将已经废弃的明代镇仓关帝庙扩建为乡祠,乾隆四年(1739),山阴人朱奎扬对乡祠进行了修葺与扩充,使之成为居住在天津的浙江"乡人聚会之所"。从乡祠内神灵殿堂的设置看,大殿之内不仅供奉着商业保护神关帝,还供奉文昌、观音、韦驮、三官、灶君等诸多神灵,以满足护佑商业、仕途、安康等多方面的需求。光绪初年,由严信厚、严蕉铭、王铭槐等人发起,将北门里户部街浙江乡贤祠扩充为以宁波商人为主的浙江会馆,使之成为联络同乡进行商务活动的重要场所。③

浙江会馆建成后,发挥了调解同乡之间以及与官府商业纠纷的作用。光绪十四年二月(1888),浙江会馆董事就浙江漕船二成免税一事,禀请地方政府按当时的规矩,允许宁波漕船除了承运漕粮外,还可以带货到津销售,并免税二成。但是由于官府办理之人借机从中取利,宁波商人认为此举"名为免税,殊不知暗中亏累"④。因此,会馆董事禀请官府准许由会馆经理此事,随即得以允准。

浙江会馆还专门创建了浙江义园。早在其创建之前,在天津的浙江人运柩回籍之事,主要依托江苏会馆附属的江苏义园。他们只有凭"江苏义园给发送柩回南联票",才能享受"每具照例价减半,行平银八两,每二十具准派上护送二人,并免水脚"的待遇。浙江义园是光绪十五年(1889)开始建设的,初具规模时发现有碍交通,遂另"在紫竹林梁家园旁购地二十八亩,重谋缔造"。光绪十八年(1892)兴工,第二年落成,"计列厅厢殡厂五十八间"。就在同一

---

① 陈守义主编:《宁波帮研究》,中国文史出版社2004年版,第6页。
② 宁波市政协文史委编:《宁波帮在天津》,中国文史出版社2006年版,第1页。
③ 乐承耀:《宁波经济史》,宁波出版社2010年版,第301页。
④ 宁波市政协文史委编:《宁波帮在天津》,第188页。

时期,"又于三义庄李家花园西,购置义地,计七十五亩八分零,以备柩属愿葬异乡者得聚而瘗焉。地之右为室五楹,殡舍二十间,至是规模大备"。①

(四)其他各地商帮与商人

因为陆路相通,又有海运的联系,天津与山东的贸易早在明代就已经有一定的规模,山东商人在天津主营绸布、茶叶、皮货和饭馆等业。估衣街的"祥"字号绸布店,如谦祥益、瑞蚨祥、瑞生祥、瑞林祥、庆祥等都是山东帮开设,登州、莱州、青州商人则擅长经营饭馆,如北大关、北马路由"三州"人开设的饭馆有四全楼、东坊楼、同聚楼等,山东商人的店号还有泉祥鸿茶叶店、大丰皮货庄、天胜酱肉店等。最早的济宁会馆建于同治四年(1865),民国年间山东商人剧增,在大沽南路小白楼附近建立了新的山东会馆,有商店会员300余家,个人会员4000余人。

清同治年间是天津怀药贸易的兴盛时期。当时,河南怀庆府药商在天津的商号有"同德药行""协盛全""杜盛兴""新复兴"等,专营怀地黄、怀山药、怀牛膝、怀菊花等"四大怀药",总存货量在万件以上,同德药行在香港等地还设有分庄,专门办理出口交易手续;药行还创制了自己的名优药品,比如协盛全药庄专营朱砂,"协字"麝香也极富盛名。同治七年(1868),为便于怀药交易,怀药商人张连堂等30余家商号在曲店街购置房产兴建怀庆会馆,成为怀庆药商居住、会友、储存药材之所。会馆除供奉药王神像外,还专门辟有怀药仓库和客商、伙计宿舍。

在天津经商的外地商人还有江西商帮、南宫冀州帮等。位于估衣街的江西会馆始建于乾隆十八年(1753),昔日称"万寿宫",供奉许真君像,以庇佑来往水路之上的江西众商。与其他商业性会馆不同,东门里的江苏会馆建于光绪十八年(1892),是一所具有同乡会性质的会馆。安徽会馆在河北李公祠附近,建立于光绪三十四年(1908)。云贵会馆在河北五马路,建于1911年。

除会馆外,清代还有以行业为联系纽带的同业公所组织。芦纲公所是长

---

① 宁波市政协文史委编:《宁波帮在天津》,第188页。

芦盐商的办事机构,虽类似同业公所,但却有相当高的权威性,其历任纲总都是久负盛名和社会地位的大盐商。清道光年间,长芦盐商在当时盐运使署前门左侧设有一个办事之所,专为各盐商来公署报运引单、交纳盐税、呈递公文休息所用;后因事务繁杂,遂正式成立芦纲公所。此外,天津还有福建商人建立的绍武公所、江浙商人建立的吴楚公所、湖南商人建立的卢阳公所。

第四节 集散中心的初成

明代至清中叶,随着交通网络的形成、漕运与南北贸易的兴起,以天津为中心的贸易网络开始形成,成为天津集散中心初成的重要标志之一。

一、倚河傍海交通运输网络的拓展

(一)陆路运输网络的扩展

明永乐十九年(1421)明朝正式迁都之后,天津再度成为首都的门户,由陆路、河运和海运构成的交通网络有了新的发展。当时,天津陆路交通的发展集中体现在交通线的拓展和驿站的设置两方面。其中,以天津为中心的陆路交通线有5条,即由天津经杨村、武清、河西务、漷州至北京;由天津经杨青(杨柳青)、沧州、达济南或由沧州至德州;由天津经蓟州、遵化北出长城喜峰口;由天津经军粮城、塘沽、大沽,再由塘沽经汉沽、芦台、昌黎至山海关;由天津经霸州、归信(今河北雄县)、涿州至保定府。同时在天津至北京、山海关、济南等驿道上设有6个驿站,分别为蓟州渔阳驿、武清河西驿、武清杨村驿、天津杨青驿、靖海奉新驿、津沽驿等。[①]此外,从明朝末年的军事行动中,也可以看出天津地区当时的道路情况:由山海关经昌黎、卢龙、汉沽、塘沽至天津;由喜峰口经遵化、蓟州、邦均、三河、通县至北京,或由蓟州南下至天津;由天津

---

① 参见郭蕴静主编:《天津古代城市发展史》,第86—88页。

至杨柳青、静海、青县、沧县到德州、济南;由天津经霸州、河间至保定;由天津经杨村、武清、通县至北京;天津地区内又有天津至宝坻、杨村、宁河、静海、蓟州、香河和三河的道路等。①

　　清代,天津对外的陆路交通干线(天津至北京、济南、盛京等处)、天津近郊道路以及今天津所辖部分区县的道路有新的发展。当时,天津至北京的驿路有三条,即由天津城北大关,经西沽、桃花寺(即桃花口),到杨村,再经安次县、韩村镇、礼贤镇、黄村,进永定门到北京;由天津城到汉沟、杨村、南蔡村,至武清县城,再经桐柏镇、采育镇、马驹桥镇,进广渠门到北京;出天津城北门至西沽,经桃花寺、上下蒲口、杨村、南蔡村、河西坞(务)、码头镇、潞县、通州、大黄庄、东大桥,进朝阳门到北京。此外,由北京经蓟州、邦均、别山镇等地至盛京的驿路,由北京北去长城的驿路,由北京去往山东济南的驿路,也是经过天津的重要驿路干道。为保障公文传递和道路通畅,在上述驿路上除了上述的6个驿站外,后宝坻和沿海设驿站,更多是在天津市及所辖区县境内的驿铺,主要有天津县总铺下设的桃花口、炒米店、稍直口、在城铺(武清)、河西务、蔡村、杨村、马孤屯等,宝坻县总铺下设的朱家庄、崔家庄,静海县总铺下设的良王庄、钓台、双塘等,蓟州总铺下设的黄上坡、壕门、马伸桥、淋河、贾各庄、孙各庄、邦均、白涧、山北头、现桥、别山、杨各庄、黄崖关等。②

　　由于清代的天津城区为州、府、县治的所在地,因此道路交通也较其他邻县更为发达。道光年间,由城区出东门至"河西(岸)为赴海大道,陆程一百一十里","由东门外抵大沽,捍水灾而便行旅","道之曲折,即随河势";由城区出南门"地多洼下,惟由西南折赴东南,其间村落错处,蹊径分歧";由城区出西门,"过西门外桥,自关帝庙起,西通静海大道",往西南"经杜家庄、姜家井、大小园"去往杨柳青,"大清河与子牙河间有堤道"相通,"水陆皆通静海";由城区出北门"过浮桥而北为赴京师大道","村皆附河,而大道出其间"。③而且,经由以上道路数十里即可达天津附近各州县:从天津至宁河县界40里,至

---

① 天津市市政工程局公路交通史编委会主编:《天津公路史略》第1册,第57—59页。
② 天津市市政工程局公路史编委会编:《天津公路史》第1册,第44—46页。
③ 天津市市政工程局公路史编委会编:《天津公路史》第1册,第50—51页。

第二章　城市经济的兴起与集散中心的初成(1404—1859)

县治140里;从天津至静海县界35里,至县治75里;从天津至武清县界45里,至杨村驿60里,至县治125里;从天津城区沿海河南岸经马家口、梁家园、土城、灰堆、双港、洋码头、咸水沽、葛沽至东大沽,全长约70里,等等。①今天津辖区内各区县除驿路干线外,还各有其地方道路。其中,蓟州境内有段甲岭至盘山道路,长36里;蓟州县城至黄崖关道路,长50里;现渠至宁河县新集道路,县境内长32里;现渠通往宝坻县道路,县境内长48里;中关营到将军关,县境内长12里。宝坻县境内有宝坻至蓟州、三河、香河、武清、天津、宁河、丰台镇、玉田8条道路。武清县境内北京至天津道路长96里,武清至安次道路长10里,至宝坻道路长66里,至香河道路长34里,至通州道路长20里,大良镇至香河道路长20里。宁河县境内道路主要有潘庄至江洼口100里,芦台至潘庄70里,芦台至北塘60里,宁河镇至芦台40里,宁河镇至潘庄84里,宁河镇至大月河24里。静海境内主要道路为独流叠道和子牙河堤路。②

(二)内河航运的发展

漕运是天津发展的重要因素,而漕运在很长时期内是依靠运河将南方的粮食运到北京。明代对漕运的依赖性日增,各级政府也十分重视对运河的治理。天顺二年(1458),大河卫百户官闵恭建议开直沽河通蓟州。该河由塘沽的新河口起到北塘与蓟州河相通。正德十六年(1521),直沽河淤浅,海潮进入直沽河方能行舟,地方政府又将直沽河挖深挖宽。嘉靖二十四年(1545),修浚潮河,使其改在密云与白河相汇南下,至天津与卫河相连。清朝定都北京后,鉴于大运河因黄河和淮河淤灌,年久失修而多处梗塞,继续大力治理运河。例如,康熙三十四年(1695),鉴于明代开凿的直沽新河已经淤塞,清政府

---

① 郭蕴静主编:《天津古代城市发展史》,第121页;天津市政工程局公路史编委会编:《天津公路史》第1册,第51页。
② 以下参见蓟县县志编修委员会编著:《蓟县志》,天津社会科学院出版社1991年版,第351—352页;宝坻县志编修委员会编著:《宝坻县志》,天津社会科学院出版社1995年版,第351页;天津市政工程局公路史编委会编:《天津公路史》第1册,第52—55页;宁河县地方史志编修委员会编著:《宁河县志》,天津社会科学院出版社1991年版,第453页;独流镇地方志编修委员会编著:《独流镇志》,吉林人民出版社2009年版,第182页。

在这条旧河道附近又开新河,"长二〇一八丈,底宽二丈,面宽二丈五尺,利用潮水行船"①。仅以北运河为例,自明代至清乾隆年间修浚多达40余次。为了漕运和防范水灾等,政府对大运河的南运河段,以及其他河流也经常拨款修浚,明代至清乾隆年间浚修北运河的大事记见表2-5。

表2-5 明代至清乾隆年间浚修北运河大事年表

朝代	年份	地区	疏浚情况
明代	永乐二十一年(1423)	通州至直沽	筑冲决堤岸
	宣德七年(1432)	通州至直沽	二月,河道多浅滩,永乐中尝命侯伯浚治,至是复旧制
	正统四年(1439)	通州至直沽	六月,浑河冲入白河,坏堤闸31处,发丁夫修治
	正统五年(1440)	直沽等处	九、十月,修筑河堤
	正统九年(1444)	蒲沟儿(口)至潮县	闰七月,水决堤20余处,发夫修筑
	景泰元年(1450)	通州至徐州	十二月,遣官吏疏浚淤塞
	天顺二年(1459)	通州至扬州	四月,河道胶发,发附近军民疏浚
	成化三年(1467)	直沽至通州	五月,派官督各浅夫于春水枯时筑临时草坝逼水归中泓,定为制度
	成化五年(1469)	通州至天津卫	三月,浚河道淤塞
	成化六年(1470)	通州至蔡家口	七月,河口并堤岸冲决19处,发兵民修堵蔡家口(地处今上蒲口与桃花口间)
	成化十二年(1476)	直沽迤北至耍儿渡	七月,河堤冲决,发夫浚修
	成化十三年(1477)	北运河两岸	七月,久雨水溢,冲决甚多,起军夫3000,民夫1000修筑
	嘉靖十一年(1532)	津北桃花口、耍儿渡等处	二月,以通惠河脚价银5000两修筑上年堤毁处
	嘉靖十五年(1536)	白河	九月,管理通惠河郎中移驻杨村,每年仲春,秋末督夫疏浚淤浅
	嘉靖二十八年(1549)	北运河道	七月,管河郎中每年三月后亲至浅处督浚
	万历十年(1582)	白河	四月,漫流浅阻,令地方官督夫挑浚
	万历二十年(1592)	北运河	蔡家口、桃花口等处堤岸坍塌卑薄,水发即决,令每年春修,成岁修定制
	万历三十一年(1603)	天津至通州	八月,督浅夫浚深1.5米,沙筑两岸堤,有成效后定为令
	万历三十二年(1604)	天津至通州	四至六月挑浚桃花口等50余浅

① 李华彬主编:《天津港史》(古、近代部分),第42页。

第二章　城市经济的兴起与集散中心的初成(1404—1859)

续表

朝代	年份	地区	疏浚情况
	万历四十四年(1616)	白河	十月,浚河
	万历四十六年(1618)	白河	十月,发夫1700、工食银万余两疏浚59浅
	崇祯元年(1628)	天津	河道淤阻,督令疏浅
清代	康熙十九年(1680)	通州至天津	遣官挑浚
	康熙三十三年(1694)	北运河	培修通州至西沽堤岸,其中桃花口堤长3240丈
	康熙三十九年(1700)	北运河左岸	直隶巡抚郭世隆于筐儿港决口处开减河至塌河淀,下开贾家沽引河汇河入海
	康熙四十三年(1704)	北运河左岸	员外郎牛钮浚治筐儿港引河
	雍正三年(1725)	北运河	多处埽坝冲溃,督夫疏浚
	雍正四年(1726)	北运河右岸	自桃花寺至韩家墅筑10里横堤
	雍正五年(1727)	北运河	十二月,筑4处决口堤,始立保固定限2年,限内冲决由承修官赔修
	雍正六年(1728)	北运河左岸	展拓筐儿港引河
	雍正七年(1729)	北运河左岸	疏浚贾家沽引河
	雍正八年(1730)	北运河左岸	浚深拓宽筐儿港引河
	乾隆初年	东淀	设堡船200只,捞减冲入北运河泥
	乾隆五年(1740)	北运河左岸	筑塌河淀堤长24里
	乾隆九年(1744)	北运河左岸	开陈家沟引河入塌河淀,浚贾家沽引河
	乾隆十一年(1746)	北运河左岸	开贾家口引河经宜兴埠入塌河淀,另引淀水东经七里海、蓟运河入海
	乾隆十六年(1751)	永定河	改移下口至双口附近入叶淀达津归海,减少冲入北运河泥沙
	乾隆二十年(1755)	北运河左岸	修筐儿港河堤,右岸南至孤云寺(今白庙)
		永定河	春,北岸开堤放溜至沙家淀经凤河入大清河达津归海,减少冲入北运河泥沙
	乾隆二十六年(1761)	北运河左岸	九月大雨,南运河顶壅北运河,致漫溢多处,于未夺溜时抢堵
	乾隆二十八年(1763)	永定河	在双口村北入凤河,经大清河、子牙河入海
	乾隆二十九年(1764)	北运河左岸	修贾家口引河,同治时废
	乾隆三十七年(1772)	北运河左岸	开堤头村引河汇贾家口引河水入塌河淀,光绪时废
			开南仓引河经刘安庄村入塌河淀
			开霍家嘴引河至宜兴埠村北入塌河淀

资料来源:天津市北辰区地方志编修委员会编著:《北辰区志》,第151—153页。

(三)海运的复兴

明、清两朝政府均曾实施海禁,亦试行和实施"漕粮海运",因此这一时期的海运鲜明地表现为由政府主导的"漕粮海运"和民间商贸往来中的海运两种形式。政府主导的"漕粮海运",是从明朝初年沿袭元朝旧制开始实行,这是因为京杭运河尚未开通,朝廷为加强对北京的统治,需要不断地从南方运来粮食。路线为刘家港—崇明岛—黑水大洋—成山角—刘家岛—沙门—莱州大洋—直沽。永乐十三年(1415)会通河开通后,海运停止。到了嘉靖、隆庆、万历年间,由于运河不畅,有碍漕粮顺利北上,重兴海运之议兴起。嘉靖二十一年(1541)至嘉靖三十二年(1553)间,兵部右侍郎王以旗、湖广布政使司右参议方远宜、工科右给事中李用敬、南京兵科给事中贺泾等先后奏请实行海运,但未被允准。隆庆五年(1571),户科给事中李贵和、山东巡抚都御史梁梦龙等先后筹议海运,最终户部议准"量拨近地漕粮十二万石,自淮入海"。但此次海运仅从隆庆五年起(1571)实行了三年。万历四年(1576)和万历二十九年(1601),由于漕渠梗塞,兵部尚书刘应节等官员上疏请实行海运,但最终不了了之。崇祯年间曾在三个年份实行海运,但规模不大,属于试行。[①]

清朝初年亦曾厉行海禁,顺治十三年(1656)曾规定:商民私自下海贸易者,货物入官,人即正法,家产尽给发之人。康熙十一年(1672)重申不得私行出洋贸易。康熙二十三年(1684),清王朝结束了长达30年的海禁。但直到道光六年(1826)二月初一日,清政府才第一次试行漕粮海运。当年二月二十八日,苏州长洲县第13号郁同发沙船已经行驶至天津所辖洋面,第二天清晨乘潮进入天津海口,揭开了清朝海运到津的序幕。自二月二十八日至三月十五日,有案可稽的由直隶总督那彦成、天津镇总兵克什德、钦差大臣穆彰阿等所奏报的到津漕船共计超过2500只。道光二十八年(1848),清政府第二次试行"漕粮海运"。至当年四月初九日,共有154只沙船抵达天津,载运平

[①] 李俊丽:《天津漕运研究(1368—1840)》,第230—236页。

第二章　城市经济的兴起与集散中心的初成(1404—1859)

斛米 155,000 余石。四月十六日有 70 余只沙船抵达天津,此后每天都有数十只不等。至五月初五日,经天津已运载漕粮白米 611,100 余石,卸空沙船 530 余只,拨运赴通 26 起,超过半数。①沙船海运漕粮的成功,促使浙江督抚意图借助沙船海运该省漕粮北上。经过江浙诸督抚的一番策划,"确定浙江漕粮先尽可能由宁船装兑,宁船装毕,继以沙船装载,再有不敷,继由上海局向山东、天津招雇卫船",运载漕粮。②从此,海运漕粮成为南粮北运的方式之一。

就民间商贸往来中的海运而言,明嘉靖、隆庆之际,渤海湾内山东、辽东、直隶永平、天津等地商人每年春夏之季,汇集于汤头寨(属青州府乐安县)、侯镇(属青州府寿光县)、海沧口(属莱州府掖县)等沿海港口,"贩运布匹、米豆、曲块并临清货物"③。清初,虽然政府实行海禁,但民间仍然有船只往来渤海湾内沿岸各个码头,也有一些闽浙地区的船只冒险北上进行贸易,甚至也有越洋船只从日本、朝鲜停靠在渤海湾内各港口,从事走私贸易。清康熙年间开放海禁后,天津民间贸易中的海运迅速发展,航线从山东、辽东延长至浙江和福建。有研究表明,雍正七年(1729)六月中旬,有闽商张宁世等闽船 10 只装载客货到津;六月中至七月十八日又有闽广商船 12 只陆续抵达。史料记载:"历来福建商船,从六月内到天津,候十月北风始回。"六月到九月正是闽船抵津季节,故雍正九年(1731)六月二十四日至九月二十日,共有福建商船 53 只陆续抵津。这些船只主要来自泉州府晋江和同安、漳州府龙溪、福州府闽县、兴化府莆田等县。乾隆年间来津贸易的闽船数量进一步增加。如乾隆五年(1740)到关闽船共有 70 余只,翌年有 90 余只,八年(1743)自闰四月二十八至七月十七日到津闽船共计 105 只。此外,来津船只还有广东、浙江等地的商船。④

另有研究表明,道光年间江南的商船,"从位于长江口的上海出发北上,

---

① 倪玉平:《清代漕粮海运与社会变迁》,上海书店出版社 2005 年版,第 57—58、99 页。
② 辛元欧:《上海沙船》,第 76 页。
③ 许檀:《明清时期山东商品经济的发展》,中国社会科学出版社 1998 年版,第 132 页。
④ 许檀:《清代前期的沿海贸易与天津城市的崛起》,《城市史研究》第 13—14 辑,1997 年。张利民等:《近代环渤海地区经济与社会研究》,天津社会科学院出版社 2003 年版,第 25 页。

驶往山东、天津、东北沿海等地,在当时的情况下,一年的船只数量可达到六七千只之多"①。

二、漕运兴盛与商品集散规模的扩大

(一)明代漕运的阶段性变化

陆路、运河和海运构成的交通网络,尤其是运河的疏浚治理和海运的复兴,为天津漕运的发展创造了条件。明代,漕粮河运居于主导地位,漕粮海运则仅在少数年份试行,经天津由运河北运的漕粮数量,大体经历了以下几个阶段的变化②:

最初,在永乐九年(1411)至宣德九年(1434)间,经由天津的漕粮数量每年都变化不定,最少的年份(永乐十八年,1420)为607,328石,最多的年份(宣德七年,1432)高达6,742,854石,上下波动幅度达到600余万石。

宣德十年(1435)以后,每年经由天津的漕粮数量趋于稳定,大致在400~450万石之间,至天顺七年(1463)这一时期内上下波动幅度不到50万石。

天顺八年(1464)以后,每年经由天津的漕粮数量略有下降,至成化七年(1471)除成化六年(1470)为370万石外,其余年份均为335万石。

成化八年(1472)至正德十六年(1521)期间,每年经由天津的漕粮数量均为400万石。嘉靖、隆庆年间只有九个年份有漕粮数量记载,其中有六个年份漕粮改折数量均在100万石以上,最多的嘉靖十一年(1532)高达210万石,但每年实运漕粮要比改折漕粮多得多,且只要是起运的漕粮,都要从天津经过。

万历、天启时期,除了万历三十一年(1603)、万历四十一年(1613)、天启二年(1622)、三年(1623)这四个年份起运漕粮中有一部分不经由天津外,只要有漕粮起运,均由天津经过。由此可以断定,明代每年经由天津的漕粮数量,从最初的不稳定到天顺年间的逐渐稳定均在400万石以上,其中最多的是在宣德和

---

① [日]松浦章:《清代上海沙船航运业史研究》,杨蕾等译,江苏人民出版社2012年版,第39页。
② 参见李俊丽:《天津漕运研究(1368—1840)》,第116—117页。

第二章 城市经济的兴起与集散中心的初成(1404—1859)

正统初年,达到了五六百万石,万历年以后略有减少,多在350万石左右。

据统计,明永乐九年至天启六年(1411—1626),经由天津的漕粮数量如表2-6所示。

表2-6 明代经由天津漕粮数量统计表 （单位:万石）

年份	数量	年份	数量	年份	数量
永乐九年	225.5543	永乐十年	248.7188	永乐十一年	242.1907
永乐十二年	242.8535	永乐十三年	646.2990	永乐十四年	281.3463
永乐十五年	508.8544	永乐十六年	464.6530	永乐十七年	207.9700
永乐十八年	60.7328	永乐十九年	354.3194	永乐二十年	325.1723
永乐二十一年	257.3583	永乐二十二年	257.3583	洪熙元年	230.9150
宣德元年	239.8997	宣德二年	368.3436	宣德三年	548.8800
宣德四年	385.8824	宣德五年	545.3710	宣德六年	548.8800
宣德七年	674.2854	宣德八年	553.0181	宣德九年	521.3330
宣德十年	450	正统元年	450	正统二年	450
正统三年	450	正统四年	450	正统五年	450
正统六年	420	正统七年	450	正统八年	450
正统九年	446.5	正统十年	446.5	正统十一年	430
正统十二年	430	正统十三年	400	正统十四年	435.5
景泰元年	403.5	景泰二年	423.5	景三元年	423.5
景泰四年	425.5	景五元年	425.5	景六元年	438.4
景泰七年	443.007	天顺元年	435	天顺二年	435
天顺三年	435	天顺四年	435	天顺五年	435
天顺六年	435	天顺七年	400	天顺八年	335
成化元年	335	成化二年	335	成化三年	335
成化四年	335	成化五年	335	成化六年	370
成化七年	335	成化八年	400	成化九年	400
成化十年	400	成化十一年	400	成化十二年	400
成化十三年	400	成化十四年	400	成化十五年	400
成化十六年	400	成化十七年	400	成化十八年	400
成化十九年	400	成化二十年	400	成化二十一年	400
成化二十二年	400	万历三十一年	约364.7455	万历三十三年	约348.7941
万历三十八年	342.3057	万历四十一年	354.5889	泰昌元年	357.4868
天启元年	342.88429	天启二年	347.8412	天启三年	347.0412
天启五年	374.7724	天启六年	392.2419		

资料来源:李俊丽:《天津漕运研究(1368—1840)》,第109—115页。

到了清代,由于改折、蠲、缓、升、除、截等现象的存在,每年运至京通仓漕粮的数量不确定,所以每年经由天津的漕粮数量也难以有确切的数目。但为了保证首都居民的生活需求和长城等边境军士的粮饷供给,每年运往京、通、边仓的漕粮数量仍相当大,这些漕粮也必经过天津,只是与明朝相比,其数量略少。①

三、以沟通南北贸易为特色的沿海航运的兴起

在施行漕运的过程中,明、清政府均允许漕船捎带私货和土宜,明弘治元年(1488)允许每只漕船捎带私物10石,免于征税;弘治十五年(1502)又题准"运船附带土宜不许过十石",万历元年(1573)题准"许例带土宜四十石",万历七年(1579)规定"各卫所旗军每船许带土宜六十石"。清初因袭明制,规定每只漕船许带土宜六十石,雍正七年(1729)规定:"著于旧例六十石之外,加增四十石,准每船携带土宜一百石";雍正八年(1730)题定:"各船头舵二人,每人准带土宜三石,水手无论人数,每船准带土宜二十石,合算每船准带土宜一百二十六石";嘉庆四年(1799)又增加漕船带运土宜数量,"因思向来漕船准带土宜一百二十六石,例不报税,原为恤丁起见。今著再加恩准其多带土宜二十四石,共足一百五十石之数";道光七年(1827),又令漕船"量为加带土宜","各省重空帮次,均著自来岁新漕为始,准其每船于额带土宜之外,加带三十石,一律免税,以资调剂",至此,清朝漕船带运土宜数量增加到180石。②因此,随着漕运的发展,天津与南北各地的贸易也有较快发展。

(一)天津与沿海各地之间的贸易

天津与沿海各地的贸易,主要在天津与山东、辽东及东南沿海各地之间进行。如万历年间一度开放海运后,"自天津至南海口暨宁远并通商货,军民称便"。到了清代,天津与东北的粮食贸易开始发展起来。康熙年间,已有郑

---

① 李俊丽:《天津漕运研究(1368—1840)》,第122页。
② 天津市地方志编修委员会编著:《天津通志·港口志》(大事纪略),第19页;李俊丽:《天津漕运研究(1368—1840)》,第249—250页。

第二章　城市经济的兴起与集散中心的初成(1404—1859)

尔瑞等商人从事粮食贩运,当时从天津赴东北的运粮商船约十数艘。雍正至乾隆年间曾屡次下令:"奉天海洋运米赴天津等处之商船听其流通,不必禁止",甚至减免关税,以促进粮食流通。从天津赴东北的运粮商船增至数百艘。其中,乾隆四十三年(1778)六月至十月前往锦州贩粮的天津商船就有199只,"往回三次者四十四只,二次者九十只",载运杂粮的船只回到天津后,均停泊在东门外海河一带。嘉庆道光年间,天津从东北输入的粮食数量又有增长,估计每年至少有百万石,除向锦州籴入杂粮外,还从其他州县购入,"天津粮船于东省贩买米石,向在锦、盖、复、宁等州,而边外之粟得以辗转出卖,获有善价,亦大便利";"天津一县向来以商贩东省粮石营生者,每岁约船六百余只,每船往返各四五次或五六次不等"。据估计,这600只船一年可运粮96万石。清中叶,天津同辽东贸易呈发展势头。"商船往还关东、天津等处,习以为常"。南方各地商旅纷纷放舟北上,商贾经过登州,直趋天津、奉天,出现了"万商辐辏之盛,亘古未有"的景象。①

天津与山东沿海的贸易在康熙中叶海禁开放后逐渐增加,一部分是天津和山东当地商人延续原有的运销方式,使用近海船只往返于在渤海湾内各个港口;另一部分则是闽浙各省较大型商船南北往返途中停泊在山东各港口开展贸易,如闽浙商船北驶途中常常因为避风浪停靠在登州、芝罘等港口,并在此进行茶、布等南货的交易,然后再装上山东的特产运往京津和辽东各地销售;从辽东或天津回驶时,也要将装运的部分京津和辽东的豆货、土特产等在山东各港口销售,由此形成了从辽东、天津、山东半岛、江浙、闽粤完整的北洋航线,也是商家在各个港口装运货物开展交易的贸易网,不仅使得商家有利可图,也可以解决商船压舱的问题。②

乾隆至道光年间,天津与广东、台湾、福建、江南等地的贸易较有代表性。当时从闽、粤来的船队为数不少。这些船队从闽、粤运来的商品以蔗糖为大宗,有鱼翅、胡椒、洋碗、烟草、海货、香料、毛边纸、缝衣针、铜钮扣、蓝靛、松

---

① 张利民等:《近代环渤海地区经济与社会研究》,第39—40页;贺长龄辑:《皇朝经世文编》卷48《户政》,沈云龙主编:《近代中国史料丛刊》第1编(0731),台湾文海出版社1972年影印本,第1692页。
② 参见张利民等:《近代环渤海地区经济与社会研究》,第25—46页。

香、翎羽、金箔、锡箔等。秋后从天津启航南归,所运货物有花生、麦、豆饼、大豆、植物油、杏仁、红黑枣、核桃、药材、木材、瓜子、肉类、人参等。

福建、广东商船输入天津的主要商品有糖、茶叶、杂货、苏木、胡椒、果品、生姜等,其中糖、纸张、瓷器、茶叶最多。有学者曾对雍正九年(1731)抵津的53只商船的货物进行考察,有45只载有糖货,其中白糖17,026包、松糖16,427包、冰糖672桶,总计34,125包(桶),分属浙江宁波府鄞县,福建龙溪、晋江、同安、莆田、闽县等五县;有10只载有磁器,共载磁器53万余件,分属晋江、莆田、闽县三县;有12只载有纸张,共载纸48,000余篓,分属福州府闽县和兴化府莆田;有22只载有茶叶,总计2100余篓,品种有武夷茶、兴茶等;有12只载有苏木,共计22,800余斤;有4只载有胡椒,共计71包。[①]

由上海往来于天津、牛庄、芝罘的船只为数更多。上海一带有沙船35,000只左右。大号沙船可载5000石,小号沙船也可载1500石左右,总运输力约达20万吨以上。开埠以前,航行于北洋航线的上海船只约有万艘,货运在50~60万吨左右。从上海到天津、营口等地的船只,在宁波装上茶叶、毛竹、锡箔、南纸、绍兴酒、明矾、瓷器后,启航到上海,再装上棉纱、棉布、丝织品及粮食等后驶往天津。从杭州湾乍浦镇起航北来天津的船,运来的商品中有进口纺织品,如哆罗呢、羽纱、哔叽、金属品、香料、珍贵木材以及燕窝、胡椒、槟榔等。这些来自闽、粤、浙、沪商船,往来贩运百货,使凡北方所产粮豆、枣梨运来江浙,每年不下1000万担。[②]

从南方而来的商品中有不少来自海外的进口。此时运到天津的外国商品,有欧洲的毛呢制品和纺织品、染料,以及锡、铜等金属产品,有亚洲一些国家的土特产品,如印度的象牙、鱼翅,马来亚半岛和东印度群岛的燕窝、槟榔、胡椒等。由于国外商品的大量涌入,致使天津北门外的河北大街、锅店街、估衣街,东门外的宫南、宫北大街,成为洋货零售和向腹地批发的总汇之地。南来北往的大宗货物汇集天津,天津成了"燕、赵、秦、晋、齐、梁、江淮之货,日夜商贩而

[①] 许檀:《清代前期的沿海贸易与天津城市的崛起》,《城市史研究》第13—14辑。1997年。
[②] 参见张利民等:《近代环渤海地区经济与社会研究》,第107—108页。

南;蛮海、闽广、豫章、楚、瓯越、新安之货,日夜商贩而北"的商埠,出现了如"若停运一年,将南方货物不至,北方之枣豆难消,物情殊多未便"的局面。①

(二)天津与运河沿线各地的贸易

明清时期,天津与运河沿线地区之间的贸易也有较大发展。明代中叶,由于北方河南、河北一带地广人稀,气候宜于植棉,种植面积扩大,但纺织技艺不佳,致使棉贱布贵;南方纺织技艺精良,但地少人稠,无法扩大植棉面积,致使布贱棉贵。各地商人开始借运河之便往来贩运,天津则成为北棉南运、南布北销的重要枢纽之一。当时,载布的河船从天津出发,可以辗转沿清苑西去,一直运抵雄县城下销售。同一时期,天津盐业生产已有较大发展,除官盐外,大量的私盐由盐贩夹带私运,运河上"小船及经过之马快官粮等船,装运私盐","北行则夹私抵通(州),南归则贩卖抵临清"。到了清代,临近天津的直隶各地主要利用内河航运将各种商品运抵天津。如直隶永年和邯郸的煤炭、石炭,磁州的器皿、矾皂,涉县的花椒、核桃等,多由各地顺滏阳河船载运至天津销售。②待其返回时,则将天津的食盐、百货等沿河载运至各地销售。

同一时期,天津与山东德州、临清、聊城、济宁等运河沿线城镇间的商品流通以粮食等为大宗。乾隆年间及其以后,德州除有凉帽编织品运销天津外,江米、红白糖、燕窝等杂货均由南方运来。临清商业以粮行、花行、南货为大宗。其中粮食"尤取资于商贩。从卫河汛舟东下者,豫省为多。秫、粱则自天津溯流而至。其有从汶河来者,济宁一带粮米也"。棉花开始沿运河向南方贩运,杂货主要来自南方。济宁除将周近各县粮食、布匹、煤炭和本城的竹制品、酒、油、酱菜等大批运销临清、德州、天津等地外,棉花以及核桃、枣、柿、梨、药材、皮张、皮毛等主要运往江南。③

---

① 姚洪卓:《近代天津对外贸易(1861—1948)》天津社会科学院出版社1993年版,第5页;许乔林编:《陶文毅公(澍)集》卷8《奏疏》,沈云龙主编:《近代中国史料丛刊》第1编(0281),台湾文海出版社1968年影印本,第760页。

② 雍正《长芦盐法志》附载《援证六》,盐务署编:《中国盐政沿革史(长芦)》,盐务署1914年印行,第24页,转引自郭蕴静主编:《天津古代城市发展史》,第322、333页。

③ 参见傅崇兰:《中国运河城市发展史》,四川人民出版社1985年版,284—307页。

四、以天津为中心的商品集散中心的形成

(一)与天津有贸易关系的沿海重要市场

随着天津逐渐成为南北贸易的枢纽,以天津为中心的贸易网络开始形成。在东南沿海,除上文所述福建泉州、漳州,广东澄海等地外,辽东的锦州、山东东部沿海的烟台、莱阳是与天津有贸易关系的重要市场。

锦州是天津从东北籴入杂粮的重要来源地之一。清代前期,锦州腹地范围主要包括辽西平原和直隶承德的东北部地区,输出以杂粮、瓜子、药材等农副产品,输入以南方的布匹、茶叶等货为主。其所属的马蹄沟海口在嘉庆时期的进出口船只,"来自天津、山东两处,曰卫船、曰登邮。入口货为天津、山东两处之麦,出口货以杂粮为大宗。清乾嘉间称极盛,每岁进口船只约千余艘"[①]。

在烟台,"凡天津、关东与南方诸省往来贸易的商船均需经此出入",成为与天津有较多贸易往来的市场。该地"明为海防,设奇山所驻防军。东通宁海卫,西由福山中前所以达登州卫,设墩台狼烟以资警备。其始不过一鱼寮耳。渐而帆船有停泊者,其入口不过粮石,出口不过鱼盐而已,时商号仅三二十家。继而帆船渐多,逮道光之末,则商号已千余家矣"[②]。由于"在清代山东与关东、京津的贸易也有很大发展……莱阳、文登商人亦多赴京津一带贸易"[③]。

莱阳及其附近市场也与天津有贸易往来。清代前期,莱阳县境内的羊郡、蠡岛等是海上贸易的重要码头,"帆船云集,商贾往来苏浙、朝鲜、津沽,称便利焉"。尤其是羊郡最为繁盛,"南船北马,凡平、掖、栖、招之土产,江、浙、闽、广之舶品,胥以此为集散所"[④]。

---

① 民国《锦县志》,台湾成文出版社1974年影印本,第641页。
② 民国《福山县志稿》,台湾成文出版社1968年影印本,第709页。
③ 张利民等:《近代环渤海地区经济与社会研究》,第30页。
④ 民国《莱阳县志》,台湾成文出版社1968年影印本,第580、663页。

第二章　城市经济的兴起与集散中心的初成(1404—1859)

(二)与天津有贸易关系的运河沿线重要市场

在运河沿线市场中,临清、济宁等是流通枢纽城市。①其中,临清位于山东西北部,北界直隶,西近河南,扼运河与卫河交汇之处。经临清转销的商品以棉布、绸缎和粮食为大宗。明代海禁时期,运销整个华北、西北及辽东地区的布匹、绸缎大多经由运河北上,以临清作为中转枢纽。清代,粮食成为临清市场上最大宗的商品。其粮食来源大致有四:来自台儿庄、济宁、汶上等处,由运河北上,每年不下数百万石;来自河南,由卫河泛舟而来,每年亦不下数百万石;来自沈阳、辽阳,由海运至天津入运河南下,每年约数万石或数十万石;产自临清四乡及附近清河、馆陶、冠县、堂邑、朝城诸县,为数亦不少。②以上粮食中,来自沈阳、辽阳等地者,由天津转运至临清。乾隆年间,临清"地产麦谷不敷用,犹取资于商贩。从卫河泛舟东下者,豫省为多。秫、粱则自天津溯流而至"③。

济宁在明朝永乐年间运河通航之后,因其"南控徐、沛,北接汶、泗"的地理位置而发展成为南北转输的重要码头,是鲁西南的商品流通枢纽。明清时期,其外来商品主要有来自江南的绸缎和来自湖广的竹木,杂货则有闽广的红白糖、江西的瓷器和湖北的桐油,由兖州、曹州等地汇集来的粮食、棉花及烟草,则由济宁输往江南、直隶和东昌府。此外,济宁药材市场上的药商中,既有来自外省的陕西帮、亳州帮、江西帮、祁州帮、苏州帮、镇江帮、张家口帮,又有来自本省的青州帮、临沂帮、烟台帮、日照帮、藤县帮、单县帮、鱼台帮等,来自天津的天津帮也是重要商帮之一。④

泊头可以归为中等商业城市。泊头镇在天津西南160公里,地处运河中枢。明洪武年间,泊头镇即依靠卫河之利,"商贾辐辏",为"水陆要冲,沧瀛一

---

① 流通枢纽城市,主要指作为全国性或大区域的流通枢纽城市,其贸易一般多覆盖数省或十数省,并多为中央一级税关所在地。
② 许檀:《明清时期山东商品经济的发展》,第164—166页。
③ 乾隆《临清直隶州志》卷2《建置市衢》,1785年刻本,第35页。
④ 王云:《明清山东运河区域社会变迁》,人民出版社2006年版,第111—112页。

都会也"。嘉靖年间,泊头商业进一步发展,"河间行货之商皆贩缯、贩粟、贩盐、铁木植之人。贩缯者至自南京、苏州、临清;贩粟者至自卫辉、磁州并天津沿河一带,间以岁之丰歉,或籴之使来,粜之使去,皆辇致之;贩铁者,农器居多,至自临清泊头,皆驾小车而来;贩盐者至自沧州、天津;贩木植者至自真定,其诸贩瓷器漆器之类至自饶州、徽州"①。当时,泊头已是重要的铁器制造中心,其铁器利用便利的水陆交通销售于运河沿线,具有相当大的品牌效应,而交河本县所产粮食,也水运到河间、天津、北京等地。清乾隆至道光、咸丰时期,是泊头经济发展最为迅速的阶段,当时境内从事私营手工业的作坊近200家,运河两岸遍布当铺、粮店、绸缎店、铸造店、酿酒作坊、盐店、竹器店、茶店等,其中最为出名的是雕版印刷行业,有同元堂、聚元堂、三元堂、善成堂等字号,其印刷的书籍不但销往北京、天津等大城市,而且在运河沿线的一些中等城市都设有分号与网点。②

中心集镇③有天津附近的杨柳青和山东运河沿线的安山镇、阿城镇等。其中,杨柳青位于天津城西30里的运河沿岸,由于距天津较近且水运交通便利,杨柳青的兴起和发展与天津及运河航运关系密切。元代定都大都后,天津成为海运漕粮的中转站和重要的交通枢纽,杨柳青随之有一定程度的发展。明朝初年,天津设卫置仓,逐渐成为运河沿线的重要城市,杨柳青的人口、经济、商业有所发展。到了清代,优越的水运条件促进了杨柳青的迅速崛起。乾隆年间,杨柳青已有居民数千家。嘉庆时,杨柳青有人口近5000户,25,000人。④

安山镇在元末以前,只是一个渔船停泊和鱼虾交易的湖村,会通河贯通

---

① 嘉靖《河间府志》卷7《风土志》,《天一阁藏明代方志选刊》第1册,上海书店出版社1990年版,第3—4页。
② 郑民德、李永乐:《明清运河文化与区域社会变迁——以河北泊头为视角的历史考察》,《河北工业大学学报(社会科学版)》2014年第4期。
③ 中心集镇,主要是指每个县内各个集市的联结点和中心,其贸易范围以本县为主,但同时也会跨州县流通。这样的市场一般出现在交通干道或某种货物集中的地方,是一种十分普及的地方性市场。参见王云:《明清山东运河区域社会变迁》,人民出版社2006年版,第117页。
④ 郑民德、刘杨:《京杭大运河与城镇变迁——以清代天津杨柳青为视角的历史考察》,《聊城大学学报(社会科学版)》2014年第4期。

第二章　城市经济的兴起与集散中心的初成(1404—1859)

后成为济宁至东昌府之间的重要水旱码头,各种商业日渐发展起来,到了清朝,安山镇商业一度达到鼎盛,成为山东段运河沿线仅次于张秋的大镇。道光年间,镇上有粮行18家,寿张、运城以北的高粱、大豆,汶上、东平一带的小麦,都集中到安山镇的粮行交易;镇上常驻来自山西、河南、天津、济南等地的客商。

阿城镇位于阳谷县东50里,是山东运河沿线重要的盐运码头。山东所产食盐中,需要由运河船运行销的食盐,由车运至阿城,北上可达东昌、临清,南下可抵济宁及邻省地区。因此,阿城成为盐商聚集之地,西起山西、东至周村的商人纷纷来此经营盐业、绸布等行业。阿城的一个大型庙会开会时,四处八乡的农民商贩都来此赶会,也有不少济南、天津、周村、邯郸、邢台、营口等地的客商前来贸易,交易的大宗商品有布匹、京广杂货、木料、大牲畜、农具及各种用品。①

---

① 王云:《明清山东运河区域社会变迁》,第120—122页。

第三章　开埠通商后城市经济的初步发展(1860—1900)

天津开埠通商以后,经济局面发生了巨大变化。天津的经济活动已经不是仅以首都和华北地区为对象,而是通过包括生产资料和生活用品在内的洋货的大量输入,农矿资源和土特产等土货的大量输出,被迫以殖民地半殖民地的身份进入国际市场,成为其中的组成部分。在市场经济的推动下,天津迈入工业化、市场化和城镇化的进程。天津所具有的北方最大的通商口岸和广阔的经济腹地等条件,决定了经济功能开始在城市发展中占据主导地位,即经济实力和辐射力的强弱,决定了其发展速度及在全国的地位。

天津在开埠通商以后至20世纪初,经济发展水平发生较大的变化,经济功能逐步显现,作用更加重要。这些变化主要体现在对外贸易和军事工业兴起所带来的新的经济要素。首先,对外贸易的兴起使天津成为洋货进入北方市场的主要登陆地。其次,以内外贸易为主的商品流通,开始激发市场经济的活力。在商品市场上,不仅有传统的农产品和手工业品,更重要的是有外来的洋货;其中有供民众日常生活使用的消费品,有近代工业需要的原料、设备和建筑材料,也有专门供应世界市场的土特产品,品种和规模均超过了开埠以前。再次,商品流通的环境开始变化,以轮船运输为主的贸易,进一步沟通了南北的经济往来,长距离大宗商品的流通成为天津与沿海各地经济交往的主要方式之一。第四,近代工业作为新的经济成分开始出现,成为促进城市经济发展的新动力。这些变化,扩大了天津与国际市场、沿海、内地市场的经济联系,增强了天津的经济实力和辐射能力。

第三章　开埠通商后城市经济的初步发展(1860—1900)

第一节　开埠通商、城市空间拓展与地位的提升

一、开埠通商与接轨国际市场

(一)开埠前的鸦片走私贸易

18世纪以后,欧洲各国为了扩大国外市场,极力想要打开中国的大门。然而,清朝的闭关政策和中国自给自足自然经济的强大阻力,使西方国家的企图难以实现。中国大量出口的丝、茶、瓷器等特色货物和从外国进口棉布、金属制品在中国的滞销,形成巨大的贸易逆差。为此,以英国为主的西方列强除了积极鼓吹战争以外,还推行鸦片贸易,西方商人在政府的支持下通过广州等沿海口岸走私鸦片,以打开中国市场。

天津河海交通便利,北京人口聚集,均拥有较大的鸦片销售市场,华北内地也有大量的吸食者,这使得天津成为北方鸦片走私的最主要口岸。鸦片一部分由外国商人直接从广州等地海运到天津转卖给洋货商人;更多的是由英国鸦片商在珠江口外批发给中国的批发商和包买商(即"大、小窑口"),由北上的船只夹带到天津售卖给零售商和外地客商。因此,集中在天津的鸦片一部分在本地销售,大部分则经窑口和外地客商等包运到北京,或者运到内地销售。

清政府曾在天津实行严厉的禁烟政策。道光十八年(1838)九月,由直隶总督琦善主持了在天津烧毁鸦片的禁烟行动。该年七月二十七日,江西道监察御史狄昕上奏朝廷,天津"烟馆则随处皆有,烟具则陈列街前","京城及直隶、河南、山陕数处烟土,皆由天津兴贩而来,而天津之烟土则由洋船之夹带……查洋船船户并洋货铺,俱系闽粤人,素与本处棍徒连络一气,恃众横行。当船只抵关,将烟土囤积店铺,竟敢白昼杠抬,多人护送"。[①]翌日,道光帝下谕旨给

[①]《江西道监察御史狄昕奏请查禁来津洋船夹带烟土并铺户代为囤销事折》,中国第一历史档案馆编:《鸦片战争档案史料》第1册,上海人民出版社1987年版,第351—352页。

署理直隶总督琦善,"据称,两广、福建商民雇驾洋船,转贩杂货,夹带鸦片烟土,由海路运至天津,向有潮义、大有等店及岭南栈房,代为包办关税。山陕等处商贾,来津销货,即转贩烟土回籍。至洋船入口时,并无官役稽查",要求琦善"严密查拿,按律惩办"①。琦善遂主持制定了《天津海口禁烟章程》七条,意在于加强商船稽查、严格商船进口查验、严禁商船报关时与附近居民交易、命令商船停泊空处不准挨近民居铺户,严禁商船与本地居民、客民交往,对海河两岸居民要结牌立保等。②当年九月,天津道王允中等人在停泊大沽一带的金广兴、金允发洋船上查获烟土13袋,计重13.15万余两,并查获烟具、军械;后又破获16起偷运私贩鸦片的案件,抓获40余人。九月三十日,琦善将查获的131,500余两烟土和数万两烟膏,以及1510余件烟枪、烟具,在天津小西关教场附近当众集中销毁。③

(二)天津增辟为通商口岸

天津是首都的门户,西方列强十分重视其战略地位。在第一次鸦片战争前后,西方列强的重要策略就是武装威胁天津,进而压服北京。道光十二年(1832),英国东印度公司雇员、鸦片贩子胡夏米曾对中国北方沿海进行侦察,道光十五年(1835)他在给英国外交大臣的信中,对天津的重要战略地位有全面的分析:"天津的商务不及福建的繁盛,但天津距北京不足五十英里,我们在天津所造成的恐慌,大可逼迫满清政府早日结束战争。"④

在第一次鸦片战争期间,每逢清廷不能满足侵略者要求时,西方列强就以"北赴天津"相威胁。道光二十年(1840),英国首相巴麦尊派义律率军舰第一次北上封锁大沽口,在白河口外向直隶总督琦善递交照会,要求与清政府

---

① 《署直隶总督琦善著严密查办奸商囤贩鸦片等事上谕》,中国第一历史档案馆编:《鸦片战争档案史料》第1册,第353页。
② 《署直隶总督琦善奏复稽查天津海口偷漏鸦片烟土章程折》,中国第一历史档案馆编:《鸦片战争档案史料》第1册,第396—400页。
③ 《署直隶总督琦善奏为焚毁查获烟土情形片》,中国第一历史档案馆编:《鸦片战争档案史料》第1册,第402页。
④ 列岛:《鸦片战争史论文专集》,生活·读书·新知三联书店1958年版,第41页。

第三章　开埠通商后城市经济的初步发展(1860—1900)

谈判。在道光皇帝的授意下,琦善与英军进行了多次谈判。道光二十二年(1842),中国与英国等国签订了《南京条约》,外国公使、商船却违约窜入大沽口,要求到天津办理交涉事宜;以后美、法等国公使也曾经以"驶往天津白河口""同往天津"等话语相要挟,迫使清政府修改条约。由此说明,外国侵略者极力想通过天津威慑北京,控制清政府,以获取更多的特权;同时也急需打开天津口岸,扩大商品市场。因此,打开天津大门,是西方列强侵华战略中迫切需要解决的问题。

1858年(咸丰八年)4月,英法联军及美俄两国公使齐集天津大沽口,分别发出照会,要求清政府派全权代表进行谈判,进而以清政府答复不满意为借口,由英法联军于5月20日炮轰大沽口炮台,驻守各炮台清军奋起还击,但终因设施陈陋,孤立无援,大沽口失陷,英法联军军舰从容驶入海河,5月26日行抵天津城外,威逼首都北京。清政府不得不在天津分别与俄、美、英、法四国签订了不平等的《天津条约》。这个条约的主要内容是:赔款,各国公使驻北京,扩大领事裁判权,基督教和天主教可以入内地自由传教,加开沿海的牛庄、登州、汉口、九江、镇江、台湾府(台南)、淡水、汕头、琼洲和南京等十口为通商口岸。

《天津条约》签订后,英法联军撤离天津。但是,清廷与英法两国政府均对《天津条约》不满意。清政府认为,这只不过是权宜之计。"盖时势当危急之状","但恐夷情一变,津郡立非我有,从此北窜,深为可虑"[1]。尤其是条约中的公使驻京一条,咸丰帝更是深恶痛绝,他甚至命令桂良等人在上海谈判议定税则时,以免去外国商品的全部关税作为交换条件来废除《天津条约》。英法两国政府也十分不满。他们认为天津同其他许多被开放的通商口岸同样重要,在《天津条约》开列的通商口岸中未能把天津列入,是"额尔金政策的失败"[2]。

《天津条约》签订一年后,需要在北京互换条约文本才能正式生效。但清

---

[1]《钦差大学士桂良等奏英法条款要求太奢条约未能议妥折》,中国史学会主编:《第二次鸦片战争》第3册,上海人民出版社1978年版,第434页。
[2] [英]雷穆森:《天津租界史(插图本)》,许逸凡、赵地译,天津人民出版社2009年版,第18页。

政府对外国公使入京顾虑重重,希望在上海换约,英法公使却坚持在北京换约,经多次磋商未果。1859年6月,英、法、美国公使率舰艇21艘,2000余名官兵,由上海到达大沽口。6月25日下午,英法联军与大沽守军展开炮战,英法侵略军受到沉重打击。于是,英法两国政府决定扩大战争。1860年5月,英法联军在上海集结200余艘军舰和2.5万官兵北上,陈兵大沽口。8月初,英法联军占领了北塘和塘沽,攻陷大沽炮台,随即兵舰沿河而上,24日控制了天津城。清政府为挽救危局,派钦差大臣到天津与英法公使议和,但满足不了侵略者赔偿军费和进京换约等条件。9月8日,英法联军由天津向北京进犯,清帝仓皇北逃,9月21日,英法联军占领通州,随即北京陷落,京城民众遭到杀戮,中外闻名的圆明园遭到抢掠和焚毁。

1860年10月25日,清廷被迫与英法两国政府签订了《北京条约》,其第四款为:"续增条约画押之日,大清大皇帝允以天津郡城海口作为通商之埠,凡有英民人等至此居住贸易均照经准各条所开各口章程比例,画一无别。"[①]至此,在北方除了烟台和牛庄外,作为首都门户的天津也不得不被迫增开为通商口岸。

二、外国租界的初设

《北京条约》签订后,天津成为距离北京最近的开埠口岸。西方列强为了能够直接控制和威胁清政府,立即筹划在天津设立租界。1860年11月23日,英国在天津的代表巴夏礼和英国驻津领事通知清政府,英国"欲在天津城南采择地基,为将来英商屯货之所"。随后,巴夏礼等擅自"在津城东南相距五、六里之紫竹林起至下园止,勘丈空地","预备明年来津盖造房屋之用"。12月,英国驻华公使正式向总理衙门递交照会:"本大臣意将津地一区代国永租,为造天津领事官署并各英商来津起盖住屋、栈房等所之用。"当时,远避热河的清廷关心的是英法联军尽快撤离津京地区,以便早日返回京城。此时天津仍有7000余人的外国军队,而从北京撤出的军队也驻扎天津。只要天津驻

---

① 王铁崖编:《中外旧约章汇编》第1册,生活·读书·新知三联书店1957年版,第145页。

第三章　开埠通商后城市经济的初步发展(1860—1900)

有外国军队,朝廷就还都无日,所以设法使列强军队早日撤离,是清廷的当务之急。三口通商大臣崇厚等人给总理衙门的信函中称:外国军队在天津占据了很多衙署、民房,难以退还,造成种种麻烦。既然已经同意通商,英国就要派驻领事,建造领事馆,外国商人就要有"屯货之区",允准他们租地建房,"即令其将民房让出,民无滋扰,庶得两无妨碍"①。于是,总理衙门便很快答复了英国的要求,由英国官员自行划定了英租界土地范围。

不久,法国驻华公使哥士耆亲自来天津勘察,在英租界以北划定法国租界,并与清政府签定了《天津紫竹林法国租地条款》十二款。美国也随即在英租界以南划定了美租界。这些租界的建立,刺激了其他侵华国家。1895年中日甲午战争后,德国和日本在天津强划租界;1900年八国联军占领天津和北京,俄国、意大利、奥国、比利时四国也逼迫清政府同意在天津开辟租界。至此,天津先后有九个国家划设的租界,成为中国开辟租界最多的城市。外国租界地处天津旧城东南,不仅其面积远远大于原来的城厢,更重要的是占据了海河两岸,扼守对内对外交通要道,尤其是通往国际市场的海上通道,控制了天津的进出口贸易。

三、各类管理机构的设置与政治经济地位的上升

明朝政府为加强对边境的管理,设置了军事防卫功能的卫所,如天津、山海关、威海等。政府对沿海各地经济秩序的管理,是在各海口设立关卡,征收关税。清朝的关税原本分为内陆关税和海关关税,内陆关税也称常关税,主要有户部管理的钞关,即"户关"和工部管理的"工关";海关税由内务府掌管,后归并由总督等地方官吏兼管;山海关附近港口则由户部或各关差派司员专管。

(一)直隶总督移驻天津

北方各港口开埠之后,对内对外贸易迅速发展,政府也相应调整了对沿

---

① 中国第一历史档案馆:《天津租界档案史料选》,《历史档案》1984年第1期。

海口岸的管理。首先,清政府参照《南京条约》签订后设立五口通商大臣的先例,1861年"于牛庄、天津、登州三口设立办理通商大臣,驻扎天津,专管三口事务"。主持总理各国事务衙门的恭亲王奕䜣等人认为,"直隶为畿辅重地,督臣控制地方,不能专驻天津,而藩臬两司各有专职,亦未便兼理其事",因此"将长芦盐政裁撤,归直隶总督管理,其盐政衙署养廉,即拨给通商大臣,不必另议添设,以节经费"。同时,"旧管关税一并归通商大臣兼管,分晰造报。并请颁给办理三口通商大臣关防一颗,无庸加钦差字样,仍准酌带司员数员,以资襄办"。如果遇有要事,准许通商大臣"会同三省督抚府尹,商同办理"①。鉴于清廷尽量避免与外国使臣直接在北京对话,恭亲王奕䜣等甚至期待,"臣等请设总理公所,并天津通商大臣,原期与上海南北分理其事,而汇总于京师,以收身使臂,臂使指之效。如天津办理得宜,则虽有夷酋驻京,无事可办,久必废然思返,是天津通商大臣最关紧要";并建议侍郎衔候补京堂崇厚为办理三口通商大臣。②同治朝《续天津县志》记载:"三口通商大臣公署在三汊河口北岸,本长芦盐院公署,咸丰十年盐院缺奉裁;新设三口通商大臣,即以为公署。一切规制悉因之。"③

三口通商大臣虽然负责处理三口涉外事务,有绥靖地方之责,但没有钦差大臣之名,与天津道、府、县无隶属关系,在办理地方的布防和行政事务,尤其是对外交涉及通商事务时受到掣肘。同治九年(1870),工部尚书毛昶熙受命查办天津教案后上奏,建议三口通商"不专设大员,所有洋务、海防均宜责成直隶总督悉心经理"。经过总理衙门议准后,清廷发布上谕:"洋务、海防本直隶总督应办之事,前因东、豫各省匪踪未靖,总督远驻保定,兼顾为难,特设三口通商大臣驻津筹办,系属因时制宜;而现在情形则天津洋务、海防较之保定省防关系尤重,必须专归总督一手经理,以免推诿而专责成。著照所依,三

---

① 《钦差大臣奕䜣等奏通筹洋务全局酌拟章程六条折》,中国史学会主编:《第二次鸦片战争》第5册,上海人民出版社1978年版,第342页。
② 《钦差大臣奕䜣等奏请留恒祺在京总理公所办事并拟天津通商大臣人选片》,中国史学会主编:《第二次鸦片战争》第5册,第347页。
③ 同治《续天津县志》卷3《公署》,第3页。

第三章　开埠通商后城市经济的初步发展(1860—1900)

口通商大臣一缺即行裁撤,所有洋务、海防各事宜,著归直隶总督经管,照南洋通商大臣之例,颁给钦差大臣关防,以昭信守。"通商大臣裁撤后,直隶总督"自当长驻津郡,就近弹压,呼应较灵。并著照所议,将通商大臣衙署改为直隶总督行馆,每年于海口春融开冻后移扎天津,至冬令封河再回省城,如天津遇有要件,亦不必拘定封河回省之制"。清廷还规定:"李鸿章现任直隶总督,当懔遵此改定章程,将洋务事宜悉心筹画。海防紧要,尤须通筹全局,选将、练兵大加整顿。"随即,直隶总督李鸿章奏复:"惟自各国通商开埠、公使驻京,津郡为往来冲途,尤为京师门户,关系极重。近因民教纷争,酿成巨案,地方官抚驭未善,通商大臣又恐呼应不灵,后患殊多,不得不思变计。"因此,"裁撤三口通商大臣,洋务归总督经管,并令长驻津郡,整顿海防,洵属未雨绸缪之策"。①于是,清廷给直隶总督颁发钦差大臣关防,称北洋通商大臣,管理直隶、山东、奉天三省通商、洋务,办理有关外交、海防、关税及官办军事工业等事宜。从此,直隶总督北洋大臣的衙署移驻天津。最初,直隶总督每年冬天封河后移驻保定,来年初春开河后再回天津,后终岁驻天津。

(二)其他管理机构的设立

1861年5月,天津设置了新的税关——津海关。津海关最初设在天津城厢的东浮桥附近,1863年6月迁至英、法租界相交的紫竹林。②由于早在1853年英、法等国就篡夺了上海江海关的管理权,1859年成立了由英人李国泰为总税务司的总税务司署,负责统管各口岸的海关事务。从此,作为国家重要收入的海关的主权被西方侵占,每设一关即由总税务司委派税务司与帮办等人员。津海关设立后,其税务司、帮办和总巡等都是由总税务司委派,直接对总税务司负责,税务司雇用外国人担任,是津海关的实际主持人,其他职员也多雇用外籍人员。税务司之下设置总务、验估、稽查、港务、秘书、会计等科,各有其具体的工作分工。在天津,清廷设立了津海关道,其主官为津海关道

---

① 李鸿章:《裁并通商大臣酌议应办事宜折》,顾廷龙、戴逸主编:《李鸿章全集》4(奏议四),第107—109页。
② 天津海关编志室:《天津海关志》,天津海关编志室1993年版,第22页。

员,隶属于北洋大臣,专管直隶省的对外交涉事务,管理原有的旧税关,对天津、山东和山海关各海关事务仅有监督之责。

天津城内有天津府和天津县衙署,以及长芦盐运使司、水师营都统等机构。随着直隶总督北洋大臣的衙署移驻后,省属的其他衙署也陆续移津,如直隶提学使司,以及清末新设的巡警道、劝业道、交涉使司等。清末新政开始后,天津有以直隶省名义设立的顺直咨议局、直隶工艺总局、直隶劝业所,天津府的自治局(即后来的直隶筹办地方自治总局),以及天津县自治期成会、天津县议事会;还有以天津命名的巡警总局、工程局、卫生局、捐务局等。而且,天津为首都门户,是京官出巡、外官进京必经之地,府县等地方官要用很多的精力和时间周旋于驻津衙署和官员之间,迎来送往异常频繁。因此,这些官员很难专心致志地从事本身应办理的政务。就此,《天津政俗沿革记》曾描述道:"大府星列其上,令以一身役于数十长官之下,尹此者常处于至器极烦之境。"[①]

天津开埠以后,天津也成为各国领事馆的聚集地,一度有十余个国家在天津设有领事馆。而且,各国租界也都各有其行政管理机构,如英租界的工部局、法租界的公议局、日租界的居留民团等。

四、城市空间的扩大与人口的迅速增长

(一)城市空间的扩大

天津城市的空间也随着天津政治经济地位的提升逐渐扩大。在1846年编纂的《津门保甲图说》一书中,天津城市的空间大致以土墙子为界,这一范围至少是当时天津城市的管理者和市民观念上的城区。开埠以后,原来认定的城区范围被侵略者打破。英、美、法国在天津城东南的紫竹林以下沿海河一带划定租界;1895年10月后德国和日本又沿海河西岸设立了租界。八国联军占领天津后,各国乘机增设和扩展租界,最终在海河两岸共设有九国租界(1902年美租界并入英租界,故也有八国租界之说)。20世纪初,天津九国租

[①] 王守恂:《天津政俗沿革记》卷13《讼谳》,第1页。

第三章　开埠通商后城市经济的初步发展(1860—1900)

界总面积约为 23,350.5 亩,是天津老城区的近八倍。各国租界在街道、建筑和基础设施等方面进行大规模的建设,形成了风格和功能布局的异国风情,与中国城区呈现出截然不同的环境与景观。

在中国城区,八国联军占领天津后拆除了城墙,在原城基上修筑了东、西、南、北四条马路,外围的濠墙亦被废弃。1902 年袁世凯接收都统衙门后,利用修建津浦铁路新车站之机,开发了海河以北地区,称之为新市区。通过街道的开辟和铁路车站的建立,与城厢和各国租界形成平衡格局,天津城区向海河沿岸延伸,比以前大为扩展。20 世纪初,天津城区总面积约为 16.525 平方千米(即 24,813 亩)。①

(二)城市人口的增长

天津城市人口从开埠以后进入了快速增长阶段。城区人口由 1846 年的 198,715 人,增加到 1900 年的 32 万人左右,1906 年又增加到 35 万人。这段时间人口多为机械增长,既有扩大城区带来了四乡农村人口身份的转换,又有天津吸引力增强带来的周边和经济腹地大量农村人口的流入,而后者则是人口增加的主流所在。②

第二节　进出口贸易的初期发展与特征

一、津海关的设置与各项税收

(一)开埠前的天津关设置与税收

由于天津进出口贸易的发展与海关税收有密切的关联性,首先考察津海

---

① 李竞能主编:《天津人口史》,南开大学出版社 1990 年版,第 71、73 页。
② 参见张利民:《论近代天津城市人口的发展》,《城市史研究》第 4 辑,1991 年。

关的设置及其税收情况。

　　第二次鸦片战争后,天津被迫成为对外通商口岸。1861年3月,三口通商大臣崇厚奏称:"征收外国商税,宜另设新关,以免牵混也。查旧设天津关在城北南运河北岸,向收内地商税,并无外国税饷。今准各国通商,新征洋税且有扣归二成会单,自应仿照上海章程,于海河内另设新关征收,凡有外国货船进口,皆赴新关投纳,以示区别。现拟在海河择定扼要地方,租赁房屋,设立卡房,雇用巡船,并另派委员书差巡役查验货物数目,按则征税,逐册呈报查核,庶可清厘扣款,免致蒙混。"①

　　开埠之前,天津有三处征收过往商品税收的机构:工部关(工关,即小关)、户部关(钞关,即大关),统称为常关,以及海关。前两个关主要征收水陆进出入货物税银。工关专收木税及船料,钞关征收一切从陆路和内河进出货物的税银。海税关设在在闸口河沿,被称为旧海关,征收从由海入河货物的税银。天津的税收机构主要是户部的常关,亦称钞关。清初,常关设在天津的河西务,称为河西务关,康熙元年(1662)移设天津,更名为天津关,下设12个税口,分布在天津城内及周边地区的西沽、东沽、西马头、东马头、杨柳青、稍直口、三岔河等七处,设役稽查。②常关依照雍正以后的户部则例对过往货物按值征税,工关以竹木尺寸来确定税额。钞关主要征收船料税和商税,船料按梁头丈尺纳税;商税从量征收,即按照货物包或捆的大致数量征收,根据过往商货的产地和运输渠道,分为衣物、食物、用物、杂货四大类征税。故收税最多的是户部的钞关。③随着天津集散能力的增强,往来商品的种类和规模有所扩大,天津与外地的商品流通规模也在增加。据学者统计,乾隆初年天津钞关实征税额已经达到约五六万两,④乾隆中期达到最高点为12万余两,

---

　　①《崇厚奏遵照新章办理通商酌拟条陈呈览折》(咸丰十一年二月十二日),中国史学会主编编:《第二次鸦片战争》第5册,第419页。
　　②乾隆《天津府志》卷7《公署》,第8页。
　　③乾隆《钦定户部则例》卷69《税则·天津关商税则例》,(香港)蝠池书院出版有限公司2004年版,第605—614页;康熙《大清会典》卷34《户部·课程三·关税·芦课》,沈云龙主编:《近代中国史料丛刊》第3编第72辑,第1601—1602页。
　　④实征是定额与盈余银之和,均上交户部。

第三章　开埠通商后城市经济的初步发展(1860—1900)

后一直维持在10万两左右,其征收幅度的变化主要体现在从海上往来过关的闽广、江浙商品的多寡;其次是运河上的商品流通,"商税全赖闽广商船为大宗",沿海贸易的税收大约占全部税收的三分之二,还有就是"南河各帮携带客货等税"。①

天津旧海关征收海税,始于康熙中叶的开海禁之后,雍正六年(1728)始成定制,属于地方商税,征收天津与东北、江浙的沿海帆船贸易。海税本无定额,随征随解,最初每年海税报解不过500余银两,雍正初年增加到789两,到乾隆十八年(1753)达到7835两;十年后征收数额达到1万余两。嘉庆十一年制定《海税章程》确定,天津海税每年以2.6万两作为正额、1.4万两作为盈余,共计4万两,均上交户部,再有余额留充地方公用。②这样,海税成为天津与沿海贸易的主要征税机构,是天津关的附属部分。根据学者的研究,自嘉庆十二年(1807)至道光二十六年(1846)间,海税每年征收多者近7万两,少者仅2万余两。此后,因为沙船漕粮改为海运、北方灾荒,尤其是东南沿海的五口通商,海税逐年减少。津海关(新关)设立后,海税大部分归为新海关,只余留大沽和北塘二个卡口,征收天津与冀东等地帆船贸易的税收。因此,1860年天津开埠通商前,天津钞关和旧海关每年征收的税额一般在12万银两至15万银两之间。③

(二)开埠后的津海关与税收

开埠之后,天津依然三关并存,但是新设立了天津海关,也就是津海新关。津海关最初设在天津城厢的东浮桥附近,不久迁至英、法交界的紫竹林的海河岸边,主要征收海上轮船、帆船、夹板船等进出货物的税银。津海关隶属于海关总税务司,自1861年至1869年由三口通商大臣督察;1870年清政府裁撤三口通商大臣而专设津海关道作为海关监督,及至1912年,改津海关道

---

① 转引自廖声丰:《清代常关与区域经济研究》,人民出版社2010年版,第89页;许檀:《清代前期的沿海贸易与天津城市的崛起》,《城市史研究》第13—14辑,1997年。
② 参见高福美:《清代天津关及商品流通》,《城市史研究》第26辑,2010年。
③ 参见许檀、高福美:《乾隆至道光年间天津的关税与海税》,《中国史研究》2011年第2期。

为海关监督。1900年庚子事变后,津海关兼管天津常关,并有征收商埠50里内常关税之权。

津海关的税收名目有:进口正税(包括华商和洋商所纳税额)、出口正税(分华洋两类)、复进口半税、内地子口半税、船钞、洋药税、洋药厘金、俄商陆路税共八类,海关一年关期自当年1月至12月。① 自津海关设立至20世纪初,征税额随着进出口贸易总值的增长呈增长趋势,且表现出长时期入超、以转口贸易为主的特征。

分析天津的对外贸易,需要就津海关贸易统计内容做出说明。天津海关贸易统计在1861年至1864年只统计了三个数值:进口货值、出口货值和复出口货值。1865年至1870年分为对外贸易和沿海贸易两部分。其中,对外贸易部分的统计数值有直接从外洋进口的洋货、复出口至外洋的洋货、本口直接出口至外洋的土货;沿海贸易部分的统计数值有从中国各通商口岸进口的土货、经本口复出口至外洋的土货、经本口复出口至中国其他口岸的土货、直接出口至中国其他通商口岸的土货、从中国其它口岸进口的洋货、复出口至中国其他口岸的洋货。自1871年起,统计数值调整为三大类21项,三大类是洋货进口、土货进口、土货出口。洋货进口项下有:直接从外洋进口的洋货、从香港进口的洋货、从国内其他通商口岸进口的洋货,其统计数值是洋货进口总值;复出口至外洋的洋货、复出口至香港的洋货、复出口至中国其他通商口岸的洋货,其统计数值是洋货进口净值。土货进口项下有:进口的中国土货、复出口至外洋及香港的土货、复出口至中国其他通商口岸的土货,其统计数值是中国土货出口总值和中国土货进口净值。土货出口项下有:本口出口至中国其他口岸的土货、本口直接出口至外洋的土货、本口出口至香港(最终目的地为外洋)的土货、经恰克图转口至俄国和西伯利亚的土货、本口复出口至中国其他口岸的土货,其统计数值是土货出口总值。

---

① 海关总署《旧中国海关总税务司署通令选编》编译委员会:《旧中国海关总税务司署通令选编第一卷(1861—1910)》,中国海关出版社2003年版,第490页。

第三章　开埠通商后城市经济的初步发展(1860—1900)

二、进出口贸易的起步与迅速增长

以海关贸易统计和贸易报告为基本材料,可以勾勒出天津开埠至20世纪初的进出口贸易结构以及贸易特征。

从统计数值看,天津的进出口贸易包括三大部分:进口贸易,包括土货和洋货;出口贸易,主要是土货;转口贸易,主要是经恰克图转口至俄国的土货、复出口至外洋(包括香港)和其他国内口岸的土货。虽然是要以海关统计的贸易数据为依据来反映天津的进出口情况,但是进口贸易的统计数值,洋货进口包括直接进口和间接进口,土货进口和出口的贸易值也不能代表全部的土货进出口数,因为"出口货或进口土货,绝非尽由洋船承运"①。进出口贸易的净值与直接进出口贸易值的比较,可以反映天津对外贸易的发展状况。

该阶段可分两步看天津的进出口贸易趋势:第一,天津的进出口贸易净值的走势;第二,天津的进出口贸易净值占全国总值的比例变化。进口净值等于洋货净进口值加土货净进口值,出口净值等于土货出口值(不包括土货复出口值)。

(一)天津进出口贸易的总体趋势

从进口、出口贸易净值趋势看(如图3-1),天津自开埠至20世纪初,进出口贸易均呈现加速增长趋势。1867年天津进出口贸易净值为13,773,033海关两,到1883年增加到21,667,011海关两,比1863年增长约47%;1900年受到庚子事变的影响,进出口贸易迅速下跌,从1899年的77,604,562海关两跌至31,920,658海关两;1902年迅速反弹,比1900年增长180%之多。到1904年,天津海关进出口贸易净值已达68,954,694海关两,比1867年增长了约4倍之多。

---

① 吴弘明编译:《津海关贸易年报(1865—1946)》,第78页。

天津经济史(上卷)

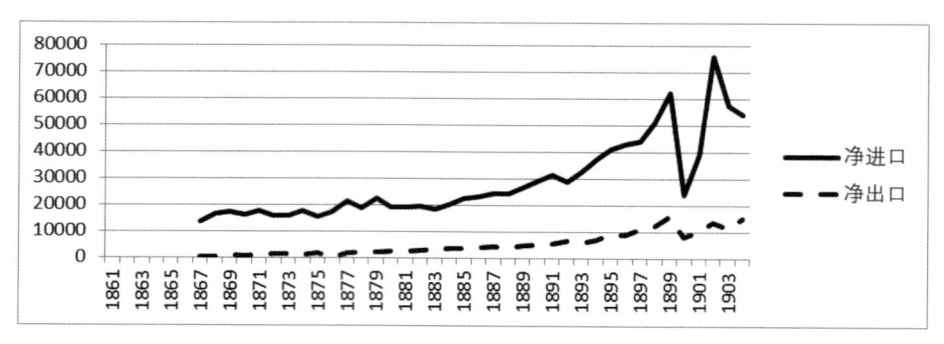

图3-1 1867—1904年天津净进口、净出口贸易值变化图 (单位:千海关两)

资料来源:津海关历年贸易统计,见中国第二历史档案馆、中国海关总署办公厅编:《中国旧海关史料(1859—1948)》,京华出版社2001年版。(注:本书第三、四、五章中有关天津贸易统计的图表,数据基本来源于《中国旧海关史料(1859—1948)》一书。由于1867—1937年海关统计的口径、体例多次发生变化,为避免过于繁琐的表述,除另有说明外,图表的资料来源均简注为:津海关历年贸易统计)

进口贸易和出口贸易都迅速增加的同时,天津的进出口贸易处于逆差趋大的状态。1883年前,个别年份贸易逆差减少,尤其是1880—1883年间;但是1883年后贸易逆差呈增大趋势。在逆差扩大的同时,出口净值和进口净值在贸易总额净值中的比重不同,如图3-2所示。在贸易总额净值增长的情形下,1868年特别是1876年的出口净值在贸易总额净值中的比重异常的低。1880

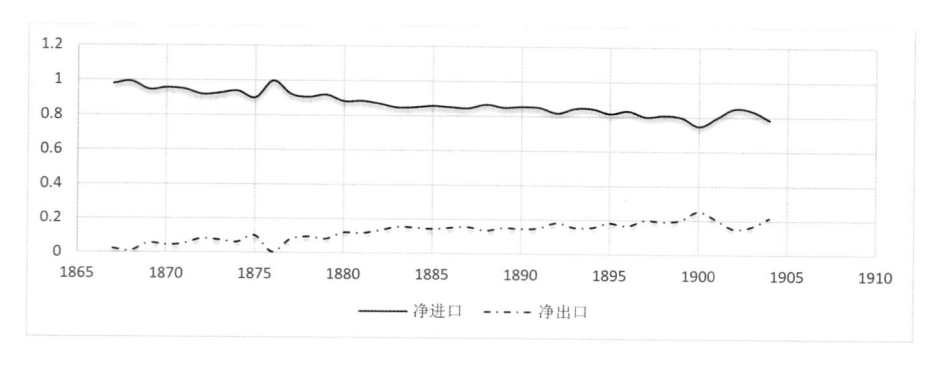

图3-2 1867—1904天津出口净值和进口净值占天津净贸易总值比重变化图 (单位:%)

资料来源:津海关历年贸易统计。

第三章 开埠通商后城市经济的初步发展(1860—1900)

年以前,出口净值在贸易总值中的份额在10%以下,1880—1904年主要在10%~20%间波动。

此阶段,天津进出口贸易以间接贸易为主,但是直接进出口贸易占进出口贸易净值的比例呈现增加的趋势,无论是从直接洋货进口看,还是从土货直接出口看,均有此趋势,如表3-1所呈现。

表3-1　1867—1905年天津直接进出口贸易占进出口贸易净值比重表　（单位:万海关两）

年份	A	B	A/B %	C	D	C/D %	E	F	E/F %
1867	79.42	938.05	8.5	2.67	122.32	2.18	82.08	1377.30	5.96
1871	134.44	1233.1	10.9	3.1	94.71	3.27	137.54	1855.76	7.0
1875	96.27	854.85	11.3	0.25	168.97	0.2	96.52	1705.87	5.66
1880	119.06	1039.93	11.45	18.49	255.9	7.22	137.51	2166.84	6.35
1885	166.37	1251.62	13.29	0.007	374.5	0.0%	166.38	2624.27	6.34
1890	185.78	1717.72	10.82	7.34	497.86	1.47	193.12	3413.16	5.66
1895	536.75	2875.0	18.67	54.99	915.89	6.0	591.74	5017.58	11.79
1899	1425.52	5366.42	26.56	88.38	1570.08	5.62	1513.9	7760.45	19.51
1905	3146.32	6042.96	52.07	759.59	1473.93	51.54	3905.91	9656.56	40.45

1874年前为津行化两,1874年以后为海关两。

A=洋货直接进口值(包括香港),B=洋货进口总值,C=土货直接出口值,D=土货出口总值,E=直接进出口贸易值,F=进出口贸易总值。

资料来源:津海关历年贸易统计。

(二)天津进出口贸易在全国进出口贸易占比的趋势

这一时期,天津的净进口在全国净进口总值中的比重,1867年至1886年的波动区间是20%~30%,1887年至1902年主要在20%~25%的区间波动,1903年运行到20%以下。天津的净出口值在全国净出口总值中的比重呈渐进的趋势,从不足1%逐渐攀爬,于1884年突破5%,随后一直在5%~8%间波动(如图3-3所示)。总体来说,在此期间,天津是一个重要的进口口岸,出口规模虽然非常有限,但其出口却呈现增加的趋势,且净出口增长率快于净进口的增长率。

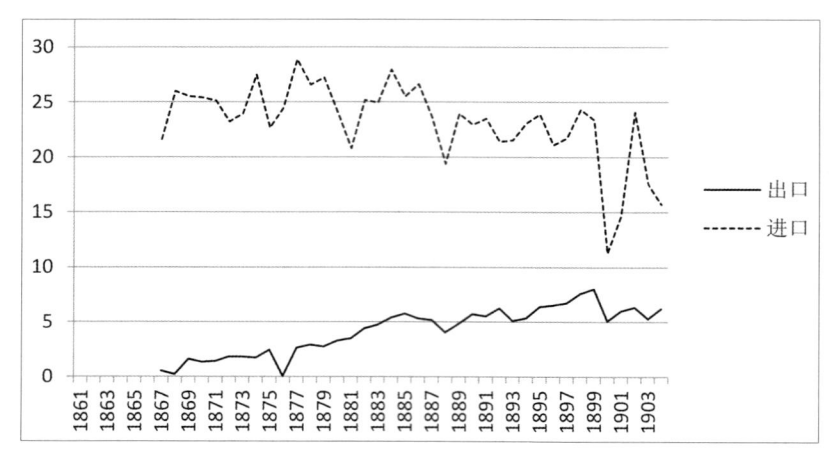

图 3-3　1867—1904 年天津净进口、净出口值占全国净进出口值比重变化图　（单位：%）
资料来源：津海关历年贸易统计。

三、对外贸易地区和商品结构的初期构成

考察一个口岸的对外贸易趋势,除了贸易总值外,还要研究进出口贸易的地区结构和商品结构。贸易的地区结构是和该口岸发生贸易往来的国家或地区构成,将该结构放置于时间轴上可以反映出该地区和其他国家或地区发生贸易联系的次序,以及在进出口贸易中的位置。对外贸易的商品结构主要是指进出口商品构成,以及某种商品在该国或该地区的进出口贸易中所占的比重和位置,可以反映该地区在全国、乃至世界范围内贸易链中的位置,以及自身内部经济结构的变动。现就津海关统计中构成净进口和净出口的统计条目进行拆分,净进口分成洋货进口、土货进口、土货出口、土货复出口,分别考察洋货进口的趋势、进口的地区结构和进口洋货的商品结构;净出口分为土货进口、土货出口和土货复出口,以考察土货出口的趋势、土货出口的地区结构和土货进出口的商品结构。

（一）对外贸易的地区结构

洋货进口方面。天津是洋货进口的重要口岸,1866 年,"天津乃洋货进口

第三章　开埠通商后城市经济的初步发展(1860—1900)

量最多之口岸"①。从图3-4看,1867年至1904年洋货净进口值增加了291%。但是,这尚不能反映出天津在中国外洋直接贸易中的位置,洋货是直接从外洋进口,还是从国内其他口岸转口而至,即天津和外洋、国内其他口岸(主要是上海)、香港三者在洋货贸易方面的比重变动。②从图3-5看,1866年前,天津的洋货进口基本都是从国内其他口岸转口而来,自1867年始有洋货自外洋直接进口。从天津开埠,及至"1866年末,天津销场之洋货皆取给于上海,唯极小部分运自香港"③。

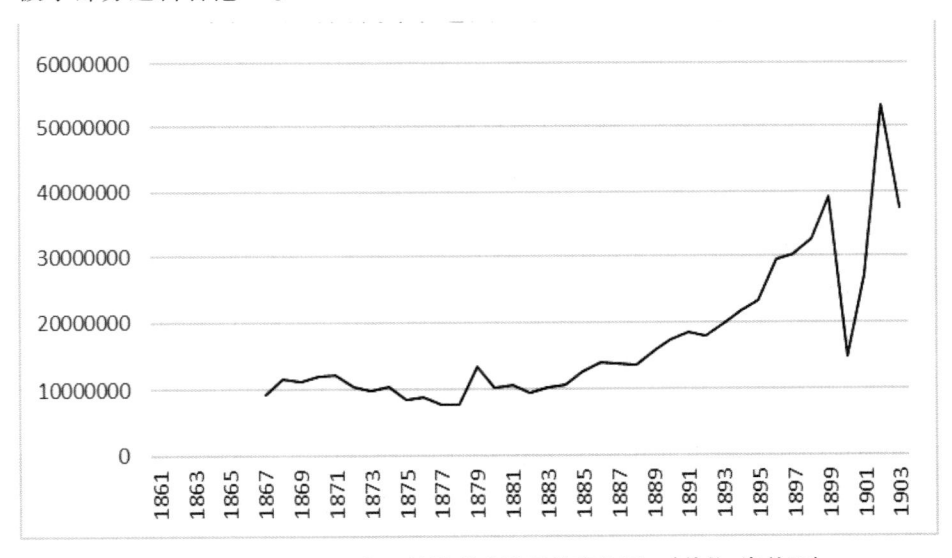

图3-4　1867—1903年天津洋货净进口值变化图　（单位:海关两）

资料来源:津海关历年贸易统计。

---

① 吴弘明编译:《津海关贸易年报(1865—1946)》,第36页。
② 笔者将洋货进口来源地分为外洋、国内其他口岸、香港三类,原来津海关的统计仅为外洋(包括香港)、国内其他口岸两类,因为天津和外洋、香港的贸易方式,或贸易网络会有所差异,其与进出口贸易结构有相关性,因此特别将来自香港的洋货单独分列出来,以示变化。
③ 吴弘明编译:《津海关贸易年报(1865—1946)》,第65页。

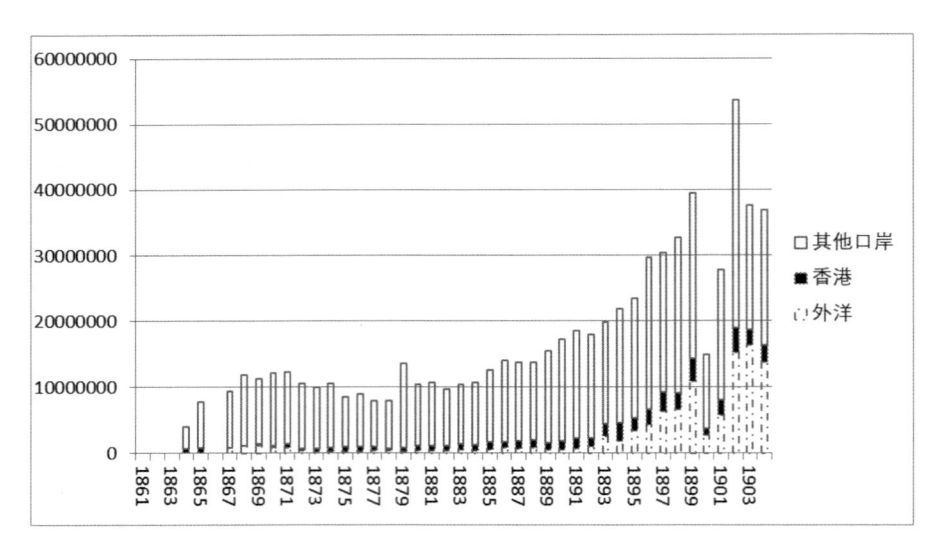

图3-5 1864—1904年天津洋货进口不同来源地贸易值变化图 （单位：海关两）
资料来源：津海关历年贸易统计。

1892年前,自外洋直接进口占洋货进口总值的比重约在1.9%~6.7%之间,1869年该比重约为9.6%。1893年至1904年间,除了1894年和1900年分别相较前一年份该比重下降外,总体是呈增加的趋势,至1897年突破20%,到1903年,更是达到了43.4%。自香港进口贸易值占洋货进口总值的比重约在2.9%~9.6%之间变化,其中又主要集中于7%~8.9%之间。直到1903年以后,自国内其他港口(主要是上海)进口的洋货占天津洋货进口总值的比重才降到50%。

自外洋直接进口到天津的国家主要是英国和日本。海关贸易统计册中,自1869年开始有对进口洋货的国别统计。从1865年至1868年的津海关贸易报告可以知道,日本和英国每年都有商品直接出口至天津,1868年天津自俄经恰克图经陆路进口绒布,1865年有一只泰国货船直达天津。根据1869年至1904年的贸易统计册中天津部分生成洋货进口的地区结构分布图(图3-6)。

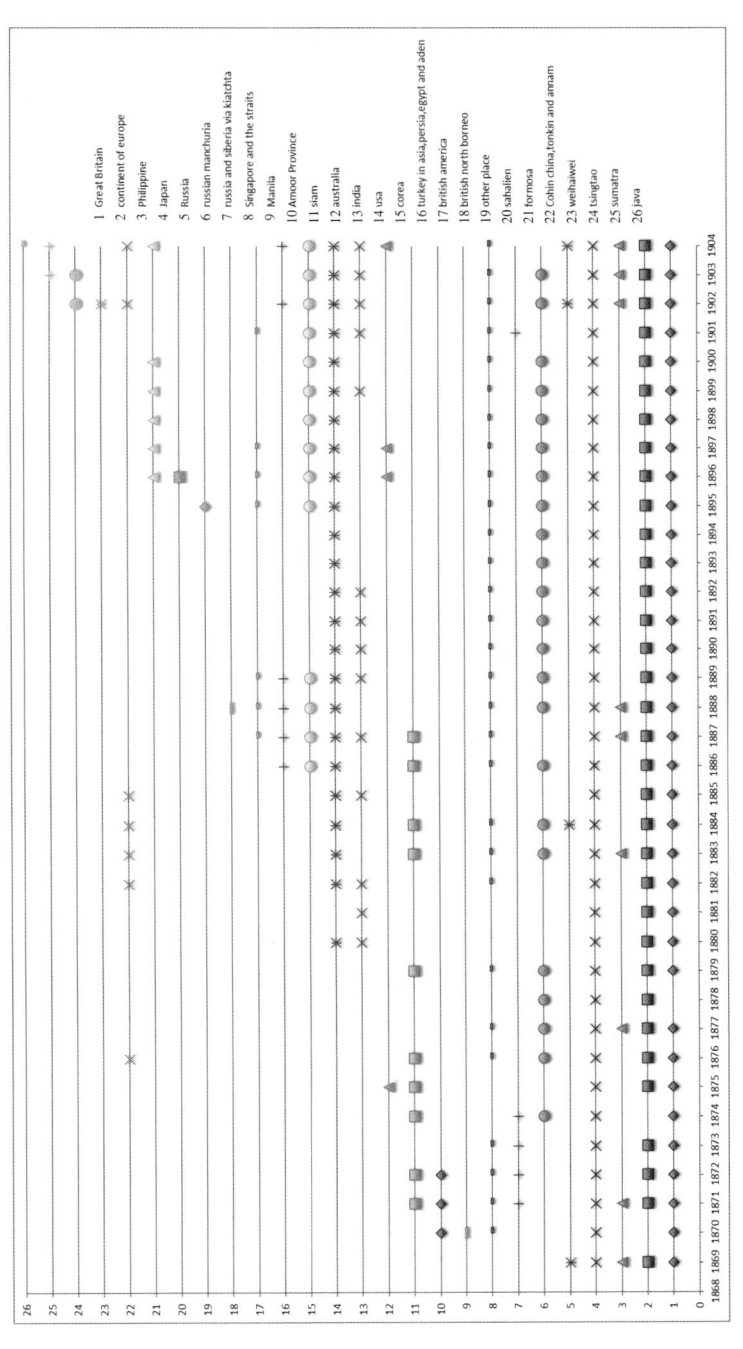

第三章 开埠通商后城市经济的初步发展（1860—1900）

图3-6 1869—1904年天津洋货进口来源地示意图

资料来源：津海关原：津海关历年年贸易统计。

如图所示,1869年自外洋到天津的船只来自英国、欧洲大陆、[①]菲律宾、日本、俄国。与天津常年[②]发生直接贸易往来的国家和地区,按照年份多少的降序排列,为日本、英国、欧洲大陆、新加坡和新加坡海峡(现马六甲海峡的一部分)、美国、俄罗斯。其中,日、欧、英和天津的贸易往来几乎贯穿整个时期。美国自1882年开始并保持着和天津连续的贸易关系;印度和朝鲜半岛自1880年后和天津的贸易往来也颇为频繁;泰国也是出现次数较多的国家,1887年前有十年的贸易记录。1869至1904年间,依照洋货进口国别(地区)在天津洋货进口值中所占比重看,日本、英国、欧洲大陆、美国的比例依次为35%、28%、21%、10%;与天津贸易频率不高的俄罗斯占1%,英属美洲殖民地1%,中国台湾占2%;与天津贸易频率相对较高的朝鲜半岛为1%,其他地区的贸易值占比总共约1%。

(二)洋货进口商品结构

贸易的地区结构和贸易的商品结构是联系在一起的。以进口为例,英国、欧洲大陆和美国均是现代大工业生产的重要区域,其在该时期内除向天津输出鸦片之外,还输出工业制成品,主要有洋布、五金件、糖、棉纱、煤油、纸烟。它们的进口值的变化反映出进口商品种类随工业化生产水平提高呈现出多样性(见表3-2、图3-7)。

其次看洋布的进口。天津拥有广阔的内地市场,是北方洋布倾销的最大口岸。1863年天津进口洋布的价值为101.8万海关两,1883年增加到632.3万海关两,比1863年增长了5倍多。这时天津洋布进口数量超过了上海和其他南方沿海的通商口岸,占全国洋布进口总值的25%以上,位居全国之首。[③]洋布在天津历年进口洋货总值中的占比,1890年前基本在50%~60%之间波动,1890年至1900年间在45%~35%之间,到1903年占比下滑至约25%。

---

① 在1869年统计中,此处为法国,自1870年开始统计条目改为欧洲大陆。
② 天津开埠后40年间,如果一个国家或地区和天津保持相对稳定的贸易往来达20年以上者,即视作常年。
③ 张利民:《华北城市经济近代化研究》,天津社会科学院出版社2004年版,第60—61页。

第三章　开埠通商后城市经济的初步发展(1860—1900)

自1879年开始,天津海关有了棉纱的进口记录,初始进口量非常小,从占进口洋货值的0.1%,逐渐增长到1889年的约10%,1890年突然下降至约1%,随后又回复且突破10%。此后至1904年,占比在10%~19%之间波动。

在进口洋货中,值得注意的是针和五金。1861年至1862年间,洋针的进口不多,但其后增长惊人,其主要产自普鲁士。[①]外洋五金的进口随着天津机器局的创建和铁路的修建而增多,其中铁路修建材料到1899年占到洋货进口值约10%。

总体来说,天津和外洋的直接贸易从很少到有所增加,贸易往来的国家和地区、以及商品种类也均呈现出多样化的趋势。

表3-2　1863—1903年天津进口商品概况表　（单位:1873前为津行化两,后为海关两）

商品		1863	1873	1883	1893	1898	1903
生活资料	棉布	1,018,222	5,054,296	6,322,653	34,915	453,008	3,797,036
	糖	274,645	12,403	377,573	931,260	1,711,315	1,714,729
	其他	664,732	1,601,779	1,606,489	679,837	1,071,944	1,800,454
	合计	1,957,599	6,668,478	8,306,715	1,646,012	3,236,267	7,312,219
	百分比(%)	31.2	68.3	80.7	37.1	35.5	39.2
生产资料	棉纱	—	—	—	61,408	1,042,524	2,395,548
	机器	—	—	56,256	20,599	351,068	454,562
	铁路材料	—	—	—	590,763	2,345,756	3,071,210
	木材	—	70,616	—	20,552	—	—
	合计	—	70,166	56,256	693,322	3,739,348	5,925,383
	百分比(%)		0.7	0.5	15.6	41.0	31.8
鸦片		2,285,651	301,326	937,966	11,730	13,500	2601
	百分比(%)	36.4	3.1	9.1	0.3	0.1	0.01
其他		2,017,368	2,228,259	989,571	2,082,266	2,067,157	5,386,266
	百分比(%)	32.1	22.8	9.6	47.0	22.7	26.7
总计		6,275,211	9,768,679	10,290,571	4,433,290	9,110,272	18,622,406
	百分比(%)	100.0	100.0	100.0	100.0	100.0	100.0

资料来源:津海关历年贸易统计。

[①] 吴弘明编译:《津海关贸易年报(1865—1946)》,第3—10页。

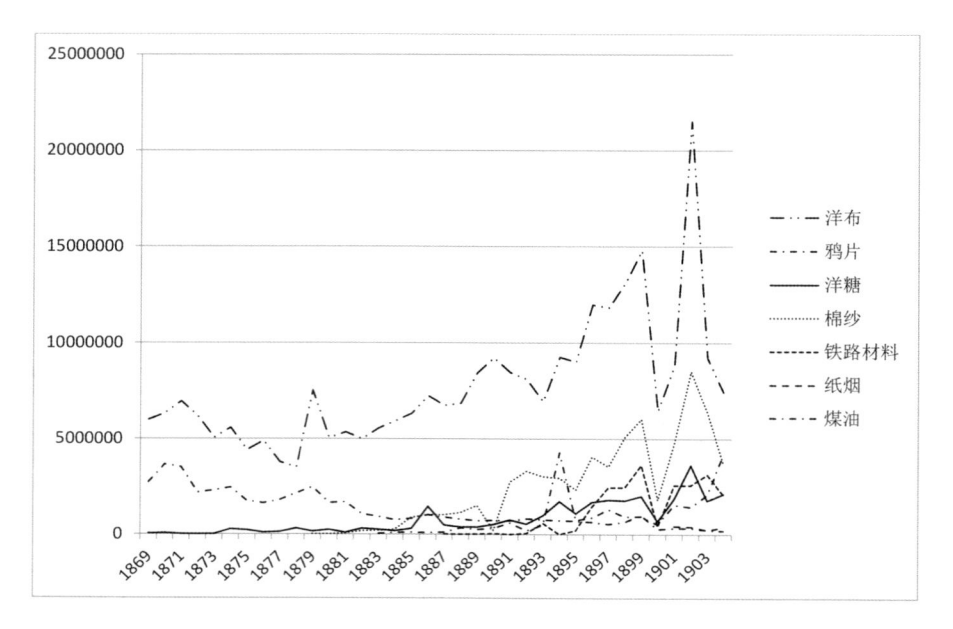

图 3-7　1869—1904年天津进口洋货大宗商品贸易值变化图　（单位：海关两）

资料来源：津海关历年贸易统计。

（三）土货进出口的趋势及地区结构

有关土货进口和出口方面。天津除了是洋货进口的重要口岸外，也是重要的土货进口口岸，从中国其他地方输入大批的土货，其中一部分土货又复出口至其他口岸。同时，天津也有土货出口，但无论从总值的绝对值看，还是从与土货进口比较的相对值看，其规模都很小。这在贸易统计上表现为土货进口、土货复出口、土货净进口（土货进口－土货复出口）、土货出口（至国内其他口岸和包括经香港到国内其他口岸与外洋的土货）。"1865年天津土货贸易之总值除不及上海而外，均较他口为多。但出口规模甚小，在1865年，除镇江与台湾两口之外，屈居各口之后。"[1] 如图 3-8 所示，天津的土货净进口值远远大于土货出口值，两者从趋势上看都是增加的，但是前者增加的速率不及

---

[1] 吴弘明编译：《津海关贸易年报（1865—1946）》，第10页。

第三章 开埠通商后城市经济的初步发展(1860—1900)

后者,且波动性比后者大。土货复出口值则以1900年为界,在1867年至1892年的二十多年间中平缓增长至500万海关两,1899年逼近1000万海关两,1900年后因为天津被八国联军占领,出口又下降至开埠初期的水平,仅有约64万海关两,但不久迅速回升,然而,除了1902年达到约405万海关两外,1903、1904年仅有200万海关两左右,低于19世纪80、90年代的水平。

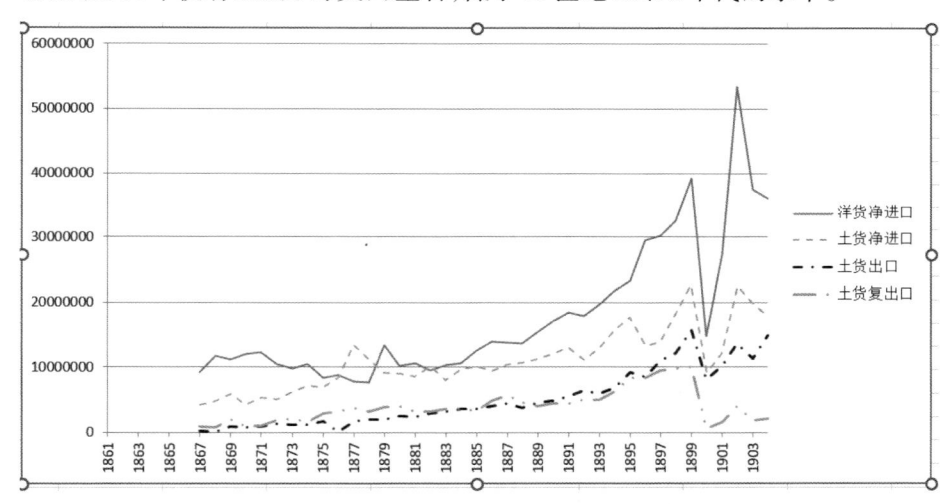

图3-8 1867—1904年天津土货净进口、出口、复出口总值变化图　（单位：海关两）

资料来源：津海关历年贸易统计。

数据说明：1867、1868年土货出口至国内其他口岸和外洋的贸易统计中,没有单独开列土货的复出口值,因此图中1867、1868年的出口值,是根据其他相关数据计算得出的。

土货的复出口值（即天津海关记录的土货转口贸易）和出口值关系大体可以划分为三个阶段：1889年前,复出口贸易相对多于出口贸易；1889年至1896年间,土货的出口值略高于土货的转口值；及至1897年,土货出口值大幅攀升,突破1000万海关两,土货转口值则增长至900多万两后连续两年稳定在这个水平,1901年土货出口值已达1000万海关两,而土货转口值却还在100万至200多万海关两的水平上徘徊。这表明,天津对各国的直接土货出口贸易呈现出较快增长的趋势。

天津出口至外洋和出口至国内其他口岸的关系如何,是考察天津与海外直接贸易,以及在国内市场位置的数据之一。1905年前,天津的土货出口主要是流向国内其他口岸,出口至外洋的比例在土货出口总值(不包括土货复出口至外洋的部分)中,最高比例是1904年的13.8%(见图3-9)。也就是说,此时天津的出口主要是面向国内其他口岸。

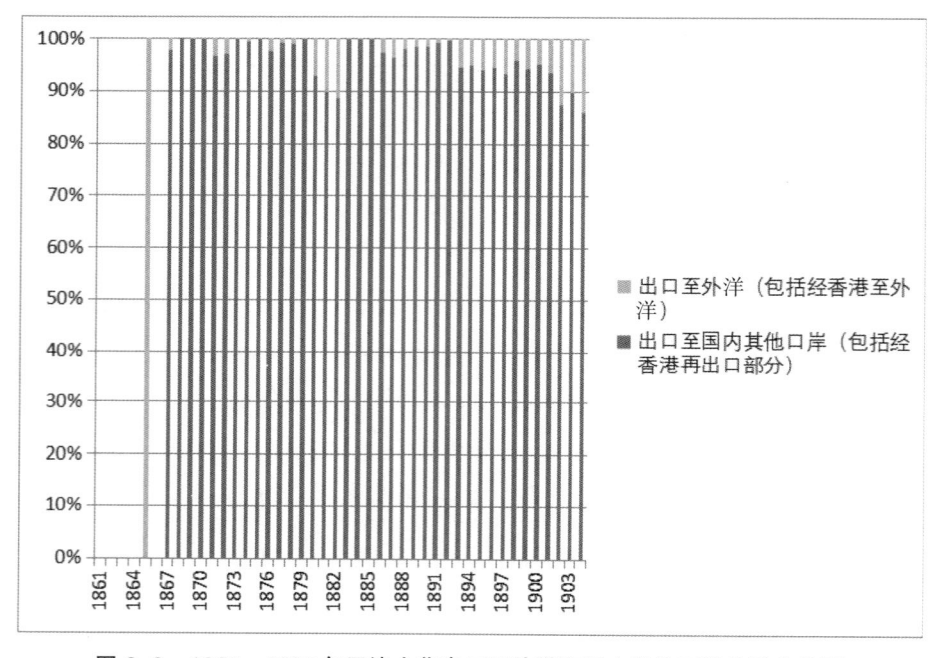

图 3-9 1867—1904年天津土货出口至外洋和国内其他口岸比重变化图

资料来源:津海关历年贸易统计。

数据说明:1870年前土货出口至香港的最终目的地——国内其他口岸或者外洋是不明确的,自1871年开始的统计数据将其做了区分,分成经香港至国内其他口岸和经香港至外洋两部分。在本表的数据处理中,将1867—1870年间经香港出口的土货归入到出口至国内其他口岸部分,也就是将经香港至外洋部分的数值处理为0,因此这里出口至外洋的土货值应当是偏低的。

由于土货出口至外洋的比例较小,因此在这里不再考察土货出口至外洋的地区结构,而是探究此时期土货出口至国内其他口岸的地区结构,进而考察土货出口的商品结构变化。

第三章 开埠通商后城市经济的初步发展(1860—1900)

根据1867年至1904年贸易统计册中的天津部分,能够生成土货出口至国内其他口岸的地区结构分布图(图3-10),从中可以看到这一时期,上海、汕头、福州、厦门、广州、烟台、牛庄、宁波、汉口、香港、镇江、九江,是天津土货出口的常年流向地。进入1880年代后,土货出口的国内目的地趋多,开始向温州、芜湖、南京、苏州、杭州、胶州、秦皇岛等地出口。综计20世纪以前40年天津土货出口至国内其他口岸的总值为1.57亿海关两,其中出口至上海的比重高达75%,其次是广州(13%),汕头(3%),烟台、牛庄、汉口、宁波、福州、厦门各占约1%。虽然从土货出口至国内其他口岸的地区结构看,天津的土货出口还是偏重于上海,但是已表现出地区结构的丰富性。天津土货出口的这些变化也成为20世纪以后天津土货直接出口国外增加,以及和国内其他口岸之间贸易逐渐发展的基础。

(四)土货出口的商品结构

从商品结构来看,20世纪以前天津出口的土货主要是农副土特和畜产品,有枣、杏仁、豆货、皮毛类、皮货、药材、草帽缏、猪鬃、棉花、煤等。其中有的是传统输出商品的延续,如干果类的药材和干货;有的是原来有一定数量的输出,开埠后有迅速的增加,如皮毛、豆货;也有开埠后新出现的商品,如草帽缏和棉花。尽管这些商品的出口值在土货出口总值中所占比重在各时段升降不一,但出口的种类变化不大。图3-11体现了大宗出口商品值在这一时期的变化。在开埠之初的十年间,主要的出口商品是棉花,杏仁、枣等干果,药材和皮货。药材是最大宗的出口产品,延续了开埠前的商品结构。草帽缏首次在出口货中见诸记载的是1869年,其时估值关平银1280两,到1880年则超过药材,成为最大宗的出口产品,一直持续到1887年,其出口值占土货出口总值的20%~35%,达到了一个峰值。此后,其位置被皮毛和皮货取代。从此,皮货和骆驼毛等皮毛商品则牢牢地占据出口值第一、第二的位置,分别在土货出口值占20%~30%和10%~20%。

天津经济史(上卷)

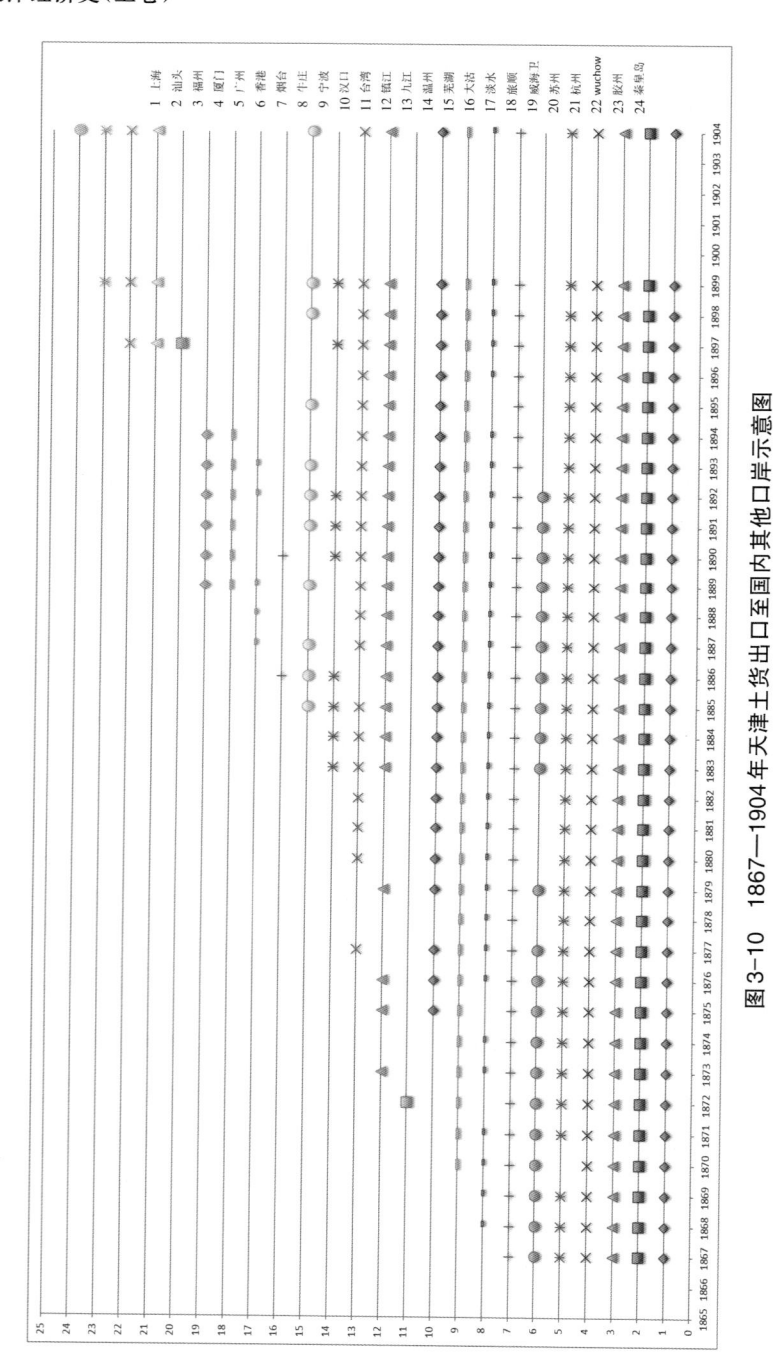

图3-10　1867—1904年天津土货出口至国内其他口岸示意图

资料来源：津海关历年贸易统计。

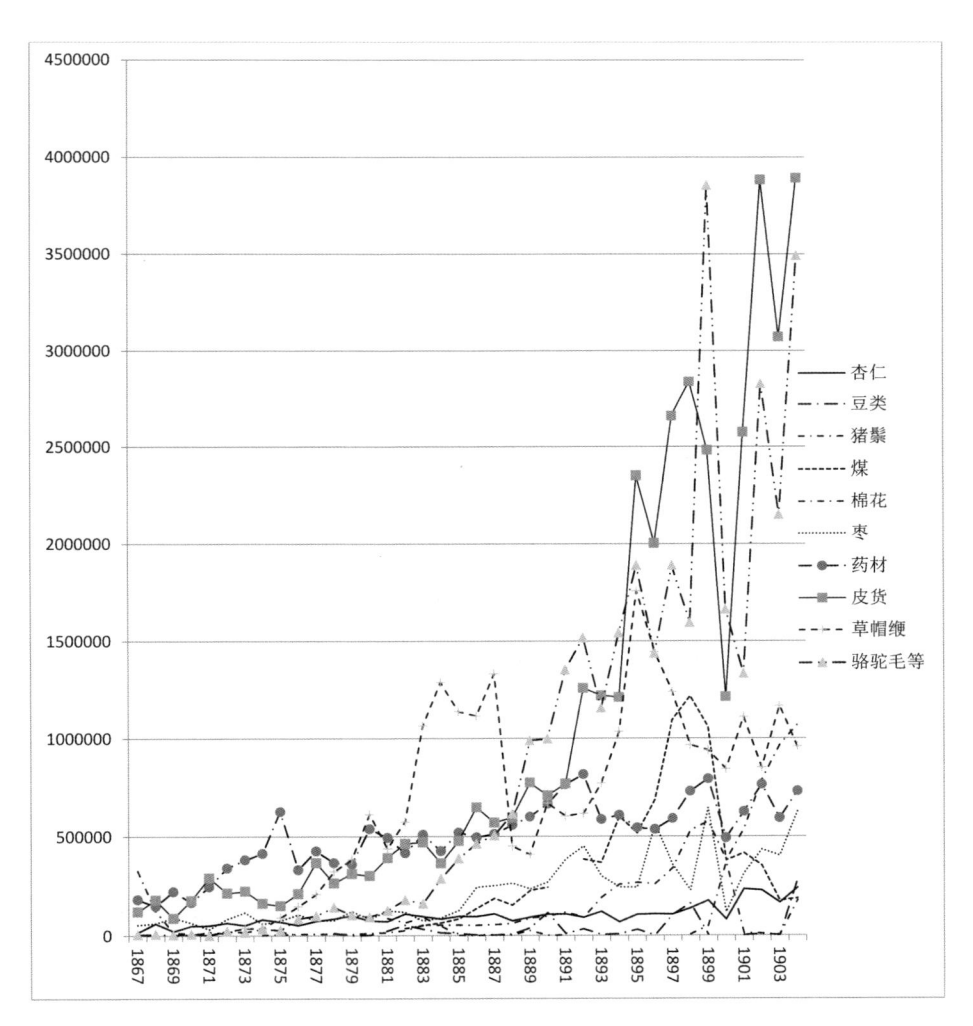

第三章 开埠通商后城市经济的初步发展(1860—1900)

图3-11 1867—1904年天津大宗出口商品贸易值变化图 （单位：海关两）
资料来源：津海关历年贸易统计。

在海关报告中，棉花是出口土货中非常重视的一项内容，但在开埠后36年间，棉花出口不振，仅1867年、1868年、1900年和1904年超过10万海关两，与20世纪以后棉花的出口形成了鲜明的对照。

在出口的土货中，需要提到的另一项货物是茶叶。茶叶贸易比较特殊，是传统的出口商品。1862年中俄签订的《陆路通商章程》等贸易条约规定了通商路线和纳税办法，天津成为福建、湖北等地茶叶转运西伯利亚和俄国的中转站。这部分在贸易统计中体现为复出口贸易，而不是土货在天津的直接出口。

总体而言，天津的土货进出口整体上是增长的，土货净进口值大于土货出口值，土货出口增加的速率不及土货进口，且波动也比后者大。土货出口和复出口的关系呈阶段性变化。从土货出口的贸易结构看，其地区结构呈现多样化趋势，与华南、华东、华中、胶东半岛、东北都有联系，有的是为了转口再出口外洋，即将各种土货出口到上海和香港，有的是为了销往内地。土货出口的商品构成主要是农、畜、手工业产品，在不同阶段有其主导性产品。这些商品一部分与国际市场有关，主要通过上海和香港再转口到海外；一部分与经济腹地有关，主要通过沿海港口与内地联系，以促进内地生产的商品化和专业化。因此，天津口岸土货的出口与国际市场、内地经济都有很强的联动性。

四、进出口贸易初期发展阶段的特征

通过总结20世纪前天津进出口贸易的总体趋势，分析天津进出口贸易的主要类别——洋货进口值、土货进口值、土货出口值、土货复出口的情形，[①]以及洋货进口的贸易结构和土货出口的贸易结构，可以大致归纳出天津开埠初期进出口贸易的特征。

其一，开埠以后，天津进出口贸易总额持续增加。天津开埠后，成为西方列强在中国北方最主要的登陆场，对外贸易迅速发展。最初，天津的进出口贸易额基数小，1865年后进出口贸易有较快的发展，1885年进出口贸易总值为2624万余海关两，与1865年相比，20年间增加了一倍；1886至1895年的10年内，又增加了近一倍，为5017万余海关两，占全国进出口贸易总额净值的比

---

① 本书未涉及洋货复出口至外洋和国内其他通商口岸的情形，因为从海关统计看，该时期洋货的复出口值非常低，可以忽略不计。

第三章 开埠通商后城市经济的初步发展(1860—1900)

重为15.93%;1898年天津进出口贸易总值比1880年增加了191%,达到了7000余万海关两,促进了商品流通规模的扩大和商品市场的拓展。天津的对外贸易一直执华北地区之牛耳,始终占该地区贸易总额的50%以上。①

其二,天津口岸的直接进出口贸易所占比重逐渐增加,但并非天津口岸的主要贸易形式。开埠后的20年间,天津主要是从国内其他口岸进口,其中最重要的口岸是上海。洋货自外洋直接进口始于1867年,1892年前占天津洋货进口总值的比重约在1.9%~6.7%之间,自进入19世纪90年代后呈显著增加趋势,1893年至1904年间除1894年和1900年分别相较前一年份比重下降外,总体上呈增加的趋势,至1897年突破20%,但洋货进口仍然主要是从上海转口,如果加上自香港进口的洋货,则几乎与来自国内其他口岸洋货的比例平分秋色。②土货出口和土货复出口经历了三个阶段:1880年以前出口净值在贸易总值中的份额在10%以下,到1889年前土货出口规模小到不及土货复出口值;进入1890年,土货出口规模有所扩大,出口净值在贸易总值中的份额在10%~20%间波动,总体趋势上超过土货复出口,至1901年土货复出口在低水平上徘徊,而土货出口继续增长。虽然土货出口在增长,但是土货主要是出口到以上海为主的国内其他口岸。根据1867年至1904年的贸易统计,天津土货出口至国内其他口岸总值中出口到上海的比重高达75%,及至1904年,直接出口至外洋的比重不过13.8%。这也就是说,这一时期,天津的进出口贸易还是以国内其他口岸为主,有一部分是间接进出口,直接对外洋的进出口贸易,无论是洋货进口还是土货出口,所占比重较小,尤其是洋货直接进口部分。

其三,进出口商品种类均呈现出多样化的趋势,既体现市场的扩大,也在一定程度上反映了近代工业初兴的需求,但生活资料的进口占据绝大比重,而出口商品也体现出对国际市场的趋从。洋货进口种类的变化反映了天津各类市场的多层次需求。最初是鸦片和洋布,但很快被工业制成品尤其是生

---

① 参见张利民:《20世纪初期天津对外贸易变化简析》,上海中国航海博物馆主办:《国家航海》第16辑,上海古籍出版社2016年版。
② 1899年后义和团运动波及天津,天津进出口贸易严重受挫。

活消费资料取而代之。随着居住在天津外国人的增多、民众对洋货的趋从、织布业对棉纱的需要,以及天津机器局和铁路的建设,进口洋货的种类有所增多。进口的洋货既有糖类、纸烟、缝纫针和火柴等生活资料,也有棉纱、铁路材料、五金和煤油,体现了市场需求的多元化和早期工业的起步。土货出口的商品种类呈现的是新旧混杂,侧重于农畜产品和少数手工业产品。在不同的阶段都有主导性的出口商品,除有传统输出商品的延续,如茶叶、药材和干果等,以及原来有一定出口但数量有限的商品此时有数量的增加外,如皮毛、豆类,还有开埠以后新出现的商品,如棉花、草帽缏等。这一时期出口的大宗商品依次为药材、草帽缏、皮货和皮毛,在一定程度上开始与国际市场接轨。

其四,从进出口贸易的对象看,一些国家与地区有一定的主导性。无论是洋货进口的地区结构,还是土货出口的地区结构,都有主导性地区的状况。洋货进口地区结构以英国、日本、欧洲大陆、美国和中国香港为主,土货出口地区结构中上海是主导地区。加之天津的直接进出口贸易所占比重较少,说明这一时期天津口岸的对外贸易主要是依附于上海和香港等口岸,天津与上海的经济联系迅速增强。

第三节 商业和金融业的发展与商人群体的新变化

明清时期,天津商业虽有相当发展,但始终还是立足于传统经济的区域间互补性的商品流通与交易,19世纪中叶天津开埠后,传统的自然经济成分有所减少,以进出口贸易为中心开展的商贸活动迅速增多,天津商业开始了从传统内贸型向外贸型的转变。商人群体中,外商和买办异军突起,显现出越来越强的经济实力,并开始组建具有近代性质的社团组织。

一、洋行的出现和商业的发展及转型

开埠通商为天津传统商业的转型和近代商业的兴起提供了契机。一方

第三章　开埠通商后城市经济的初步发展(1860—1900)

面,随着进出口贸易的发展,包括机器局、电报、电话、邮政、采矿、铁路等近代企业和通信业的出现,加快了天津与国外市场、内陆腹地的商品流通,增强了天津经济实力和对腹地的辐射能力。另一方面,直隶总督兼北洋大臣李鸿章常驻天津,在一定程度上提升了天津政治影响力和经济凝聚力,为天津商业转型提供了条件。

(一)洋行的出现

天津开埠前,紫竹林一带就已经出现了专门从事洋货贸易的洋行,或者洋货局栈,"大部分新来的外国商人陆续在天津城建起了他们的商号"[1]。同治五年(1866)在天津设立代理处或分号的洋行已有15家,其中属于英国商人开办者有9家(有3家是上海洋行的代理处),俄商开办者4家(2家为设于恰克图商号的分号,2家兼作设于恰克图和汉口分号的联系点),美商开办者1家,德商开办者1家(1名为受法国保护的意大利商人,1名为受普鲁士保护的巴伐利亚商人)。当时,这些洋行和洋人多散居城东、城北与东浮桥。如宫北有英商新泰兴洋行,宫北后河沿有俄商顺丰洋行,宫南有英商仁记洋行,北门外有法商亨达利洋行、德商礼和洋行和日商武斋洋行及横滨正金银行等。[2]但由于条件限制,洋行管理者多为中国商人和经纪人。

天津开埠后,一方面洋货大量进入天津市场,推动了洋行的发展。外国商人希望"这个港口能在重要性上压倒上海或其他敌手,或者至少把这些地区的商业吸引过来"[3],19世纪末,大批洋货开始进入天津市场,从吃、穿、用到机器设备和仪器应有尽有。比如开埠初期天津进口洋布的品种就达20余种,还有五金、玻璃、仪器、药材、食品、化妆品、烟草、茶叶、纸张等,总计有116种,进口总值约500万海关两。同时,洋行、买办和商人亦收购内地农副土特产品来满足国际市场需求。他们或者在当地直接设庄收购,或者根据季节专程派人收购,甚至提前预购驼毛、兽骨、兽皮、猪鬃、禽蛋、草帽缏,以及棉花等农副

---

[1] [英]雷穆森:《天津租界史(插图本)》,许逸凡、赵地译,第37页。
[2] 天津市政协文史委编:《天津的洋行与买办》,天津人民出版社1987年版,第3页。
[3] [英]雷穆森:《天津租界史(插图本)》,许逸凡、赵地译,第25页。

土特产品,然后集中到天津,经过再加工和包装后出口到国际市场。到1904年,天津土货出口净值已达1400余万海关两,比1894年增长了一倍之多。[1]天津及华北商业的繁盛,不仅吸引了众多洋商来华设立洋行,经营进出口业务,也带动了天津相关产业的发展,如经营出口商品的收购商、坐商、行商、打包等相关行业,加速了新型商业业态的形成。

另一方面英法等国先后在天津建立租界,鼓励洋商开办洋行。英法等国建立租界时,按每亩地所定价格通知业主交出契纸,然后付给地价,随即分区分段招英国洋行标领,订立为期99年的租约。最初在天津设立洋行的有怡和、太古、仁记、聚利、新泰兴等,1870年天津教案后大部分外国人及洋行陆续迁入租界,天津的租界中洋行数量逐年增加。光绪五年(1879),天津有洋行26家,其中英商9家,俄商8家,德商4家,丹麦商人2家,美国、法国、荷兰商人各1家。1884年前,天津洋行数量增长至33家,其中尤以英国洋行最多,包括怡和洋行、仁记洋行、宝顺洋行、广隆洋行、新泰兴洋行、新载生洋行、汇昌洋行、马记洋行、汇丰银行、大英药房、高林洋行、飞龙洋行、老德记药房、新沙逊洋行、屈臣药房等15家;其次是俄商洋行,如阜通洋行、阜昌洋行、益利洋行、顺丰(萨宝石)洋行、恒顺洋行、贵平洋行、裕顺和洋行等7家;法商有启昌洋行、亨达利洋行(兼卖钟表、八音琴、寒暑风雨表、显微镜等各色洋货)2家。美商有丰昌洋行1家。德商有信远洋行、世昌洋行、世昌机器行、德昌洋行、森裕洋行(兼卖钟表玩物)、利顺德洋行、增茂洋行(兼卖钟表、八音琴、寒暑风雨表、显微镜等各色洋货)、信利洋行等8家。日本在天津最早的洋行是1886年开设的武斋洋行,[2]此后三井、大仓洋行在天津设立分支机构,1895年前还有松昌洋行等。到1890年,在天津的洋行数量增加到77家。

这些洋行在天津市场上主要从事进出口贸易、轮船运输。他们从上海、香港采购棉布、棉纱、糖、火柴、煤油、纸烟、五金以及天津机器局所需设备等,运至天津。这些商品不仅在天津销售,还销往"直隶本省、山西省、山东西部

---

[1] 胡光明等主编:《四十年的回顾》,天津教育出版社1989年版,第205页。
[2] 日本天津居留民团编:《天津居留民团二十周年记念誌》,天津居留民团1930年版,第619页。

第三章　开埠通商后城市经济的初步发展(1860—1900)

和河南北部,少部分达到陕西和蒙古等地方"①。除了倾销洋货,洋行还利用买办坐庄收购或在内地设立分庄等形式,大量收购皮毛、猪鬃、棉花、豆货、枣、杏仁、药材、草帽缏、煤等土特产品,运往上海、香港,后出口国外。天津洋行中,像礼和洋行、禅臣洋行、世昌洋行、元亨洋行、怡和洋行、三井洋行、大仓洋行等都将收购毛皮作为其主营业务。津海关实行三联单制度以后,毛皮因出口税收减少,在天津集散量大增。1869年,从天津出口的驼毛只有300担,1874年就超过了3100担,1875年更是达到了5500担。②有的洋行甚至还有自己的工厂。如日本武斋洋行,主要从事进出口贸易、骨粉制造和销售,出口羊毛、棉花、棉籽等土产,还有一个制造骨粉的武斋工厂,员工100余人。③

随着在津外侨数量的不断增多,也出现了以经营日用品和食品为主的洋行。比如像法商亨达利洋行和德商增茂洋行两家经营钟表、八音盒、挂灯、玻璃器以及寒暑表、显微镜、放大镜等商品;还有经营西式食品、糖果、洋酒、西药等洋行,其中以英商的屈臣氏大药房、大英药房、老德记大药房三家药房尤为著名。

(二)传统商业的转型

进出口贸易的兴盛刺激了传统商业的转型,并趋向专业化经营。

传统粮食业实现了从经纪人到斗店、客店,再到行栈、货栈的转型。早期天津粮食交易主要通过持有官帖的经纪人来实现买卖。每逢粮食收获季节,外地客商、粮食商贩、零售粮商到各集镇收购粮食,然后沿运河运至天津。经由经纪人商定价格后,方可以进入市场,从而使政府能够控制粮食交易市场,并维持市场秩序。粮食市场的丰厚利润吸引了大批客商贩运粮食至津,旧有的集市交易远不能满足粮商的需要。为解决大批粮食的存储和粮商待价而沽的需求,需要有专业的经纪人。

1855年前后,三岔河口的大口一带(今河北区粮店街)出现了一种新的粮

---

① 孙德常、周祖常主编:《天津近代经济史》,天津社会科学院出版社1990年版,第87页。
② 董丛林:《河北经济史》第3卷,人民出版社2003年版,第174页。
③ [日]小倉知正:『京津在留邦人官商録』,天津興信所1925年版,第94页。

181

食中介行业——斗店。①斗店是持有官帖且每年要向官府缴纳牙税的经纪人,主要职能是主持买卖双方的粮食交易、代客存储粮食和购买商业保险、为粮商提供食宿和作信用担保,以及从事抵押放款;一些规模较大的斗店也自营收购、转运和销售等业务。除了斗店,还有一些因未持有官帖,便以客店的形式接待各地商贩,为客人提供食宿。一般而言,这些客店多设在城西北沿南运河一带的西关外和河北一带。为了方便交换商情,一些经营同类商品的客商、经纪人逐渐聚集在同一客店,以客店为中心进行交易,"本邑商贾及各州县外客均住河北大街各店者居多,以致各局行店同事及跑合之人赴各店贸易者竞如梭织"②。一些客店开始扩大业务范围,开始为外地客商准备存货的栈房,后又加增了中介、服务等业务。

到19世纪初末,一些专业性和区域性行栈开始出现。比如紫竹林一带的行栈,"房室宽大整洁,两餐俱备。每有轮船到埠,各栈友纷纷登舟揽客,照应行李,引领到栈,并包揽雇马车、买船票以及货物报税"。此外,如人和、协和、信合、四合等山东行栈,专门服务登莱、青、东三府商旅。③而随着商业活动的细化,货栈经营也日益专业化。据统计,到1900年天津海产品行栈有10家,其中隆昌号等5家字号直接从海外进口海产品;有兼营客商住宿、代办货物运输的行栈商10家;还有专门从事洋纱和洋布贸易,且资本万两以上的行栈14家和9家。④

传统船运业则因轮船业的竞争面临着淘汰的危险。开埠前,仅1858年3月至5月之间,进入天津港的江浙一带沙船达1086艘次。⑤"海通而后,洋商轮船往来于吾国海面,行驶迅速,国人便之";但是沙船业在"道光时有三千余号,今仅存四百余号",面临着"营业当然大受影响,而逐渐淘汰"的危机。⑥另据津海关统计,1880年进出帆船117艘,总计吨位36,916吨,不及进出口总数

---

① 天津市地方志编修委员会编著:《天津通志·商业志·粮食卷》,第32页。
② 陈克:《东鳞西爪天津卫》,天津大学出版社2015年版,第23页。
③ 〔清〕张焘撰,丁绵孙、王黎雅点校:《津门杂记》,第140页。
④ 〔日〕木村条市:『北清見聞録』,東京1903年版,第18—21頁。
⑤ 参见〔日〕松浦章:《清代上海沙船航运业史研究》,杨蕾等译,江苏人民出版社2012年版,第342页。
⑥ 孙慎钦编著:《招商局史稿 外大事记》,社会科学文献出版社2014年版,第65页。

第三章　开埠通商后城市经济的初步发展(1860—1900)

的 1/3,占进出口总吨位的 1/6,而轮船则有 292 艘,总计吨位竟然达到 209,944 吨;到 1890 年,帆船仅剩 52 艘,而轮船却增加至 533 艘。[①]

与船运业不同,杂货业经营则逐渐专业化。传统杂货店的经营范围比较广泛,除土产、五金和日杂商品外,还收购土特产品和经销洋布洋纱等洋货。开埠后,杂货店分工逐渐精细化,逐渐形成了以棉花采购销售为主的棉花货栈,专营洋布洋纱批发和零售的洋纱庄、洋布商,以及专营五金、玻璃、化妆品以及食品的洋杂货商等。[②]

城市建设的发展推动了五金行的发展。传统铁器加工主要依靠手工作坊,一般通过烘炉锻打铸件的工艺技术制作家用铜壶、铁勺;木工用的铜括、插销、合页;驳船的铁锚、铁链;大车用的各种铁活以及马掌、鞋钉等,产品质量较为粗糙,且没有统一标准,产品以自产自销为主。[③]开埠后,城市建设和近代工矿业发展推动了钢、铁、铜、铝等金属材料的市场需求,机械配件等也成为热销货。与传统手工作坊相比,进口铁制品因质量和价格极具市场竞争力,因此一些专营进口金属和五金材料的商行脱颖而出,并与传统手工作坊分离。

二、银号和票号的发展与新式金融机构的出现

开埠前,天津已是北方最大的商业中心和港口城市;开埠后对外贸易兴起,国内贸易发展,扩大了对货币金融服务的需求,进而促使 19 世纪后期天津票号、钱业发展和银行、保险业兴起。

(一)票号与银钱业的变化

票号在经历天平天国运动短暂挫折后,19 世纪后期持续走向兴盛,其原因有二:一是承汇官款。票号最初以商号或个人为服务对象,太平天国运动

[①] 吴松弟主编:《中国百年经济拼图:港口城市及其腹地与中国现代化》,山东画报出版社 2006 年版,第 192 页。
[②] 胡宗浚:《解放前天津商业发展概述》,《天津商学院学报》1992 年第 1 期。
[③] 董少臣:《天津市五金行业的历史回顾》,《天津文史资料选辑》第 32 辑,1985 年。

爆发后票号陆续承汇京饷、协饷、洋务经费等官款,进而承揽官款存款、为各省关代垫京饷和协饷。直到清末中国银行业兴起前,官款主要通过票号汇兑,增强了票号的实力和信誉。二是在业务上从为国内贸易服务为主,转而侧重于间接为对外贸易服务。太平天国运动后,随着对外贸易的发展,上海已经成为外汇结算中心,于是票号将业务中心从苏州移至上海,办理各地商家与上海的汇兑,票号的业务得到了很大的扩展。天津是票号的发源地和重要基地之一,"北京、天津、上海、汉口和重庆,是票庄营业最繁盛的地方"①。光绪年间,天津共有票号分号25家。1884年开业的大德通票号在全国设立有40余处分支机构,设在天津的分号地处通商口岸,全国40余处资金调拨,均由天津分号办理。因此,票号是晚清天津金融市场的一支重要力量,实力远超过当地的银号,"握商肆之巨权"②。据估计,1900年前天津金融市场资金大约为6000万银两左右,其中票号约占2000万银两。③

天津开埠后,银钱兑换、存放款等业务也随之得到扩充,银钱业经营范围日广,资本增加,银号的数量也逐年增加。1853年,第一家称为银号的义恒银号开业,此后天津的钱庄遂通称为银号。④据1867年10月15日《字林西报》载,天津银号约有100家,资本额共60万两,其中资本1万两和4000两的各40家,资本2000两的共20家。⑤到1900年庚子事变前夕,天津大小银号、钱铺达300多家(包括30余家票号)。⑥

票号、银号营业各有侧重。票号以汇兑为主业,兼营存放款,其特点是吸收官款大宗存款,只对钱庄、银号、官吏及殷实商家放款。银号则以汇兑与存放款为主,存放业务上则以一般商人为对象,两者之间"不但并行不悖,且可互相利益"⑦。票号资力雄厚,以致"天津市面纯恃山西票庄之现银为之周

---

① 陈其田:《山西票庄考略》,商务印书馆1936年版,第108页。
② 王守恂:《天津政俗沿革记》卷7《货殖》,第10页。
③《天津海关1892—1901年十年调查报告书》,《天津历史资料》1965年第4期,第61页。
④ 天津市地方志编修委员会编著:《天津通志·金融志》,天津社会科学院出版社1995年版,第81页。
⑤ 转引自张国辉:《晚清钱庄与票号研究》,中华书局1989年版,第32—33页。
⑥ 杨固之等:《天津钱业史略》,《天津文史资料选辑》第20辑,1982年。
⑦ 陈其田:《山西票庄考略》,第156页。

第三章 开埠通商后城市经济的初步发展(1860—1900)

转"①。又因票号和银号的营业各有侧重,在提供金融服务上相得益彰,"商家往来,于本地经营,则以银号为外库,于埠际贸易,则恃票号为调节"②。

天津开埠以后,随着商务的繁荣,典当业得到发展,因其利益丰厚,竞相开设,已是"星罗棋布,已遍城乡"。到庚子事变前,天津典当业规模宏大、生意兴隆,城乡共有当铺44家,"每家货值多至十五六万两,至少十二三万两,已成为可观之营业"③。

(二)银行和保险公司的兴起

银行和保险公司作为近代性质的金融机构在天津的应运而生,为金融市场带来了新组织形式和经营方式。最早进入中国的外商银行是英国的丽如银行,1845年在香港、广州设立分支机构,1847年在上海设立分行。1864年8月,汇丰银行创立,设总行于香港,1865年4月上海分行开始营业。1880年外商在天津筹办汇丰银行分行,1882正式营业,这是天津第一家外资银行。到19世纪末在津开业的外商银行有德华银行(德国,在津开业时间为1890年。下同)、麦加利银行(英国,1895年)、华俄道胜银行(俄国,1897年)、横滨正金银行(日本,1899年)。德华银行成立于1889年,总行设于柏林,积极为德国扩大在山东胶东半岛的政治经济势力和发展对华贸易提供金融支持;麦加利银行为英国皇家特许银行,总行在伦敦,以周转在印度、澳洲、中国英商之金融为旨志,以存放汇兑为主。华俄道胜银行总行在彼得堡,1897年即在上海、天津、汉口设立分支机构,该行名义为中俄合办,清政府出资500万两,1910年中方退出后与法资北方银行合并,变为法俄合资,但支配权握在俄国手中。横滨正金银行成立于1880年,总行设在横滨,侧重供给巨额资金,为辅助在华日商国际贸易的主要金融机关。④

---

① 《拟设极大银行》,《大公报》1908年5月6日。
② 《天津市金融调查》,《中央银行月报》第3卷第9号,1934年。
③ 天津市地方志编修委员会编著:《天津通志·金融志》,第281页。
④ 叶抱寰:《天津之外商银行》,《商业月报》第17卷第2号,1937年;吴石城:《天津之外商银行》,《银行周报》第19卷第29期,1935年。

天津经济史(上卷)

　　外商在天津开设银行,首先是为各国对华贸易提供资金融通的需要。天津开埠后的最初20年间,进出口贸易资金的融通,主要由实力雄厚的洋行如怡和、宝顺、旗昌等来提供。随着天津对外贸易的发展,这种方式已远远不能满足资金流通的需要,于是近代性质的银行应运而生。日本驻天津领事伊集院彦吉对此作了很恰当的分析:"天津为北清唯一之输出入口岸,于直隶、河南、山东、山西、陕西诸省及蒙古地方,供给必要之物资,又由该地输出其所产物品于海外。北清为物资聚散之地,凡欲贸易于北清者,于该处非有适当之金融机关,其与本国之联络,终有不能维持之势。"①英国的金融势力进入天津,使急于扩大对天津贸易的洋商欣喜若狂,"汇丰银行分行在津开业,定然大有裨益于外洋商界。商货径运之规模远较往日为大,径运之货有望增多"②。1883年,英国驻天津领事说:"汇丰银行在这个港口有了一个营业鼎盛的分行,使得天津的洋行在金融周转方面得以享受和上海洋行同样的便利,能够直接进口,节省了从上海转运的费用,从而得以较低的价格把货物运到天津"。他预测在当时"还只占很小比例"的直接贸易,"往后每一年都肯定可以看到增加"③。汇丰银行天津分行设立后,外资各家银行相继在天津立足,几乎无一例外地为各自国家洋行在津的贸易活动提供金融服务。

　　天津的对外贸易向来被洋行垄断,从而使为之提供服务的外商银行在天津金融市场上自一开始就有着举足轻重的地位。如汇丰银行天津支行获取了中国纸币发行权;以华账房的"竖番纸"作为银号、钱庄和同业之间的现金往来和结算的凭据,曾经通行了数十年,才被支票等票据替代;外商银行操纵、控制着天津外汇市场。从汇丰银行天津分行建立时起,天津的外汇市价即以汇丰银行的牌价为准。每日上午10时前,天津外汇经纪人向各银行兜揽外汇买卖,视供求情形,参照当日上海汇丰银行牌价,以定本日挂牌行市

---

① 潘承锷译:《中国之金融》上册,中国图书公司1908年版,第1—3页。
② 吴弘明编译:《津海关贸易年报(1865—1946)》,第122页。
③《英国领事商务报告》(1883年),转引自严中平主编:《中国近代经济史(1840—1894)》,人民出版社2001年版,第1064页。

第三章　开埠通商后城市经济的初步发展(1860—1900)

的涨落。

在天津的外商银行,除了垄断了进出口贸易的汇兑和吸揽巨额存款外,还承揽了对政府的借款。天津地近首都,是北京的门户,在天津开设银行可以接近中国政府,既达到政治目的,又可攫取更多的经济利益。汇丰银行天津分行设立以前,已与清王朝建立了贷款关系,但数额不大,前后四笔,共1200万银两。汇丰银行筹设天津分行时,同时选派安徽人吴调卿为该行的买办,其用意就是让吴调卿以同乡的身份,接近握有重权的北洋大臣李鸿章,谋求通过扩大借款关系等来影响清朝政府。正因为天津分行如此重要,汇丰对分行的负责人授以大权,坐镇天津的负责人,不是分行经理(Manager),而是给予总行代表(Agent)的身份。自汇丰银行在京津设立分行后,向清政府提供的贷款大幅度增加。汇丰银行天津分行成立不久,清政府决定兴办铁路,其中津通、津榆和京芦铁路的修筑,多由汇丰银行提供借款。[①]还有史料说明,汇丰银行在"北京政府时代曾参与实业,京汉、英德、续英德等借款,并取得官盐税保管权,在外商银行中势力最为雄厚"。据不完全统计,1880年到1927年的47年间,汇丰银行天津分行给政府提供贷款达78笔,累计3.384亿两。因为政府贷款多是用关税和盐税担保,于是每年平均有1.57亿两的关税和盐税通过汇丰银行汇集和转拨,每年仅此一项的利润就达200万元以上。[②]汇丰银行因具有国内汇款、华侨汇款和国际汇兑的业务资格,极大降低了天津外商的金融周转成本。

天津第一家华资银行的成立,比第一家外商银行晚18年。1897年,中国人自办的第一家银行——中国通商银行成立,总行设在上海,次年在天津设立分行。中国通商银行天津分行历史较短,它按照总行的模式,聘英国人厚士敦、梁景和分别为洋账房和华账房。1900年,八国联军入侵天津时,天津分行遭到焚烧、抢劫,业务陷入困境。1902年,华账房梁景和经手的放款,呆

[①] 罗澍伟主编:《近代天津城市史》,第209—210页。
[②] 吴石城:《天津之外商银行》,《银行周报》第19卷第29期,1935年。

账达62万多两。①1905年,天津分行被撤销,②直到1947年才又恢复营业。③

保险业是近代金融业的组成部分,主要承揽海上运输可能产生的风险,以提高进出口贸易承受风险的能力。道光二十三年(1843),从事进出口贸易并代理保险业务的英商仁记洋行第一个来天津设立机构,代理公律冠冕和巴勒等保险公司业务。天津开埠后,各国保险公司相继来津设立机构。1861年,怡和洋行在天津设立代理店,1866年改为分店,代理裕仁保安、香港、联盟、环球、保兴等保险公司业务,随后,平和、太古等洋行亦在天津设立分行,代理多家保险公司业务。与此同时,法国巴黎保险公司等也相继设立代理店。德国瑞记洋行在做军火生意的同时兼营保险业,1868年创办的瑞记保险行是德商在天津设立的第一家保险公司。到1911年,外商在天津的保险机构约有91家,大多为代理店性质,分公司只有24家,其中英商46家、法商4家、德商14家、荷兰5家、日本18家、美国3家、澳大利亚2家。外商保险公司中,英商保险公司的数量及业务量居首位,德商次之。④

三、买办的兴起及其地域特色

买办是一个特殊的经纪人阶层,具有洋行的雇员和独立商人的双重身份。19世纪末,天津开始出现买办并迅速形成了具有地域特色的买办群体。

(一)买办的兴衰

买办,亦称之"康白度",是指充当外国公司、洋行、银行、工厂的华经理或专门推销外国商品的经销人。除了经过专门培训的买办外,还有一些洋行的杂役、厨司、看门、管库经过自身努力而成为买办。在天津,仁记洋行的李辅臣原是摆小钱摊的,后来专替洋人送款取款;汇丰银行的买办吴调卿是外轮

---

① 中国人民银行上海市分行金融研究室编:《中国第一家银行》,中国社会科学出版社1982年版,第178页。
② 中国人民银行上海市分行金融研究室编:《中国第一家银行》,第182页。
③ 天津市地方志编修委员会编著:《天津通志·金融志》,第122—123页。
④ 天津市地方志编修委员会编著:《天津通志·金融志》,第187—188页。

第三章 开埠通商后城市经济的初步发展（1860—1900）

的跑舱；法商永兴洋行的买办叶兴海原是杂差。随着洋行经营规模的扩大，买办数量也不断增加，买办制度逐渐得以确立。"正规的买办应有他自己的公事房和助手。买办的公事房称为'账房'，后来改称'华账房'。洋行按月给买办一笔'贴费'或称'包费'，以备支付账房所需的一切费用，由买办自行分配"①。19世纪80年代以后，天津买办阶层开始形成，到清末已经具有一定规模，②并形成了广东帮、宁波帮和天津本地帮。

广东商人得风气之先，是天津买办商人中实力最强的商帮。早期洋行因总行多设立在广州、上海、香港，天津设租界后，原来的买办便随着洋行来到了天津，其中尤以广东香山（中山）、南海、番禺人最多，"往时欧洲人，抱通商之目的，来航中国者，悉以南方之广东为中心……因此之故，当时买办职务，殆为广东人所独占，外人亦利用广东人能擅长外国语言，故多以该省人充之"③。后随着英国人在津实力不断扩张，一些广东籍买办不断引荐同乡来津充当买办，逐渐发展为广东帮。比较著名的有怡和洋行的唐茂枝、唐杰臣，梁炎卿以及梁赉奎、梁联奎、梁文奎；瑞记洋行的黄云溪；太古洋行的黄鹤廷、郑翼之以及继承者郑宗荫、郑慈荫、罗耀廷、罗振东等；安利洋行的陈日初；先农公司的欧阳炳、黄振华；美商世昌洋行的梁仲云、谢干伯；美商慎昌洋行的陈均廷；德商礼和洋行的冯商盘、黄季才、郑叔和；德商德华银行的严兆桢和华俄道胜银行的罗道生等，以上诸人组成了资格最老、势力最大的广东帮。

宁波籍买办来津时间上稍晚于广东籍买办，"但宁波帮人数众多，而且经营范围广泛，相比之下，广东帮人数不多，而且经营比较单一，多集中在航运业。因此，就整体实力而言，广东帮略逊于宁波帮"④。宁波籍买办有德商泰来洋行和华俄道胜银行的王铭槐、德商禅臣洋行的严蕉铭，以及叶星海、李组才、王聘南、徐企生、李正卿等。王铭槐在宁波买办商人中资格最老，最初是在专营进口机器和军火的德商泰来洋行当买办，因通过洋行为北洋水师和天

---

① 天津市政协文史委编：《天津的洋行与买办》，第41页。
② 罗澍伟主编：《天津近代城市史》，第201页。
③ 沙为楷：《中国买办制》，山西人民出版社2014年版，第5页。
④ 庞玉洁：《开埠通商与近代天津商人》，天津古籍出版社2004年版，第69页。

津机器局购进鱼雷艇等军火得到李鸿章赏识,后在李鸿章的推荐下充任华俄道胜银行买办。镇海人严蕉铭,最初在上海美商洋行任买办,1882年来天津后历任顺全隆、禅臣、绵华、立兴等洋行买办,不仅在天津洋行买办中颇具声望,而且也是在津宁波帮的代表人物之一。叶星海1887年来津,任英商兴隆洋行买办,1923年改任法商永兴洋行出口买办。还有英商信记洋行的李组才、永丰洋行的王聘南、恒丰洋行的徐企生、美商美丰洋行的李正卿等,都是较为活跃的宁波籍买办商人。

19世纪末,天津本地商人中也出现了洋行买办,其中以新泰兴洋行宁星普、仁记洋行李辅臣、正金银行吴连元和魏信臣、平和洋行杜克臣以及麦加利银行徐渡等为代表。本地帮买办以土产出口贸易为主,虽资历浅,但熟悉当地商情,成长很快。仁记洋行的李辅臣出身小贩,后充仁记洋行工友,1895年后任公事房帮办及买办。杜克臣出身钱铺学徒,后任英商平和洋行华账房经理,专作皮毛、棉花出口生意,颇受洋商信任。宁星普因经营草帽缏出口致富,被英商新泰兴洋行委为经理,曾任天津商务总会总董。高星桥出身铁匠铺,1900年后生意衰落,为了谋生运煤贩煤,曾在铁路局当过火车司炉,后经日本正金银行买办魏信臣介绍进入井陉矿务局充任司磅,收发煤炭。他精明强干,靠自学说得一口流利的德语,得到矿务局总办汉纳根的赏识。虽然他没有巨额保证金,但依靠德璀琳夫人的担保当上了买办,在天津成立津保售煤处,负责井陉煤炭的销售。汇丰银行的买办吴调卿虽然是安徽籍,但他疏于皖苏,多交京津本地的商人和要员,也可以说是本地帮的先驱。[①]庚子前后由各洋行买办组织起来的天津行商公所,主要控制在本地帮手中。

(二)买办的经济活动

天津买办商人的业务范围,一方面主要依附于洋行、外国银行和企业;同时也亲自从事各种经济活动,如开办银号、外庄,投资近代工厂和企业等,呈现出多重身份。天津买办的经济活动可以概括为以下几个方面:

[①] 许桢:《汇丰买办吴调卿与天津早期现代化》,《城市史研究》第26辑,2010年。

第三章　开埠通商后城市经济的初步发展(1860—1900)

其一,协助外国洋行、银行和企业扩展中国市场,形成了为外商进出口贸易服务的商品推销、原料收购和金融控制网。如平和洋行的杜克臣主要负责天津棉花和土特产的出口,纱布、面粉、机械五金设备等进口买卖。这些买办商人依附于洋行,随着实力的不断增长,通过外庄形成了以买办为中心的垄断营销网络,"于清光绪二十年,派买办至张家口收买羊毛,嗣后逐年扩张其势力,以侵入内蒙腹地,已由独石口一带地方,渐及多伦诺尔方面矣"[1]。

通过洋行和外国银行,买办还形成了一套金融控制网。19世纪末,天津外汇市场多为外国银行垄断,银号和经营进出口的商家需要依附于外国银行,并依靠由买办操纵的洋行进行结算和汇兑。买办乘机给予银号和商家贷款,名义上是融通资金,实际上操纵了天津市场上的商品集散与进出口市场。除此之外,买办还负责向清政府放贷。吴调卿任天津汇丰银行买办时,凭借安徽老乡关系与李鸿章结识并为其所赏识,后与袁世凯等人关系密切,从而为汇丰银行获得了巨额对华贷款。

其二,买办自身经营与对外贸易有关的行业。随着天津进出口贸易的繁盛,买办利用洋行招牌以及华账房融通资金的权力,创办了自己的商行。早在19世纪70年代,旗昌洋行买办刘森就设立了一家经营进出口贸易的商行;80年代新沙逊洋行买办胡梅平开设了2家糖果店和3家鸦片店;华俄道胜银行买办王铭槐开设了知名的回春大药房及银号、绸庄等十余处;新泰兴洋行买办宁星普曾经参股并接办怡和斗店公司;徐楚全曾经是法国的华顺洋行和荷兰的恒丰洋行买办,后出资开设了福丰成货栈,经营各种山货,专供洋行出口。[2]吴调卿与德国兴隆洋行合资兴办了一家打包公司。

其三,买办投资近代工业、金融业和房地产业。在政府鼓励兴办实业的政策下,买办先后投资兴办了一批近代工矿企业。20世纪前后,汇丰银行买办吴调卿投资创办了天津自来火公司、毛纺厂、北洋硝皮厂,合资兴办中英门头沟通兴煤矿公司。其中北洋织绒硝皮厂是中国第一家皮革加工制造企业,

---

[1] 任月海编译:《内蒙古多伦史料与研究》,内蒙古大学出版社2015年版,第866页。
[2] 天津市地方志编委会编著:《天津通志·对外贸易志》,天津社会科学院出版社2001年版,第386页。

191

也是首家采用国外技术和设备的皮革生产企业。[1]正金银行买办魏信臣曾经投资纱厂、火柴厂、面粉公司、棉纱庄、银号,一度担任面粉公司的董事长。

买办投资最多的是天津房地产业。除了建造豪华住宅外,富有的买办还购置土地修建住宅进行出租或售卖,以求利润最大化。如19世纪英租界扩展地界划定之前,得知信息的买办私下向中国业主贱价购买地皮,待到划入租界后再高价卖出,赚取暴利。郑翼之就曾以每亩80元买下坑地,后以1000元的价格卖出。雍剑秋在英租界先后购买了100多亩土地,其中一部分就是在土地升值后出售,或者投资建住宅出租。李辅臣在各国租界和华界购买大量土地,有的建成住宅出租,有的建成仓库。魏信臣除了投资兴建劝业场外,在法租界和华界都有很多房地产。

(三)买办的地域特色

如同其他城市的买办,天津买办有着买办共同的特性,如出身并非显贵,甚至十分贫寒;机敏好学,善于经营;懂外语精业务获得洋商赏识,还投资开设近代工矿企业和银行等业。不过,与上海、广东的买办商人相比,天津的买办商人有着其特有的北方通商口岸地域特色。

20世纪三四十年代,有学者论及南北方地区买办的差异:

> 目今北方虽有买办制,其势力究不能与南方者相比拟,殆因买办制之起源发自南方,而中国贸易之中心在昔为广州与澳门,今则移于上海,故买办在中国北方发达之机会甚迟。即就其内容而言,实际上利用之处甚少,亦不过模仿南方买办制而已。盖北方货物之集散,大都由铁路运输,规则整然,不若南方交易之烦杂,需居间机关之介绍者亦较少,故在北方利用买办之范围,更因之而狭小。[2]

---

[1] 梁瑞敏:《近代天津洋行的毛皮原料贸易》,《河北经贸大学学报》2011年第4期。
[2] 沙为楷:《中国买办制》,第6页。

第三章　开埠通商后城市经济的初步发展(1860—1900)

当时,研究天津买办制度的学者亦言:

一、北方商业发达较慢,外商势力扩张至华北及东北时极晚,致买办阶级未能发达;二、北方海港不若南方之便利,故国外贸易不甚发达,而以国内贸易为主,用铁路运输货物,不经买办之手;三、北方除一二地方外,均在日本商业势力范围内,日本商人对中国语言文字及风俗习惯,每能了解,故除少数日本之大银行或洋行有华账房外,均不需要买办。①

总结天津的买办,可以看到有以下地域特点:

其一,买办在来源上具有明显的地缘性和血缘性。由于南方的广东和江浙一带买办兴起较早,天津早期买办以广东帮和宁波帮势力最大。这些买办也依靠血缘和地缘关系维系其势力范围,加强乡谊承袭。如郑翼之、郑宗荫、郑慈荫父子,梁炎卿、梁赉奎、梁联奎父子等均有承袭关系。广东帮联系同乡,兴办地方公益事业,并捐资兴建了广东会馆。与广东帮相似,宁波帮也善于提携同乡,培植本帮势力,资助重修了浙江会馆。本地帮买办不仅有自己的同业组织,在清末兴起的天津商会中也占有一定的地位,新泰兴洋行买办宁世福是天津商务总会四个会董之一。

其二,买办的政治性较浓。天津地处畿辅之地,是首都的门户,外国势力在天津的意图比南方多了一层,即以此控制、利用和威逼中央政府。因此,各国在天津的洋行、银行,将帮助中央政府和军阀购买舰船、军火,对政府借款等作为重要的业务,甚至是设立分支机构的主要原因。这样,就需要借助买办打通各种关节,尤其是与政府要员的关系,因此买办要有很强的与政府要员交往的能力。这些不仅可以使外商获得巨大利益,而且也会使买办本身得到中国官员的赏识和恩惠,进而被纳入官员之列。如李鸿章主持修筑津榆铁路时,就通过吴调卿多次向汇丰银行借款,李鸿章也厚待吴调卿,任命他为关内外铁路局督办、淮军银钱所总办,还向清廷保荐授予他直隶候补道。王铭

---

① 陈金鑫:《天津之买办制度》,《经济学报》1940年第1期。

槐在专营进口机器和军火的德商泰来洋行当买办,为李鸿章购入鱼雷艇和其他军火,由此得到李鸿章的赏识。德商洋行的买办严蕉铭、雍剑秋等,都是袁世凯称帝前的座上客。雍剑秋在接受洋行的聘用担任买办时得到允准,可以收买政府官员,于是他通过结交交通总长朱启钤,认识了许多北京政府的官僚,通过结拜盟兄弟、儿女结亲、认干亲等方式构筑了关系网,通过向袁世凯赠送军火、贿赂北洋军阀的实力派等手段,为洋行取得了大量军事订货,他在1910年后的七八年间,单从军火生意上就赚了数百万元。北京政府的财政部长曹汝霖向日本借款,即通过横滨正金银行买办魏信臣奔走牵线。这种政治性的交易给买办带来了巨额收益和社会地位的提升,但也很容易随着官员的坠落而被外商所冷落。

其三,受到对外贸易和各种因素的限制,天津的买办在经济发展中的作用和影响有一定局限性。买办的业务主要根据对外贸易的发展而言,天津对外贸易的发展状况直接影响买办的状况。天津开埠初期,直接对外进出口贸易十分有限,主要是与上海、香港之间的埠际贸易,天津商人在上海的外庄是货源的组织者、信息的传送者,几乎不用与外商打交道。1905年以后,天津直接对外贸易迅速增加,洋行数量增加,买办的数量也随之大增。然而,在各种进出口商品中,有的需要依靠买办,如棉纺织品、火柴、煤油、糖类、五金机械、皮毛、蛋品、猪鬃、地毯等,有的则是依靠迅速发展起来的货栈业,很多进出口商品都有专业货栈。这些货栈负责资金筹措、报关、储存货物、收购和推销产品等,有自己的收购和运销网络,洋行通过货栈的跑合人就可以直接与华商交易。①同时,天津的买办多倾向于投资金融和与贸易有关的行业,对工矿业问津者不多,对天津工业发展的贡献有限。

其四,在民众心理和认同上受到漠然与鄙视。北方的内陆经济限制了开放意识,天津作为门户从明清时期后都有防御海上来侵的功能,也在抵御西方列强时遭受劫难,天津城曾经三次被列强占领。这些与民众抵触异质文化

---

① 庄维民:《中间商与近代交易制度的变迁:近代行栈与行栈制度研究》,中华书局2012年版,第264—287页。

第三章　开埠通商后城市经济的初步发展(1860—1900)

的心理相辅相成,甚至在居住空间上泾渭分明。对于依附于洋商的买办,民众中自然衍生出一种情绪,曾经一度将买办等做"洋事"者,称为"洋奴"。长此以往,天津的民众对买办表现出一种漠然,甚至连回忆材料、文学作品中都难以找到对买办的描述。

四、近代商人组织的出现与示范作用

(一)洋商会的创立

随着天津进出口贸易的发展,洋商群体规模不断扩大,势力已经扩展到西北地区,仅宁夏石嘴子一处就先后开设了10家洋行。①这些洋商身份来源则日趋复杂。有的是政府雇员出身,密妥士1845年来华,最初在广州学习官话和粤语,充作翻译,1850年后曾为英国领事馆的雇员和副领事,1861年辞领事职赴天津经商。田夏礼早期是公使馆的参赞,1897年后在天津从事经商等活动。有的是小商人,英国人高林本来是一艘小商船的船主,他看到收购和出口皮毛有利可图,便在天津创办了高林洋行,经营进出口贸易,他不仅创办了天津第一家外资企业——大沽驳船公司,还设立了天津第一家羊毛打包厂。还有的是高官,1885年,天津海关税务司德璀琳、德国军官汉纳根、怡和洋行总理茄臣等共同出资创办了天津印刷公司。开平矿务局聚集了包括胡佛在内的一批外国管理者和工程师。还有一些是淘金者,虽身无分文,但凭借其曾在军队任职,或者外国人的身份和面孔迅速打开局面,成为一介洋商。《津门杂记》曾详细描述了洋人从事的"卖叫货"的拍卖行。"先期粘贴告白,定于何日几点钟,是日先悬旗于门,届时拍卖者为洋人,高立台上,以手指物,令看客出价,彼此增价争买,直至无人再加,拍卖者以小木槌拍案一声为定,即以价高者得货。"②

随着外国商人的增加,需要有一定的组织来及时处理彼此之间、各企业

---

① 高伟主编:《中国西部开发信息百科·宁夏卷》,宁夏人民出版社2003年版,第242页。
② 〔清〕张焘撰,丁绵孙、王黎雅点校:《津门杂记》,第140页。

和行业之间的关系,以及协调中国政府、工商界之间复杂的关系。于是,上海、天津等通商口岸的租界管理机构和洋商先后引入了西方商会组织的形式,建立了洋商会。光绪十三年(1887),在天津的各国洋行成立了天津洋商会,以协调彼此利益。这是外国商人在天津的商业团体组织,最初入会的16个会员,有7个英国洋行、4个德国洋行、3个俄国洋行、1个法国洋行和中国的大清银行,委员会主要成员由英、美、法的商业代表组成。到20世纪初,在天津的各国商人又各自组织了本国商会,以增强地缘意识。除了天津洋商总会外,还有日本洋商商会、英国洋商商会、美国洋商商会、德国洋商商会(1916年停止工作)、中国法国洋商商会天津分会,意大利商会天津代表处等,日本商人后来还成立了日本人商工会议所。

洋商会创立之初,就以维护本国会员利益为目标,为会员提供商业机会和渠道,促进本国对华经济贸易往来。其关心的是本国的政治和商业利益,因此它在各国商人中具有联络或协调机构的地位,并将所征集的有关各国商业利益的意见提供给驻华使节,以及中国有关部门。①

(二)天津商务局的出现

伴随着与西方贸易的逐渐增多,清政府开始重视工商业的振兴,商战的观念也逐渐被朝野内外认同,并视为强国富民的利器,出现了设立商务局和商部的呼声。1896年,张之洞于江苏境内就地筹款创设商务局。这一举措得到了清廷的认可和支持,继而谕令各省陆续创设,由此成为创建近代商政机构的开端,于是就有了20世纪初天津商务局的出现。商务局的成立是迎合清廷的举措,也是当时经济社会状况需求的产物。1900年,遭受八国联军洗劫后,繁华的天津城北、城东和旧城商业区一片瓦砾,市面混乱,物价大跌,进出口贸易疲软,亟需有组织出面维持和整顿。同时,传统的会馆、公所和巨商等已无力阻止全局的溃败。1902年,一些有影响的商家连连投书吁请成立像天

---

① 景跃进:《"市民社会与中国现代化"学术讨论会述要》,《中国社会科学季刊》(香港)总第5期,1993年。

第三章　开埠通商后城市经济的初步发展(1860—1900)

津洋商会一样的商业团体组织,以稳定天津市面。时任直隶总督的袁世凯按照山东商务局成例,当即设立天津商务局,委任汇丰银行天津分行买办吴懋鼎(调卿)为总办、华俄道胜银行天津分行买办王树槐为帮办,其他8名局董分别是新泰洋行买办宁世福、长芦盐商杨俊元、王文郁、王贤宾、李士铭,大地主兼富商石元士、富商卞煜光以及银钱业巨头么联元。①

天津商务局是直隶总督袁世凯设立的机构,总办和帮办由政府直接任命,不是候补道府各员,就是与政府有密切关系的买办和盐商担纲。所以,天津商务局成立不到一年,就因办事不力,无法振商保商,引发众商不满,吴懋鼎被迫辞职,1903年商务局被"脱去官场习气,饬令各抒所见,务使官商联为一体"的商务公所取代。②

第四节　近代工业的兴起和手工业的转型

天津近代工业的发展从两个维度展开,首先在西方武装侵略刺激之下,天津成为洋务运动的重镇之一,以政府为导向建立了发端于天津机器局的军用工业和近代交通邮电,包括以枪炮弹药为主的军事工业、煤矿、铁路、电报通信和近代邮政,具有国家资本主义性质的工业初见雏形;其次是西方贸易扩张使得天津和国际市场的联系越来越密切,以市场为导向的发展促使买办、商人等投资创办具有私人资本主义性质的与进出口密切相关的打包厂和机械修理厂,以及关乎民生的机器磨坊等民用工业。在这个过程中,天津及近郊的手工业,有的在洋货的排挤下迅速衰落,有的则在市场导向下通过改善生产条件和方式有所发展。

---

① 胡光明:《论早期天津商会的性质与作用》,《近代史研究》1986年第4期。
② 天津市档案馆等编:《天津商会档案汇编(1903—1911)》,第2页。

一、官办近代工业的产生

（一）军用工业的创办

由于鸦片战争的失败，加之太平天国运动爆发，清政府为了抵抗外来侵略和维护其统治，开始发展军用工业，这是天津创办机械工业的开端。19世纪60年代至90年代，全国各地兴办了大约20个制造枪炮、舰船和弹药的军事工厂，多以"局"命名；而在北方兴办最早、规模最大的军用工业是天津机器局和大沽船坞等。

同治五年（1866），总理衙门大臣恭亲王奕䜣等上奏建议筹办机器制造局，"一切机器，尤应设局募匠，先事讲求，或在都城，或在天津，派员专司制造"，最终选择在天津设局；之所以选址天津，是因为"力求实效，尽得西人之妙。庶取求由我，彼族不能擅其长，操纵有资，外侮莫由肆其焰"[1]。也有官员建议："天津距京不远，而又近海，购料制造不为费手，宜速于扼要处所添设机器厂，禅资在京员弁就近学习，以固根本。"[2]崇厚初办机器局的经费用于"选匠购料，仿照外洋成式制造，统计炮位、炮车一切共需银六万九千余两"，其来源由"盐课项下随时筹拨，责成天津道核实报销"。这还仅是购买外洋机器、雇佣洋匠等开办经费，至于常年经费，"天津一关，难资敷用。应饬请下户部，将天津、东海两关，应解户部二成之款，改拨津局，专办军器火药"[3]。

翌年5月，天津机器局正式开工，在天津城东十八里贾家沽道设立火药局，也就是天津机器局东局，德椿为天津机器局总管；不久，崇厚在天津城南海光寺兴建西局，内设铸造、装配、金工、木工厂。从上海采买机轮、锅炉、镟床等机器，以及雇佣外洋工匠等事务，均委托给兼充丹麦领事官的英国商人密妥士办理。[4]1867年的津海关贸易年报记载了修建的状况："三口通商大臣

---

[1] 宝鋆编修，李书源整理：《筹办夷务始末》（同治朝）卷43，中华书局2008年版，第1850页。
[2] 孙毓棠编：《中国近代工业史资料》第1辑，科学出版社1957年版，第347页。
[3] 宝鋆编修，李书源整理：《筹办夷务始末》（同治朝）卷45，第1940页。
[4] 汤仁泽：《崇厚与天津机器制造局》，《历史档案》2020年第2期。

第三章　开埠通商后城市经济的初步发展(1860—1900)

在1858年签订中英《天津条约》之海光寺建有西局(a Machine Shop and Foundry)一处,由一名外洋营造司督办。当高耸之烟囱矗立于海光寺时,但凡笃信风水者必有之忧惧,仿佛不甚费力便战而胜之,此事或可表明迷信不若前所想象之甚。年内将次设立火药局,亦由洋员督理。在此类事业上,华人承认其需要外洋之器具与技能,如是或有助于减少阻碍开发该国资源之种种困难,对此当报以希望。"①

同治九年(1870),李鸿章出任直隶总督,他大力整顿扩建了天津机器局,如在东局内添设水雷局,附设电气和水雷学堂、水师学堂,在西局添设火药厂、镪水厂和炼钢厂等。天津机器局的东局以制造火药为主,经过扩建和更新后,"机器庞大而复杂","据说这工厂完成后,将成为世界上最大最好的火药厂,能以最新式机器制造最新式的炸药"②。西局生产制造和装配枪炮、弹药和水雷,被称为"机器铸炮局"③,"局内共建机器等房四十二座,计二百九十余间。大烟筒十座,洋匠住房一百六十余间,官厅五间,局门、更房共八间,局北公所一百三十余间。"④1882年,作为朝鲜领选使的金允植带领近70名朝鲜工匠生徒来天津机器局进行为期一年的学习时,描述了汽轮机的工作情景:诸厂"各有汽气大轮,诸小轮随而旋转。下施机括,上架铁筒,连延相贯数三十间。千百机器,皆用一轮之力。有左旋者,有右旋者,有向下穿孔者,有从傍钻穴者,有截铁者,有磨刀者,有砻削木者,有碾铜者、镕化铁者、出入冷热水者。如浑盖旋运,日月五星,各循其度。疾舒纵横之不同,殆非夷所思。最是电气逼夺造化,不可形喻也"。⑤

为了自行铸造最新的卡式钢质炮弹,东局试办炼钢。光绪十四年(1888年)李鸿章致使英大臣刘瑞芬电中询问雇外洋工匠造弹和铸钢机器事宜,刘瑞芬致电李鸿章,"娄匠专工造弹,不能铸钢,应否雇用",认为"建厂购器自行

---

① 吴弘明编译:《津海关贸易年报(1865—1946)》,第38页。
② 孙毓棠编:《中国近代工业史资料》第1辑,第363页。
③ 〔清〕佚名撰:《天津事迹纪实闻见录》,罗澍伟点校,天津古籍出版社1986年版,第15页。
④ 宝鋆编修,李书源整理:《筹办夷务始末》(同治朝)卷78,第3150页。
⑤ 〔韩〕金允植:《领选日记》,复旦大学文史研究院、韩国成均馆大学东亚学术院大东文化研究院合编:《韩国汉文燕行文献选编》第30册,复旦大学出版社2011年版,第112页。

铸钢,需款过巨,不易集事","不若购办钢料至津造弹为节省"①。李鸿章回复:"东局拟订英格来葛来可力夫厂铸钢炉一,炼钢、熔钢匠各一。格林活厂水力压钢机,十吨起重机连零件,建铁房。"②光绪十年(1892年),《捷报》"天津通讯"载:"准备从天津到[大直沽的]机器东局修一条小的支路了。……可能要接连即将完成的炼钢厂。"③光绪十九年(1893年),"一套从英国新南关机器公司(New Southgate Engineering Co.)买来的机器,包括着所有西门子马丁炼钢法的最新设备,已经安装起来;所有的专门技师、熔铸师、化验师,都已到达,工厂即将开工。一起始,只打算制造钢弹,但估计不久即可铸造六吋口径的小钢炮"④。当时,天津机器局已经成为集机器制造、金属冶炼、铸造、热加工、火药为一体的大型企业,天津机器局的工人规模常年在千人以上,据1884年《津门杂记》记载,西局约"工匠六七百人",东局"工作者约二千余人"。⑤

天津机器局除了生产火药、炮弹、枪炮弹的铜帽、枪支和水雷等军火外,还生产各种军用设备或民用产品,如光绪六年(1880)生产出布置水雷用的水底机船,"式如橄榄,入水半浮水面,上有水标及吸气机,可于水底暗送水雷,置于敌船之下","其水标缩入船一尺,船即入水一尺","颇为合用"。⑥翌年,天津机器局又制造出能载四五十人的小汽船,以及2艘130马力小轮船,可作为布置水雷和作战用,也是官员出巡的官船。金允植的日记十分具体地描绘了小轮船的形状:在东城外,"见有一只新制小火轮船,外置河沟,军人方凿沟贮水,将运至天津。李中堂方欲广造轮船,先试此小样也"。第二天,他见到了小轮船,"长可八间,广可二间有余,船头设汽[气]烟筒,船头设铁轮,中间机括相通,具体而微,内设坐房,铺阵鲜明,四面设琉璃窗,垂以彩幔,璧[壁]上多挂钟表,是中堂所坐处"⑦。至于生产的直隶号挖泥船(挖河船),则完全是为

---

① 顾廷龙、戴逸主编:《李鸿章全集》22 电报二,第357页。
② 顾廷龙、戴逸主编:《李鸿章全集》22 电报二,第358页.
③ 孙毓棠编:《中国近代工业史资料》第1辑,第365页。
④ 孙毓棠编:《中国近代工业史资料》第1辑,第365—366页。
⑤ [清]张焘撰,丁绵孙、王黎雅点校:《津门杂记》,第66页。
⑥ 孙毓棠编:《中国近代工业史资料》第1辑,第356—357页。
⑦ [韩]金允植:《领选日记》,第114页。

第三章　开埠通商后城市经济的初步发展(1860—1900)

疏浚河道淤泥制造的,是衡量军用工业在发展生产力上的作用不可忽略的方面,[①]"以铁为之,底有机器,上为机架,形如人臂,能挖起河底之泥,重载万斤,置之岸上,旋转最灵,较人工费省而工速"[②]。光绪十年(1884)张焘《津门杂记》描述天津机器局:"一在城南三里海光寺,工匠六七百人,以机器制造洋枪炮架等物,兼制小火轮船。每日卯正上工,酉初停息,由气机管放气为号,响声遥闻数里。一局在城东八里,大直沽东北,人称东局。地广数百亩,屋宇、机器全备,规模宏大,井井有条。工作者约二千人,日费不止千金,专制火药及各种军械,均有道员总理其事,并有洋匠及闽、广、江、浙人为之监制云。"[③]

天津机器局是由直隶总督崇厚和李鸿章一手创办,以生产制造弹药、枪支为主的官办近代工业企业,其经费完全由政府拨支。对此,李鸿章历年的奏折中均有记载。如1870年8月至1871年12月,仅仅为扩建机器局就支出银244,988两;以后逐年增加,1880年后的一年就耗银643,757两。[④]据统计,截止到光绪二十年(1894),天津机器局得到的各种经费和拨款总计为7,827,688银两,仅次于上海江南制造局军火制造部分的拨款,占当时江南制造局、金陵机器局、天津机器局、淮军行营制造局、西安机器局、福建机器局、兰州机器局、云南洋炮局、广东机器局军火制造部分、浙江机器局等十大机器局经费总数的30.44%,其中厂房设备经费1,543,724银两,占十大机器局的22.27%,机器设备经费为654,367银两,占十大机器局的17.86%,军火修造经费为6,283,964银两,占十大机器局的33.46%。[⑤]

由此可见,江南机器局和天津机器局在清政府开办的军事工业中占据十分重要的地位。如果与江南机器局相比较,天津机器局也有一定的特点。天津机器局的经费总额与江南机器局军火制造部分相比还是有一定差距的,江南制造局为982.68万银两,天津机器局为782.77万银两;厂房设备和机器设

[①] 汪敬虞:《中国资本主义的发展和不发展:中国近代经济史中心线索问题研究》,中国财政经济出版社2002年版,第431页。
[②] 〔清〕张焘撰,丁绵孙、王黎雅点校:《津门杂记》,第69页。
[③] 〔清〕张焘撰,丁绵孙、王黎雅点校:《津门杂记》,第66页。
[④] 孙毓棠编:《中国近代工业史资料》第1辑,第367页。
[⑤] 参见樊百川:《清季的洋务新政》,上海书店出版社2003年版,根据第1336—1342页数据计算。

备两项也有较大的差距,江南机器局分别是435.3万银两和240.3万银两,天津机器局分别为154.4万银两和65.4万银两。但是,天津机器局的军火修造经费为628.39万银两,而江南机器局为547.41万银两,说明在火药、枪炮弹的制造上,清政府对天津机器局的投入较多,估计是为了供给北洋海军和海防各种火炮所需。光绪八年(1882),朝鲜领选使金允植与天津机器局总办潘梅园交谈时,潘梅园不无炫耀地说道:"此间设厂十余年,所费五千万银子。"①由此可见,天津机器局是清廷倾力支持创办和经营的北方最大的近代工业企业。

李鸿章在天津主持了北洋海军的建立,军舰多在大沽口停泊,专门设立了海防支应局,负责弹药、物资和燃料的供应。光绪六年(1880),李鸿章为了便于军舰的停泊和修理,委任津海关税务司德璀琳和道员马建忠,在大沽海神庙旧址建立了北洋水师大沽船坞,先后修建了6个船坞,以保证军舰的检修,并设有码头及木器、轮机、熟铁、熟钢、铸铁、锅炉、枪炮检查等厂,购置了一些大型机器设备,有300余名工匠,其原籍多为福建、广东和宁波,还有600余名工人。该船坞除维修和保养北洋水师的舰船外,也曾经制造过鱼雷艇、小吨位的轮船和拖轮等。②

(二)开平煤矿的创办

天津附近没有煤铁等资源,天津机器局所需煤炭,最初是随着机器设备运来的1000余吨英国煤。同治六年(1867),崇厚关于委派密妥士采办机器运送的奏折中曾言道:"英国煤斤,用(于)作机器甚为合用,而较中国煤价值又廉,应买煤一千数百吨"。③天津机器局设立初期,所用的煤铁"为款甚巨,皆从海外购来"④。轮船招商局各个轮船的燃煤主要购自日本长崎的廉价煤。⑤

---

① [韩]金允植:《领选日记》第169页;参见张利民、储梦宇:《朝鲜使臣眼中的天津机器局与洋务活动——读〈领选日记〉札记》,《城市史研究》第37辑,2017年。
② 参见张侠等合编:《清末海军史料》,海洋出版社1982年版,第156—160页。
③ 宝鋆编修,李书源整理:《筹办夷务始末》(同治朝)卷50,第2114页。
④ 孙毓棠编:《中国近代工业史资料》第1辑,第568页。
⑤ [日]松浦章:《清末轮船招商局汽船和日本》,杨蕾译,《学术研究》2011年第10期。

第三章　开埠通商后城市经济的初步发展(1860—1900)

而且,李鸿章创办的北洋海军,拥有十余艘军舰,长期停靠在天津补充给养,也需要有足够的煤炭。因此,亟需在国内创办新式煤矿,以解燃眉之急。19世纪70年代以后,李鸿章在开办天津机器局的同时就派员着手在附近勘查地质,兴建煤矿。最初拟在直隶磁州建立煤矿,经勘察发现矿苗不旺,运道艰难而作罢;李鸿章又派唐廷枢携英国矿师马立师(Morris)勘察,发现滦县的开平附近有丰富的煤炭资源。于是,唐廷枢呈报李鸿章称,此处"煤层约厚七英尺,依此估计,则全区煤的储藏量即有六千万吨"①。

光绪三年(1877),李鸿章批准了唐廷枢开采开平煤铁的计划,并委派其负责该项工作。翌年,正式成立开平矿务局,按照招商章程规定,该局"虽系官督商办,究竟煤铁仍由商人销售"。"所有生熟铁至津,按照市面价值,先听机器局取用。煤照市价,先听轮船招商局、机器局取用。其余或在津销售,或由招商局转运别口销售。"②该局原计划煤铁并采,兼炼钢铁,后因经费和技术问题,专办煤矿。原拟募集资本80万至100万银两,1899年增至120万两。1881年(光绪七年)开平煤矿投产,1882年产量为3万余吨,③1886年为13万余吨;1889年林西矿正式出煤,1890年总产达26万余吨;1894年为48万吨,1898年增至74万余吨,年平均增长达19.37%。④

开平煤矿的产品除一部分供应天津机器局、北洋海军、轮船招商局等外,大部分在市场销售。由于工费低廉、长期享受政府的减税优待,并有津榆铁路和秦皇岛港等运输上的便利,增强了在市场上的竞争力。19世纪80年代以前,天津市场所需煤炭被日本垄断。1881年日本高岛块煤和三木块煤在天津市场每吨批发价分别约为行平银7~8两和7两,最低批发价(含运费及关税)约为行平银6.5两和5~6两,而开平煤矿在天津每吨块煤"不过银洋6元,即此价亦可卖而获利"⑤。基于价格优势,开平煤逐步在天津以及沿海占据了煤

---

① 孙毓棠编:《中国近代工业史资料》第1辑,第622页。
② 熊性美、阎光华主编:《开滦煤矿矿权史料》,南开大学出版社2004年版,第10—11页。
③ 开滦矿务局史志办公室编:《开滦煤矿志 第2卷(1878—1988年)》,新华出版社1995年版,第310页。
④ 胡华:《开平矿务局报告》,转引自熊性美、阎光华主编:《开滦煤矿矿权史料》,第29页。
⑤ 吴弘明编译:《津海关贸易年报(1865—1946)》,第122页。

炭市场。光绪六年(1880年)天津进口日本煤19,409吨,1885年降至566吨,以后就几乎没有日本煤进口。开平煤矿也连年获利,1885年获得纯利银7万两,翌年煤产量与上年相同,纯利增加1倍,为15万银两;①1888年至1899年间共获利400余万银两。②

(三)近代交通、邮电的起步

在天津建设铁路,实际上也是源于开平矿煤炭向外输送的需要,因为便利的铁路运输将降低煤的成本。为将矿山铁路与芦台连接起来,光绪八年(1882)李鸿章专门组织了一个公司——开平铁路局,以接收原有的矿山铁路和展筑新的路线。1887年为筹集筑路资金,开平铁路局公布招股章程,据说这是中国历史上第一份招股章程,③同时,开平铁路局改名为中国铁路公司(后又改名为中国天津铁路公司)。光绪十六年(1890),清王朝决定继续筹办自唐山至山海关铁路,成立了北洋官铁路局。"火车客车、货车一切皆可暂与津沽公司通融取用"④。

19世纪70年代末,在李鸿章的主持下天津开始铺设电报电讯线,设立了津沪电报总局,1882年4月津沪电报局改官办为官督商办。随着电报线网络的铺设,电报总局由天津迁至上海。

在海关的推动下,清政府于光绪四年(1878)开始试办邮政,指派津海关税务司德璀琳以天津为中心,在北京、天津、烟台、牛庄、上海五处海关试办邮政,分别成立海关书信馆;1878年3月23日,天津海关书信馆对公众开放,收寄华洋信件。⑤然而,因海关机构不普遍,中国商民习惯于向民信局交寄邮件,海关现有人力也无法解决投递问题,海关书信馆收寄的华人邮件与民信局比相当有限。为与民信局竞争,津海关税务司德璀琳与总税务司赫德商议

---

① 孙毓棠编:《中国近代工业史资料》第1辑,第662页。
② 《1889—1899年开平矿务局盈利情况表》,转引自熊性美、阎光华主编:《开滦煤矿矿权史料》,第42页。
③ [英]肯德:《中国铁路发展史》,李抱宏等译,生活·读书·新知三联书店1958年版,第29页。
④ 中国科学院近代史研究所史料编辑室等:《洋务运动》第6册,上海人民出版社1961年版,第300页。
⑤ 邮电史编辑室编:《中国近代邮电史》,人民邮电出版社1984年版,第25页。

第三章 开埠通商后城市经济的初步发展(1860—1900)

后,决定另外组织华洋书信馆代理邮政机构,由北京总税务司抽调文案吴焕监督该馆工作。①天津的华洋书信馆设于三岔河口的直隶总督衙门附近。吴焕在办理华洋书信馆时,并未完全依照赫德和德璀琳的意愿,而是想把它变为全国性的商办邮政机构,引起赫德的不满。②光绪六年(1880),海关总税务司赫德决定另外建立一个完整的邮递系统,"将各信馆具归海关税务司自行经理,改为海关拨驷达局,即华语邮政也。专送北京、天津、牛庄、烟台、上海、镇江等口岸来往信件。其内地等处信件亦可代寄至各口岸转交妥实信局送投不误"③。于是,天津等地的华洋书信馆关闭。光绪二十三年正月十九日(1897年2月20日),天津海关拨驷达局改为大清邮政津局。

二、私营工业企业的出现与初步发展

(一)外资工业

天津最早出现的外国资本企业是同治十三年(1874)设立的大沽驳船公司(Taku Tug& Lighter Co.),专门修理来天津开展贸易的各种船只,获利甚巨,是1900年前外国资本在天津经营的最大的近代工业企业。④外国资本经营的第二类企业是为加工出口原料服务的打包业和加工业。在20世纪以前,天津先后共设立9家羊毛打包厂,多附属于经营内地土货出口业务的洋行,这些工厂都以蒸汽机为动力,并设压力机一台至二台。⑤为出口服务的加工企业,还有光绪十三年(1887)法商永兴洋行建立的瑞兴蛋厂,资本40万元,这是为出口蛋品服务的加工工厂。⑥这些企业体现出服务于对外贸易的特征。

---

① 罗澍伟主编:《近代天津城市史》,第250页。
② 邮电史编辑室编:《中国近代邮电史》,第25—26页。
③ 《中国海关与邮政》,中国近代经济史资料丛刊编辑委员会主编:《帝国主义与中国海关资料丛编之八》,中华书局1988年版,第18页。
④ 万新平:《天津早期近代工业初探》,《天津史研究》1987年第2期。
⑤ 徐景星:《天津近代工业的早期概况》,《天津文史资料选辑》第1辑,1978年。
⑥ 陈真、姚洛、逄先知编:《中国近代工业史资料》第2辑,生活·读书·新知三联书店1958年版,第720页。

天津经济史(上卷)

　　1880年代中期以后,外资主要投资城市公用事业和小型轻工业,以适应租界发展的需要。光绪十五年(1889)英商鲍尔森与林德创办天津煤气公司,总工程师为霍夫曼(Hoffman),所有机器设备均从欧洲运来,最初供给租界煤气灯照明,不久中国铁路公司和开平矿务局也开始使用该公司的煤气及设备,资本共30,900两,其中有部分中国资本参加。光绪二十三年(1897)英商仁记洋行的安德逊(W. C. C. Anderson)等创办天津自来水公司,资本198,000两,并从英国工部局取得了25年的免税权,1899年1月开始供水。光绪十七年(1891)英商高林洋行开始使用老晋隆洋行供应的进口卷烟机,小规模生产纸烟,供应京、津及华北地区,资本约10,000两,"开机器制造卷烟之端"①。光绪十一年(1885),天津海关税务司德璀琳、德国军官汉纳根,与怡和洋行总理茄臣集资创办天津印刷公司,光绪十七年(1891)易手改为天津印字馆,有资本10万两。光绪二十二年(1896)日商桑茂洋行的商人桑田兴一创办的造胰工厂,是天津造胰工业的开始。

(二)民族资本企业

　　天津外资工业企业出现不久后,民族资本企业也应运而生。天津最早的一家民族资本工业企业,是轮船招商局会办朱其昂于光绪四年(1878)创办的贻来牟机器磨房,这是天津第一家机器磨面的工厂,也是中国食品工业中最先使用机器生产的厂家和中国北方最早的民族工业企业。当时,随着天津城市的发展和人口的增加,面粉极为畅销,该磨房地处招商局栈房附近,原料及成品运输均称便捷,其真正使用机器的部分,只是由蒸汽机代替了驴马牲畜磨面的一台磨面机,全部生产过程"及用机器司务两人","小工十余人",每日"出面极多,且面色纯净,与牲畜磨面迥不相同",因而销路日旺,远近闻名。及至光绪二十三年(1897),每年可获利银六七千两。②后来,由于操作不当,造成锅炉爆炸,引起厂房大火,工人死伤,机器被毁,磨房遂一蹶不振。不久,

---

① 孙毓棠编:《中国近代工业史资料》第1辑,第148页。
② 孙毓棠编:《中国近代工业史资料》第1辑,第986页。

第三章　开埠通商后城市经济的初步发展(1860—1900)

天津又陆续出现了数家机器磨房,如大来生、天利和,以及南门外的瑞和成等,但并无资料介绍其设备和生产状况,估计规模甚小,且存留时间不长。

与修船有关的铁工厂也是民族资本投资的行业。光绪十年(1884),广东人罗三佑在毗邻租界的海大道附近创办德泰机器厂,原为打铁作坊,1870年开始使用车床修理船舶及矿山机器等,并制造压榨机、抽水机。随后的光绪十二年(1886)英租界又出现了万顺铁厂,专做造酒铁锅、钱铺贮银铁柜、铜铁器具、中西马车,以及轮船铜铁机具零件等。显然,这些铁工厂的建立,与天津对外贸易的发展,以及人口的聚集有密切关系。

再次,引人注目的是具有进口替代和出口替代性质企业的建立,诸如火柴厂、织绒厂等。天津开埠后,国外输入的各种工业品中火柴日多一日,光绪十二年(1886)由天津汇丰银行买办吴调卿、天津武备学堂总办杨鼎祺(杨宗濂)与德国人穆麟德等共同集资"一万数千两",创办天津自来火公司。[①]历经持股人员变动,于1891年由吴调卿公开招股,每股10两,合计45,000两。其中吴调卿独自出资14,000两。为垄断生产,该公司向官府交纳现银5000两,取得了在直隶省境内享受制造火柴15年的专利权,另付银5000两,用来继承招牌(包括用于附近村民制作火柴盒),再用一部分股金来补偿旧公司的亏欠。所产火柴除在本地销售外,还沿运河销往华北各地。[②]

甲午战争以后,吴调卿又于光绪二十三年(1897)向直隶总督申请设立织绒厂,理由是"北洋出口之货,以驼绒、羊毛为大宗,就地购机,仿造呢、羽毯等物,亦可渐开利源"[③]。他筹资25万两,在英租界设立了北洋织绒厂,专门制造毛毯、军衣等物,实际上是军衣厂。1900年,该厂被炮火击毁,以后吴调卿决定再次筹集资本,购地造屋,重建新厂,并赴外洋订购头等机器,选雇工师,来华教习,"一切办法,悉照前次成功办理",建成的新厂名为北洋织呢厂,实则是皮革厂,"采买牛羊皮张,制造营中所用皮带、药袋等件"[④]。还有本地举人

[①] 孙毓棠编:《中国近代工业史资料》第1辑,第989页。
[②] 参见孙毓棠编:《中国近代工业史资料》第1辑,第989—991页。
[③] 汪敬虞编:《中国近代工业史资料》第2辑,科学出版社1957年版,第971页。
[④] 天津图书馆、天津社科院历史研究所编,廖一中、罗真容整理:《袁世凯奏议》,天津古籍出版社1987年版,第701页。(注:该书以下只简注篇名、书名及页码。)

陈镶,招集股份,在永丰屯设立化学公司,制造铅粉、丹银,并享有专利权,"准其独办二十年,限内地人不得在本埠仿造"①。

三、城市手工业开始转型

在清代,天津的商业有较快发展,带动了手工业的发达;手工业产品不仅供应本地区消费,也流通到其它区域销售,这就使传统手工业的生产不再仅仅是为了维持生计和调剂余缺,还表现为面向更大外部市场的特点,这成为开埠后手工业整合和发展的基础。近代以后,洋货进口和机器工业的逐步发展,手工业亦随之发生了变化。一部分手工业在进口洋货冲击下衰退,或逐渐被国内工业品代替,如棉纺业、颜料业(即靛青业)、制针冶铁业、印刷业等;一部分手工业则随着外贸、商品经济发展和城乡市场的需要有不同程度的发展,各行业的发展轨迹不同,有的开始转变为使用动力的规模较大的手工工场,表现为建立在家庭手工业基础上的专业生产区的兴盛;同时,还出现一些面对世界市场需求的新的手工业,其产品构成重要的出口土货,如草帽缏、花边、地毯等。

随着天津对外贸易和城市化的推进,民族资本的机器制造业和铸铁业不仅兴建在各国租界,中国城区的一些手工业作坊也开始逐渐转变。这一时期,天津三条石铸铁业开始在新式工业和政局的影响下注入新的因素,成为手工作坊向使用动力的机械化半机械化生产过渡的集中地区。1897年建立的金聚成铸铁厂,创办时资本约300余元,手工操作,工人约10人,生产工具是一个不大的化铁炉和一个四人拉的大风箱,生产铁锅、犁铧、车轴、秤砣、药碾子、铁砂子等。这些产品显然是面向农业和商业。1900年后,该厂的产品中增加了为租界的市政建设所用的电灯杆底座、下水管道、铁箅子,以及为外国人铸造各式取暖和厨房用的铁炉子等;铸造技术从泥土胚子做铸模改为翻砂制模。②庚子事变中,天津机器局被毁,一批熟练掌握新式机器的工人汇集

---

① 转引自万新平:《天津早期近代工业初探》,《天津史研究》1987年第2期。
② 徐景星:《天津近代工业的早期概况》,《天津文史资料选辑》第1辑,1978年。

第三章 开埠通商后城市经济的初步发展(1860—1900)

到三条石地区,为新式工业的兴起提供了技术准备,一些铸铁业开始向五金和制造业发展,开始制造打包机、轧花机、织布机和零件等。三条石大街也逐渐发展为天津铸造、五金和机械工业的聚集地。

四、近代工业初步发展中的投资类型及特征

这一阶段的天津已成为我国最早建立新式工业、交通和邮电的城市之一。在洋务运动中,清政府为应对西方军事优势,开办天津机器局;又为解决机器和舰船动力的能源问题而兴办开平煤矿;为了煤的运出,又开启铁路的修建;为便于信息交换,电报通信和近代邮政得以创办。由清政府主导的官办和官督商办企业构成了该阶段天津近代工业的主体,资本总数约占天津近代企业资本的94.3%,工人数约占天津近代产业工人总额的78%(见表3-3)。

表3-3 天津早期各类工业企业比较表 （资本单位:万银两）

	官办、官商合办企业	外资企业	民族资本企业
资本总数	2650	100	60
工人数	10,000人	1310人	1500人

资料来源:万新平:《天津早期近代工业初探》,《天津史研究》1987年第2期。

近代天津官办、官督商办企业可查实的资本总数约为2650余万两。其中,天津机器局为1000余万两;大沽船坞为200余万两;津榆铁路、津芦铁路修建投资1100万余两;开平煤矿(包括林西矿)总投资200余万两,其中集股100余万两,其余则是借拨的官款。从工人数上看,洋务企业工人总数在10,000人左右。天津机器局和大沽船坞有3600余名;开平矿和林西矿有3500～4000名工人。

此期间,天津的外资企业资本不到100万两,所雇佣工人的估算数不超过1310人(见表3-4)。

这一个时期,外资企业有三个国家在天津投资,共设立了16家外资企业,除去7家没有资本记载的企业,总资本为583.1万元。其中英国企业最多,表明此时英国在天津具有垄断势力,其他国家对天津的影响与控制还很弱。外资企业主要是在四个领域:航运业,服务于原料出口的加工业、打包业,船舶

表 3-4　1860—1900 年天津外资企业一览表

设立年代	国别	工厂(企业)名称	资本额(两)	工人约数(人)
1874	英	大沽驳船公司	500,000	500
1887	英	高林洋行打包厂	—	—
1887	德	德隆洋行打包厂	—	—
1887	法	永兴洋行瑞兴蛋厂	—	50
1887	德、英	天津印刷公司	100,000	100
1888	德	隆茂洋行打包厂	—	—
1889	英	天津煤气公司	30,900	100
1890	德	华胜洋行打包厂	—	—
1890	德	安利洋行打包厂	—	—
1890	德	新泰兴洋行打包厂	—	—
1890	德	兴隆洋行打包厂	—	—
1891	英	高林洋行卷烟厂	10,000	50
1896	日	桑茂洋行石碱厂	—	10
1897	英	天津自来水公司	198,000	200
1898	英	平和洋行打包厂	—	—
1900	英	仁记洋行打包厂	—	—

转引自罗澍伟:《近代天津城市史》,第 255 页。

表 3-5　1860—1900 年天津民族企业一览表

设立年代	创办人	工厂(企业)名称	资本额(两)	工人约数
1878	朱其昂	贻来牟机器磨房	—	30
—	—	大来生机器磨房	—	—
—	—	天利和机器磨房	—	—
—	—	瑞和成机器磨房	—	—
1884	罗三佑	德泰机器厂	—	150
1886	—	万顺铁厂	—	—
1886	吴调卿、杨宗濂等	天津自来火公司	45,000	400
1897	吴调卿	北洋织绒厂	250,000	600
—	陈镶	化学公司	—	—

资料来源:万新平:《天津早期近代工业初探》,《天津史研究》1987 年第 2 期。

修理厂和轻工业,服务于租界的城市公用事业。外资兴办工业的出发点一是贸易,二是租界日常生活所需。打包业的资本额占到已知外资投资额的 80%

第三章 开埠通商后城市经济的初步发展(1860—1900)

多,可见外资主要以出口加工业为主。

华商资本开办的企业总投资低于60万两,工人数不会超过1500人,1860年至1900年仅有9家,其中机器磨坊4家,机器厂1家,铁厂1家,自来火公司1家,织绒厂1家,化学公司1家(见表3-5)。显然,从生产规模和技术、设备上说,洋务企业占有绝对的优势。

相比之下,天津近代的民族工业更为弱小。投资规模比较小,有面粉业、铁工厂、公用事业和火柴业。面粉业、公用事业和铁工厂的出现与租界设立、城市人口增加,以及洋务企业兴起有一定的关系。火柴工业则是在挽回利权的考量之下诞生,织绒工厂在将主要用来出口的羊毛等原料深加工以挽回利源的初衷下开办。这些行业虽然弱小,但却在日后成长为具有竞争力的进口替代产业,部分产品抵制了外国的商品输入,对20世纪后的工业发展产生了一定的影响。

第四章 近代经济的起步与全面发展(1901—1927)

第一节 环境演变与经济发展的关系

一、城市型行政管理机构的初步构建

(一)都统衙门在天津的统治

光绪二十六年(1900)7月14日,八国联军攻破了由清军和义和团民守卫的天津城。从此,天津进入了为期两年的军事殖民统治时期。

在天津沦陷的第二天,俄国远东司令阿列克谢耶夫纠集各国军队指挥官开会,以"防止兵祸余害和保护良民生产"为名,提议组建临时政府管理天津。经过各国军队司令官联席会议多次讨论,决定成立由当时出兵最多的俄、英、日三国军队司令官指定的具有同等权利的三名军官组成临时政府,其管理部门则分别由各国军队派员负责。7月30日,由俄、英、日委派的三名校级军官出任委员的天津城临时政府(Conseil du Gouvernement Provisoire de la Cité Tientsien)成立,中文称为总督衙门,地址在原来的直隶总督衙门。以后,临时政府委员增加到6人,由俄、英、日、德、法、意国校级军官担任,1900年8月14日第10次会议上决定,以"都统衙门为临时政府的正式名称","今后不再使用总督衙门这一名称"。11月20日临时政府名称改为天津中国城临时政府委

第四章　近代经济的起步与全面发展(1901—1927)

员会。①

天津临时政府建立后,立即发布了《天津城行政条例》,很快又修改为《行政条例(修订稿)》,以八国联军的占领地为基础扩大了行政管辖范围,"本委员会将对天津城和委员会认为对保障天津城市的安全、完成公共工程、维护河道和运河运输,对保护供应天津的市场和保护供应国内外市场货物运输通道安全的周围所有必要的地区,行使管辖权"②。12月底,天津临时政府又扩大了管辖范围,1901年2月以告谕的形式宣布了扩张后的管辖区划:将管辖区划分为5个区,除将原来管辖的地区以及土墙外25个村庄定名为城厢区外,新设了塘沽区、军粮城区、城北区和城南区。告谕中称其为五段,初步确定了各区的区界范围,绘制了管辖区划的地图,并设立了区长,掌管行政事务。③从城市行政管理上看,这是最早的以中国城市和城区划定的行政管辖区划,不是按照传统的以县为行政单位划界,除了天津城厢内外,还包括了周围的四乡,以及为沟通海上通道、加强与北京联系的塘沽、城北等地区,基本囊括了20世纪以后天津的行政区划,也是1902年8月袁世凯接管临时政府后管辖范围的基础。

天津临时政府是由各国侵略军司令官联席会议决定成立的殖民政权,其一成立就宣布了对侵略者的特权:"本委员会代表所有列强,因此,在管辖区内委员会拥有绝对的独立性,并应尽量满足联军司令官和外国领事提出的所有要求",即明确了它不属于某一国的政府和军队,而是直接听命于联席会议,联席会议则要听从各国驻华公使和领事的意见。天津临时政府制定并颁布了《行政条例》,确定了管理的事项:

1. 整顿管辖区的市区秩序和治安;
2. 在临时政府所管辖城区内以及周围地区采取卫生防疫措施,预防发生流行性疾病和其他病患;

---

① 《八国联军占领实录　天津临时政府会议纪要》,倪瑞英等译,第14、88页。
② 《八国联军占领实录　天津临时政府会议纪要》,倪瑞英等译,第88页。
③ 《八国联军占领实录　天津临时政府会议纪要》,倪瑞英等译,第170—171、809页。

天津经济史(上卷)

3. 为联军驻扎提供方便,供应粮食及交通工具(役畜、车辆、船只及苦力等);

4. 清理中国政府和私人放弃的动产和不动产,编造清单并采取必要的保护措施;

5. 采取防止本地人发生饥馑的措施。

临时政府的权利包括以下几个方面:

1. 制定并颁布与临时政府有关事项的条例;
2. 向当地华人课税,并向中国政府征收应缴税款;
3. 在委员会监督下,查封或接收政府公廨内及被遗弃的私人住宅内的全部有价证券及文件;
4. 委员会有权根据需要支配除军事部门以外的政府所属财产和不动产,并且有权出售被没收的当地华人财产,包括不动产和动产;
5. 有权支配拨给委员会作为必要费用开支的款项。①

天津临时政府有总秘书处、汉文秘书处和不动产注册处(后改为田产局),下设司法部、库务司和公共粮食供应署、巡捕局(后增加河道巡捕局)、卫生局和公共工程局等,在5个管辖区内设置了区长等管理人员,这些行政管理人员都由外国军人和在华长期居住的外国人担任。②这些行政管理部门分别负责管辖区内诉讼审判,维护城内外治安;制定交通规则,维护街道秩序;制定城区街道卫生章程、管理环境卫生和秩序;负责城区内外市政工程、道路建设、下水道改造和河道疏浚等;负责管理捐税和土地;监督管理城市中妓院和乞丐等社会游民组织。③天津临时政府统治的两年期间,发布了134个告谕,有镇压义和团等反抗侵略的措施和告谕,还有管理社会治安和治理城市的规

---

① 《八国联军占领实录 天津临时政府会议纪要》,倪瑞英等译,第89页。
② 《八国联军占领实录 天津临时政府会议纪要》,倪瑞英等译,第90页。
③ 详见罗澍伟主编:《近代天津城市史》,第314—321页。

第四章　近代经济的起步与全面发展(1901—1927)

章制度,其中涉及城市经济的有土地管理章程、天津当地人居住区征税章程、库务司征税一般章程、妓院和乞丐管理章程,征收入市税、码头捐和所得税的公告等规章制度。①

(二)都统衙门的统治对城市管理系统建立的影响

天津临时政府是八国联军以武力占领天津后建立的,实施军事殖民统治,以保障侵略者的权力和利益。其在城市行政管理和经济管理方面的举措,对于以后中国建立以城市为行政管辖单位的管理机构来说,具有多重的意义。

其一,建立了行政管理的理念。从法理上看,这是治理、管理和执行事务的机构。这些政府的管理机关或部门负担着社会的、公众的责任和义务,受到立法、司法和民众的监督。而中国长期施行的是中央集权的专制体制,权力来自君主及其任命的各级官吏,官僚职位重于政府政策,具有很强的尊崇性和随意性。天津临时政府的"行政条例"提出了权力的管辖范围和内容,在一定程度上划分了在立法、司法和行政管理上的权力分工,扩大了地方政府行使行政管理的权限,明确了其承担的职责。

其二,实施了以城市为中心的行政管理体制。中国的行政管理体制中最基层的是县级政府,以县划分地界。天津临时政府以西方国家的管理模式,将城市作为行政管辖的单位,其管辖范围不再囿于原有的城墙内外。从其绘制的管辖区域地图和8∶1000英尺的天津城区地图看,包括了原来的城厢、部分四乡和租界区等,是以城市城区为基准的划界。②

其三,建立了适合城市社会和经济发展的管理机构,各个机构制定的很多法规和章程是以城市为对象。如在城区中划分治安管理区,任命各区的行政管理官员;设立巡捕局、卫生局和公共工程局等部门,注入了以城市居民为行政管理主要对象的理念和方式;摒弃了以农业为经济基础,以乡村社会为

---

① 详见西村博:《天津都统衙门告喻汇编》,天津北清印字局1902年,转引自《八国联军占领实录 天津临时政府会议纪要》,倪瑞英等译,第793—837页。
② 参见《八国联军占领实录 天津临时政府会议纪要》,倪瑞英等译,第12页。

主体的管理模式,颁布有关城市土地管理、交通和桥梁管理、市场管理、公共秩序的建立和维护、环境卫生和防疫等各种规章制度,实行注重征收入市税、码头捐和所得税等具有城市特色的捐税制度,推行依靠捐税等收入来支付城市行政管理的各项开支,改变了原有的财政收支结构,使城市行政管理机构有了较为固定的经费来源,为城市的管理和建设提供了经济支持和保证。

(三)袁世凯接管天津后城市管理机构的变动

1902年8月15日,直隶总督袁世凯到天津接收了天津临时政府,沿袭了天津临时政府的大部分机构和管理措施。究其原因,一方面是被西方列强所胁迫,[1]另一方面是顺应清末新政和天津时局的需要,以稳定社会秩序和安定,维持城市经济的正常运转。正如袁世凯接收后的奏折所言:"天津为南北通衢,五方杂处,宿奸藏蠹,良莠不齐。自联军占据以来,人心益觉浮动。现虽收回地面,而应办善后各事,纷如治丝,稍一不慎,弊端立见,且不免贻人口实,措理良非易易。臣惟有督饬所属文武各员,酌度机宜,妥筹办理。并拟趁此变乱之后,将从前各项积习,痛与刷除,务期弊去利兴。"[2]仅就巡警制度而言,袁世凯在接收时就带了自己组建的由2000人组成的巡捕队伍进驻天津,并接收了天津临时政府的千余名华人巡捕,成立了巡警总局,后又将巡警总局扩充为南段、北段和四乡巡警局,河上巡捕局改为海河巡警局和河巡队,这成为全国最早的在中国城区的警察机构;原封不动地照搬了天津临时政府的工程局和卫生局,并增加市政工程人员和设备,创设了卫生巡捕;将司库局改名为捐务局,负责制定和征收城市的各种捐税。袁世凯还配合新政实行了司法改革,撤销司法局,设立了天津府、县两级审判厅;通过了审判厅章程等,规定了司法机构的设置、各级机构的权力范围、民事和刑事案件诉讼程序;初步区分了司法和执法、刑事与民事案件的界限,并在此基础上建立了新式监狱、济良所、收容所、教养局等。

---

[1] 详见罗澍伟主编:《近代天津城市史》,第326—329页。
[2]《恭报抵津日期接收地方情形折》,《袁世凯奏议》,第621页。

第四章　近代经济的起步与全面发展(1901—1927)

同时，原有的行政管理机构继续存在，并随着清末新政的实施而有所改进。进入20世纪后，中国政府刚刚接收了天津临时政府，中外冲突和社会问题严重，原有的天津府和天津县难以驾驭。正如时任直隶总督袁世凯所言："即天津一县计之，城乡人民共有七十六万一千八百九十七口之多，责成知县一身，虽贤者不能为治。"①加之，进出口贸易迅速兴盛，人口急速聚集，市场失序、物价上涨、银钱比价失衡。这就需要直隶总督协调和整顿新设立的机构与原有的各个司道衙署两种不同的管理机制并存的局面。于是，1902年直隶总督接收天津后，就由津海关道率长芦盐运使、天津道、天津镇总兵，以及天津府、天津县等官员进行接洽；与西方列强签订租界条款也由津海关道、天津道办理；原有的户部钞关、工关等由津海关兼管，仍然由津海关道监督。光绪二十九年（1903），因有奏折称"天津市面败坏，牵动京城"，袁世凯饬令长芦盐运使、津海关道和天津道查访汇报，以革除官场弊端，责令天津县试办。②一切新出现的城市管理事务，如有关城市捐税、治安、交通、卫生等，则多由新设立的天津巡警总局、工程局、捐务局、卫生局（后合并为工巡捐局）负责。1905年，根据清廷的部署，在天津设立了直隶巡警道，对直隶省的民政等官员有统属、考核之权，管理该省的地方行政、自治、户口、教化、巡警、卫生等事宜。实际上，天津的一切行政管理始终在直隶总督的统辖之下。至于清末新政时期推行的地方自治，也是由袁世凯督导下成立的天津府自治局、天津县自治期成会来推动，通过全民投票选举出天津县议事会、天津县董事会，以及后来成立的省咨议局和省议会。

（四）北京政府时期天津管理机构的变迁

1912年北京政府统治时期开始后，进行了官制改革，地方行政建制精简为省、县两级机构，天津府和天津道裁撤，天津的行政管理机构是天津县，地方军事长官是天津镇守使，天津县署设在原天津府衙署。1913年后，天津成

---

① 《拟定天津四乡巡警章程折》，《袁世凯奏议》，第1171页。
② 参见《复陈天津市面情形酌拟办法折》，《袁世凯奏议》，第798—801页。

为直隶省省会,省级各部门均在天津的河北新市区,天津的各种事务基本由省级机构或省民政长(后改称巡按使、省长)直接办理。

天津邻近首都北京,又是北洋军阀的发源地,一直是各路军阀政客图谋中央政府权力,或者失意下野后策划密谋应对政局变化之地,政治地位十分重要,故有"北京是前台,天津是后台"之说。因此,天津的历任军政长官都是各系军阀的心腹大员,或身兼重任的军阀和政客。在历任直隶省军政长官中,曹锟曾身兼直鲁豫巡阅使,曹锟、冯国璋曾出任总统。天津这样的特殊地位,也使得直隶省军政长官随着中央政府的不断更迭而变动频繁,反复无常。在北京政府统治的17年间,直隶省民政长官更替了14人次,其中除曹锟任职3年,朱家宝、王承斌和褚玉璞任职2年外,其他的民政长官任职都很短,有的仅几天,有的不足半年,这对天津的管理和稳定大为不利。而且,天津城市管理机构重叠,政出多门,既有省、县地方机构,也有专门的军事、盐务、巡警、实业等机构,均颁布法规制度和发号施令,还有设在天津的巡警局、津海关等,以及地方自治机构的参与,彼此既有补充,又有掣肘,总体上缺乏专业化和规范化。

从清末地方自治沿袭而来的省议会和县议会等机构,以及天津商会等新兴的社团,虽然在创办实业、兴办新式教育、修建道路桥梁、治理环境卫生和社会治安、减免捐税、平息市场风波等方面发挥了相当大的作用,但多为临时性的因事论事,缺乏执行力度和持续性。袁世凯取得临时大总统职位后,为了限制各地军政人物势力的膨胀和社会力量的崛起,强化中央政权力量,抑制地方自治的发展。洪宪帝制废止后,政局变幻莫测,北京政府在国际舆论与社会力量的压力下,制定了一些有关地方自治的章程和法规。但是,当时中央与地方政府分崩离析,混战不止,军阀政客把持的地方政府各自为政,时而宣布独立,时而声称联省自治,地方自治成为其扩大势力的借口,各项法规多成一纸空文,实际成效十分有限。

二、租界的扩张、城市空间的扩展与人口的迅速增长

20世纪后,天津城区空间由于各国租界的设立和新市区的开拓等,有了较大的扩展。

第四章　近代经济的起步与全面发展(1901—1927)

(一)租界的扩张

在1846年编印的《津门保甲图说》中,天津城区大致以土墙子为界,应属于当时的管理者和民众观念上的城区。开埠以后,西方列强设立租界,打破了原有的城区空间范围。英、美、法等国最初在天津城东南紫竹林以下沿海河一带划定租界,租界的面积并不大,英租界460亩、法租界360亩、美租界131亩;1895年10月,德国借口干涉"还辽"有功,在英国租界南端沿海河西岸设立了德租界,面积达1034亩;《马关条约》签订后的1898年8月,日本在毗邻法租界的海河西岸划定租界,面积达到1667亩。

八国联军占领天津后,各国乘机增设和扩大租界。1900年,俄国划定海河东岸与京奉铁路相夹的一块土地为租界,面积为5474亩;1902年,意大利在俄租界西北的一块土地划定其租界,面积为771亩;同年,奥匈帝国在意租界西北划定租界,面积为1030亩;比利时也在毗邻俄租界处划定了租界,面积为740.5亩。与此同时,已经设立租界的英国、法国和日本等也不断与中国地方政府交涉,要求扩充租界面积。英租界经过1897年和1901年的两次扩张和合并美租界,面积达到6149亩,成为面积最大的租界;德租界1901年向西拓展了约3200亩土地,面积达到4234亩;日租界1903年将其预留地连同相连地区划为"推广界",面积达到2150亩。1903年以前,天津有英、法、美、德、日、俄、意、奥、比等九国租界(美租界后来并入英租界,故称八国租界),占地总面积达23350.5亩,约合15.57平方千米,比20世纪前增加了四倍,是天津老城区面积的近八倍。①

(二)河北新市区的建设

天津的中国城区也有很大变化,其中最显著的是开设河北新市区。
1902年,直隶总督兼北洋大臣袁世凯接管了天津临时政府,并由地方官

---

① 关于天津租界的设立,参见杨大辛:《天津租界的设立与收回》,天津市政协文史委编:《天津租界谈往》,天津人民出版社1997年版,第1—7页。

员与西方列强签署了设立租界的条款。同时,袁世凯也筹划扩展天津的空间范围,以与各国租界形成平衡和对峙的局面。此时,沿海河两岸已被各国瓜分殆尽,《直报》曾这样描述天津城厢:"街道已极狭窄,更兼东洋车、地排车、小推车每日在各街走者络绎不绝,倘遇拥挤,无立足之地。"[①]城北和城东因临近海河和南运河,没有发展空间;城南多为水洼之地,城西"地稍荒僻,围城多积水"[②],难以开发。因此,袁世凯选中了位于金钟河以北、新开河以南的河北地区。这片区域西连北运河,东接京奉铁路,地临旷野,荒冢累累,虽有少量的园田,但价值不高,以往多为贫民居住,便于租地。在这里建设新市区的一个契机是,直隶总督行署在该地区的最南端,同时京奉铁路新车站建在该地区的北端,进而将扩建新市区与行政管理中心的转移、开拓近代交通枢纽形成对接和呼应。这不仅扩展了天津的空间范围,而且有利于促进天津的整体发展。

在义和团运动中,位于老城外的总督衙门被战火焚毁,袁世凯接管后,"查有新浮桥北旧有海防公所一区……即于十二日驻扎该处,作为办公之所"[③]。这样,直隶总督行署最先迁至河北。与此同时,各国租界设立后,原有的老龙头车站毗邻俄租界,无论是中国官员往来,还是货物运输,都必须经过租界,十分不便,正如袁世凯所言:"天津铁路旧设车站货厂,地方逼近租界,开拓经营,诸多窒碍。"于是袁世凯饬令在河北添设津奉铁路的新车站,1903年1月新车站落成后,"车行数月,商民称便"[④]。河北新车站建成后,朝野都希望这里能形成新的客货运输枢纽,与老车站形成互补或抗衡,成为政治中心和经济中心。

1903年初,袁世凯为了建设河北新市区,审定了天津工程局制定的《开发河北新开市场章程十三条》,将开发范围划定为由铁路、金钟河、北运河和新

[①]《直报》第34号,转引自陈克:《十九世纪末天津民间组织与城市控制管理系统》,《中国社会科学》1989年第6期。
[②]《津门保甲图说》西门外图说第三。
[③]《驻扎天津海防公所办事片》,《袁世凯奏议》,第622页。
[④]《天津车站接修西沽岔道商拨关内外铁路借款折》,《袁世凯奏议》,第839页。

第四章　近代经济的起步与全面发展(1901—1927)

开河围合的地方,限定区内业主在1个月内到工程总局验契注册,6个月内完成区内坟墓的迁移,20个月内必须修建房屋。《大公报》较详细地介绍了天津工程局的建设规划:"兹闻现经工程局绘画详细总图,东至铁路,西至北运河,其东西两头距离四里余,南至金钟河,北至新开河,其南北两头距离亦约四里,新开河开建南北大街十三道,直达金钟河及河北窑洼一带,以便商民居住云。"①

在工程局的规划中,新车站与总督衙门连接起来的马路为中轴线,将河北新区切割为南北两个部分。以中轴道路为基准,建设13条南北向、6条东西向的马路。中轴线称为大经路,与大经路平行的东西向的马路为经路,垂直的南北向的马路为纬路,形成方格网状的路网格局。于是,以道路将新建的城区分割成大大小小的方块,构成了新区的基本空间形态。这样,新城区的四周是原有的内河和近代兴起的铁路,城区内部以铁路车站和最高统治机构——总督衙门为两端,由道路划分街区。这一空间设计,汲取了各国租界的经验,与传统城市以城墙和壕沟为界的空间布局有很大的不同。为方便河北新区与海河西岸老城区的联系,在大经路最南端的总督衙门附近修建了开启式铁桥——金钢桥,成为海河上修建的第一座铁桥。②

1905年4月,为了加快河北新区的建设和规范主要街道两侧的建筑,袁世凯又批准了《开发河北新市场变通现行章程十三条》,规定界内业主在三年内一律修建房屋,凡靠马路的必须翻盖为砖瓦房;批准天津府、县制定的改造马路两旁小屋、窝铺办法,准许富有商民自行改建,限1月竣工;贫困商民由官方垫款,分期归还。袁世凯为了将这里打造成行政中心,鼓励政府机关、学校、工厂、商店等迁到新区。民国初期,设在河北新区的政府机构有直隶总督署、直隶劝业道署、直隶提学使署、直隶实业厅、直隶财政厅、直隶教育厅、高级和中级审判庭、天津府、县、直隶交涉使署、津海关监督署,以及学务公所、劝学所、天津巡警总局、直隶禁烟局、北洋官报局、天津审判厅等。根据1911年《天

---

① 《纪开修市场事》,《大公报》1903年3月14日。
② 参见吴昊:《政治、空间与城区变迁:清末民初天津的河北新区》,《江西社会科学》2018年第5期。

津指南》的记载,河北地区的全部行政机构共分为11类,总数达到42个,其中除了单独管理河北新区治安的警察局所,以及京张、津浦铁路的管理机构外,多数为直隶省属机关和官办实业企业。①各类行政机关的集聚迅速增强了河北新区的政治属性,使之成为直隶和天津的行政中心。

在十几年的时间里,河北新区内也建立了一些工厂和新式学堂,使其具有一定的近代性。如直隶工艺总局,以及由其主导的工艺学堂、实习工厂、考工厂、教育品制造所、北洋劝业铁工厂、劝业会场,政府和商人创办的北洋银元局、直隶造币总厂、直隶模范纱厂、恒源纱厂、华新天津纱厂、北洋硝皮厂、益大硝皮厂、恒源帆布公司等,促进了新区内近代性经济实体的快速崛起。另外,河北新区还有直隶高等工业专门学校、北洋商业高等学堂、北洋高等女学堂、天津女子公学、长芦中学堂、北洋客籍学堂、北洋女子师范学堂(第一女子师范学校)、北洋师范学堂(直隶第一师范学校)、北洋法政专门学校、私立法政学校、北洋女医学堂、直隶水产中学、农业中学、河北第一蒙养院、扶轮中学等18所新式学堂,以及图书馆(河北公园)、博物馆(种植园)、劝业会场(河北公园)、种植园等公共设施与园林。②

(三)城区面积的扩展和人口的增长

20世纪以后,租界的扩张和河北新区的开发,使城区面积有了较大的扩展。旧城区、租界区和河北新区连成一片,市区面积达到16.5平方千米,到1919年由于城区向海河沿岸延伸,海河的裁湾取直,以及租界的扩充收回和行政区划的变化,天津城区又有了较大的扩展,城区面积(不包括四乡)增至33.216平方千米。③

随着天津城市建设、人口剧增和城区空间迅速扩大,原来的北门外和东门外等商业中心地区依然繁华,城厢周围仍然是居民聚集之地;河北新区聚

---

① 石小川:《天津指南》,天津文明书局1911年版。
② 参见王守恂:《天津政俗沿革记》卷9、卷10;古蒋苏:《天津指南》,新华书局1922年版,政治第93—95页,地方公共事业学校第1、10页。
③ 李竞能主编:《天津人口史》,第73页。

第四章　近代经济的起步与全面发展(1901—1927)

集了机关和学校,成为中等阶层工作和生活的聚居地;八国租界建立了新的金融中心、商业中心,也是洋人与上层华人集中居住的以公馆、别墅和公寓为特色的街区。同时,城市边缘的村庄有的扩展成城区,有的则成为农村来的贫民和难民的栖身之所,如谦德庄、万德庄、李公楼等。

20世纪初至1928年,是天津城市人口发展的鼎盛时期。1846年以后,经过60年的发展,1906年天津城市人口已由不足20万人,增至72,905户,42.8万人,其中中国城区有35.7万人,租界区有6.2万人,[①]增加了将近23万人,比从明末到清代中叶的一个半世纪增长的速度都快。此后,天津城市人口继续快速增长。1910年,城市总人口为10万余户,601,432人,即不到五年,人口又增加了近50%。到1925年,城区人口增长到17万余户,107.3万人,1928年又增为112.2万余人。[②]易言之,自1906年至1928年,天津城市人口增长了1.5倍,平均每年增长31,721人。天津由不足50万人的中等城市,一跃成为人口超百万的特大城市。

天津城区人口的迅速增加主要是人口的机械增长。天津之所以能够吸引众多民众的主要原因是人文环境和城市空间的变化。其一,天津作为北京的门户,在西方入侵者的坚船利炮下开埠通商,随着对外贸易和近代工商业的发展,其政治经济地位迅速上升。其二,城市空间的扩大和居住环境的改善。开埠以后,尤其是20世纪以后,随着租界的建立和新市区的开发,城区面积迅速扩大,容纳能力进一步增强。到清末,原有的商业中心依然十分繁华,人口高度集中。1910年,以锅店街、估衣街为中心的中区,集中了14.8万余人;以东马路、天后宫附近为中心的东区有11.6万余人;南区商业不如前两区,但是包括了老城区的大部分,人口最多,达到了16.2万人;直至清末,以上三个地区依然是人口最密集的地区。20世纪初,袁世凯创建了河北新市区,集中了许多行政机关,还有工厂、学校、商店,以及劝业场等公共场所,形成官

[①] 日本中国驻屯军司令部编:《二十世纪初的天津概况》,侯振彤译,天津市地方史志编修委员会总编辑室1986年版,第16—19页。

[②] 参见李竞能主编:《天津人口史》,第82页;张利民:《试论近代天津城市人口的发展》,《城市史研究》第4辑,1991年。

员以及家眷和中下层居民的集中居住区。1910年,河北新市区开发仅数年后,三岔河口以北的北区人口就达到7万余人。同时,随着各国租界的建设,租界内,"街道宽平,洋房齐整,路旁树木葱郁成林。行人蚁集蜂屯,货物如山堆垒,车驴轿马,辄夜不休"①,成为有一定政治、社会地位和资产的中外群体居住、生活和经商之地,其人口密度不亚于中国城区。

在聚居天津的民众中,有众多的经商者。除洋商外,江南、华北和东北各地到天津开厂设店者,无不希图能赚钱发财。同时,天津的各国租界作为飞地,不受中国政府管辖,一方面可以为从事各种政治活动尤其是反政府的活动提供庇护,如梁启超筹划倒袁活动,各路军阀策划利益分配和权力重构,中国共产党等设立机关;另一方面又可以为居住者提供优越的居住环境、西式教育和娱乐,从而成为清朝遗老遗少和下野军阀官僚的安乐窝。

当然,进入天津最多的还是寻求生路的农民和难民。农民"因农村破产,无以资生,群相麇集工业中心,谋求生路"。天灾人祸连年不断,致使大量难民涌入天津避难。1895年冬时,"四外贫民妇孺匍匐来津者日以千计"②。1920年华北五省遭遇旱灾,受灾面积达3万平方千米,有3000万灾民,仅11、12两个月"就有五万灾民从灾区涌入天津"③。1924年9月,奉军入关,冀东难民纷纷来津,"各客店几为难民住满,流离失所,狼狈不堪",甚至连一些空闲货栈也住满逃难者。④这些农民和难民,有一部分通过各种同乡、亲戚等关系进入工厂做工,或在商店做学徒,但也有相当一部分找不到工作,只能从事装卸、运输、小摊贩,甚至乞讨等。当然,从经济角度来看,这些外来人口为天津近代工商业的发展提供了充足的劳动力和消费者群体。

---

① 〔清〕张焘撰,丁绵孙、王黎雅点校:《津门杂记》,第121页。
② 《直报》第102号。
③ 《津海关十年报告(1912—1921年)》,《中国旧海关史料》编辑委员会:《中国旧海关史料(1859—1948)》第156册,京华出版社2001年版,第166页。
④ 《大公报》1924年11月4日。

三、振兴实业等政策和措施助推经济发展

(一)清末振兴实业等政策法规的出台

甲午战争以后,清政府面临的局势更加严峻。战后赔款和洋务运动都给困窘至极的政府带来沉重的压力,《马关条约》签订后,列强掀起了瓜分中国的狂潮,对中国的政治和经济侵略进一步加深,也在清政府内部引起了很大反响,一些重臣提出了应付时局的对策。例如,由张謇代拟的张之洞的奏折中,分析了《马关条约》中割地、赔款和厘金的弊端,认为"向来洋商不准于内地开设机器、制造土货、设立行栈,此小民一线生机",而该条约签订后,"尽撤藩篱,喧宾夺主,西洋各国援例均沾,外洋之工作巧于华人,外洋之商本厚于华人,生计尽夺,民何以生?小民积愤,断不能保相安无事"。进而提出了9条建议,其中最经济方面主张兴修铁路,在各省设立商务局,奖励集巨资组成大公司的商民;在工政方面提出要认识到"富民强国之举实在于工",要在各省设立工政局,扩大出口货物的制造,兴办替代洋货的工业,招商设局,力求"于工艺一端蒸蒸日上"。[①]胡燏棻在建议中提出要敦劝工商,具体措施是开铁路以利转输,由民间自立股份公司,官为保护;在各省口岸设立银元局,自铸金银铜币,在京城设立官办银行,印行钞币;开办民间工厂制造机器,"准各省广开各厂,令民间自为讲求,如国家欲购枪炮船械机器,均托民厂包办包用";还要开矿产以资利用。[②]

光绪二十一年(1895)闰五月二十七日,清政府根据重臣的意见发布上谕,列举14条措施,其核心为"以筹饷练兵为急务,以恤商惠工为本源",形成了甲午战争后的基本经济政策:一是倡导振兴工商,放松限制;二是以路矿为要政,维持衰弱的经济;三是试图改变成法,以期建立振兴工商的激励机制。

[①]《署江督张之洞奏时事日急万难姑安谨陈九事急图补救折》,王彦威、王亮辑编:《清季外交史料》第5册,李育民等点校,湖南师范大学出版社2015年版,第2300、2304—2305页。
[②]《胡燏棻奏请由民办兵器制造厂折》,沈桐生辑:《光绪政要》卷21,上海崇义堂1909年版,第15—24页。

在振兴工商的具体措施上提出,一方面要维持和改造原有的官办企业,而官办、官督商办的民用工业则进行整顿和改造,同时向新的领域扩张国家资本;另一方面放松对私人资本的限制,允许其在一些领域中发展,甚至给予一定的资助,进而营造出一些宽松的氛围。如提倡民间集资招股创办矿山、铁路和织布局,各省设立商务局,以显示"恤商之诚","行护商之政"。①此时,清政府首次制定了专门奖励经济活动的法规——《振兴工艺给奖章程》,以授给实缺和专利来鼓励民间创办实业。但腐朽的政治制度、低效率的官僚机器等严重地束缚了经济活动的展开,使得以上政策和措施对促进工商业发展的作用十分有限。在天津创办的只有天津至芦台铁路和两家工厂而已。天津到芦台的铁路于1895年由长芦盐运使胡燏棻督率兴建,经费由清政府敕令户部和北洋大臣各筹其半,实际上仅北洋大臣提供了部分款项,其余皆由胡燏棻分别向外国的汇丰、麦加利、德华和道胜等银行借凑。1897年该路完工后,英国和德国又与清政府签订了修筑天津到镇江铁路的借款合同草案,但迟迟未实行。在1900年以前,天津的民族工业并没有趁势兴起,而是仅有汇丰银行买办吴调卿投资建立的天津织呢厂,以及一些船舶机械修理、面粉等小型工厂,使用火力或电力作为动力者更十分有限。

  1901年1月,清廷不得不下诏变法,推行新政,要求内外大臣"各就现在情势,参酌中西政治","各抒己见",在两个月内"条议以闻"。②于是,袁世凯、张之洞和刘坤一等地方督抚纷纷奉谕上奏,提出一些建议和措施。北洋大臣袁世凯提出了10条建议,其中在经济方面包括,"在各商萃聚之处设立商会",保护和奖励实业创办者,赶造银元等。两江总督刘坤一和湖广总督张之洞联衔三上奏折,其中第三个奏折专门针对经济提出了11条建议,如"修农政","劝工艺","定矿律、路律、商律、交涉、刑律","用银元","行印花",设立农政大臣和各省农务局,主张设立工艺学堂和劝工厂,从实业教育和鼓励创新入手等。

  1903年,清政府在路矿总局和农工商总局的基础上设立了商部,后又改

---

① 朱寿朋:《光绪朝东华录》,中华书局1958年版,第3631、3723页。
② 朱寿朋:《光绪朝东华录》,第4602页。

第四章　近代经济的起步与全面发展(1901—1927)

为农工商部和邮传部,制定并颁布了一系列经济法规。其中既有《商人通例》《公司律》《公司注册试办章程》《破产律》等综合性的法规,也有涉及财政金融、农业、矿业、交通、商务、经济社团等行业性的管理法规,还有奖励实业和开展实业教育章程等。这些措施和章程与新政改革一并推行,使天津的近代工商业、实业教育等各方面有了长足的发展,尤其是设立路矿、工业、工艺总局、劝业场、商会、银元局,以及创建商办的启新洋灰公司和滦州煤矿公司等,不仅带动了天津近代工商业的崛起,奠定了民国后天津经济发展的基础,而且在全国也有一定的示范作用。

(二)民国以后中央政府发展经济的措施

民国以后,挽回利权和振兴实业成为朝野人士的迫切要求。社会各界通过讲演、创办实业刊物,鼓吹振兴实业,组织各种实业团体和创办各种企业等,掀起一次次高潮。中央政府采取了一些鼓励经济发展的举措。如将农工商部改为实业部,后又改为农林部、工商部,后又合并为农商部,1927年后改设和新设农工部、实业部、交通部和财政部;各省设立相应的实业司等。中央和地方政府制定并部分实施了一批振兴实业的方针政策和措施,如鼓励创办民间航运公司、各类银行,批准设立一些垦殖和拓殖公司、准许各商号自由注册,方便了大批公司企业的申报和集股创办。各级政府也颁布各种经济法规,涉及工商矿业、农林、交通运输、银行金融、税收、经济社团等方面,其主要内容为鼓励倡导兴办公司,扶植保护民间工矿企业;确立保息、专利、示范和奖励制度;鼓励垦荒,规划水利,奖励经济作物和畜牧林业生产;提倡国货,裁厘减税,鼓励出口;引进外资和吸引侨资;改革币制,提倡新式金融业;以及改组商会,规范经济社团等。

上述政策和法规有一定的创造性、系统性和规范性,在一定程度上促进了中国经济环境的改变,尤其是促进了开埠通商等沿海城市的工商、金融、铁路和矿山等行业的迅速崛起。第一次世界大战期间,西方列强对华投资的减少、国际市场的需求、民众挽回利权的意识、近代工矿业获利颇丰的利益驱动等,也是助推经济发展的因素。值得关注的是,寓居在天津的北洋军阀、官僚、政客和清朝遗老,在政策支持和赚取巨额利润的驱动下,创办近代工矿业、银行和商店等,①也促进了天津近代工矿业的发展。

四、动乱环境对经济发展的制约

1900年以后,八国联军的摧残、中央和地方政府相互掣肘且走马灯式地更迭,政策的朝令夕改,军阀混战的持续不断,使天津缺乏一个相对长期和安定的社会环境,制约了经济持续稳定地发展。

(一)清末民国时期的动乱环境

1901年6月,八国联军与义和团拳民、清军在天津城区激战,战火遍及各国租界和中国城区,造成铁路、电报通信中断,火车站被毁,天津机器局遭受战火摧残,北洋硝皮厂、打包工厂等皆毁之殆尽。7月14日天津沦陷后,八国联军在天津城内一连数日纵火烧房,天津机器局东局"化为平地",西局烧成废墟,所有的官衙,除总督衙署和津海关道衙署外,全部被八国联军焚毁。如在长芦盐务衙署,先是日本侵略军抢走了纹银二百余万两,后美、英、俄、法军队又来洗劫;沙俄侵略军占领了造币厂,抢走了几百吨存银。天津最为繁华的商业中心地区估衣街、锅店街、竹竿巷、宫南和宫北大街、洋货街的商铺,"尽皆付诸一炬"②,城内"房屋无存,城外大街虽未十分毁坏,然已十去其四"③,城内居民和"四五十家之当铺,数十百家之公铺,一二十户之盐商,财产衣物,一时都尽"④,城内外的钱庄、银号、店铺、工厂、仓库和民宅等,都被劫掠一空,房屋被付之一炬。1900年津海关年报言道,国库和商民所开钱庄等被抢的计有数千万银两,盐业巨商"待失城后变成一贫如洗"⑤。长期生活在天津的英国人雷穆森在1924年出版的《天津插图本史纲》中,引用了1900年8月

---

① 魏明:《论北洋军阀官僚的私人资本主义活动》,《近代史研究》1985年第2期;宋美云:《北洋时期官僚私人投资与天津近代工业》,《历史研究》1989年第2期。
② 中国史学会主编:《义和团》第1册,神州国光社1951年版,第275页。
③ 中国史学会主编:《义和团》第2册,神州国光社1951年版,第172页。
④ 中国史学会主编:《义和团》第1册,第316页。
⑤ 吴弘明编译:《津海关贸易年报(1865—1946)》,第204页。

第四章　近代经济的起步与全面发展(1901—1927)

5日《京津泰晤士报》所载的战火后租界内的损失:大沽驳船公司大楼、汇丰银行、麦加利银行、利顺德饭店、英国和日本领事馆,以及大多数建筑,"不止一次而是一再地中弹";受到炮火严重损坏的建筑还有泰莱、华生、仁记、平和、高林、新泰兴等洋行大楼,以及二十多所住房。完全被炮弹和大火毁坏的有"俄国领事馆、横滨正金银行、织呢厂、天津东站、太谷洋行仓库、隆茂洋行仓库",还有靠近马场道的德璀琳、狄更森的住宅,跑马场看台,紫竹林的四座大房中所有中国人的店铺,"租界内或其周围所有中国人的房屋以及海河北岸所有本地人的房屋"。怡和洋行、德国俱乐部、礼和、天津煤气厂、自来水厂等受损稍轻。①由此,刚刚起步的天津近代工业被尽数摧毁,商业店铺损失惨重,尤其是造币厂和钱庄票号等毁之殆尽,经济一片萧条。

民国政府刚刚建立的1913年,袁世凯为了避免南下就任临时大总统而受制于革命党人,指使曹锟在北京、天津和保定等地发动了兵变,史称"壬子兵变"。天津的商界再次遭受重大劫难。仅从天津商会留存的资料看,兵变主要发生在商业繁华的河北大街、北马路、大胡同、估衣街、针市街、竹竿巷、锅店街、贾家大桥、西马路和西关,以及河北新市区的元纬路等地。据北门里大街的64家商铺陈述,正月十四日晚10点,忽然枪声大作,"见满街军人,或持洋枪,或载轮炮","身穿军服,手持军械,纵火鸣号,砸门入室。商等猝不及防,所有货物及现存金银家具一切,并同人衣被等件,抢劫一空,复继以焚"。很多店铺被乱兵抢劫一空,有的店员、伙友或厨夫被枪击伤毙命。在北马路,老考工厂的工业售品总所被焚抢,52间楼房被焚毁,寄存待售在那里的实习工厂、广仁堂、育婴堂和民办、官办各工厂的货物遭抢,共折合银4.4万两;竹竿巷的顺记祥洋布庄所存大仓瑞记洋行的12万两现银遭抢掠,59家零售布商称损失计银55万两有余,40余号鞋商称损失在二十六七万两之多,20余家帽商称损失6万余两,估衣行行董称该行损失八九十万两;米面各商铺中"被伤最重者一百余家,损失计共三十万元有余";裕丰官银号伙友受伤,损失1.2万两现银,开源银号被抢现银9000余两。众钱商称:"兵匪抢掠,纵火焚烧。繁

---

① [英]雷穆森:《天津租界史(插图本)》,许逸凡、赵地译,第193页。

盛街区倏成瓦砾,各行商业约有数千户财产荡然,各号同人约有数万家流离失所。"仅被焚抢的6家当铺的180余间铺房和现银损失就约260余万元,其中有"净欠官款三十余万两,商款洋七十余万之巨"。据天津城董事会当年7月公布的统计,被灾铺商2385户,居民639户,房产业主110户,加上被焚抢的15处当铺,共计损失银1288.68余万两。当时的商家称,"全埠几至瓦解,而绅商损失尤巨"。①

1925年12月24日,在国民军尚未到达天津时,奉系溃兵已经在商业繁华的河北大街、北马路、西关街等地大肆抢劫布庄、鞋帽店、米铺、钟表店等店铺,至少有数十家店铺遭到抢劫。这些溃兵少则三五成群,多则数十人,手持长枪,砸开店门,蜂拥而入,任意抢劫现款、货物和金银细软,鸣枪威吓,或用刺刀威逼店主,将商店抢劫一空,一些土棍和游民也趁火打劫,有的店铺被连抢数次。为了带走不义之财,溃兵竟然丢下枪支弹药和军装。②

北京政府定都北京后,天津作为北洋军阀的发迹地,邻近北京,是直隶省的省会,又是北方最大的港口和工商业中心,还有各国租界作为避风港,政治地位空前提升,成为北洋各派军阀密谋各种政治军事活动的策源地。各路军阀麇集,尤其是下野和失意的军阀、政客寓居,使天津有了更多的资金来源,进而投资兴建大型工矿企业和银行等,有利于近代经济的发展。但是,各系军阀轮流执政,混战不止,天津成为各系军阀争战的目标,地方政府和所属机构由占据的各派军阀政客与属下轮流坐庄,有的则长期成为军阀的傀儡。而且,各路军队在附近驻扎和开战,造成天津局势不稳定,市民经常为逃避战火躲进租界,或者远走他乡。如1916年6月,张勋借口调解黎元洪和段祺瑞之争,率领5000名辫子军从徐州抵达天津,却迟迟不进入北京,而在天津策划复辟。段祺瑞在天津设立讨逆军总司令部,聚集军队在天津附近的马厂誓师后,北进击溃辫子军。再如,1922年奉系军队占据天津,大本营设在天津以东30里的军粮城,有12.5万军队驻扎,与其对峙的直系军队12万余官兵也在附

---

① 天津市档案馆等编:《天津商会档案汇编(1903—1911)》,第2471—2494页。
② 天津社会科学院历史研究所《天津简史》编写组:《天津简史》,天津人民出版社1987年版,第274—275页。

第四章　近代经济的起步与全面发展(1901—1927)

近伺机而动;4月,奉系与直系军队在天津开战,历时3个月,天津的商家纷纷将贵重物品运到租界,甚至干脆歇业。1924年,直奉两系又在山海关附近开战,直系溃败,天津政局又从被直系操纵变为受奉系控制,政府要员换为奉系亲信。"津埠屡经战役,人心浮动,谣诼百出"①,使得天津长期处于不稳定的动荡环境之中。

(二)动乱环境对经济发展的影响

各派驻军连续不断地公开劫掠,直接阻碍了天津经济的发展。

其一,往来和驻扎的各路军队强征给养。如1925年11月,镇威第一方面军命令天津县行政公署速办谷草50万斤、木柴100万斤作为应征各军队给养,后又直接索取现款。12月10日,直隶军团总司令部命令天津县行政公署立即向地方绅商筹借3万元,限10天先交半数,20天交齐。②

其二,各路军阀以各种名目强取豪夺,肆意勒索。第二次直奉战争后,新任直隶军务督办兼省长李景林设立直隶兵灾善后清理处,以清查、没收战争祸首财产为名向工商界勒索巨款。1925年6月至8月间,该处以藏匿祸首财产和违犯盐法为名,除将久大精盐公司的所谓祸首股份6.55万元没收外,责令罚款20万元,并一度拘禁公司总经理范旭东、营业部长周雪亭。在久大公司恳请盐务署及盐务稽核总所出面干预,并先后缴纳8万元的现金报效后,才获"姑准从宽免缴"的处置;③其后,"此款移充军费正式开销"。李景林还设立了所谓的直隶盐款清理处,打着清理盐款、整顿盐务的幌子,多次对盐商肆意敲诈勒索。如以"欠缴洋码报效,顽抗不交"为由,将芦纲公所纲总邓崇光、邹廷廉、郭春麟等拘留收押,芦纲公所花费53万元巨款,始得保释出狱。④芦纲公所前纲总李宝诗也被扣上侵占公款的罪名,查封所有财产并扣收引地,李

---

① 天津市档案馆等编:《天津商会档案汇编(1912—1928)》,天津人民出版社1992年版,第1094页。
② 天津市档案馆等编:《天津商会档案汇编(1912—1928)》,第4169、4165页。
③ 赵津主编:《范旭东企业集团历史资料汇编——久大精盐公司专辑》下册,天津人民出版社2006年版,第596—604页。
④ 天津市档案馆等编:《天津商会档案汇编(1912—1928)》,第4306—4307页。

家最终花费40万元巨款疏通,才得"从宽免予处分",启封发还所有财产。褚玉璞督直期间,又以追查"津浦盐斤加价案"为名向盐商李家勒索巨款达100万元。①

  褚玉璞督直期间更变本加厉地强行派款筹集军需。1926年4月,褚玉璞在财政会议上提出:现直隶境内驻军约有40万人,每日给养约需10万元,故饬令财政厅、盐运使署、津海关署及各税务局从速筹集饷款,仅长芦直岸各盐商就被迫认缴本省军费和中央政费各50万元,分3个月缴清。②1926年6月,褚玉璞任直隶省省长,上任伊始就发布了一切经收款项先尽军需拨用的命令,声称:"现值军事正紧,结束仍无准期,供济纷繁,需费奇巨,凡有用款发生,均需迫不及待,自非先其所急,难免贻误戎机。此后所有各种经手款项,拟尽军需部分提前拨用,余则再归各机关经费,分别支配,不得予取予求任意借拨挪用。"1927年底,褚玉璞命令天津商会紧急从各银行、钱商、盐商、面粉和纱厂主筹现洋200万元,各银行担任"承借"150万元,其余50万元由其他各商承担。③褚玉璞垮台前,命令天津商会两天内交出大洋100万元,并威胁称:"若不急筹巨款,实不足以维现状而保安全","假使各商蓄意观望,借词搪塞,万一地方发生争端,其责任当非玉璞一人尽负也"。④

  其三,军阀以军需之名逼迫政府和省银行滥发钞票和各种名目的公债,并强行征收捐税。1926年,褚玉璞为巩固和扩张地盘,滥发直隶省银行的银元票和铜元票。到1927年11月,直隶省银行共发行银元券849万余元,其中天津分行719万余元;⑤另外发行银角票96万余元,先后收回40万余元,在外流通者56万余元。⑥由于滥发钞票,直隶省银行信用尽失,1926年五六月间开

---

① 金大扬:《天津"李善人"》,《天津文史资料选辑》第7辑,1980年;天津市档案馆等编:《天津商会档案汇编(1912—1928)》,第4307—4308页。
② 河北省财政志编写组:《河北省财政大事记》,中国旅游出版社1992年版,第38页。
③ 天津市档案馆等编:《天津商会档案汇编(1912—1928)》,第4182—4185页。
④ 天津市档案馆等编:《天津商会档案汇编(1912—1928)》,第4191页。
⑤ 天津市档案馆等编:《天津商会档案汇编(1912—1928)》,第1161页。
⑥ 天津市档案馆等编:《天津商会档案汇编(1912—1928)》,第1101页。

第四章 近代经济的起步与全面发展(1901—1927)

始出现挤兑风潮,此后挤兑风潮屡屡发生。①1927年6月,直隶省地方当局命令以芦盐产捐作抵向各银行号借款,经各方商讨议定:"对于已发行五百六十万元省钞,由津埠银行公会承认垫借一百四十万元,由天津总商会等担保流通一百四十万元,皆以芦盐产捐项下收入之款为基金,其余二百八十万元由省政府自行筹划,即日组织保管维持省钞委员会,著手盖戳兑现,担保流通,十足行使。"②

驻扎在天津的各派军阀,为了筹措军费,还指使政府财政厅等任意滥发巨额公债。1925年发行了直隶第五次公债、天津短期市政公债,1926年又发行了直隶善后长期公债、直隶善后短期公债、直隶第六次公债等。其中,规模最大的一次是1926年同时发行的直隶善后长期和短期公债,高达1000万元,其中短期公债400万元,债期3年;长期公债600万元,债期6年。③

各派军阀在天津执掌政务和驻扎军队多比较短暂,但仍然依仗武力强征硬派苛捐杂税,横征暴敛,根本不顾及经济发展和民众生计。1924年,吴佩孚驻节天津时,为了接济军需,要求天津增收特别房铺捐。1925年2月,为办理兵灾善后事宜,征收直隶兵灾善后卷烟吸户特捐,售烟时按照价值抽20%贴花。1926年3月,驻津的军队要求政府增收房铺临时特捐3个月;1927年3月对销售洋油、颜料、纸箱、火柴商家增收按值百抽五的特种物品用户特捐,作为军事善后需款。芦盐食户饷捐总局颁布精盐饷捐简章,规定久大精盐公司的精盐行销各省一律每担加征2元饷捐。1927年11月5日,奉系镇威军团在京榆一带强行扣留久大公司待运精盐,勒令非先缴足饷捐不得起运。经各方多次调停后得准减半征收,但久大公司仍无力担此重负,12月12日新、老二厂全部停工停运,直至1928年4月15日新厂才开工生产。④

其四,铁路交通不畅,严重影响了进出口贸易、物资运输和商品流通。如

---

① 天津市档案馆等编:《天津商会档案汇编(1912—1928)》,第1092—1097页。
② 天津市档案馆等编:《天津商会档案汇编(1912—1928)》,第1104页。
③《长芦盐运使训令芦台场知事奉饬补发直隶善后长、短期公债条例暨还本付息表》,转引自戴建兵、申玉山:《直隶军阀对长芦盐务的压榨与掠夺(1925—1928)》,《城市史研究》第26辑,2010年。
④ 参见戴建兵、申玉山:《直隶军阀对长芦盐务的压榨与掠夺(1925—1928)》,《城市史研究》第26辑,2010年。

1922年4月,第一次直奉战争在天津周边开战,导致津浦和京汉铁路中断,所有车头和车皮"多被奉军扣留,运出关外",直至三个月停战以后,这些车辆仍然滞留关外,无法投入正常运行,"致各行几无货可购,外洋订货单积压而不能依期买货",更无法运销内地。①由于铁路运输停顿,工业所需原料和燃料难以保证,一些工厂被迫停工。一些商店难以继续营业,资金无法流转,货物持续断档,面临倒闭之危。1924年秋,第二次直奉战争爆发,各路车辆又都被征用,"交通阻隔,商务停滞",直到翌年铁路运输仍未恢复。长芦盐的运销因"路局无车,河船多因军用被封,有报税经年未能筑出者,有数月未能筑出者"。"芦纲各商以时局关系,车运停阻,河水复涸船运亦复不通行,豫省、直南各县颗粒已不能运往",由于积压的"盐斤既无法运出,不能销售,盐商资本赔耗均已周转不灵,枯窘万状,加以枭匪肆起,私盐遍地,津海道属各县销盐数目逐渐锐减,影响甚巨"②。

五、环境改善和海洋开放意识对经济发展的影响

(一)海河的治理与经济发展

20世纪以后,对海河的治理促进了天津经济的迅速发展。

海河是促进天津城市兴起和发展的重要因素。华北平原各条河流汇集到海河后流入渤海,故天津无论是与江南、闽粤的沿海贸易,还是与华北各地的经济往来,皆倚重于海河。海河干流长度较短,据记载,咸丰八年(1858)时海河自天津城东北的三岔河口至大沽入海口全长90.1千米,但直线距离仅有48.3千米。由于河道错综复杂,弯曲较多,船舶航行极为不便。咸丰十一年(1861),200吨以上的船只在海河航行时就不断发生在急转弯处撞击河岸的情况。1860年天津开埠以前,由于帆船船只较小,吃水浅,载重量有限,加之天津出入的商品规模不大,海河还可以承受天津到大沽海口的运输。开埠以

---

① 吴弘明编译:《津海关贸易年报(1865—1946)》,第402、392页。
② 《长芦盐运使呈直隶督办褚本年以来芦纲现状及经筹款项情形》,转引自戴建兵、申玉山:《直隶军阀对长芦盐务的压榨与掠夺(1925—1928)》,《城市史研究》第26辑,2010年。

第四章　近代经济的起步与全面发展(1901—1927)

后,海河成为沟通华北与世界各国联系的最便捷通道,承载了更多的功能。

天津作为沿海口岸,进口洋货和出口土货都要依靠近海或远洋航运,经由海河完成货物集散,进而与国际市场接轨。因此,西方列强占领天津伊始,就选择海河沿岸作为侵占中国和开展贸易的立足点。最先划定的英租界选择了比较笔直的一段海河河岸,将其作为租界的经济中心。稍后,法租界、德租界和日租界都设立在海河干流的西岸。20世纪后设立的俄、意等国租界,则位于海河干流的东岸,与英、法等国租界隔河而望。开埠之初,在天津的欧洲人普遍看好由天津经各条河流连接华北平原,再经海河通往海外的水上交通。

英、法租界当局首先在海河沿岸修筑海运港口码头,其他租界纷纷效仿。进入轮船时代后,海河弯道多、淤塞严重、吃水浅的弊端立即显露出来。1861年时,进出海河的111艘船只的平均吨位只有245吨,除了在急转弯时不断撞击河岸外,并没有遇到什么困难。1870年,轮船的平均吨位增加到388吨,1880年增至600吨,在海河航行和调头就颇感困难。从19世纪80年代开始,海河流域洪灾频仍,大量泥沙顺流而下,使得弯曲的海河河道不断淤塞。每年枯水季节,由于河道水浅,吨位略大且吃水较深的轮船时常触淤搁浅,无法驶入租界码头,只能等到雨季河水上涨,或卸载部分货物使轮船吃水变浅,才能驶入租界码头,或者轮船停泊在大沽口锚地,再由驳船卸载货物运到租界码头。轮船往来于租界码头和大沽口之间时,尽管只有数十千米,却常常要花费几天的时间,加之河道弯曲狭窄,轮船经常撞沉帆船,海河一度成为船舶航行的障碍。1884年后的三年内,最小的轮船也不得不在大沽沙洲停泊。1887年后,海河河道淤浅速度加快,一度连驳船也无法通行,不得不在北塘口设立临时停泊地。1890年后河道淤浅的情况稍有好转;但1894年8月以后淤塞速度再次加快,当年7月11日到8月16日间,所有轮船均在塘沽卸货。1896年,有7个月轮船不能开到租界河坝,1897年海河已成为"一条几乎无用的航道"。1898年,"全年没有一艘轮船可以抵达租界河坝"[①]。1899年,塘沽

[①] [英]雷穆森:《天津租界史(插图本)》,许逸凡、赵地译,第91页。

以上30英里的河道几乎不能航行,当年抵达租界河坝的轮船仅有两艘。无论是轮船在大沽停泊等候潮涨进入海河,或者由大沽驳运到海河码头,都增加了运输成本和商品流通的时间。

海河淤塞和河道弯曲所造成的困境,成为19世纪天津对外贸易中直接进出口商品很少的主要原因之一。津海关1866年(最早的是1865年)贸易报告称:"欧洲货物由沪运津之费用,高于英国运往上海者;由英国直行天津,比之驶抵上海之平均时间,未必多用5日以上。"此外,还有运费、保费、装卸费和码头捐等问题,"所可惜者,此等船只无以通过海河河口之大沽坝。所谓大沽坝,确切而言,即指穿行拦江沙之航道而长达3英里者。寻常在高潮时,唯吃水12英尺深之船乃能通行,而13英尺者则鲜能穿越"。津海关人员考察进入海河的外国轮船吨位和停泊状况,发现最多的要停泊41天,一般要在30天以上;结论是"欲使英船来津并泊于坝外,其诱惑力似乎不大"。1872年的津海关年报认为,直接贸易不能增加的主要原因是轮船吨位小、运费高昂和"无以逾越大沽坝,在彼驳运货物既危险且又耗资。迄今到埠之船悉皆小吨位者,所卸之货多少有所损伤"。所以,该时段天津的进出口贸易多是通过上海和香港转运的间接贸易,从天津直接进出口货物所占的比重不大。据统计,天津直接进出口贸易额占贸易总额的比重,1875年为5.66%、1880年为6.35%、1890年为5.66%、1895年为11.79%、1899年为19.51%。海河的淤塞和河道弯曲,成为阻碍天津与国际市场直接对接,限制天津口岸贸易发展和城市经济实力提升的重要原因。

(二)对海河的治理

针对海河的问题,早在1887年津海关税务司就曾建议,"在河道几处河湾的弯曲处裁湾取直,形成一条近乎笔直的入海河道"①,并尝试用挖泥和耙梳的方法疏浚河道,但遭到清廷的抵制和干预。1890年,津海关税务司德璀琳提出了一项需要花银100万两的疏浚海河方案,仍未得到清政府的支持。

---

① [英]雷穆森:《天津租界史(插图本)》,许逸凡、赵地等译,第89页。

第四章　近代经济的起步与全面发展(1901—1927)

1897年,在津海关税务司的倡导下,直隶总督王文韶批准成立了海河工程委员会。这是一个专门整治海河航道的机构,也是中国最早的专业疏浚机构。委员会由津海关道、海关税务司、各国驻津领事、洋商总会代表以及作为顾问的丹麦人林德组成。委员会基金由清政府拨银10万两,再以英租界土地作担保发行公债银15万两,开始了第一期海河治理工程。工程主要是在海河小支流河口建造节制闸,以加大海河的纳潮量,使主航道河水加深。1900年义和团运动爆发,工程中断,水闸被毁。八国联军占领天津期间,天津都统衙门拨银25万两支持海河工程委员会。1901年签订的《辛丑条约》规定,组建国际性的"海河委员会"(也称海河工程局)主持海河治理工程。

从20世纪初到30年代,在海河工程局的主持下实施了治理海河工程。工程主要包括三个方面:海河河道的裁湾取直、海河上游的截沙放淤和海河入海口的大沽沙浅滩疏浚。工程款来源多元化,如政府拨款、发行公债、津海关收取码头捐、洋商捐款和直接拨款等。在各项工程中,裁湾取直和疏浚大沽沙浅滩工程对轮船进出、口岸的直接进出口影响最大。

1901年海河工程局成立后,当年十月开始启动第一次裁湾取直工程,起于挂甲寺,止于杨庄,于光绪二十八年(1902)七月结束,新挖航道1207米,缩短航道2173米。1902年,海河工程局开始了第二次裁湾取直工程,从荷兰购入0.2立方米斗容链式挖泥船"北河"和一、二号挟泥机,自下河圈起到何庄子止,新挖航道1170米,缩短河道4989米。1903年开始第三次裁湾工程,1904年6月底竣工,7月下旬通航,新挖航道3380米,缩短航道7242米。此时,"天津河道业已展宽,有碍行船之河湾全行裁去"[①]。经过这三次裁湾取直,到1905年时,"工程渐有进步,河道已有数处业经加宽,所显见者系租界码头平齐之处,最大275尺之船亦能在该处转弯"[②]。1911年后又进行了三次裁湾取直工程,直至1924年,一共完成了六段裁湾取直工程,海河航道缩短了26.3千米。

[①] 吴弘明编译:《津海关贸易年报(1865—1946)》,第227页。
[②] 吴弘明编译:《津海关贸易年报(1865—1946)》,第244页。

天津经济史（上卷）

表4-1 1901—1923年海河裁湾取直工程量统计表

	年代	起止地点	河段长度（米）		开挖土方（立方米）	
			裁湾后	缩短	人工开挖	机器开挖
第一次	1901	挂甲寺—杨庄	1524	1829		
第二次	1902	下河圈—何庄	1829	5181	1,699,000	
第三次	1904	李家楼—邢庄	3536	7131	1,931,219	
第四次	1913	赵北庄—东泥沽	3780	9077	28,317	2,421,103
第五次	1918	三岔河口	474	1585	56,634	113,270
第六次	1921—1923	下河圈—芦庄	2743	1534	249,416	1,782,233
合计				26,337	3,964,586	4,316,605

资料来源：崔士光主编：《滨海城市天津农业图鉴》，海洋出版社2001年版，第218页。

与此同时，海河工程局还对大沽沙航道进行了疏浚。大沽沙坝是位于大沽炮台外约11.27千米处的一小块带状浅水区，长年积沙，由于地处海河口，有碍航行。光绪二十七年（1901），海河工程局顾问林德提出治理大沽沙坝的两种办法，一是通过限制和导流，抑制泥沙沿航道飘流，最后用河水将泥沙带到较深的海水里沉降；二是用挖掘机械来加深航道，保障其不再淤塞。光绪三十年（1904），海河工程局利用链斗船"北河"号进行试验性疏浚，并用浮管送泥沙，结果并不理想。光绪三十二年（1906）后，开始用"滚江龙"、转耙疏浚拦江沙和航道，1914年后又用吹泥船疏浚大沽沙航道，取得明显实效。

海河裁湾取直和河道疏浚工程加大了海河航道的纳潮量，租界码头水深增加；同时也缩短了由大沽入海口到市区港口码头的水道距离，使得直接驶入海河码头的轮船数量迅速增加。1909年时"出入口轮船，共计942只，增于上年164只，其间直抵紫竹林者623只之多，洵属历年来所未有猗欤，海河工程之裨益，岂浅鲜哉！"①到裁湾取直工程完成的1924年，在租界码头停泊轮船增加到1500余艘，轮船的最大吃水量超过了19英尺，3000吨级轮船可以抵达紫竹林码头，并乘潮涨调头。

轮船直接进入天津市区海河沿岸，促使天津海河港口发展达到巅峰时

① 吴弘明编译：《津海关贸易年报（1865—1946年）》，第281页。

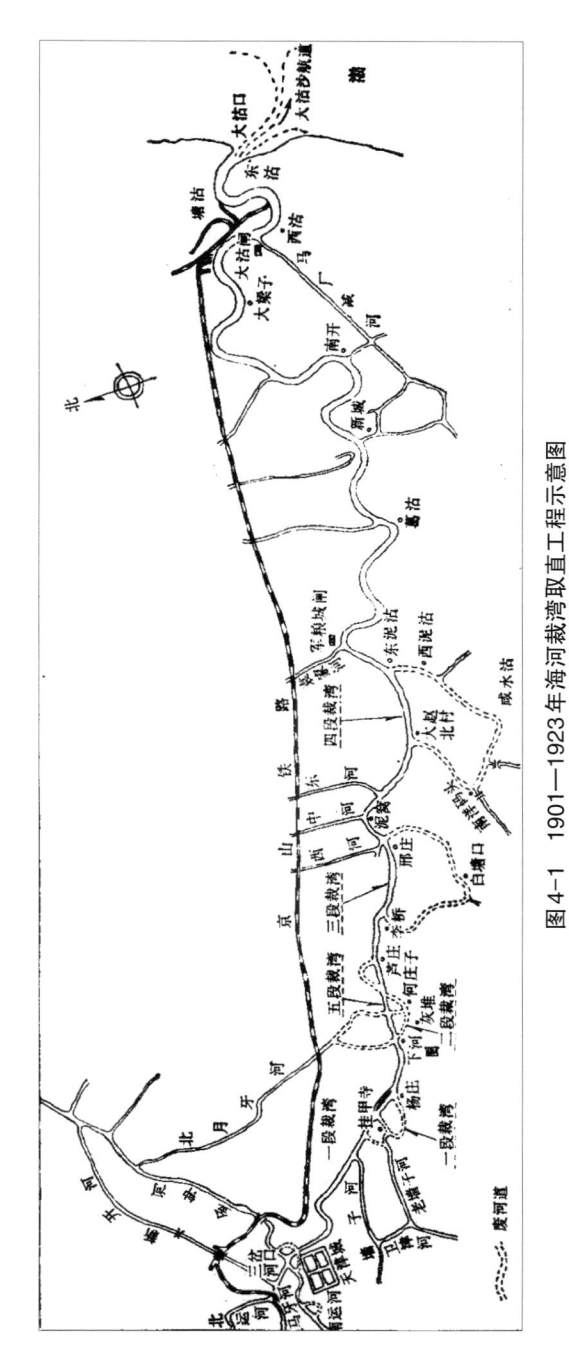

第四章　近代经济的起步与全面发展(1901—1927)

图 4-1　1901—1923 年海河裁弯取直工程示意图

资料来源：李华彬：《天津港史》(古、近代部分)，第 187—189 页。

期。西起金汤桥、东至裕元纱厂,沿海河6000米均成为天津港的范围。沿海河两岸,港口码头、仓库相连,分布着著名洋行、公司的专用码头和仓库,如怡和、太古、卜内门、三菱、仁记、鲁林、礼和等洋行和大陆、金城等银行的码头和仓库。沿海河东岸,则主要是经营煤炭、煤油等能源产品公司的大面积露天堆场,如美孚、亚细亚、德士古火油公司、开滦矿务局、英美烟草公司等等。

(三)治理海河的意义

海河裁湾取直工程带来了天津进出口贸易的变化。从历年的进出口贸易统计看,自1903年以后,天津的进出口贸易迅速发展,尤其是直接进出口贸易额迅速增加,在进出口贸易总额的比重明显提高。1905年洋货直接进口值占洋货进口总值的52.75%,1910年以后一直占到洋货进口总值的70%以上,占进口总额的比重在40%~50%左右。1905年直接出口商品占出口贸易总值的50.54%,经过短时期的回落,20年代中叶上升至60%以上。

对天津城市而言,裁湾取直工程明显改变了城市的空间布局。三岔河口和老城北一带,河湾的减少大大改变了这些地区的景观,有利于城市规划和发展。海河两岸各国租界林立,形成新的城区,沿岸遍布码头、货栈与银行、洋行、宾馆等服务性设施,形成天津新兴的经济中心。裁湾取直工程有一个附加效应,即挖出的大量淤泥用于填垫低洼之地。地势低洼是阻碍天津城区扩展的一大障碍,海河工程挖掘出的大量泥土需要处理,"吹泥填地"将两项工程结合在一起,促进了天津城市的发展。从20世纪初到20年代,这项计划取得了很大的成效。英、法、德、日租界以及南市、塘沽一带的建设都得益于来自治理海河的吹填泥土。1912—1921年,至少有170万立方米泥土填筑到这些地区。①到20年代,每年有20万~40万立方米泥土被填筑到英租界的"五大道"地区,使得英租界平均垫高了1.4米,德租界平均垫高了2.6米,

---

①《津海关十年报告(1912—1921)》,《中国旧海关史料》编辑委员会编:《中国旧海关史料(1859—1948)》第156册,第166页;龚宁:《吹填造地与近代城市建设——基于海河工程局档案的研究》,《城市史研究》第42辑,2020年。

第四章 近代经济的起步与全面发展(1901—1927)

到1948年有1464.28万立方米的泥土被吹填到洼地,为这些地区建设奠定了基础。

海河的裁湾取直等工程还有更深层次的意义,即增强了天津以及周边民众主动利用海洋的意识。

天津临近渤海,拥有海港,与中国北方内陆平原的农耕环境有所不同。北方地区以农耕经济为主体,华北平原水足地沃,有较好的陆地生活条件,农业比牧业和海洋渔业拥有更高的劳动生产率,更容易从自然界得到生产和生活的物质保障。所以,民众通过农耕就可以"安居乐业"。因此,逐渐形成了以农为本的经济社会发展模式,以及以此为基础形成的民众的社会心理、思维模式和价值取向,使人们对陆地的认识根深蒂固,缺乏主动走向海洋的意识和动力。

另一方面,古代航海技术欠发达,容易出现不可预知的海难和海盗的骚扰,因此民众对海洋有畏惧之心。唐代以后,随着中原民众南下后出现的经济重心南移,政府开始重视海外贸易,设立市舶司制度,允许外商前来贸易,从而沟通了中外交流,促进了一些港口城市的兴起,也增加了国家的财政收入。元代增设多处市舶司,征收沿海贸易税,甚至由政府出资鼓励船商出海贸易,漕粮运输也由运河改为海运,每年有数百万石的漕粮从江浙海运到天津附近,然后再通过内河和陆运到达首都和北部戍边驻军之所等目的地,海洋经济由此开始波及北方,尤其是天津等沿海地区。但是,海疆防御仍然是朝廷政策的基点。辽金时期北方设立水师营防御来自渤海湾沿岸的袭扰。明初政府设立诸多的军事卫所,均出于海防目的,如天津卫、金山卫、靖海卫。嘉靖年间山东省的18个卫中,在沿海者就有登州、大嵩、宁海、靖海、安东、成山、威海、莱州、灵山、鳌山10个。明中叶以后,随着航海技术进步,世界大航海时代来临,既给中国带来了海上贸易,也带来了海盗侵袭,因此朝廷更重视东南沿海不断发生的海盗,以及北方沿海由倭寇、女真等带来的威胁,海上安全的敏感度开始增强。于是,明代和清代前期都采取了以"禁海"为核心的海防政策,以水师营和炮台设防,甚至强迫(沿岸地区)居民撤离,以图通过陆海隔离,确保内陆安全。清政府最初主要采取了迁徙浙江、福建两省沿岸居民,到顺治十八年（1661），直隶、山东、江苏、浙江、福建、广东等沿海省份普遍开始迁徙濒海居民。按照清朝的规定：濒海居民一律内迁30～50里，在靠海一侧开界沟，筑界墙，立界碑，修炮台，派兵驻守，在沿海与内陆之间形成一片无人区。康熙年间，朝廷再次在福建颁布迁海令。同时，对沿海渔民、船民实行保甲连坐，严格限制跨界捕鱼和出海不归，寄居海外的华人往往被视为"叛国"而处以极刑。

从经济上看，传统农耕经济的特征是生产自给自足，农民视土地为生命和财富，农产品仅仅在局部区域中流通，商品率较低。以内陆经济为主形成的重农抑商、重陆轻海的思想意识和价值观念占据主导地位。尽管在江苏、浙江、福建和广东等省的沿海地区仍然靠海为生，从事渔业和海上贸易，拥有充满活力的海洋经济优势，但就整体而言，海洋经济缺乏内驱力和官方长期的支持，从而发展缓慢，海上贸易只能以"非法走私"和夹带等形式存在。明清以后，中国社会经济开始向商品经济转变，尤其是江南和沿海地区商品生产与流通开始突破以农为本的传统模式，私人海上贸易随之勃兴，南北方的沿海贸易开始兴起，带动了天津与江南的商品流通。清康熙二十三年（1684）清朝正式开海后，促进了天津与江浙、闽粤等省的沿海贸易，使其成为南北商品流通的集散中心。

随着西方殖民主义势力的侵入，特别是鸦片战争后西方列强利用坚船利炮从海上打开中国的大门，朝廷内外被迫面向海洋，不得不重视来自海上的威胁和诱惑。但是，朝廷内外的目光仍多聚焦于海防问题，以解决危及主权和朝政的当务之急，并没有将其与经济开发联系在一起。即便西方列强用鸦片和军舰打开中国大门之后，官员对列强战略意图的判断仍然是其与中国的争夺目标在陆地而不在海洋，"盖我之土地、人民、货财，皆在内地而不在大洋"，"若一旦有事，彼必与我争陆地而决不与我争大洋"[①]。随着国家内忧外患、积贫积弱和主权丧失的状况日益严重，朝野海权意识虽有所觉醒，但是发

---

① 《丁宝桢预筹海防情形片》，中国史学会主编：《洋务运动》第2册，上海人民出版社1978年版，第304页。

第四章　近代经济的起步与全面发展(1901—1927)

展海上贸易的观念和意识依然比较淡薄,可以说是被迫与国际市场接轨的。另一方面,西方列强带来的器物、制度和文化也从诸多领域影响着以内陆经济为主体的中国,尤其是沿海城市受到巨大的冲击,从而开始了城市经济近代化、社会转型和文化的演进。

天津地方政府和民众的海洋意识,与东南沿海和华北内陆均有所不同。天津地处渤海湾内,没有像黄海、东海和南海沿岸地区那样多的海盗和海患,反而历代享有渔盐之利,特别是明清时期沿海的漕运和南北贸易等,促使天津从聚落发展为具有一定规模的城市。但因邻近首都,天津始终处于北方农耕经济和内陆文化的影响之下。无论是经济上还是文化思想上,主要体现在临海却背向海,近海却不依仗海,并未主动利用沿海地理优势所带来的更多机遇。进入近代以后,天津被迫开埠通商,成为北方最早的开埠通商口岸,也是北方最大的港口。西方的政治军事和经济势力从海上登陆,向内地侵入,一方面给天津和内地带来了灾难和挑战,如对首都乃至全国的军事威胁、对农耕经济的冲击、对朝贡意识和重本抑末思维的重创等;另一方面也带来一些机遇,如与西方器物文明的冲撞和融合,与国际市场的冲突和利用,以及西方科学技术、政治体制和西方文化的传入等,给天津带来了发展的契机。海河裁湾取直等缩短了天津与海洋的空间距离和心理差距,轮船航运的发展促进了对外贸易的发展,促使天津开始进入国际市场,成为经济全球化的一部分,并助推了近代工商业、金融业的兴盛,进而使天津发展成为北方的经济中心,开始向国际化港口城市转变。

第二节　进出口贸易的迅速发展

从20世纪初到1931年九一八事变前,天津对外贸易的最大变化是,进出口贸易由以往的转口贸易变为直接贸易,进而与国际市场的联系更加紧密,同时进出口贸易总额迅速增长,在全国进出口贸易中所占比重有所提升。而且,天津作为华北地区的重要口岸,从进出口商品的种类和国别等方面显示出和上海的不同,形成了自己的特征。①

一、进出口贸易的迅速发展与直接贸易的增长

(一)天津进出口贸易净值的迅速增长

天津对外贸易发展的增长趋势如图4-2、图4-3所示。1900年因庚子事变的影响,天津的进出口贸易净值突然下降,但第二年就又进入增长阶段。1902年,天津的进出口贸易净值达到约8947.9万海关两,超过20世纪前的最高值——1899年的7760.5万海关两。从1902年开始,天津的对外贸易进入一个较快发展时期。进出口贸易净值于1906年突破1亿海关两,至1910年在1亿海关两附近徘徊;1911—1920年以相对稳定的速率增长,及至1921年突破2亿海关两,并加速增长。也就是说,20年代进出口贸易增长比此前10年更快。我们可以从直接进口、直接出口和在全国进出口贸易总额比重三个角度来考察天津进出口贸易发展中的趋势和转变。

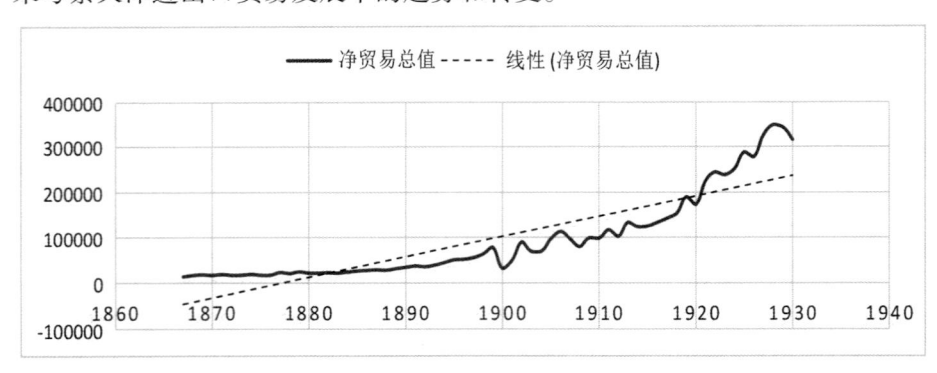

图4-2　1867—1930年天津净进出口贸易值变化图　(单位:千海关两)
资料来源:津海关历年贸易统计。

---

① 由于东北沦陷后海关的贸易统计体例不同,故统计数据多以1931年为限。

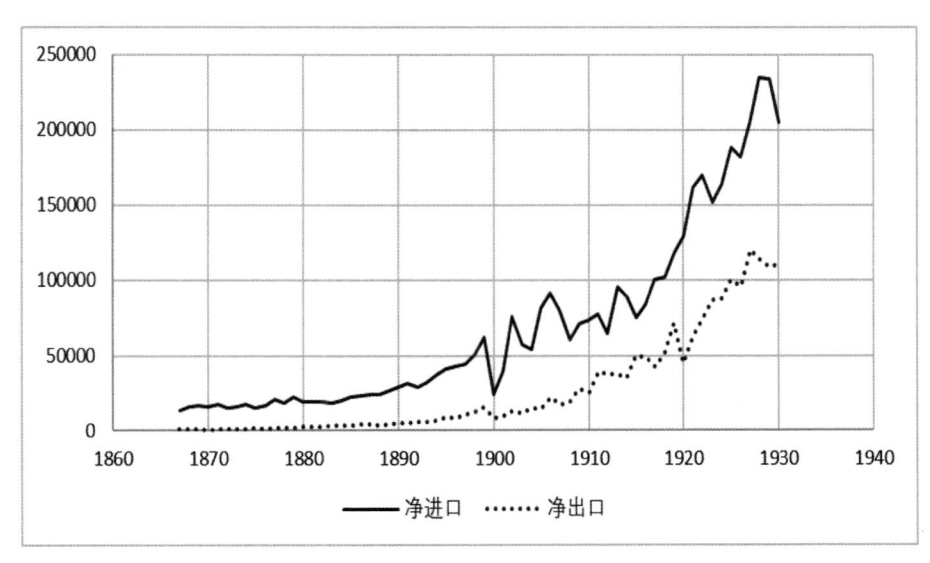

第四章 近代经济的起步与全面发展(1901—1927)

图4-3 1867—1930年天津净进口、净出口贸易值变化图 （单位:千海关两）
资料来源:津海关历年贸易统计。

（二）净进口和净出口的发展

这一时期天津的净出口贸易整体趋于增长。其中,净进口和净出口也如图4-3所示均呈现增长的趋势,虽然两者都延续19世纪下半叶增长的趋势,但是两者对于进出口总值净值增长的贡献不同。总体来看,虽然天津长期处于入超,但出口贸易在进出口贸易中的比重却逐渐增加,先是从1902年的15%攀升至1912年的37%,到1920年,出口贸易的比重在26%～39%之间波动;1920年以后,稳定在30%～36%之间(见图4-4)。若与作为全国进出口贸易中心的上海比较,可以看到,上海的进出口贸易净值也呈现增长的趋势,但与天津的出口贸易在进出口贸易中所占比重越来越大的特点不同,上海以1911年左右为界限,此前出口贸易额一直大于进口贸易额,此后出口贸易在整个贸易总额中的比重由50%～65%下降至40%左右。①

---

① 佳宏伟:《区域社会与口岸贸易——以天津为中心(1867—1931)》,天津古籍出版社2010年版,第92页。

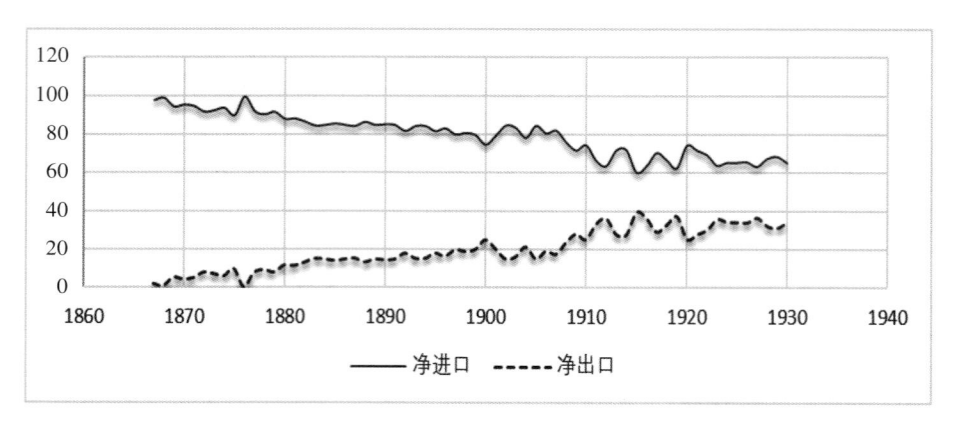

图 4-4　1867—1930 年天津净进口、净出口值占天津净贸易总值比重变化图　（单位：%）
资料来源：津海关历年贸易统计。

（三）洋货净进口和土货净进口的发展

进口贸易包括洋货净进口和土货净进口。天津洋货净进口值占有优势，但是土货净进口值所占比重呈增长趋势，1900 年至 1920 年间在 30% 左右波动，1920 年以后在 30% 的基础上向 40% 发展，表明土货净进口在天津的进出口贸易中稳中有增（见图 4-5）。而上海洋货进口在整个进口贸易中的比重稳中有升，土货进口比重则呈下降趋势。[1]另外，需要指出，1903 年后，自国内其他口岸（主要是上海，不包括香港）进口的洋货占天津洋货进口总值的比重降到 50%，天津洋货进口转变为以直接进口为主。同时，土货进口和土货净进口的贸易值越来越接近，也就是复出口的土货比重越来越少，这意味着经由天津而转口至其他口岸的土货数量降低。

---

[1] 佳宏伟：《区域社会与口岸贸易——以天津为中心（1867—1931）》，第 95 页。

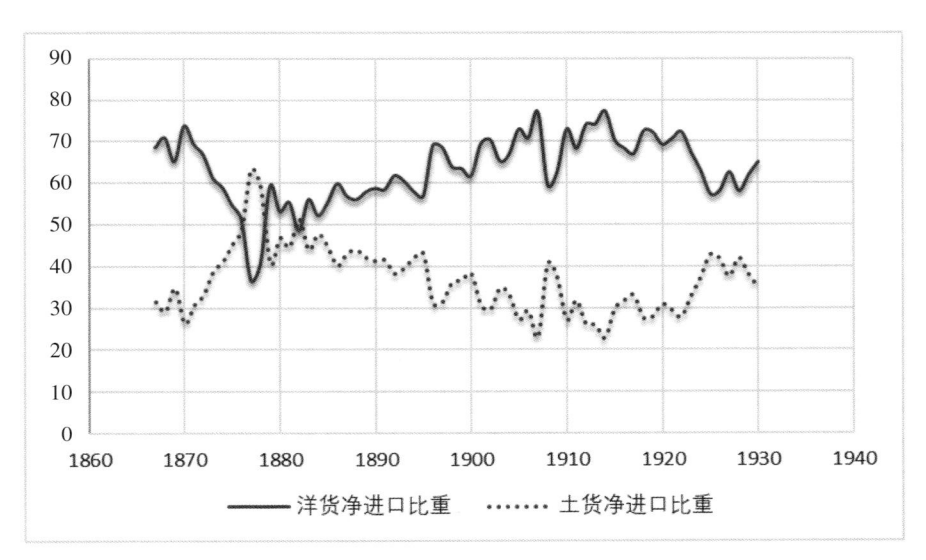

第四章　近代经济的起步与全面发展(1901—1927)

图4-5　1867—1930年天津洋货与土货进口增长比重变化图　（单位:%）
资料来源:津海关历年贸易统计。

(四)土货出口的迅速发展

土货出口分为土货出口国内和土货出口国(境)外(香港包括在内)两部分。1905年前,天津出口的土货主要流向国内其他口岸,直接出口至外洋的土货在出口贸易中所占比例最高的是1904年,仅占13.8%。由于海河的裁湾取直和对日本贸易的增加,到第一次世界大战后,天津的土货出口市场由国内市场为主转向以国外市场为主。1920年代以后,土货直接出口至外洋的比例占60%以上(见图4-6、图4-7)。与之相反,上海的出口市场以由国外市场为主转向以国内市场为主,1920年代以后,出口至国内其他口岸的比例达到60%以上。[①]

[①] 佳宏伟:《区域社会与口岸贸易——以天津为中心(1867—1931)》,第97—98页。

天津经济史(上卷)

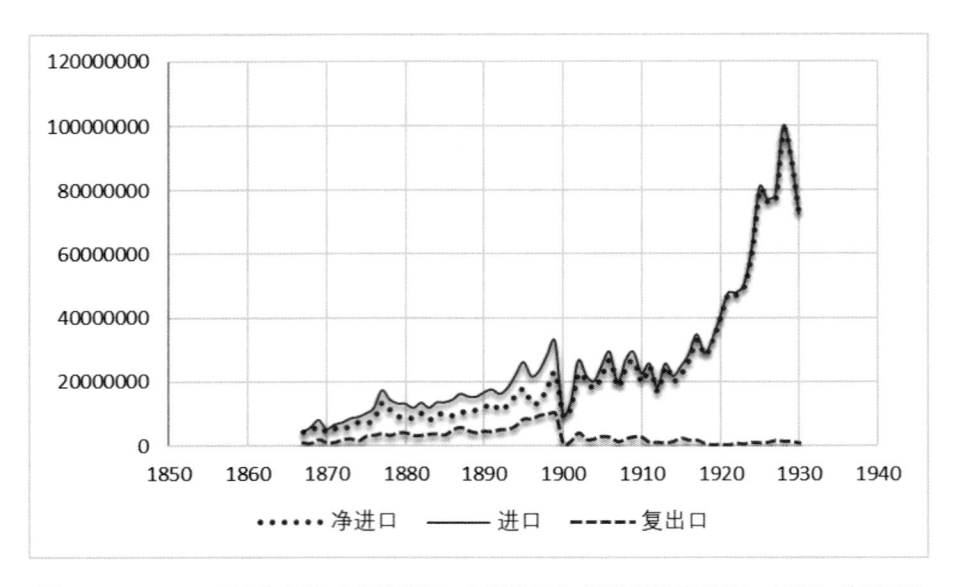

图4-6　1867—1930年天津土货净进口、土货进口和复出口值变化图　（单位：海关两）
资料来源：津海关历年贸易统计。

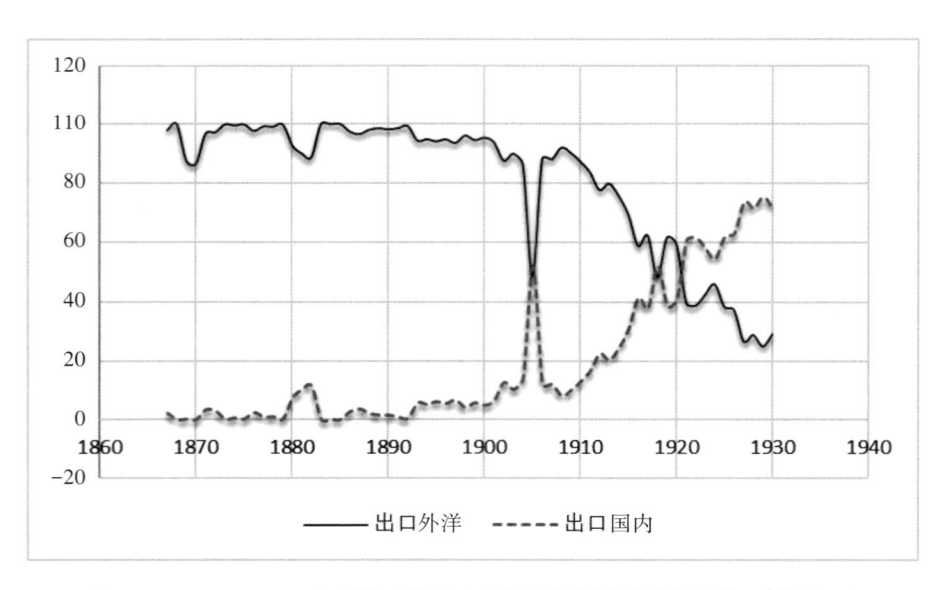

图4-7　1867—1930年天津土货出口至外洋和国内比重变化图　（单位%）
资料来源：津海关历年贸易统计。

第四章　近代经济的起步与全面发展(1901—1927)

从全国范围看,进入20世纪以后,天津延续着作为全国重要通商口岸的地位,并且有所强化,特别是直接进出口贸易显著增加。天津占全国对外直接进出口贸易货值的比重,从1901年的2.31%上升到1911年的4.79%。1912—1931年,在全国直接进口贸易值中,上海所占比重不断上升,1912年为43.25%,1931年达到51.56%。与此同时,天津也是稳中有增,分别占6.77%和7.55%。而在土货直接出口方面,上海占全国土货直接出口总额的比重从1912年的44.68%下降到1931年的30.51%;同期,天津则由2.54%增加到9.75%,毗邻天津的大连则由5.55%猛增到23.48%。民国以后,在多数年份里,天津的直接进出口贸易仅次于上海和大连,居全国第三位。[①]

综上所述,这一时期天津的进出口贸易呈增长的趋势,与世界市场的联系越来越紧密,间接贸易转变为直接贸易。在这个增长的过程中,显示出与上海不同的特点:出口贸易在其中的比重越来越大,而且出口市场逐渐由国内市场转为国外市场;进口方面,洋货直接进口占有优势,土货直接进口稳中有增,20年代攀升至40%。另外,出口商品在进出口贸易中的比重越来越大,天津直接输出总值占全国的比重,从民国初年的2.54%增长到1931年的9.75%。

二、进口商品结构的多样化与规模的扩大

进口商品按照来源可分为两个部分,一是进口洋货,包括从国外直接进口和从国内各商埠进口的洋货;二是进口土货,即从国内各商埠进口的土货。这一时期,天津直接从外洋进口的商品呈现增长的趋势,主要从日本、美国、欧洲大陆和英国进口。[②]与19世纪下半叶的国别结构比较,英国所占比重相对下降,美国的贸易地位上升,日本保持着第一的位置。

从进口商品性质看,可以归为两大类:一是生活所需的消费品,主要有各种棉布、棉线,以及毛呢等纺织品,大米、面粉、杂粮、卷烟、糖类、茶叶等食品,以及煤油、火柴、缝衣针等日用品。二是生产资料,主要包括机器、设备以及

[①] 参见姚洪卓主编:《近代天津对外贸易(1861—1948)》,第68页。
[②] 佳宏伟:《区域社会与口岸贸易——以天津为中心(1867—1931)》,第116页。

五金等近代工业和手工业所需材料,车船、钢轨等交通运输所需材料和电气材料,水泥等建筑材料,以及棉花、棉纱等工厂和织布工场的生产原料。交叉比对消费品、生产资料和进口洋货与进口土货,可以看到一个特点,即进口的洋货多为近代大工业生产的制成品,如棉布、棉纱、铁路材料、机器和五金、煤油、火柴等;进口的土货多为需要进行深加工的未制成品、半制成品,或本身即为原料,如大米、柞蚕丝、糖类和纸张等。19世纪下半叶,以棉布为代表的生活资料在进口商品中居于主要位置。20世纪以后,天津进口商品仍以销往内地的生活消费品为主。

1919—1931年天津海关主要洋货进口值占贸易总值的比重如表4-2。

表4-2　1919—1931年天津进口主要洋货占贸易总值比重表　（单位:%）

货物	1919	1927	1928	1929	1930	1931
米/面	0.05	23.37	24.75	34.57	21.17	18.47
糖	5.05	9.50	12.59	6.67	8.88	7.71
纸	2.29	3.89	3.35	3.17	4.22	5.39
各种棉布	25.69	16.11	15.35	9.88	15.92	17.09
煤油	12.27	5.60	8.10	6.26	7.33	6.77
烟草	2.01	2.47	3.01	2.32	3.65	2.95
化工/医药材	2.02	3.12	2.09	2.67	4.68	4.68
棉纱	17.32	2.61	0.95	0.44	0.27	0.14
钢铁等金属	6.20	4.61	4.55	5.23	4.78	6.15
机械设备	3.78	3.77	2.07	3.38	3.98	3.53
铁路材料	7.20	1.70	1.68	1.01	2.33	2.57
总计(千海关两)	61,984	92,551	103,435	106,015	94,067	100,214

资料来源:蔡谦、郑友揆:《中国各通商口岸对各国进出口贸易统计(1919、1927—1931)》,第三部 主要洋货各通商口岸由各国进口统计,商务印书馆1936年版。

（一）生活消费品的进口

大宗生活消费品主要有棉纺织品、糖类、面粉、大米、煤油、火柴、纸张、烟草等。棉织品在20世纪以前即为进口的大宗商品。进入20世纪,进口棉织品的品种继续增加,主要来源地是日本、英国和美国。只是"棉布进口以日本

第四章 近代经济的起步与全面发展(1901—1927)

产品为大宗,英美所产的低级棉布日益滞销"[1]。第一次世界大战后,就6种主要布匹[2]而论,1919年至1922年,在每年平均进口布匹数中,日本居第一,平均约占65%,但比此前有所减少;英国居次,稳中有增;美国进口布匹远低于英国和日本。[3]到1925年,所有价值低廉的外国定头,如市布、粗布等,除偶尔由美国进口外,大部分都来自日本。[4]

从贸易额的绝对值看,洋布的进口值趋于下降,其占洋货进口净值的比重也呈下降趋势,1902年进口洋布的价值占洋货进口总值的40.03%,以后持续下降,1914年尚能保持在20%左右的水平,到1921年跌落至10%以下,1930年则仅占3.97%。[5]进口洋布中,减少最多的是粗布,主要原因是到20年代,中国国内纺织业日益发达,天津各棉纺织厂与织布工场生产的价格低廉的粗支纱、粗布,取代了原来的进口洋纱和洋布。如1923年,"中国自织之粗斜纹布,自他口岸运来天津者,足抵前载进口减少数目中35%"[6]。价值较贵、细支纱制造的印花布和高支纱等则主要从外国直接进口。[7]

糖类在天津开埠之前就是南北贸易的大宗商品,开埠后土糖和洋糖一并在进口食品中占有较大的比重。洋糖多来自日本和中国香港、台湾。从贸易额的绝对值看,1900年后洋糖的进口延续了19世纪下半叶的增长趋势,且在进口洋货总值中的比重在4%~8%之间波动,1925年至1928年在10%左右波动,1929年又回落至6%的水平。而土糖则呈减少趋势,不仅整体的贸易值低于1900年前的水平,而且在土货进口总值中的比重常年低于5%,甚至1925年后低于1%,与19世纪下半叶动辄即在15%以上的态势形成鲜明对比。

---

[1] 王怀远:《旧中国时期天津的对外贸易》,《北国春秋》1960年第1期。
[2] 即本色市布、本色粗布、漂市布、洋标布、粗斜纹布、及细斜纹布。
[3] 吴弘明编译:《津海关贸易年报(1865—1946)》,第393—394页。
[4] 吴弘明编译:《津海关贸易年报(1865—1946)》,第421、433页。
[5] 根据历年海关贸易统计计算。
[6] 吴弘明编译:《津海关贸易年报(1865—1946)》,第406、407页。
[7] 吴弘明编译:《津海关贸易年报(1865—1946)》,第446页。

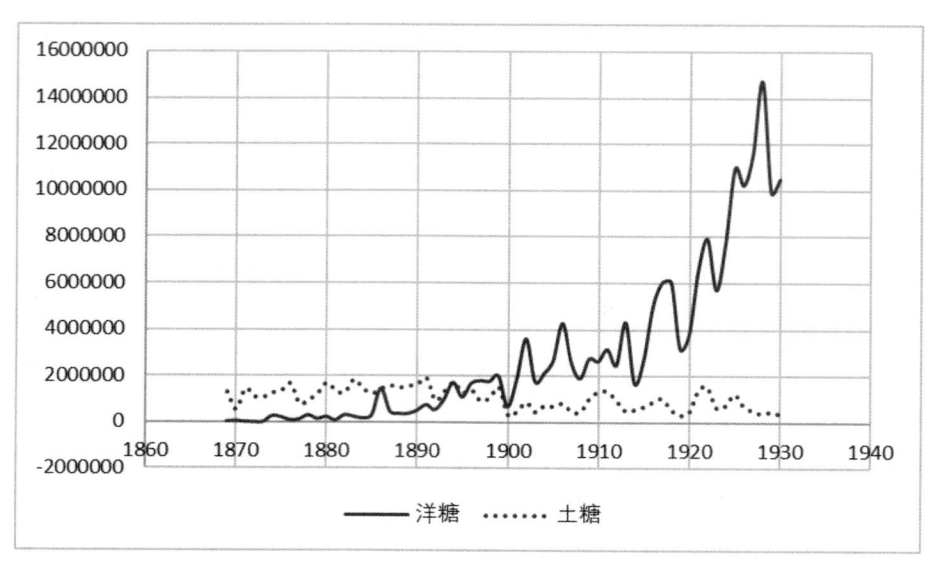

图4-8　1869—1930年天津糖类进口值变化图　（单位:海关两）
资料来源:津海关历年贸易统计。

煤油是天津直接进口的大宗商品之一,主要来自美国、俄国、荷属苏门答腊、日本。19世纪末,天津进口煤油近千万加仑,到1907年增加到2339万加仑,1914年达到4302万加仑,以后每年在2000～3000万加仑之间,是北方进口煤油最多的口岸。从煤油占洋货进口总值的比例看,1926年以前一直呈增加趋势,1883年至1907年从0.37%增加到约5%,1907年以后缓慢增长到1925年的10%。

粮食进口数量有显著波动,并随着天灾人祸、农村经济状况、城市发展、人口增减和国内生产能力等因素的变化而变化。1919年以后,包括面粉、大米和杂粮在内的各种粮食进口数量增加,年平均进口量在200～300万担左右;1926年从外洋进口各种杂粮、大米和面粉2,432,715担,比1925年增加790,389担,增长33%;同时,由国内其他地方进口的数量也有所增加,"足征

第四章　近代经济的起步与全面发展(1901—1927)

天津一带所需之粮食,渐有专赖国内他处及国外接济之势"①,1928年又比1927年增长41%,②一度成为天津口岸最主要的进口商品,仅次于棉纺织品。其中,面粉和大米是天津的主要进口商品之一,一部分是来自上海的机制面粉,一部分主要来自美国。进入20年代,天津每年进口面粉数量整体在增加,个别年份有所减少,进口增减的原因大致上是国际、国内和天津的市场供给的余缺。1924年进口1,348,824担,1925年减至457,702担,其主要原因为华北地区麦子丰收和天津各面粉厂产量增加;③1927年,进口面粉大幅增加,洋面粉自1926年的1,185,716担增至1,797,538担,来自上海的面粉增加到1,000,000担,其主要原因是自内地购麦运津发生困难,致使天津各面粉厂大幅减产。④1928年面粉进口继续增加,则是因"受军事之摧残,及旱魃之为虐,以致夏季小麦歉收",以及实行征收面粉特税的影响。⑤东三省也是一个主要的粮食来源地,天津的杂粮主要来自东北。大米的进口主要来自东南亚的泰国。

火柴和卷烟等商品的进口量与世界市场和国内工厂的兴建有较大的关系。天津火柴进口主要来自瑞士、日本和国内。20世纪初,火柴进口激增,高达730万罗(1罗=12打),由于天津兴建了一批火柴厂,进口量总体呈下降趋势,1911年至1920年间的年均进口量为291万罗,1920年下降至92万罗,1921年仅有9万罗。纸烟在1911年以前年均进口42万(千枝),1911年至1920年间年均进口99万(千枝),由于天津兴建了一批中外卷烟厂,20年代以后纸烟进口量几乎没有增长。⑥从纸烟占洋货进口总值的比重看,也清晰呈现出前后两个阶段,1920年前呈现增长趋势,从1%左右增长到约4%;1920年以后则回落到2%左右。

---

① 吴弘明编译:《津海关贸易年报(1865—1946)》,第447页。
② 参见姚洪卓主编:《近代天津对外贸易》,第115页。
③ 吴弘明编译:《津海关贸易年报(1865—1946)》,第434页。
④ 吴弘明编译:《津海关贸易年报(1865—1946)》,第460页。
⑤ 吴弘明编译:《津海关贸易年报(1865—1946)》,第472页。
⑥ 参见姚洪卓主编:《近代天津对外贸易》,第128、129页。

253

(二)生产资料的进口

天津进口的生产资料中,主要是五金、铁路材料、机器设备及物料、棉纱、棉花、麻袋、化学制品和染料等。

五金大致包括旧铁、马口铁、钢、铜、铅、钉条铁等,在19世纪下半叶即为洋货进口的大宗商品,大半是政府供给机器局等,①还有洋钢等,因其价格低廉而用于制作廉价的民用品。②进入20世纪以后,土洋五金进口稳中有增,且与棉纱、煤油、糖等一并成为销往内地的大宗商品。直到第一次世界大战期间,洋五金进口锐减。一战结束后,国内铸造铁具及机械零件小工厂日益增多而致需求增多,洋五金进口量随之增加。③在整个20年代,除个别年份外,洋五金的进口呈减缩趋势。

采矿器材、铁路材料、机械和建筑材料等设备及物料的进口,与一个地区的工业结构和发展密切相关,尤其是采掘业和交通基础设施建设。洋务运动时期,应煤矿开采和铁路建设需求,天津就有采矿和铁路材料进口,在1892年至1900年9年间,进口价值1027万海关两的铁路器材和价值81万海关两的采矿器材;20世纪以后,进口以铁路材料为主,1920年以前的10年内进口总值达2814万海关两。此后,因兴建铁路已告一段落,进口量骤减。④

从铁路材料占洋货进口总值的比例看,1887年至1901年呈增长趋势,从不到1%增加到9%左右;1901年至1930年,洋货进口总值不断攀升,铁路材料在洋货进口总值中的比例呈走低趋势,从约8%下降至1%左右。机器设备进口与近代工业发展同步。清末新政时期是各地进口机器的高潮,1900年至1910年天津进口的机器价值共计4,299,989海关两。第一次世界大战时期是天津创办近代工业的高潮时段,1911年至1920年进口值共达8,156,179海关

---

① 吴弘明编译:《津海关贸易年报(1865—1946)》,第125页。
② 吴弘明编译:《津海关贸易年报(1865—1946)》,第150页。
③ 吴弘明编译:《津海关贸易年报(1865—1946)》,第365页。
④ 参见姚洪卓主编:《近代天津对外贸易》,第125—126页。

第四章　近代经济的起步与全面发展(1901—1927)

两,比前十年增加了一倍;①20年代进口值波动颇为剧烈,1921年进口值高达900万海关两,而1920年仅有225万海关两,1922年又减少40%,1923年减少至与1920年相当,随后继续减少至约120万海关两,到1929年才又增至250万海关两。机器设备进口的剧烈波动和工厂的创办时间同步,表明进口机器设备与各类工厂的需求密切相关。1912年以后,天津兴建数家大型纱厂,需要进口纺织设备,到20年代各纱厂已经投产,1922年进口纺织机器大减,"几与1920年之数相当";1929年增长部分又以纺织设备和农业设备最多。②在这些进口机器中,纺织厂的设备主要是纺纱机器,多来自英国和日本;织布机数量不多,有日本织布机和美式电力织机等,主要用于装备较大型织布工厂,手工织布工场所需的织布机多为天津制造。这些包括纺织、机械在内的机器设备除在天津本地销售外,有相当一部分销往华北各地。

棉纱是国内织布业的主要原料,尤其是直隶和山东一些农村手工织布业发达的地方需要大量的机制纱。天津在20世纪前后需求的棉纱多由国外进口,以英国纱和印度纱为主,19世纪末日本纱开始进入天津,到1896年进口棉纱最多的是印度纱和日本纱。③进入20世纪以后,仅十年时间,印度纱的进口量就从1902年的26多万担减少至10万担左右,而日本纱则在1万担左右至10万担的波动中增长,并接近20万担。④直到1920年,洋纱进口仍呈增长趋势,1920年后则呈衰减之势,这与国内上海、青岛以及天津棉纺织业的发展有关,华商纱厂生产的32支以下棉纱颇能与洋纱抗衡,到20年代,"日本之16支纱,因土货竞争,几至不见"⑤。1928年,棉纱进口仅有7000担左右,到1929年,棉纱进口减少50%,多为32支以上用于精纺的细支纱。⑥

人造丝是30年代后华北织布业的重要原料,20年代中叶以后,开始有越来越多的人造丝进口。在1924年的海关贸易统计表中,还未将人造丝列为进

---

① 姚洪卓主编:《近代天津对外贸易》,第126页。
② 吴弘明编译:《津海关贸易年报(1865—1946)》,第408、485页。
③ 参见姚洪卓主编:《近代天津对外贸易》,第122页。
④ 吴弘明编译:《津海关贸易年报(1865—1946)》,第213、302页。
⑤ 吴弘明编译:《津海关贸易年报(1865—1946)》,第434页。
⑥ 吴弘明编译:《津海关贸易年报(1865—1946)》,第473、485页。

口商品，1925年进口人造丝4445担，1926年增至7282担，到1927年激增至19,318担。这一时期，人造丝来源于德国、荷兰、法国、意大利等，德国人造丝的进口量在1926年占人造丝进口总量的50%以上，[1]次等人造丝大半来自意大利。[2]这些人造丝大部分在天津销售，用于织造人造丝制品、运动服装等和卫生用品。30年代开始，日本的人造丝充斥中国市场，在进口人造丝中占据绝大多数，而且也成为冀东走私的大宗货物。

染料是纺织印染业不可缺少的原料，这一时期随着华北织布工业的发展，对染料的需求也日益高涨，且在一定程度上影响对棉纱的需求，有记录说："倘使内地各工厂染料无难得之虞，则棉纱运入内地之价值，必超过当前之数。"[3]1898年天津的进口染料价值为47万海关两，1906年增至66万海关两；第一次世界大战时期进口染料半数来自日本，取代了原先以德国为主的状况；[4]第一次世界大战结束后，德国在中国进口染料的地位很快恢复。随着天津织染业的发展，1921年和1922年的染料进口分别达到140万和170万海关两，1930年增至340万海关两，1931年达到最高峰，为650万海关两。[5]

另外一项进口洋货是麻袋，主要是用于包装出口的皮毛、矿产、食盐、棉花、大豆、花生和粮食等一般原料或半制成品，其原产地为印度和澳大利亚。由于天津以农产品、土特产品为主体的出口贸易迅速增长，对麻袋的需求量相当巨大。麻袋可以反复使用，并在各口岸和各级市场有一定的储存，所以每年有大量的麻袋进口。[6]

三、出口商品结构的多样性和工业制成品初现

20世纪以前，天津海关记录的主要出口商品有26项，以农畜产品为主。天津开埠的最初十年，药材是最大宗的出口产品；到1880年适应世界市场需

---

[1] 吴弘明编译：《津海关贸易年报（1865—1946）》，第447页。
[2] 吴弘明编译：《津海关贸易年报（1865—1946）》，第473页。
[3] 吴弘明编译：《津海关贸易年报（1865—1946）》，第330页。
[4] 吴弘明编译：《津海关贸易年报（1865—1946）》，第344页。
[5] 姚洪卓主编：《近代天津对外贸易》，第130页。
[6] 张利民：《华北城市经济近代化研究》，第74页。

第四章 近代经济的起步与全面发展(1901—1927)

求的草帽缏超过药材成为最大宗的出口产品,1887年以后皮货和皮毛取代了草帽缏的位置,占据出口商品的第一和第二位。进入20世纪以后,棉花和皮毛成为重要的出口产品,蛋品、地毯、骨粉,以及面粉、棉织品、水泥、纯碱、精盐、卷烟等手工工场与近代工业的制成品也进入出口土货之列,且呈现增长趋势。从商品构成看,大致可以分为农产品、手工和机械采矿产品的原料,手工业工场和作坊的半成品、制成品,近代工业的制成品三大类。原料类大致包括大豆、豆饼和豆油等豆货,花生籽仁和榨油,杂粮、棉花、煤铁等;手工半成品和制成品包括蛋品、皮毛、猪鬃、草帽缏、柞蚕丝和茧绸、发网、花边、粉丝等;工业制成品包括棉布、棉制品、面粉、地毯、水泥、纯碱、纸烟、精盐、棉纱等。棉花、皮毛(皮货和兽毛)、蛋品和地毯是天津最重要的五种出口土货,在全国出口数量和价值上也占有绝对优势。另外,天津还有相当的棉织品出口。

1919年至1931年天津海关主要土货出口值占贸易总值的比重见表4-3。

表4-3　1919—1931年天津主要出口货物占出口总值比重表　（单位:%）

货物	1919	1927	1928	1929	1930	1931
粮食/副品/油料	10.07	5.35	2.12	1.83	6.14	8.55
烟草/麻/其它纤维	6.43	7.98	8.33	7.41	6.63	5.64
棉花	43.88	32.69	25.20	24.77	30.62	28.64
蛋类	2.74	9.20	7.25	11.62	11.59	13.54
草帽缏/其它编织	3.63	1.24	1.69	1.25	0.72	0.89
猪鬃	9.38	3.79	3.26	4.78	4.07	3.02
其它动物原料	2.30	1.93	2.15	2.24	1.94	3.02
羊毛/驼毛	17.44	17.60	22.60	15.03	8.06	9.31
各类皮张	8.28	13.31	21.11	22.96	19.54	17.06
各种植物油、副品	4.40	1.50	0.71	0.06	1.13	1.03
棉布/棉纱/衣物	0.52	0.26	0.45	0.26	0.08	0.08
总计(千海关两)	24,441	79,348	77,787	78,655	74,802	84,603

资料来源:津海关历年贸易统计;蔡谦、郑友揆:《中国各通商口岸对各国进出口贸易统计(1919、1927—1931)》,第四部 主要土货各通商口岸对各国出口统计。

(一)农畜产品的出口

20世纪以后,在天津出口商品中,棉花表现最为突出。自开埠至20世纪初,天津除1867年、1868年、1900年棉花出口量在2.5万担以上外,其余年份出口皆不过千担。到1909年,棉花出口25,128担,相当于1900年的水平。由于世界市场的需要、华北平原的棉种改良,使种植棉花有较大的收益,各地农民纷纷种植棉花,形成了很多棉花种植的专业生产区,棉花产量大幅度增加,棉花输出量与年俱增。天津作为华北水陆交通的枢纽,成为华北棉花的终极市场。这些棉花除了作为供给本地纱厂和生活所需外,绝大部分通过海关出口,1909年天津出口棉花约2.5万担,1910年增至12.5万担,1915年增至52.8万担,1925年达55万担。棉花出口一直在天津土货出口总值中占有相当的比重。在天津出口商品总值中所占比重,多者40%以上,少则15%左右,一般在30%上下。

表4-4　1930—1936年间天津棉花出口值及占出口总值比重表　(价值单位:国币元)

年份	出口总值	棉花出口值	棉花在总出口中所占%
1930	122,690,623	41,431,782	33.8
1931	138,196,596	46,623,563	33.7
1932	97,961,625	30,173,147	30.8
1933	88,472,265	19,801,947	22.4
1934	81,070,043	12,033,839	14.8
1935	91,201,950	13,504,373	14.8
1936	117,826,623	23,275,420	19.8

资料来源:王怀远:《旧中国时期天津的对外贸易》。数据说明:1930—1931年包括国内转口,故与表4-3的比重有所不同。

而且,天津棉花出口数量在全国棉花出口数量中所占的比例由1911年的12.7%增长到1925年的52.3%,到1930年更是达到86.7%,是全国输出棉花最多的口岸(见表4-5)。

第四章 近代经济的起步与全面发展(1901—1927)

表4-5 1905—1933年天津棉花出口量及占全国出口总量比重表 （单位：担）

年份	天津输国外	天津输国内	合计	全国输国外	天津占全国输国外%
1905	7,213	11,649	18,862	789,273	0.9
1910	23,906	125,226	149,242	1,247,304	1.9
1915	238,301	206,431	444,732	725,955	32.8
1920	145,390	113,178	258,568	376,230	38.6
1925	418,749	131,295	550,044	800,786	52.3
1930	715,659	115,370	831,029	825,545	86.7
1931	706,089	162,672	868,761	789,862	89.4
1932	619,293	231,735	851,028	663,264	93.4
1933	456,956	293,262	750,218	723,632	63.2

资料来源：方显廷：《天津棉花运销概况》，厉以宁、熊性美主编：《方显廷文集》2，商务印书馆2012年版，第476页。

  天津集散的棉花有相当大一部分出口到日本，另有一部分运到国内各口岸。①1911年至1915年运往国外的棉花占出口总量的42%，1916年至1920年占56.8%，1921年至1925年占80.3%，1926年至1930年占88.9%。1919年天津棉花直接出口至日本者占出口总量的98.8%，1926年直接出口至日本者为93.04%，在整个20年代，即便比例最低的年份仍然达69.48%。其次是出口到美国，从1919年占出口总量的不足1%增到1927年的26.08%，除个别年份外，每年在20%～15%。天津在棉花输出国内各口岸时，多运往上海、大连、青岛和安东，如1921年至1935年间，有79.75%的棉花运往上海，10.17%运往大连，4.91%和4.34%分别运往安东和青岛。②

  近代以后，天津口岸的蛋品出口数量迅速增加，成为中国出口蛋品的主要港口之一。蛋品包括冷冻鲜蛋和经过加工而成的蛋制品，如干蛋黄、干蛋白、干蛋黄白、冰冻湿蛋白和蛋黄等，主要供应海员和军队。开埠初期，中国

---

① 参见张利民：《试论近代华北棉花流通系统》，《中国社会经济史研究》1990年第1期。
② 参见方显廷：《天津棉花运销概况》，厉以宁、熊性美主编：《方显廷文集》2，第480—483页。

已有蛋品输出,但数值在 10 万海关两以下,出口中心在广州、汉口、上海。[1]20 世纪初,中国的蛋品出口量开始增加。第一次世界大战期间出口量激增,从 1910 年的 400 万海关两增至 1915 年的 842.6 万海关两,1916 年达到 1233 万海关两。到 1929 年,蛋品出口量达到高峰,鲜蛋及腌蛋输出数量达 6500 万枚,蛋产品 113 万担,其余各类蛋产品 5172 万海关两,在全国同类商品出口额中占第三位。[2]

这一时期,天津也成为蛋品的主要出口口岸。天津的鲜蛋出口在 1904 年始见于海关贸易报告,出口至国内其他口岸,数量仅有 151.7 万枚,价值仅为 6070 海关两。到 1910 年,天津海关贸易统计中才有蛋制品的出口记录,直接输出外洋 35 担,输出至国内其他口岸 5 担。此后,因国际市场需求量增加,华北各省农家将此作为增加收入的来源,纷纷养鸡生蛋。受蛋品数量增加和运输方式改变等因素的影响,天津成为中国蛋品主要的集散、加工地和出口口岸。1915 年,天津蛋品输出值增至约 114 万海关两,1919 年比 1915 年翻了一倍多,达到 294 万余海关两。第一次世界大战结束后,天津的蛋品输出并未因欧洲市场对中国蛋品需求的收缩而受挫。1920 年的输出额仅略低于 1919 年,1921 年即增至 394.4 万海关两,1927 年和 1928 年分别为 14.4 万担和 9.9 万担,估值为关平银 620 万两和 500 万两。1929 年,天津蛋品出口达到这一时期的峰值,鲜蛋和蛋制品共出口 18 万担,约值 900 万海关两,成为继棉花、皮毛之后的第三大出口商品,在出口总值中占 11% 左右。

天津和上海、汉口、青岛是这一时期蛋品主要出口口岸。各地在蛋品出口种类上各有侧重,天津输出鲜蛋、干蛋黄和干蛋白最多,主要购买方为日本、英国和德国及美国;冷冻鲜蛋出口最多者为青岛,主要运日本再加工。干蛋黄白、冰湿蛋白、冰湿蛋黄和蛋白出口量最多者为上海和汉口。[3]天津的蛋

---

[1] 叶舜如:《天津及全国之蛋品出口状况》,《商业月报》第 13 卷第 5 期,1933 年。
[2] 实业部上海商品检验局畜产检验组:《中国出口蛋业(附表)》,《国际贸易导报》第 8 卷第 8 期,1936 年;实业部上海商品检验局畜产检验组:《中国出口蛋业(续)(附表)》,《国际贸易导报》第 9 卷第 2 期,1937 年。
[3] 参见叶舜如:《天津及全国之蛋品出口状况》,《商业月报》第 13 卷第 5 期,1933 年;张纬明:《中国蛋业研究(下)(附表)》,《商业月报》第 15 卷第 6 期,1935 年。

第四章　近代经济的起步与全面发展(1901—1927)

品出口在全国同类商品中占有重要地位,1915年至1930年间平均占全国出口总值的15.36%,其中最高的1927年占23.49%,最低的1918年为10.51%。[1]

天津的经济腹地,如新疆、西北和内蒙古、外蒙古等地拥有丰富的皮毛资源,于是皮毛成为天津最具特色的出口商品,出口数量和价值逐年增加,成为中国最大的皮毛集散和出口口岸,在国内外占有重要地位。皮毛包括皮张和兽毛两类,西北和蒙古盛产皮张,多由皮货商人采用以货易货的方式集中到天津,卖给洋行;洋行等也派出人员采买,或在产地设庄收购,然后运到天津。设在天津的多家打包工厂将集中到天津的皮张进行加工、分拣、分类后打包,出口到国外,用于服装和军队装备。天津开埠后,皮张即为主要出口商品。19世纪末天津每年就出口山羊皮数十万张、未硝山羊皮200余万张。进入20世纪以后,原有各类皮张出口量大增,并增加了珍贵皮货的出口。1910年,出口山羊皮60.8万张、未硝山羊皮334.2万张。第一次世界大战期间,出口量继续增加,1915年出口各种皮张574.5万张,1916年和1917年均突破600万张。20年代以后,虽然出口总量未见大增,但因珍贵皮货增加,皮张的出口价值成倍上升。据天津海关十年报告统计,1922年至1931年10年间出口各种山羊皮及皮褥总值约3180万海关两(简称万两,下同)、羔皮2030万两、绵羊皮130万两、狗皮1920万两、旱獭皮1820万两、猾皮及猾皮褂940万两、狐皮820万两、兔皮320万两、灰鼠皮110万两、狼皮310万两、其它兽皮720万两,总共12,300万海关两。[2]这些皮张主要经洋行销往美国和日本市场。1920年后的9年内,皮张出口总值的90.55%运往美国。

兽毛主要是羊毛和驼毛,多产于黄河领域各省、东北和内外蒙古等地,或由山西等商人经黄河和陆路运至包头、归绥(呼和浩特)、张家口等地集中后进行粗加工,或由洋行到产地设庄收购。这些羊毛等运到天津后,在打包工厂去掉杂质,分出等级。最初,只有外国洋行经营兽毛和羊毛出口,20年代后也有中国商人从事出口业务。从出口数量来看,天津开埠后有驼毛和羊毛的

---

[1] 叶舜如:《天津及全国之蛋品出口状况》,《商业月报》第13卷第5期,1933年。
[2] 《津海关十年报告(1922—1931)》,《中国旧海关史料》编辑委员会:《中国旧海关史料(1859—1948)》第157册,第483页。

出口，数量不大，但逐年增长。1889年，驼毛出口2万余担，羊毛出口6万余担；1899年，羊毛出口增至21.8万担。20世纪以后，羊毛出口量迅速增长。1909年出口24.6万担，第一次世界大战期间的1915年为31.4万担，1918年接近30万担，1921年超过了40万担，以后每年二三十万担不等。1924年和1925年，其出口价值均在150万海关两以上，分别占出口总值的19.26%和15.76%，为天津羊毛出口的最高峰。兽毛出口的目的地以美国居首，其次为英国和日本。①天津的皮毛出口在华北地区乃至全国也占有重要的地位。从数量上看，天津出口量常年居全国首位，如山羊皮在1901年至1905年间占全国同类商品出口的44.03%，绵羊毛占77.66%。1932年至1934年，天津生熟皮和皮货出口量占全国总量的43.5%，同年绵羊毛和山羊毛的出口量分别占全国总量的86.01%和91.74%，翌年为85.74%和97.53%。②

猪鬃是中国出口的重要物产之一，美、英、法等国"大抵专恃中国之出口，为制造之用途"③，主要用于制作工业生产和日常生活所需要的各种刷子。天津、汉口和重庆是中国猪鬃的出口口岸。猪鬃按照加工粗细可分为拣净类和未拣净类，天津是拣净类猪鬃出口最多的口岸，④即猪鬃装运出口前，几乎必须送至天津经过拣净及分类。⑤1880年，天津始有猪鬃出口，数量为490担。1880年代末增长到4000担，其后持续增长，到1910年达到20,000担，这一水平一直持续到1929年。1880年至1907年猪鬃在天津土货出口总值中所占比重呈增长趋势，从不及1%增长到约9%。20世纪以后因出口土货总值增加，猪鬃所占比重逐年下降，至1930年为2.7%。⑥

草帽缏为西方各国制作草帽的原料，属于集约化程度很高的产品。1869年，草帽缏出口开始出现在天津海关的统计中，草帽缏出口占土货出口总值

---

① 参见姚洪卓主编：《近代天津对外贸易》，第150—153页。
② 许道夫编：《中国近代农业生产及贸易统计资料》，转引自姚洪卓主编：《近代天津对外贸易》，第133页。
③ 吴弘明编译：《津海关贸易年报（1865—1946）》，第374页。
④ 叶舜如：《中国猪鬃业概况》，《商业月报》第15卷第3期，1935年。
⑤ 吴弘明编译：《津海关贸易年报（1865—1946）》，第395页。
⑥ 根据历年津海关贸易年报相关数据计算。

第四章　近代经济的起步与全面发展(1901—1927)

的0.13%,其后呈现增长趋势,至1883年后所占比重保持在30%左右,一度成为天津出口的大宗商品。进入1890年代,草帽缏出口在天津土货出口中的地位骤降,但仍占10%以上。进入20世纪以后,山东省一些农村以加工草帽缏作为主要家庭手工业,且有便利的青岛港和众多的德国洋行经营此业,于是青岛取代天津成为华北地区草帽缏的主要输出港。因此,草帽缏在天津出口贸易中的地位下降,到1925年已"退至不足重轻之数"[①],仅占约2.2%,1930年更是降低到0.56%。

(二)手工业品和近代工业品的出口

地毯是由工厂和手工作坊编织的产品,用于家庭装饰。20世纪初,地毯生产集中在北京,产品工艺和花色主要是沿袭满族和皇宫的需求。第一次世界大战后,天津的洋行将地毯出口到国际市场,使其有了更广阔的销路,对工艺和图案花色也有了新的要求,于是天津地毯业兴起,且多应洋行之需设计图案,加之天津是羊毛最主要的集聚市场,有数家毛纺织厂,能够供给生产织地毯所用的毛线,因此天津成为中国地毯织造中心,而且地毯出口到30年代一直居于中国第一位。1912年,天津输出地毯4.57万海关两,占全国输出额的75.5%;1916年即达到73.8万海关两,占全国输出额的94.1%;1920年输出115万海关两,占全国输出额的84.2%;到1925年达到611.8万海关两,占全国输出额的93.3%;1928年减至550万海关两左右。天津输出的地毯主要运往美国,其次是日本和英国。其中,美国除有三年居第二位外,其余年份均位居第一位。美国占天津地毯输出价值比重最高的是1924年,占89.1%,最低的1927年,也占到54.6%。[②]

天津的白酒、露酒和药酒也是运往山东、东南沿海和香港、日本、东南亚地区的重要商品,主要供应华人消费,每年输出量在10万担上下,占天津土货输出总额的3%左右。20年代以后,土货输出总额迅速增加,酒类输出所占比

[①] 吴弘明编译:《津海关贸易年报(1865—1946)》,第435页。
[②] 方显廷:《天津地毯工业》,《方显廷文集》2,第52—57页。

重减少到1%左右,但每年仍然有一定数量的输出,且始终在全国酒类输出中居于首位。①

另外,随着近代工业的发展,水泥、精盐、纯碱、棉纱、棉制品、纸烟等工业制成品也进入了出口商品的行列,但在整个出口贸易中所占比重很小。面粉由1921年的4000担增至1931年的12万担;棉布及棉制品由1920年的30万海关两增至1931年的126万海关两;水泥从1921年的2000海关两,增至1931年的124万海关两;纸烟由1921年的12.6万海关两增至1931年的167.9万海关两;精盐由1921年的90万海关两增至1931年的161万海关两。②

由上可见,1900—1931年天津的进出口贸易呈现增长的趋势,进出口商品种类和规模都有所扩大,与世界市场联系也越来越紧密,体现出天津基于华北区域经济发展所形成的不同于上海的对外贸易特征。进口方面,洋货净进口占有优势,土货净进口稳中有增;进口商品以输入内地的生活资料为主,洋货多是近代大工业生产的制成品,如棉布、棉纱、铁路材料、五金件、煤油、火柴等,进口的土货多是需要进行深加工的未制成品、半制成品,或本身就是原料。出口方面,出口贸易增长率高于进口贸易增长率,出口市场由国内市场转为国外市场;出口商品以农畜产品、手工半成品和制成品为主,现代工业制成品自20年代后也进入出口行列,但在出口贸易中的地位相当有限。值得注意的是,进入20世纪,棉花成为重要的出口商品,反映了半殖民地经济的深化。同时,现代工业制成品进入出口行列也反映出天津及腹地工业化开始起步。

简言之,从以上变化可看出天津被更深地卷入到全球经济,出口市场和世界市场联系越来越紧密。就贸易经济联系而言,日本、美国、英国和德国是天津出口商品的主要目的地。"出口货物中以棉花、羊毛、皮革、猪鬃、草帽缏、花生、植物油及核桃等为大宗,输出国中尤以对美增加为最多。1903年对美之输出额仅370万,到1917年增至为3300余万,增加10倍。至于由天津输至

---

① 参见张博:《天津老烧锅》,天津教育出版社2007年版,第50—53、59—63页。
② 姚洪卓主编:《近代天津对外贸易》,第135页。

上海及神户,再运至美者尚甚多。"①从进出口贸易额来看,日本已经替代了20世纪以前的英国,在天津进出口贸易中占据首位。

第三节　商业的外向型发展与空间演变

一、影响商业发展的诸因素

(一)经济因素的影响

20世纪初,受国际国内经济环境影响,天津商业有了较大的发展。首先,天津进出口贸易摆脱了对上海、香港的依赖,开始直接与国际市场开展进出口贸易。尤其是第一次世界大战爆发后,天津进出口贸易额逐年上升。"以出口为例,1904年天津出口额为1100余万元,至1913年增至2800余万,至1918年更增至6100余万,较之1904年前增至五倍有余。"②

其次,交通、金融等行业的发展也刺激了天津商业的发展。京奉、京汉、正太、道清、津浦、京绥铁路的开通,方便了天津与广大腹地的经济往来。"出口土货,曩之用驼或大车或船只载运来津,受沿途种种耽延,种种遗失者,今则虽仍用旧法载运,不过自产地至本省之张家口,或丰台,或晋省之太原府,即可易由火车转运本埠矣,故迟误既少,伤耗亦轻。"③因此,即便是远在西北的青、甘、宁、新等地商人,也将皮毛、药材等货物用皮筏子顺黄河漂流到包头,或通过骆驼驮运到包头、归绥,再装火车东运到天津出口。④

金融业的发展则为商业发展提供了资金保障。20世纪20年代后期,天津已初步形成了近代金融市场,凭借着金融机构多,活动范围大,货币资金集

---

①《天津出口货之增加》,《民心周报》1920年第24期,第564页。
②《天津出口货之增加》,《民心周报》1920年第24期,第564页。
③ 吴弘明编译:《津海关贸易年报(1865—1946)》,第280页。
④ 樊如森:《天津——近代北方经济的龙头》,《中国历史地理论丛》2006年第2辑。

中,资金调拨灵活等特点,天津商人与各地商人之间金融往来快捷便利。比如20世纪20年代末期,津沪电汇金额每日可达五六十万元,[1]同时天津从事外汇业务的银号还多在日本大阪和神户设有分号,促进了天津与日本的贸易往来。1935年由天津汇到包头的资金为1152.6万元,占当年包头汇入总额的51%;由包头汇到天津的资金为623.8万元,占包头汇出总额的62%。[2]

再次,天津本地消费水平也刺激了商业的发展。在与西方文明的交往中,来自西方的生活消费方式开始影响到社会各界。比如在服饰上,女性服装"风气为开,争奇斗艳之新妆,乃集中于津门沪上二地"[3]。留学归国者,"草冠革履,呢服羽衣,已成惯常,以为非此不能厕身新人之列"[4]。饮食上,西餐和洋酒等饮食也使崇尚时髦的人士趋之若鹜。北洋时期大量下野的军阀和官僚,以及清朝遗老遗少寓居天津,他们资金相对充裕,广泛投资于茶庄、斗店、大米庄、金店、洋货店、五金店以及工业和金融业等,也在一定程度上刺激了天津商业的发展。

东亚毛呢纺织公司的创办人宋棐卿曾评价民初天津的营商环境称:"天津为全华北优势水陆交通中心,运输便利而又为华北大商埠之一,天津为各银行合集之处,天津煤电之供给特别丰富,天津之商家多,合于敝厂交易之需要。"[5]到20年代,天津因"关内外铁路加上水运之便,使百货集散于此,通商状况逐年趋于繁盛。现在,它的繁华程度已经超过了北京……宛然成为欧美式的小都市"[6]。

(二)政局的影响

除了经济因素的影响,天津商业发展也曾因政局动荡而受阻。1900年八

---

[1] 杨荫溥:《中国金融论》,商务印书馆1930年版,第280页。
[2]《内蒙古金融志》编纂委员会编:《内蒙古金融志》上,内蒙古人民出版社2007年版,第289页。
[3] 李寓一:《近25年来中国南北各大都会之装饰》,李寓一:《清末民初中国各大都会男女装饰论集(1899—1923)》,香港中山图书公司1972年版,第8页。
[4]《论维持国货》,《大公报》1912年6月1日。
[5]《厂名、厂址、产品及商标的确定》,《天津历史资料》第20辑,1983年。
[6] 日本中国驻屯军司令部编:《二十世纪初的天津概况》,侯振彤译,第1页。

第四章　近代经济的起步与全面发展(1901—1927)

国联军入侵天津,估衣街、宫南、宫北等商业街被大火焚毁,财物被洗劫一空,大批商户破产。1912年袁世凯授意巡防营发动"壬子兵变",一夜间西关街、河北大街、北门外以及东马路等商业中心地区的3000余家店铺被抢,损失白银达1280万两。其中,协庆当损失10万元,协成当损失14万元,银元局被抢现银20余万两。①1922年直奉战争爆发后,天津"皮货商因货物停滞,甚形萧条,五金行亦受亏累"②。动荡的政局造成北大关、宫南北大街等商业繁华地区元气大伤,商店开始向日、法租界南移。

由于政局不稳定,国内投机风盛行,商人利益难以保障。1902年,天津出现贴水风潮,贴水率达到15%~30%,市面买空卖空投机之风盛行,"商旅闻而裹足,百物为之腾踊,几岌岌不可终日"③。其中尤以洋货商亏折最巨,华商积欠洋商之款约1200余万银两。到1905年日俄战争爆发前,天津仍然没有恢复元气,"街市窘迫益甚,各铺商势在危急,倒闭之家必不能免"④。面对经济困境,本应发挥调控作用的政府却因财政困难,将中国、交通两大银行视为己有,发行大量纸币,同时要求银行以"垫款""贷款"形式拨给政府现银,导致中国、交通两大银行现银储备量急剧下降。1916年4月初,天津、北京、上海等城市出现了两行挤兑风潮,⑤严重打击了天津商业发展。

二、商业发展的概况

(一)商品市场的转变

进入20世纪后,受进出口贸易影响,天津腹地不断扩大,"天津当河北五大河会流之点,贸易区域北至内外蒙古,西连山西、陕西、甘肃、新疆,南及河

---

① 刘刚、李冬君:《中国近代的财与兵》,山西人民出版社2014年版,第243页。
② 《全埠商业之今昔观》,《上海总商会月报》1923年第8期。
③ 《天津银根枯竭请敕部拨款补救折》,《袁世凯奏议》,第780页。
④ 《会议维持》,《大公报》1903年12月23日。
⑤ 宋美云:《近代商会化解金融风潮之探析——以天津为中心的考察》,《历史教学》2005年第3期。

南、山东之北部,范围之大,除上海外殆无其匹"①。同时,天津市场大宗商品交易也出现了新变化,即从以粮食、布匹、茶叶、瓷器、香料、木材以及食盐为主的大宗商品,开始向适应国际市场需求的大宗商品交易转变,比如为近代工业发展所需的煤铁、水泥、棉纱、人造丝等;为日常生活所需的皮毛、蛋品、地毯、草帽缏、发网等;以及用于设立企业的采矿、铁路等机械设备、发电输电设施、染料等化学制品、水泥等建材制品。值得注意的是,煤油、五金、面粉、大米、小麦、火柴、卷烟、糖类等各种进口日用品和食品的涌入,使天津市场呈现出洋货和农副土特产品聚集的特点。

(二)商业规模的不断扩大

进入20世纪以后,天津商业规模不断扩大。据统计,1918年天津共有70多个行业,1925年商店和商号数量达到15,456家。1928年,天津市社会局对不包括英、法、日、意租界的中国城区的工商业进行了较为全面的调查,其结果是中国城区有商店17,124家,商店兼手工业4011家,共计21,235家。按照商店的数量计算,饮食类所占比重最高,为32.81%,服用类次之,占15.45%,家具类占13.55%,日用类占15.36%。虽然存在着"商人昧于见解,有不以实况相告,致合计总额未见雄厚,是则不无疑虑"的情况,②但商店资本总额也达到了22,230,468元(其中有近千家商号漏报)。从资本分类的统计看,居首位者为日用类,占资本总额的46.8%,第二位是服用类(绸缎、棉纱、棉布、洋广货等),占13.47%。

除此之外,社会局还对洋行、药房、酒馆等82家洋商进行了调查。从其雇员和工人数上看,一般洋商只有数人经营,最多者为起士林,有68人;其次是鲁林洋行,有20人。侨民经商者多为日侨和俄侨,其中俄侨36家、日侨25家,主要经营洋酒、西餐等饮食业。③另外,也有统计表明,20年代末天津共有各类经营性商业公司、洋行、商店3万余家,行业近140个,从事商业人员约

---

① 张其昀:《中国地理大纲》,商务印书馆1930年版,第2页。
② 天津特别市社会局:《天津特别市社会局一周年总报告》,该局1929年印,第795页。
③ 天津特别市社会局:《天津特别市社会局一周年总报告》,第799页。

10万人。①

三、商业转型中的业态变化

20世纪以后,天津商业由内贸型商业向外贸型商业转型。在转型过程中,不仅出现了一些新的商店,助推了新行业的形成,而且带动了批发与零售的分离,以及商店、行业和货栈等商业组织的专门化,进而形成了一定的专业市场。

(一)与对外贸易紧密相关的新式商业崛起

天津商业中,出现最多的是与进出口有直接关系的行业,如洋布洋纱商、洋药商、洋镜商、五金商、染料商以及洋杂货商。

五金业是随着近代工业的出现而发展起来的,主要经营金属工具、机械及配件、建筑装饰材料等。开埠后,随着对外贸易和轮船航运业的发展,五金洋货店开始出现,一战期间海运停顿,五金市场价格攀升,每百斤2元的元钢,暴涨至14元,利之所趋,津门五金行数量激增。一战结束后,天津和各地近代工矿企业崛起,需要大量的原材料、机械设备和五金工具等,亟需从国外进口,且利润颇丰,于是中外商人都热衷于钢铁等原材料和机械设备等的进口与销售,德商有禅臣、礼和、美最时、新民、谦信等洋行;英商有卜内门、怡和、太古、安利等洋行;美商有慎昌和汉士洋行,以及日本的三井、三菱、住友、大仓等洋行,都经营五金、机械、金属材料的进口。华商创办的五金字号虽然店铺多,但一般规模小,多依附于洋行经营零售业务。②

天津早年经营百货的店铺是杂货铺,主要有广帮、潮帮、山西帮、山东帮、怀庆帮以及宁波帮,以经营糖、纸张、南北货为主。天津开埠后,随着本地所产土货和外洋舶来品的增多,经营华洋日用品的百货业从杂货铺中分离出来,成为独立的行业;经营颜料、皮革、猪鬃等大宗进出口货品的商家都成为

---

① 天津市档案馆编:《近代以来天津城市化进程实录》,第97页。
② 董少臣:《天津市五金行业的历史回顾》,《天津文史资料选辑》第32辑,1985年版,第140页。

独立的行业。20年代以后,自行车、汽车、电料、照相等不仅有专门的商店,也都成为独立的行业。

蛋行的出现和发展也与出口有直接的关系。天津早年鲜蛋的需求量有限,居民食用的鲜蛋除自家饲养家禽的产蛋外,大部分来自沿街叫卖的农民和从四乡肩挑车载而来的小贩,虽然也有一些杂货铺兼营,但没有形成专业的店铺。天津开埠后,鲜蛋在蛋厂加工成蛋黄粉、蛋白粉等出口,供轮船船员和士兵食用,市场需求量大增。于是,鲜蛋的收购销售方式开始改变。20世纪20年代前后,蛋行加上蛋品加工厂、出口贸易商、零售商等,形成了以出口为主要目的的从收购到出口较为完整的产业链。专营此业的蛋行即为应运而生的专业批发商和货栈。蛋行本身资金很少,多在一二千元左右,最多的5000元以上。蛋行从洋行和蛋厂贷款,并派人在各地集镇设立行庄收购鲜蛋,然后将收购的鲜蛋运到天津,每年的流动资金超过10万元。一般规模的蛋行除在旺季雇用临时工外,常年雇用10人左右,有的也在外地设立分庄。蛋行将集中起来的鲜蛋以多种方式批发给用户:给各个蛋厂用于加工出口,收取买卖双方各3%～5%的佣金;给进出口贸易行,直接冷冻出口;给零售商贩或杂货店等出售;定期送货给制作糕点、面包的厂店和作坊。这些蛋行具有专业行栈和批发商的双重身份,没有官方的牙帖,但大多数是天津市鸡鸭卵业同业公会的成员。随着城市人口增加和需求变化,市面上也出现了专供本地鸡蛋消费的店铺,一般是资金不过百元至数百元的个体经营,个别店铺的资金达到万元,除销售鲜蛋外,还销售皮蛋和咸蛋,据称全市大约有六七十家。[1]

新式商业在商界的地位逐渐上升。根据商会入会成员统计,1906年的750家商号中,有114家分别属于洋行、颜料、洋布、洋药、皮货、洋镜等新式商业行业,占商号总数的15.2%。1928年中国城区就有电料行98家,店员工徒368人;照相馆29家,资本最多者达万元。[2]这些新兴商家的崛起,体现了天津

---

[1] 参见孙耕五:《天津市蛋品行业简史》,《天津文史资料选辑》第70辑,1996年。
[2] 天津特别市社会局:《天津特别市社会局一周年工作总报告》,第604、618页。

第四章　近代经济的起步与全面发展(1901—1927)

商业的繁荣。

此外尚有专门为侨居此地外籍人服务的商店,主要分布在各国租界。例如在1908年由英籍印度商人泰莱悌开设的永昌泰洋行,专售烟酒、罐头等食品,代销洋酒、咖啡、奶制品、饮料、面包和各种西式肉制品等。另有专门为外国侨民和高层人群服务的承做西服的成衣店、面包店等。随着民众生活水平的提升,牛奶房从无到有,1928年天津有8家牛奶房,其中日商的金牛斋牛奶房资本达1.5万元,年得毛利万元以上。

(二)服务进出口贸易的商业异军突起

同时,从事与出口有关的农副土特产品收购、转运、出口等的本地坐商和外地客商,以及为进出口贸易提供服务的货栈、报关等相关行业也开始迅速增加。

此类商业涉及范围比较广泛,主要分为两种。一种是直接为进出口贸易服务的行业,如报关业。报关业主要是代理货主报运货物,津海关设立初期报关范围主要包括进出通商口岸的洋船及其所承载的进出口货物。1901年《辛丑条约》签订后,各通商口岸50里以内常关划归海关管理,报关范围扩大到天津客商所运销的货物。这些货物均由当地报单局报关,并代课捐税,因此天津报单生意逐渐发达。报关行从1900年之前的一二家猛增到1900年之后的百余家之多。[①]一种是为进出口商品集散转运服务的行业,最为典型的是货栈业的迅速发展。[②]行栈原是为各帮客商提供食宿和存放货物的栈房,涉及杂货、洋布、药材、毛皮、粮米、纸类、木材、茶叶、砂糖等行业,兼有牙行的性质,以"认客投主,有帖应行"[③]为主营业务,在天津商界颇具影响力。随着对外贸易的兴盛,货栈业务范围从基本的仓储服务发展到代客办理报关、纳税、保险、转运、采购、销售等服务,也涉足到代客垫款,经营抵押贷款与信用放款等金融业务。以同和兴货栈为例,该货栈成立于1906年,是一所大型综

[①] 天津市档案馆等编:《天津商会档案汇编(1903—1911)》,第799—800页。
[②] 庞玉洁:《开埠通商与近代天津商人》,第12页。
[③] 〔清〕张焘撰,丁绵孙、王黎雅点校:《津门杂记》,第102页。

合性货栈。最初,同和兴货栈是以代销山海关、唐山一带运津猪肉和代客办理铁路为主要业务。随着业务范围的不断扩大,1913年该货栈投资兴建楼房,用以寄宿客商、代客存货,收取膳宿费和栈租,并办理代客买卖和垫款业务,收取佣金和利息。1918年,该货栈又增设山货部代客买卖、储存山货。20年代以后,同和兴货栈增设了皮张部即华兴同货栈,专门经营开展皮张生意;增设粮业部,开办机米厂以及代销英商德士古煤油业务等等。[①]"从客人的食宿到货物的存栈、销售,以及办理保险、缴税、运输等一系列业务,进而代客采购货物,(同和兴货栈)形成了一整套货栈业的经营方式。"[②]更重要的是,其中有代客买卖和垫款,成为业务收入的大宗,已经超出了货栈的经营范围,兼有收购商、批发商和银号的某些功能。

同和兴货栈的发展说明,货栈业已经逐步从单一经营向多种经营转变。到20世纪20年代中期,许多货栈开始取代买办的功能,直接与洋行交易,成为华商与洋行贸易的重要桥梁。1926年以后,天津货栈业进入鼎盛时期,到1929年东路栈房商已达23家,此外还有北路栈房商2家,西路栈房商117家。[③]此外还成立了天津货栈业同业公会,当时有20余家货栈加入同业公会。

(三)商业经营的精细化和专营化趋向

随着市场上各类商品的增多,商业经营开始呈现出专业化的趋势。以棉布棉纱进口为例,开埠初期从事棉布批发业务的商家主要有两种:一种是洋布庄,比如隆顺、义泰昌、同和成等商行专门从事洋布买卖;一种是杂货商,如德和永、恒泰昌、魁记等杂货店兼营洋布买卖。前者通常在上海设立坐庄,从洋行直接成批购买洋布,然后运到天津批发给零售商、杂货店或小商贩零售。有的洋布庄也兼营零售。后者则主要批发各种洋广货,然后利用南北轮船运

[①] 孟昭戎:《天津市货栈业及其同业公会》,中国民主建国会天津市委员会、天津市工商业联合会编:《天津工商史料丛刊》第7辑,1987年,第201页(以下所引该系列资料,不再注编者);杰三:《天津同和兴货栈五十年》,《天津工商史料丛刊》第4辑,1986年,第133—137页。

[②] 李省三:《同和兴货栈》,《天津文史资料选辑》第52辑,1990年。

[③]《商标注册东路栈房商名册》,天津市档案馆藏,档号:J128—3—006231—100;《商标注册西路栈房商名册》,天津市档案馆藏,档号:J128—3—006231—101。

第四章 近代经济的起步与全面发展(1901—1927)

到天津批发给零售商,其中也包括洋布等。

到19世纪末20世纪初,随着天津市场对洋布洋纱需求的不断增长,天津棉布商也开始转变经营方式。首先是不再依赖中间商,有的商行专营批发业务。如敦庆隆、元隆等绸布庄开始设"后柜"专营洋布洋纱,除在上海设庄直接采购洋纱外,还直接派专人在日本设坐庄采购。其次是洋布庄经营范围日益细化,如出现了专门的棉纱批发庄。当时天津共有棉纱批发庄10余家,初步形成了新的行业。后来随着天津纱厂数量的增多,这些批发庄也开始从纱厂进货,批发给外地客商和本地的织布工厂,从而节省了中间环节,推动了批发庄的发展。其中规模较大者原始资本达20万元,有员工60多人。[1]据1928年的不完全统计,天津7家棉纱庄的资本总额达33万元,年销售额达1068万元,有店员工役360人。其中,大的棉纱庄的年销售额甚至达到了600万元。[2]

与此同时,粮食业也日益细化且走向专业化。比如,米庄的业务原本以供应本地消费为主,后因业务扩大分为大、小米庄。大米庄主要是通过海运和铁路运输经营大宗米面批发业务,最初规模较大的米庄一般在上海设庄,采购进口米面以及国产米面,海运至天津的码头仓库进行批发交易。津浦铁路通车后,大米庄有时也派人到沿线各重要产粮地购米麦运津,或者直接向天津粮栈采购,销售给外埠粮商。规模较小的米庄,则以米栈和粮栈为进货渠道,主要销售给当地米面铺。1913年,为便于与洋行洽商面粉交易及通商事宜,天津粮商成立天津米业公议研究会,并在河东设立米面交易市场。1927年时,天津较大规模的大米庄有7家,比较著名的有义生源、仁和义、公信存等数家。[3]1928年,天津特别市社会局在中国城区调查时,除将总计607家经营粮食的商店分为斗店、米庄、面粉代销处和米面店四种外,还列有13家碾房。

除此之外,货栈业也日益精细化和专业化。比如货栈业有专营粮食的货栈,还细分为专门代理铁路运输粮食的货栈、专门代理广帮客户运津大米的

---

[1] 参见丁世洵:《解放前天津棉纱批发商业史略》,《南开学报》1981年第4期。
[2] 天津特别市社会局:《天津特别市社会局一周年工作总报告》,第638页。
[3] 方显廷:《天津之粮食业及磨房业》,厉以宁、熊性美主编:《方显廷文集》2,第321页。

粮行、杂粮货栈等等。此外,还有以经营山干货为主的交通货栈、文记货栈等;以经营鲜货为主的锦记栈、锦泰栈等;以经营皮毛为主的美丰厚行栈、鲁麟东栈、晋丰货栈等,以经营油料作物为主的有公庆成、大庆成等;以经营药材为主的公记货栈、通利公启记等。① 有的货栈其名称直接冠以专营的商品,如棉栈、煤栈、干货栈、鲜果栈、粮栈、丝栈、茧栈、鲜鱼栈、咸干鱼栈,以及专营运输的转运货栈等。可以说,"华北各种土产,凡属重要者,俱操于货栈业之手中。例如食粮有粮业货栈,各种大小皮张、毛线、猪鬃等品有皮毛货栈,棉花有棉业货栈,干果药材有干果货栈,鲜果则有鲜果货栈,其他不属于货栈业而由货栈代为兼营者,如植物油、蔴类、蛋品等俱是"。"货栈业在天津市场上之地位,无异于土产业销售货品于国内外之承转机关,所有华北土产无不由货栈业所经营"。②

(四)商人资本与商业组织形式的变化

商业的繁荣推动了商人资本与商业实体组织形式的变化。一方面,商人来源更加多元。既有传统的盐商、钱商、粮商和航运商,也有买办和军阀、官僚、政客,以及晚清的遗老,其中军阀投资人成为天津商业发展中的一个特色。20年代前后,这些军阀官僚十分热衷于投资天津各类商业,主要涉及茶庄、斗店、大米庄、金店、洋货店、五金店等行业。例如,王占元开设的有天成祥洋货店和敬记、永顺兴、乾祥厚、乾记福4家茶庄,王乃斌独资或合办的米店和当铺等店铺多达12家,王郅隆开设了义生源、天庆号粮食批发商号和天庆仁五金店,冯国璋开设了华丰裕斗店(合办),李纯开设了天津五大斗店之一的怡和馨记斗店,张弧和李思浩合办了长利盐号,张敬尧等合办了新仲记五金店,倪嗣冲开办有益生大米庄和恒益大米庄,曹汝霖有金店和洋货店。天津籍的曹锟家族投资的商店最多,有泉立成布庄和军衣庄、宝全珠宝店、蕴宝斋古玩店、万聚成盐号、魁星米面庄、三星米面庄、立丰粮行、大信诚五金行、

---

① 孙大千:《天津经济史话》,天津社会科学院出版社1989年版,第145页。
② 薛不器:《天津货栈业》,天津新联合出版社1941年版,第8—9、104—105页。

第四章　近代经济的起步与全面发展(1901—1927)

同福饼干公司等。①

另一方面,商人投资开始转向近代工业。以中国籍商人为例,宋则久创办天津造胰公司;永盛竹号的李彩轩创办永丰机制凉席厂和模宏磁瓦厂;盐商李家曾经投巨资筹建北京西边的斋堂煤矿,后来曾经投资开滦煤矿、启新洋灰、华新纺织、寿丰面粉,组织殖业银行和实业银行,还经营房产。②范竹斋等7家棉纱批发商和一家银号投资创办了资本200万元的北洋纺织公司,至于一些坐商投资创办小型的织布、针织工场和铸造、铁工厂等,则比比皆是。

同时,政府鼓励实业的政策措施,促使商业组织形式也有了一些近代性因素,呈现出新旧糅杂的局面。天津传统商业的组织形式多为独资或合资性质的无限经营,投资方与经营者混在一起,风险共担。清末以来,政府推行重商政策,制定了《商人通例》《公司律》《公司注册试办章程》《破产律》以及《奖励华商公司章程》等法规和章程。这些法规出台后,一些新设立的商业实体开始采用股份有限公司的形式。比较著名的股份有限公司有:从事外贸的隆记商行有限公司、兴华棉业有限公司,从事转运业务的中华航业转运公司、文庆转运股份有限公司等,荣业地产公司、鸿美建筑公司等。一些规模较大商店也改为无限公司或有限公司,以增强其经济实力和抵御风险的能力。1920年成立的通成货栈于1928年申请注册为股份有限公司,1906年成立的同和兴货栈于1913年改组为股份有限公司。此外,斗店原本是沿袭百年的粮食批发业,1905年怡和斗店率先改为有限公司。之后,各斗店纷纷效法改用公司形式经营。有的棉布棉纱批发庄也改为公司,如吉成棉纱庄是经营数十年的老字号,1915年改名为吉成号棉布棉纱庄股份有限公司,登记资本12万元。到1919年,天津共有67家股份公司,涉及工业、矿业、商业、房地产、金融、保险等行业。3年后,商业股份公司数量略有增加,总共有70余个。③20年代末兴起的大型百货商场多采用股份公司制,公司内设股东大会和董事会,经理在董事会领导下经营,公司根据经营的业务设立总务部、办货部、中西账房、服务

---

① 魏明:《北洋政府官僚与天津经济》,《天津社会科学》1986年第4期。
② 金大扬:《天津"李善人"》,《天津文史资料选辑》第7辑,1980年。
③ 天津市档案馆等编:《天津商会档案汇编(1912—1928)》,第2518、2525页。

部、租务部和营业部等。

与传统组织形式相比,股份制在筹资和经营方式上具有更多的优势。能够通过向社会公开招股来募集资金,以扩充资本,"股东付足资本之后,得利按股均分。设有赔累,照认股本人数为止。再多赔累,有发起人承管,不于众股东相干。惟各股东在本公司往来,准存不准欠,以保商本"①。同聚兴有限公司股本400股,每股银洋100元,共合股本银洋4万元,每股应得利息,按照年利5厘起息,每年结账核算一次,股票允许转让,但必须过户,如果股票售与或转让给外国人则无效。而且,股份制经营方式采用董事制度,实现了公司所有权和经营权的分离。股东作为董事对公司责任以出资额为限,不得分期缴款或随意向外招募股东,不得参与日常的经营管理,而是专门聘请经理作为经营者。例如,专做棉纱布匹买卖的同益兴股份有限公司规定:"董事不得常驻公司,惟遇发生重大事件,由总经理邀集董事会议决",至于公司的经营管理,则由"各股东议决变通办法,请董事范君竹斋为总经理,常住公司,与正副经理随时随事和衷商酌实行"。②

公司所有权与经营权的分离,使经营者和投资者分开,不再像旧式商业那样,商店的经营与家庭的兴衰紧密联系在一起。但是,商业中采用股份公司形式的还是少数,而且有的股份公司也仅仅是名义上和名称上的改变,大部分商店的组织形式仍然没有改变。

四、商业聚集空间的演进与多元

(一)开埠前商业的聚集空间

开埠之前,天津城区由城内衙署区和城外中心商业区构成。受运河和政府机构区位的影响,天津的铺户主要集中在城内的北门里、东门里和城外的北门外、东门外运河和海河沿岸,如图4-9所示。

---

① 天津市档案馆等编:《天津商会档案汇编(1903—1911)》,第929页。
② 天津市档案馆等编:《天津商会档案汇编(1912—1928)》,第2002页。

第四章　近代经济的起步与全面发展(1901—1927)

开埠之前,天津的商业区以三岔河口为基点,以北大关为中心,形成东西方向的三条商业街区。在这种以商业街为主干、以垂直小街巷为支路的树形商业街区里,店铺或摊贩通常设在商业干道以及垂直街巷的两旁;干道骨架可以使商业区干道内与城内主轴线干道相连,外与通向四乡外埠大道相接,并与众多不规则的小街、胡同相连,接通民众居住活动的各个角落。这种商业区规划的最大优点就是可以让摊贩和平民自由地通过步行买卖商品。

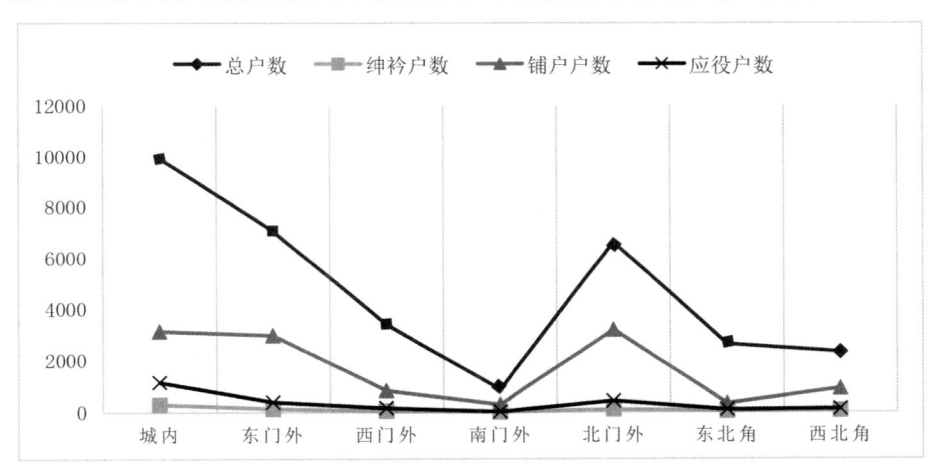

图4-9　1840年天津人口职业构成空间分布图

资料来源:《津门保甲图说》(总说)。

(二)老城与租界双中心商业布局的形成

开埠初期,租界开始兴建并日渐繁荣。英租界维多利亚路两侧建筑日益增多,饭店、货栈、洋行、码头连成一片,并逐渐向西发展。法租界的马家口以南一带原来是田园交错的洼下之区,随着贸易的发展,仓库、码头相继建立,逐渐繁荣起来。[1]俄租界因临近新建铁路的老龙头火车站和海河,货物运卸较为方便,吸引了以经营华北土产,如皮张、毛绒、猪鬃、干果等土产商,也逐渐发展起来。但从整体上看,1900年以前老城商业区与租界仍然互相独立发

[1] 陈克:《心向往集:献给天津博物馆成立九十周年》,天津古籍出版社2009年版,第20页。

展,没有连成一片,内地客商等仍集中于老城区附近,租界尚未形成与天津老城区商业中心相抗衡的商业区。

20世纪初,天津租界区迅速发展成为天津新的商业中心。其原因主要是频繁的战乱反而使租界具有比较安全的营商环境,也成为达官贵人和高档消费者的避风港。例如,壬子兵变时,天津镇守使张怀芝放任士兵洗劫老城店铺,有300余家店铺遭毁损,诸多商家开始向租界迁移,并在日租界旭街、法租界杜领事路以及东马路一带形成一条主干道,建造两三层店铺。在20年代以后的军阀混战中,溃兵多次洗劫了中国城区的商店,迫使商家开始将目光转向租界。于是,有的商家在租界投资建设了大型商场和饭店,如天祥市场、劝业场、中原公司、渤海大楼、惠中饭店、国民饭店、交通旅馆等;①有的商家在租界设立了分号;还有的商家直接迁入租界,如北门外竹竿巷估衣街一带的棉纱批发庄,皆向法租界今长春道和哈尔滨道一带聚集。②寓公和军阀官僚的奢侈生活,也刺激了租界消费行业的发展。例如,北洋财政总长张孤在同文俱乐部一晚上输掉了6万元。曹锟之子一夜之间即把五所楼房全部输光。1920年,张孤筹建的华商赛马会规模堪比英商赛马会。③随着租界商业的繁荣,特别是进出口商逐渐从老城区转移至租界,在法租界梨栈至海河沿岸一带逐渐形成了新的商业中心,银行、洋行林立,饭店等娱乐消费场所聚集。

在租界成为新商业中心的同时,中国城区的商业布局也有新的变化。首先,老城区商业空间布局发生变化。1900年老城墙拆除,改建为东、西、南、北四条马路,于是沿街设店成为商家首选,且在原来商业区的基础上,结合居民的身份与职业、周边的手工业店铺与作坊以及交通条件等,形成具有一定特色的商业聚集。西马路和南马路附近以棉纱和棉布零售业,以及五金配件业为主。据当时调查,有149家织布工厂、78家针织厂以及若干地毯厂集中于此。④南马路附近人口相对稀少,仅在与日租界接壤处有一些娱乐与服务行

---

① 杨大辛编著:《天津建卫六百周年》,天津古籍出版社2004年版,第92—94页。
② 孙德常、周祖常主编:《天津近代经济史》,第259页。
③ 《天津寓公的形形色色》,杨大辛:《津门古今杂谭》,天津人民出版社2015年版,第117页。
④ 天津特别市社会局:《天津特别市社会局一周年工作总报告》,第493—495、519页。

第四章　近代经济的起步与全面发展(1901—1927)

业。北马路临近南运河、北运河和海河,便于客商的聚集,加之北门东的估衣街、针市街,北门外的河北大街和三条石一带成为南货和腹地土特产品批发、市民生活消费,以及售卖铁器、五金和织布机等商人的聚集地,因此商店和娱乐场所最为集中,商店不下六七十种,包括餐饮、影剧、文具纸张、书画图书、百货杂品、银钱、蔬菜水果等等;东马路附近靠近海河,直通河北新市区和日租界,洋广货多由这里上岸,运往各个市场和街巷。这一带沿街门面整齐,铺面较为豪华,聚集了表行、饭庄、药房、南纸局、车行、无线电、灯工厂、玻璃厂以及电料厂等。

1928年,根据天津社会局对全市(不包括租界)商业情况的调查,全市共有21235家商店(包括商店兼手工业),其中老城东北部的公安一区商店最多,占总数的25.62%,公安二区占21.45%,河北新区所在的公安三区占21.11%。①总之,虽然中国城区商业发展空间受到了一定限制,但仍然有所发展,并形成了以为本地居民生活、生产消费和客商交易服务为主的商业经营特色。

其次,开发河北新区。河北新区的开发始于1905年,到20年代结束。开发河北新区的初衷是形成新的政治经济中心,但事实上却未能取得预期成效。虽然在政府主导下,河北新区开发兴建了新的行政机构和大学,但新区在商业发展底蕴和发展环境上都远不如老城区和租界区。比如,北洋时期政局动荡,新区备受困扰,行政机关常被侵占,学校经常变成驻军之所;在交通上,河北新区没有停靠轮船的码头,且火车总站(北站)以客运为主,货运规模难以匹敌老龙头车站,货物集散能力受到限制。再加上直到40年代新区才通电车,所以人流、物流和资金流都远逊于老城区和租界区。

因此,河北新区虽然曾经一度成为天津的政治中心和文化中心,但商业发展相对缓慢,并未显示出更多的优势和特色。天津的商业区仍然以老城和租界为主。

五、新型商业组织的建立与发展

---

① 天津特别市社会局:《天津特别市社会局一周年工作总报告》,第795页。

(一)商会的成立和发展

进入20世纪,商民关于国家富强的意识逐渐增强,绅商阶层的社会影响力也日益扩大,挽回利权,振兴实业,成为朝野上下的共识。1901年1月,清廷推行新政,试图通过立法提高商人的法律地位,保护商人的合法权益,并规范市场行为,促进工商业发展。

1900年八国联军占领天津后,天津城北、城东和老城商业区沦为一片瓦砾,各大商号大量甩卖货物,物价大跌,银根短缺,市面混乱,会馆、公所已不能适应市场需要,亟需成立类似天津洋商会性质的商业团体组织。直隶总督袁世凯按山东商务局成例,在接收天津都统衙门的当月设立天津商务局,任命汇丰银行天津分行买办吴懋鼎为总办,帮办有买办、盐商和银钱业巨商等。[1]由于商务局由政府设立,缺乏商人的支持,总办等又办事不力,不能起到振商保商的作用,从而引发诸商不满,不到一年的时间,吴懋鼎就被迫辞职。

1903年,清廷设立商部,翌年颁布《劝办商会简明章程》,规定凡属商务繁富之区,不论系省垣或城埠,均应设立商务总会,而于稍次之地,设立分会;"凡华商遇有纠葛,可赴商会告知,总理定期邀集各董,秉公理论,从众公断,如两造尚不折服,准其具禀地方官核办"。于是,天津洋布绸缎、粮食和银钱等各行绅商纷纷禀请地方政府要求设立天津商务公所,以便联络商情,整顿和挽救天津市面。鉴于"大抵天津商人,势散而识拙,故见利则互相争,而见害则各不相救,知有己而不知有人,其甚者乃欲假公以济其私,以致步步难行,节节闭塞,至于今日而疲困极矣",经众商公举,直隶总督袁世凯于1903年4月委任卞煜光、王贤宾、宁世福、么联元四人为商务公所董事,华世铭、刘承荫为襄理,天津知府凌福彭为商务公所督办。同年5月13日,联络商情、振兴商业的枢纽机构——天津商务公所在东马路万寿宫成立。于是,"脱去官场习气,饬令各抒所见,务使官商联为一体"的商务公所取代了官办的商

---
[1] 天津市档案馆等编:《天津商会档案汇编(1903—1911)》,第1页。

第四章　近代经济的起步与全面发展(1901—1927)

务局。①

天津商务公所成立后，制定了《天津商务公所暂行章程》，初步确定其职责。首先，强调通过疏通联络，以塞倾轧，"一洗从前积习，和衷共济"，规定各行商业大者公举董事2人，小者1人，随时赴会讨论受病之原及救急之法；同时希望"各商亦可参加讨论有关商务有关各事项"，"凡有于商业不便之事，应即设法改革，如有众商乐办尚须本公所提倡者，本公所亦应相机筹办"；"如确真知灼见与众论不同者，亦准随时声明，本公所会商酌核，藉资补救"。其次，通过协调来解决商务纠纷。无论商家是否加入商会，商务公所都接受和处理其钱债等商事纠纷，为避免讼累，先由董事评议，再由董事处理。第三，厘定措施挽救市面。商务公所针对当时的经济局面，奉行"须以大众意见相同为准"的原则，提出了推缓新旧欠款、倡行钱票、设立银行以及厘卡、规复旧章等四大措施。②

半年后，王贤宾等四位董事因"诸多掣肘，提出辞呈"，天津市面"窒塞如故"。1904年中，天津富盛和皮庄和恒字号钱铺相继倒闭，不少商家牵连受挫，众商"群向公所责问"。此时正值上海等地商会成立，商部的《劝办商会简明章程》也已经颁布多时，于是尚书载振特意致函袁世凯，以"贵省津沽等处商务较盛"为由，催促设立天津商务总会。③在这种局面下，绸缎洋布、钱粮等61家行董上书商部和直隶总督，以"天津商埠为总会之区，彼沿海各商埠总会现皆举办，天津独瞠乎其后，无惑乎商务之收效迟也"为由，要求速立商会，以解救天津商务的危局。④在地方政府自上而下的推动下，天津商务总会于1904年11月16日正式成立。

天津商会甫一成立，就明确了保商、振商的宗旨："一曰剔除内弊，一曰考察外情"，"以保护商业、开通商情为一定之宗旨"。这显然与以临时救济金融危机为己任的商务公所有很大不同。天津商务总会的章程明确提出："凡商

---

① 纪华：《天津商会谈往》，《天津文史资料选辑》第16辑，1981年版。
② 天津市档案馆等编：《天津商会档案汇编(1903—1911)》，第3—4页。
③ 天津市档案馆等编：《天津商会档案汇编(1903—1911)》，第33页。
④ 天津市档案馆等编：《天津商会档案汇编(1903—1911)》，第30页。

人能开办矿务、建造机厂、制作货物、流通中外各国,藉得以收回利权者,由本会详请商部奏准朝廷给予匾额,以示鼓励。"①同时,决定设立宣讲所和商务学堂、办商报以培养商业人才,开通社会风气和发展商务。这意味着天津商务总会更加专注于抵制洋货、挽回利权、兴办实业等应时的需求,进而成为当时最具影响力的法人团体,将在工商团体、商人群体和政府之间发挥着其他组织和个人无法替代的作用。

(二)商会的组织结构与组织网络

天津商会初立之时,组织结构分为总理、协理、坐办、会董四级。除总理、协理、坐办为政府具保外,十数名会董为各商家公举,然后从中拣选评议会董4人、会计会董2人、庶务会董2人,常川到会监理各项事宜。其中,五品以上职衔的绅商占有较大比重,且会董多集中于盐、粮、钱业等旧式行业的商人,约占全体会董人数的36.6%。②

民国以后,天津商会有了长足的发展。不仅会员数量由最初的61家增加到1918年的1592家,而且在组织机构完善和效率等方面也有较大提高。在组织方面,会董人数由1908年的18人增至1919年的72人,增选了帮办、议董和商会监督,添设了股员30人、顾问10人以处理各种会务。办事机构扩充为四处五股,四处即会长处、文牍处、接待处、听差处,五股即交际、会训、庶务、评议、调查等股,股员每日分班到会。③为提高办事效率,于1918年拟定了《天津总商会章程》和《天津总商会办事细则》,其中章程由8章40款组成,细则分为8章61款。内容涉及增进工商事业、联络工商感情以及调处争议和开办工商公共事业等。④

天津商会成立之初,发挥了积极的组织功能。一方面,通过各行会董事吸收天津各行业的商家入会,同时在直隶全省内建立商务分会,形成了以天

---

① 天津市档案馆等编:《天津商会档案汇编(1903—1911)》,第41页。
② 卞瑞明主编:《天津老字号》下,中国商业出版社2007年版,第232页。
③ 胡光明:《论北洋时期天津商会的发展与演变》,《近代史研究》1989年第5期。
④ 宋美云:《天津商会百年轨迹》,《天津文史资料选辑》第105辑,2005年。

津总商会为中心的直隶省内的商会系统。另一方面,天津总商会与全国商会联合会、各地总商会,以及与中央政府、地方政府、驻津外国领事馆、外商商会之间,也建立了多渠道的联系,形成了一个包括商会、政府、外国领事馆和洋商会各个系统在内的多重组织网络。[1]在这个组织网络中,商情主要通过两种基本渠道传递信息:一是通过会董或同业公会实现会员与商会的信息交流,再由商会上传至地方政府,如果地方政府无法处理,则上报中央政府。中央政府的意见再依次反馈到会员和商家;二是通过分会组织将各地分会会员信息收集上报到总会,再由总会酌情上报中华全国商会联合会。经过自下而上的信息收集和自上而下的信息反馈,整个商业组织会更有活力和协同力。并且,天津总商会还与国外商会和商人加强联络、交流与合作,促使其社会功能的最大化,也为商会经济组织中介功能的充分发挥拓展了广阔的空间。[2]

(三)商会的职能

天津总商会是在政府的扶植下组建的,是代表工商界整体行为和意识的最直接和最有代表性的社会组织。随着自身力量和社会影响力的不断强化,以及与国内外交往的日趋频繁,商会具有的维护工商界整体权利、协调工商企业经营者与政府之间关系,辅助政府稳定和发展经济等职能得到一定体现,而且不断完善和强化,社会影响力日益扩大。

天津总商会的经济职能主要体现在以下四个方面。

其一,联络工商、调查商情是天津总商会最基本的经济职能。商会主要通过定期召开各业会董及会员大会,共同商讨商业发展的各项措施。根据章程规定,天津总商会会员大会主要分为年会、职员会和特别会三种。年会为每年3月定期举行;职员会为每月初一、十五各一次,主要处理商事纠纷和审议重大开支;特别会则为不定期会议,通常是因紧急和重大事件召开。

其二,辅助政府实施工商政策。作为近代社会重要的经济社团组织,天

---

[1] 应莉雅:《近代商会研究新视角:商会网络运行机制——以清末民初天津商会网络为个案》,《天津社会科学》2004年第6期。
[2] 天津市档案馆等编:《天津商会档案汇编(1903—1911)》,第1133—1134页。

津总商会或经地方政府授权,或配合地方政府部门,承担了调查商情、开业注册、资产登记等职责,参与了政府的经济管理,为政府制定各种经济政策、稳定市场提供了依据。

其三,发挥商事仲裁职能,并为各业商家减免捐税、债务纠纷等事与政府进行交涉,在一定程度上维护了商人的利益。商会成立之前,天津地区的商事裁判权由官府衙门掌握,工商业者在遇到诉讼纠纷时不得不求助于地方官府。天津商务公所成立后,曾参与解决商事纠纷,但主要是为官府裁判提供意见。事实上,一些官吏往往以抑商或肥己为主,以致商事纠纷一旦"事至涉讼于官,则商务大都在损败之后,于商家获益甚少"①。天津商会一经成立,即成立评议处,专门评议商事纠纷,1924年又增设商事公断处,始终以解决商事纠纷为己任。商会评议解纷有三种路径,即自行处理、上传下达与共同处理。自行处理主要依赖原中人、保人的帮助,有时甚至是通过变相敦促民间调解来达到解决纠纷的目的。上传下达则主要是由商人请求商会向审判厅、警察厅或天津县府等机关代陈案情。如果天津商会对所涉商事纠纷实在无力解决,尤其是涉及华洋纠纷,就只能在呈控商民与主管机关之间进行上传下达。共同处理则主要通过商会与国家司法机关的互动往来解决。如每次遇到兵荒战乱等困难,以及政府增收税捐时,商会就代表有关各业的商家向政府申请,诸如减免和缓征税捐、当铺暂缓赎当等等。

其四,与各地商会建立联系,应对全国或地区性的金融危机、市场波动等风潮和抵制外货等运动。比如,民国初年发生铜元危机时,天津总商会与国内各地商会通电29件,协同采取一致的行动与相应的对策,稳定了金融市场。随着金融市场的扩大,天津总商会多次参与了应对金融风潮的举措,在缓解和平息金融风潮中发挥了重要的作用。②

同时,商会成立以后,随着自身发展和形成网络,逐渐衍生出维护国家主权的职能。近代以后,外国商品和资本的源源涌入,直接威胁到中国工商企

---

① 天津市档案馆等编:《天津商会档案汇编(1903—1911)》,第33页。
② 天津市档案馆等编:《天津商会档案汇编(1912—1928)》,第3页。

第四章 近代经济的起步与全面发展(1901—1927)

业的生存和发展。"倘是国家灭亡,商业中人不惟不能营业,就是一个吃饭的地方简直也没有了,所以必要将国家的根基弄得稳固,才有经济界活动的地步。"[1]这种民族意识在商会这样的社会组织中形成了更为强烈的群体意识,使得工商各界对发展实业和挽回利权的愿望得以展示,推动了经济的发展和社会的进步。例如,在支持抵制洋货、提倡国货的活动中,就有商会的参与。1919年巴黎和会决定将原先德国在山东的权益转交给日本,对此中国各界强烈反对,要求归还青岛。6月9日,天津商会代表商界同仁发出了"举行罢市"布告:"本会鉴于人心趋向,局势危迫,无可挽回,当即决定自明日起罢市,望各商号一律办理,以待政府解决。"随着抵制日货运动的推进,商会决定将7月30日确定为各行商报告所存日货的最后期限,聘请了6人作为审核各行商抵制日货的审查员,对日货进行鉴别和登记,并对违约不听劝告的商号进行解释和劝告。1916年,在天津法租界当局抢占老西开的事件中,天津商会组织商民集会,筹商抗法措施,以维护主权。在集会上,会长卞月庭和诸多会董相继发表演说,抨击法国公使及领事既侵占中国土地,又侮辱中国警察的行为,并表明众商"非旦对于土地丝毫不让,并须令法公使为我道歉,以保国权"。全体商民议决:抵制中法汇理银行发行的纸币,抵制法货,并电请政府将法代理公使、法领事强占土地、拘留华警、损我主权、辱我国体等有害邦交的情形,按国际公法电致法政府,另换公使,以敦邦交。[2]同时,天津商会向各省市商会发出通知,希望各省商会采取一致行动,"一致力争,以保国权,而洗国耻"[3]。

天津总商会还投身慈善救济活动。1907年永定河决口后,天津总商会受地方政府委托举办急赈。约集各会董、董事暨诸善堂社长详细讨论救助办法,成立救急善会,筹借款项,派会董赴灾区按户发放救济款。[4]1910年底,面

---

[1] 虞和平:《商会与中国早期现代化》,上海人民出版社1993年版,第338—339页。
[2]《天津商民集会筹商抗法措施》,《大公报》1916年10月24日。
[3]《卞月廷通电全国各会馆呼吁抵制法币法货》,《大公报》1916年11月2日。
[4] 任云兰:《论华北灾荒期间天津商会的赈济活动(1903—1936)——兼论近代慈善救济事业中国家与社会的关系》,《史学月刊》2006年第4期。

285

对较往年增加数倍的贫民涌入,天津总商会多次函请天津赈抚办公处,要求速拨棉衣500套,以施拯救。①1917年河北一带发生水灾,天津总商会根据政府的要求督办京畿一带赈济,动员各同业公会的商店行号捐赠钱物,运往灾区救助灾民。直皖战争后,天津地区损失严重,大批难民被迫流亡。天津总商会发起了募捐及散放赈粮等举措,"寿星面粉公司等36行40多个商号捐集善款,以济灾区",39个同业公会共计募集救济款13,825.79元。商会会员还积极联络各界善士,在难民云集之地设立粥厂,粥厂施粥80余日,用米47万斤,食粥人数多达30万人。

第四节　银行兴起与政府行为的影响

20世纪初的近30年,是天津金融业发展的一个重要时期,其中第一次世界大战及其以后的一段时间天津金融业尤为兴盛。传统金融业中,票号、典当走向衰落,而清末十年接连遭遇挫折的银号,却在民国初年一直呈发展之势;在外资金融业继续发展的同时,华资银行、保险、证券业兴起,形成了兴办华资银行的高潮,初步呈现了外资银行、华资银行、银号三足鼎立的格局。

一、新式金融业的迅速发展

(一)外资银行与中外合办银行

19世纪后期,天津已先后开设汇丰银行、德华银行、麦加利银行、华俄道胜银行、横滨正金银行等数家外商银行。20世纪初,又有华比银行(比利时,1906年)、东方汇理银行(法国,1907年)、仪品放款银行(法、比合资,1907年)的设立。其中,华比银行1902年创设于比利时首都布鲁塞尔,上海、北京、天

---

① 宋美云:《近代天津商会与城市社会公益》,忻平主编:《历史记忆与近代城市社会生活》,上海大学出版社2012年版,第131页。

第四章 近代经济的起步与全面发展(1901—1927)

津皆有其分行,对华北交通领域投资较多;东方汇理银行1875年创立于巴黎,是为便利法国在越南的殖民统治而设,1898年以后因法国参与对华政治借款,于香港、上海、广东、汉口、天津等处设立分行,其活动中心主要在越南、香港、上海各地,在天津金融市场上的势力较为薄弱;仪品放款银行1907年在布鲁塞尔设立,业务有抵押放款、房地产、保险、信托、建筑等,天津分行对地产的投资较多。

民国以后,天津进出口贸易日繁,外商银行日趋活跃。同时,政局变动也影响着各外商银行的在华经营。1917年俄国十月革命后不久,华俄道胜银行在巴黎设立总行,1926年在法国投机失败后,在中国的各分行也被清理,仅余1924年俄商设立的远东银行。第一次世界大战爆发后,德华银行在中国陷入孤立,1917年中国政府宣布"参战",该行被作为敌产接收,后经各方协商,又于1918年恢复。北京政府时期,在天津成立的外商银行先后有10家,其中美商4家,即花旗银行(1916年)、友华银行(1919年)、运通银行(1917年)、美丰银行(1923年)。其中,以花旗银行势力最大,美国对华主要输出品中如煤油、棉布等金融交易事宜,多由该行单独办理。友华银行是总行设在纽约的亚细亚银行在上海所设的分行,1919年2月开业,在汉口、天津、北京、长沙、广州、香港等地设分行,1923年该行因买卖生金银发生亏损,陷于困境,1924年2月归并于花旗银行,其存款和债务均由花旗银行接管。运通银行是一家受到花旗银行支持的银行,分行遍布世界各重要商埠,除经营银行业务外,兼营运输、旅行等业务。美丰银行成立于1918年,总行和分行限于津沪两地,资力薄弱。因天津对日贸易发展趋盛,横滨正金银行在天津外汇市场上已能与汇丰银行相提并论。20世纪以后,日商在天津设立了4家银行,即朝鲜银行(1918年)、正隆银行(1915年)、天津银行(1920年)、大东银行(1922年)。朝鲜银行总行设于汉城,成立于1909年,侧重于为经营对华贸易日商提供资金,发行的纸币俗称老头票,在天津市场上交易颇盛。正隆、天津二家银行,则只作小额信用贷款,为在津日商提供金融融通服务。天津银行原称天津工商银行,1912年由在天津的日商发起创立,1920年与北京实业银行合并而改此名,总行设于天津。此外,意商和中国商人合资创办的华义银行(1920年),初设总行于天津,经营一般银行业务,1923年底中资退出,改为意商独资。①

除上述外商银行外,还有中外合办银行,上述华俄道胜银行、华义银行最初即为中外合办银行。自清末至北京政府时期,天津的中外合办银行有北洋保商银行、中华汇业银行、中华懋业银行、中法实业银行(中法工商银行)等。北洋保商银行成立于1910年,总行设于天津,原为清理天津华商积欠洋商巨额债务,维持天津华洋商务而设,故名"保商",额定资本银400万两,由华洋商人各筹资50%。华股由直隶财政厅、直隶省银行等出资,洋股由德商礼和、瑞记等洋行认缴。该行创设之始,即发行500余万银两的债票,以银行之余利按年摊付本息,分25年偿还积欠洋商的本利。该行开业后,业务异常发达,至1919年,所发债票几乎全数收回,中外股本已全数偿清,1920年7月改组为华资商业银行。中华汇业银行由中日商人合办,成立于1918年2月,总行设北京,1924年3月在天津设立分行,由于政府积欠过巨,该行债权难以收回,资金周转停滞,于1928年陷于困境,一年内多次发生挤兑风潮,12月对外宣布暂行停业,实际上就此倒闭。中华懋业银行是一家中美商人合办银行,成立于1919年12月,总行在北京,天津分行成立于1920年8月,1929年宣告停业。②中法实业银行为中法商人合办,1913年7月正式开业,总行设在巴黎,在北京、上海、天津等地设有22处分行,1921年7月该行突然宣布停业,酿成一场波及全国的金融风潮。1923年该行改组为中法工商银行,仍为中法合资,1925年在天津设立分行。③

(二)华资银行

20世纪以后,华资银行得到迅速的发展,其中有的是政府兴办的,更多的

---

① 李焕章、刘嘉琛:《天津外商银行简介》,《天津文史资料选辑》第33辑,1985年;吴石城:《天津之外商银行》,《银行周报》第19卷第29期,1935年。
② 上述几家中外合办银行资料,参见天津市地方志编修委员会编著:《天津通志·金融志》,第159—161页。
③ 李一翔:《中法实业银行停业风波述评》,《史林》2003年第3期;李焕章、刘嘉琛:《天津外商银行简介》,《天津文史资料选辑》第33辑,1985年。

第四章　近代经济的起步与全面发展(1901—1927)

则是军阀官僚筹资建立的商业银行。1905年,户部银行(1908年改为大清银行)成立,同年在天津设立分行。1908年,交通银行成立,同年在天津设立分行。1902年,袁世凯为维持天津金融市场稳定,创办了天津官银号,其资本中的官本50万银两,由津海关道划拨,护本60万银两,由各局、所分摊拨付,除在天津设总号外,在北京、上海、汉口、保定、张家口、唐山等地设有分号,1910年改为直隶省银行。1903年8月,天津成立了官商合办的志成银行,资本35万银两,1911年10月停业。1911年,李士钰等发起组织成立商办的殖业银行,设定资本为行平银72万两。①清末,华资银行开办不过十余年,实力并不雄厚,同时又受社会经济环境及资金等各方面的限制,各种业务未能充分展开。由于其资力远较钱庄、票号雄厚,且采取新式的组织经营方式,故在金融市场上具有相当的影响力,尤其是天津官银号,在调剂金融市场资金,稳定金融局面上发挥了重要的作用,其影响力非票号、银号所能及。

北京政府时期,华资银行发展较快。1912年,在大清银行的基础上成立了中国银行,在天津有分行。自1915年至20年代初,天津出现了兴办银行的高潮,成立了多家华资银行。1916年,中孚银行在天津成立,此后几年在天津设立的银行有金城银行(1917年)、大陆银行(1919年)、大中银行(1919年)、中国实业银行(1919年)、大生银行(1919年)、边业银行(1919年)、裕津银行(1921年)等。国内一些重要的商业银行也陆续在天津设立分行,如浙江兴业银行(1915年在天津成立分支机构)、盐业银行(1915年,总行先设北京,1928年移至天津)、山西裕华银行(1915年,总行初设山西太谷,1927年迁天津)、聚兴诚银行(1918年)、东莱银行(1918年,总行初设山东青岛,1926年迁天津)、上海商业储蓄银行(1920年,总行上海)、中南银行(1921年,总行上海)等。这一时期,天津金融市场的重要银行都已经成立,奠定了华资银行体系的基础。到1925年,在天津设总行的银行有14家,当时全国共设有银行141家,其中设在上海有33家,北京23家,天津紧随其后。②

---

① 天津市地方志编修委员会编著:《天津通志·金融志》,第114、141、145页。
② 吴承禧:《中国的银行》,商务印书馆1934年版,第13页。

由盐业、金城、中南、大陆组成的"北四行",其活动中心在以天津为中心的北方地区,在金融界有着重大的影响力。金城银行、大陆银行总行设在天津,盐业银行总行初在北京,1928年迁到天津。中南银行总行设在上海,但由于创办人胡笔江在北方有多种关系,早期的业务活动重心在北京、天津。1921年11月,盐业、金城、中南三行在天津、北京、上海成立了联合营业事务所,1922年7月,大陆银行加入联合经营,成为"四行联营事务所"。同年11月,又成立"四行准备库",共同发行中南银行纸币。1923年6月,四行又联合设立"四行储蓄会",总会设在上海,各地设立分会。因而,这四家银行被银行界称为"北四行"。北四行通过联合经营,扩大了商业银行的影响力,在天津和北方的金融界具有引领作用。上海商业储蓄银行、浙江兴业银行、浙江实业银行是以上海和江浙地区金融活动为中心的"南三行"。由于天津是北方的金融中心,"南三行"在津均设有分行,在天津的资力仅次于中、交和北四行,是天津金融市场上较有影响的商业银行,而且浙江兴业银行和上海商业储蓄银行与中孚银行等,在业务上形成了相互依靠的关系。

天津的华资银行有自己的同业组织——银行业同业公会。银行业同业公会创办于1918年2月,由中、交等9行发起,1919年大陆等三行加入,至1927年有会员银行15家,30年代有会员银行17家。银行公会的宗旨是"办理银行公共事项,联络同业感情,维持公共利益,促进银行业之发达,与矫正营业上之弊害等"。①

(三)保险业与证券市场的发展

20世纪以后,外商保险业发展很快。涉足保险业最多的是美国,其次为英国和日本。美国保险公会(美国保险公司的海外集团组织)1919年在天津设立分公司后,三五年间便增设保险机构40余家,其中,美国保险公会、美亚保险代理公司和北美洲保险公司,成为美国保险业在华的三大势力。英国在天津的保险公司,到1933年底新增32家,总数达到78家,居天津保险业的首

---

① 吴石城:《天津金融界之团结》,《银行周报》第19卷第32期,1935年。

第四章 近代经济的起步与全面发展(1901—1927)

位,美国、日本居其后。①天津的华资保险业出现于光绪三十三年(1907),由天津商会会董鞋商徐懋岩牵头,联合荣升恒、联兴斋、文成斋等15家鞋店,首创裕善防险会,共同筹款存放,以备发生火灾补偿使用,成为天津华商最早创办的互助性保险行。据统计,截至1911年,天津已有华商保险机构约15家,其中有3家是自发创办的互助性保险行,有3家专营人寿保险,有9家经营水火险、财产损失险。这些商业性质的保险公司多属分公司,其总公司皆设于上海。在此期间,外商保险公司发起组织天津火险公会,华商保险公司均被邀加入,但在公会中处于被动地位,并无自主权可言。1912年至1936年,天津华商保险机构约有50余家。②

20世纪初,天津开始出现证券市场,但形成一定规模则在民国时期。1900年庚子事变后,华商开办的工厂日渐增多,资本雄厚者多采用股份制,其股票可以在天津证券市场上交易,除最早的1877年成立的开平矿务局股票外,按开办的时间先后排列计有13种:济安自来水公司(1902)、天津造胰公司(1903)、启新洋灰公司(1907)、滦州矿务公司(1909)、滦州矿地股份有限公司(1909)、永兴洋纸行股份有限公司(1917)、丹华火柴股份有限公司(1918)、耀华玻璃股份有限公司(1922)、仁立实业股份有限公司(1922)、中华百货售品所股份有限公司(1926)、东亚企业股份有限公司(1932)、寿丰面粉股份有限公司(1933)、江南水泥公司(1935)。据统计,到1928年,共发行股票约5000万元。此外,还有纺织、化工、煤矿、银行等工矿企业的股票,但没有正式的交易市场,仅限于个人的私相授受。

天津最早在市场上进行交易的债券,是光绪二十四年(1898)的昭信股票。到1926年,北京政府共发行内债28种,发行额达6.2亿元,国民政府从1927年到1936年共发行了26亿元以上的内债。直隶省和天津地方政府也多次发行债券。以上债券,仅有一部分在天津流通和交易。

20世纪初,天津的证券交易已经出现,一些银号如裕大、顺兴兼营一些股

---

① 天津市地方志编修委员会编著:《天津通志·金融志》,第188页。
② 天津市地方志编修委员会编著:《天津通志·金融志》,第205页。

票的代客买卖,收取一定的佣金。1917至1918年间,当北京、上海的华商在筹设证券交易所时,天津商人曾由商会发起组织证券交易所,筹集股本50万元,因与银钱业难以结合,未能取得银钱业的支持,故未开业。1921年2月,天津证券花纱粮食皮毛交易所成立,资本250万元,其营业项目名义上虽包括证券、花纱、杂粮、皮毛四种,实际上成交者以证券为主,其中多为其本所股票期货,其他则为国内公债,偶尔也有老头票成交。由于其成立的主要动机是投机,所以到1922年3月就因内部亏累而暂停营业。半月后勉强复业开张,不到一周又陷于停顿。5月,直奉战争迫在眉睫,再次宣告停业,成交期货均未交割,使很多交易方均遭亏损。自此以后,天津长期没有专营证券的交易所,直到1944年华北有价证券交易所成立。然而,证券市场并没有因交易所的倒闭而萎缩,天津各商业银行利用其在京、津、沪、汉等大城市的分支机构从事证券买卖,并将其吸收的储蓄存款,用于经营证券及房地产。各银行大部分设有证券部、信托部,代客买卖证券。因天津没有交易所,一切交易都以北京交易所,尤其是上海证券市场的信息为基准,天津各银行买卖证券时,大都委托上海同业或联行代办。

天津证券市场所交易的股票、债券,总的来说多为债券,尤其是政府公债。股票买卖在民国初年成交很少,效益好的股票,其股东大都不愿出手;而效益不好的,贬价也无人问津。

二、传统金融业的兴衰演变

(一)票号与银号的兴衰

19世纪后期,山西票号承揽官款汇兑、存放,业务重心由服务于国内贸易转向服务于对外贸易,经营由此走向繁盛。1900年庚子事变时,票号在战乱地区遭受了一定的损失,但因特别注重信用,对存户提款毫不留难,故庚子事变后票号信誉大增,官款、民间私人储蓄纷纷存入票号,业务反比此前有更大的发展。至清末,26家票号共在全国93个城镇设有总分支机构,与19世纪80

第四章　近代经济的起步与全面发展(1901—1927)

年代末相比,新增40余个。①然而,极盛之中蕴含着衰微的危机。票号面临来自银行的竞争,官款的收存、汇解由票号转向户部银行、交通银行,外商银行也不断侵蚀票号的内汇市场。面对不利处境,票号不仅没有积极寻求对策,反而更趋保守,拒绝由政府入股的户部银行的邀请,北京、天津等地分号关于将票号改组为银行的建议也被总号否决。

1911年辛亥革命后,清政府被推翻,票号失去靠山,放款不能收回,官款存储被银行夺走,汇兑业务骤然减少,遭到致命打击,接连倒闭,虽然还有几家票号继续经营,但已是强弩之末,到1921年,全国的26家票号只剩下4家。在天津,当1911年南方的票号倒闭净尽时,天津尚存10余家,只是业务范围均已缩小。1921年,在各家票号中贷款最多的天津日商平野洋行经理携款潜逃,共倒账80万元,票号损失巨大。最后,天津的票号仅剩大德通、大德恒两家,并转为银号,标志着票号在天津的终结。

清末十年间,天津钱业遭受接连打击。庚子事变时,天津城内外被八国联军洗劫一空,市面混乱,紧接着遭遇贴水风潮,天津钱业倒闭者十之八九。庚子事变前夕,天津钱业号称有300余家,经历一连串打击后,到1908年前后,仅剩30余家银号勉强维持营业,②这些银号中资本最多者不过10万元,最少仅为5千银两。③1910年和1911年,因受上海金融风潮、辛亥革命的牵连和影响,各地钱庄银号相继倒闭,成为1903年贴水风潮后又一个银钱业倒闭高潮。遭受打击的天津钱业不断寻求经营之法,如新设银号改善资本结构、经营方式,由庚子前的多独资经营改为合伙,以增强实力,减少投机业务,进而能够维持原状,为民国时期银号的发展奠定了基础。

民国时期,天津的银号获得较大的发展。1930年,天津有银号231家,规模不断扩大,已非昔日可比。据1930年对81家银号资本统计,最大的一家裕津银行(因其经营类似银号而被列入银号)的资本额为30万元,其余银号中,资本额20万元的有3家,10至12万元的有13家,5至8万元的有18家,1至4

---

① 黄鉴晖等编:《山西票号史》,山西经济出版社2002年版,第338页。
② 杨固之等:《天津钱业史略》,《天津文史资料选辑》第20辑,1982年。
③ 天津市档案馆等编:《天津商会档案汇编(1903—1911)》,第768—769页。

万元的有45家，最小的两家各有资本额5千元；81家银号总资本额为430万元，平均每家资本5.3万元。①

　　天津银号有西街和东街之分。1860年天津开埠后创立的银号大都设在旧城以西的估衣街、针市街、竹竿巷一带，被称为西街银号。光绪年间，由首饰楼转化的银号，如益兴珍、天兴恒、敦昌厚记等，其原址都在旧城以东的宫北、宫南大街一带，被称为东街银号。庚子事变以前，货币兑换是银号的主要业务，存款、放款业务则居其次。庚子事变以后，随着天津商业和贸易的发展，东街和西街的银号在业务经营上逐渐呈现出不同的特点。西街银号以经营存款、放款、汇兑为主要业务，不做投机性的业外经营，市面上称为"作架子"的银号。东街银号原本从首饰楼转化而来，注重于白银的收兑，而不注重于存放款业务，民国年间进一步扩充，从事买卖有价证券、金银、老头票（日币）、羌帖（俄国卢布）和东汇（对日本汇兑）等，东街银号的这些业务被称为"作现事"。民国年间又有了租界银号，其经营特色是兼西街和东街而有之，"在租界内者，复多与外行买办进出口洋行接近，兼从事辅助进出口贸易之发展，势力雄厚，在天津银号中允称巨擘"②。

　　除上述本地帮银号外，清末尤其是民国以后，随着天津与腹地的贸易规模扩大，城乡物资畅通，外地客帮也陆续来津创设银号或设立分庄，故天津的银号有了本地帮和客帮之分，其帮派区分的根据是股东或经理的籍贯。客帮银号有山西帮、南宫帮等。山西帮是山西票号衰退后，一部分票号改成银号，除经营对晋汇兑外，兼营存放。在平津商界，南宫人颇有势力，因此南宫帮银号较为发达，主要营业亦为存放汇兑，与同属南宫帮的商人往来密切，家数虽不甚多，但南宫帮极善经商，具有创造与冒险精神，在天津金融界颇有势力。此外，京帮有全记、同兴、谦牲、致昌等银号，均为北京银号在天津的分号，营业性质与南宫帮相类，共有十数家。③另外，还有河南帮、山东帮、东北帮等。这些客帮银号的营业主要限于为本帮商人服务，营业以汇兑为主，兼营存放。

---

① 杨荫溥：《杨著中国金融论》，上海黎明书局1934年版，第282—288页。
② 吴石城：《天津之银号》，《银行周报》第19卷第16期，1935年。
③ 吴石城：《天津之银号》，《银行周报》第19卷第16期，1935年。

第四章　近代经济的起步与全面发展(1901—1927)

随着天津钱业的发展,嘉庆年间已设有同业组织——钱号公所,但没有具体的章程和分工,遇事时召集同业共同商讨,与其他行业也没有什么往来。天津开埠后,市场日益活跃,公所的活动日见增多,并有了初步的分工。1900年,钱号公所更名为钱业公所。由于活动较多,原有场所不敷应用,便移至北马路新址办公。庚子事变后,大量银号倒闭,钱业公所停止活动。1906年,仅存的19家银号向天津商务总会提出恢复钱业活动,并成立钱业公会。1909年,钱业公会改组并更名为钱商公会。①钱商公会在维持同业及金融市场的稳定上发挥着重要作用。钱商公会附设市场,组织开议洋厘、申汇、羌帖、老头票等市场行情;当市面发生金融风潮时,钱商公会积极采取措施应对,除与银行公会、商会一道协调各种关系、处理各种纠纷外,还积极在钱业内筹措资金接济陷于困境的银号。

(二)典当业的衰落

近代金融机构兴起以前,天津的典当业在社会经济活动和人们的日常生活中发挥着重要作用。一般当铺的当期为24个月,但实际上都延至30个月后才可售卖。典当行的当息为,1吊以上2分,1吊以下3分,因为当息高,经营者多能获得巨利。天津典当业的类型分为典当、质当、代当和押当。典当资本投入较多,营业规模较大,利息较低,当期较长,而且都有在官府备案的当帖,每年要向官府缴纳当税。质当资本较少,营业规模较小,利息较高,多为开埠以后在各国租界建立,没有官府认可的当帖。所以,两者的区别是有无当帖,即官府的认可,但质当由于地处租界,安全性高,利息较高,营业状况好于华界的典当。代当也称转当局,散处乡村各地,为农民与城市当商之中介机构,其资本小,主要是代收农民的衣饰,转交城市熟悉的典当商或受托取回赎物,从中谋取脚力费和城市当商给予的补贴。押当一般风险大利息高,期限短,各典当商根据质押的情况确定利息,银号和银行盛行后被放贷款取代。

1900年之前,天津有当铺44家之多,其中城厢32处,周边乡村12处,此时

---

① 英夫、朱继珊:《天津钱业与钱业同业公会》,《天津工商史料丛刊》第7辑,1987年。

295

开设者多为山西人。20世纪以后,天津典当业进入波折时期。除票号、银行、钱庄、银号等信用机构的发展挤压了典当的业务,使该业地位有所下降外,更主要的是社会动荡给予的打击。1900年八国联军占领天津时,数千贫民群起焚劫当铺约20余家,典当业损失白银约500余万两,[①]城厢内外仅剩13家当铺。经地方政府实施被抢被焚各物免于赔偿、减让利息、减免和减低当捐等措施予以保护后,全市能勉强继续营业者不足20家。遭受此次抢劫后,天津典当业元气大伤,但其业务却始终不衰。到宣统初年,当铺又恢复至24家。民国以后,政局动荡,军阀混战,天津的当铺又数次遭到抢劫。如1912年壬子兵变,军队带头放火抢劫当铺,一夜中受灾者达17家,事后遗弃在大街小巷的物品不计其数。1924年,直奉战争再起,吴佩孚军溃败,天津陷入混乱状态,伤残官兵三五成群,挟破烂衣物,扔上当铺柜台,一面漫骂,一面以武器威胁,强行使用不能兑现的军用票和贬值的省钞赎当,索价数元或数十元不等,伙计只得唯唯从命。到北伐军迫近天津时,张宗昌和褚玉璞军队失势在即,官兵以枪械威胁当铺,再进行敲诈勒索,使典当受到不少损失,业务日益衰落和不景气。[②]而且,随着租界开发、环境稳定和商业中心的转移,20世纪以后,越来越多的当商迁移到了租界。[③]

天津的典当业呈现出以下特点:

首先,天津典当业投资者众多,身份各异,最初投资者多为山西商人,有少数河北、北京和天津本地人,20世纪以后,一些军阀官僚和遗老遗少也投资典当业,以赚取巨额利润。投资者中有富商大户,有军界政界人物,也有周边地区的土地经营者。如"天津八大家"中的长源杨家,是盐业巨商,在典当商中地位举足轻重。在庚子之乱中,仅杨家就有15家当铺被八国联军士兵焚毁。壬子兵变中,杨家又有14家当铺被乱兵抢劫。民国以后,杨家的当铺遍布华界五大警区,后又在法租界开设了当铺。此外,振德黄家、杨柳青石家、土城刘家等都经营当铺。又如军界人物张勋、曹锟、江西督军陈光远、吉林督

---

① 天津社会科学院历史研究所编:《八国联军在天津》,齐鲁书社1980年版,第214—217页。
② 吴石城:《天津典当业之研究》,《银行周报》第19卷第36期,1935年。
③ 参见冯剑:《天津近代典当业资本变迁》,《近代史学刊》2016年第2期。

第四章　近代经济的起步与全面发展(1901—1927)

军孟恩远、黑龙江督军鲍贵卿等都在天津开设有当铺,张勋有松寿当,督军孟恩远有庆昌当,督军陈光远开设了德华当、德昌当、辑华当,督军鲍贵卿开设了金华当,袁世凯的族侄袁乃宽开设了裕风当,曹锟家族开设了永聚当、同聚当、中通当、公懋当、万成当;安福系的王郅隆与人合开了裕昌当,国务总理潘复与阎泽溥合开了天庆当。①

其次,典当业资本雄厚,多系独资经营。在京津沪三大城市中,以天津的当商资本最为殷实。如北京最负盛名的八大恒,经常占用的资金为二三十万元,上海的当铺虽然数量多,但也多系合资经营的小型典当。天津则不然,不仅多系独资经营,而且占用资金量大,最少的四五万元,最多的达五六十万元。其中,八大家中的杨家和卞家,以及曹锟、陈光远等所开的当铺,资金都非常雄厚,不需要向外借款,需要流动资金就随时从各银行、银号存款中调拨。

天津的典当业也有同业组织。清嘉庆十七年(1812),天津当商成立了当行公所,其意图无非是联结同道,维护共同利益,而且当时的盐商和当商是被官府承认并向其纳税的商人,是天津商界的巨商,在社会上有相当的地位和影响。该公所公推董事负责,由各会员轮流值年,管理会务。1921年,直隶全省各县典商为"维护同业利益,联络同仁感情起见",曾在天津当行公所发起组织直隶典业联合会,设会长、副会长各一人。②1930年当行公所改组为天津市典业同业公会,凡在华界的典当商均为会员,共有21家,会址迁到估衣街山西会馆内。到七七事变前,会员的资本以4万元者居多,最高为6万元,最低为1.5万元。营业额最多者十二三万元,最低四五万元,与兴盛时期的20余万元有一定差异。③再有就是租界的当商,日租界的当商已有自己的组织,法租界的当商则加入了华商公会。1937年时,天津特别一、二、三区(即原来的德、奥、俄三国租界)16家当商组织质业同业公会,④该同业公会没有固定办公场

---

① 魏明:《北洋政府官僚与天津经济》,《天津社会科学》1986年第4期。
② 《直隶典业联合会简章》,《益世报》1921年10月13日。
③ 《津市各业调查(二十)典业》,《益世报》1937年2月4日。
④ 天津市档案馆等编:《天津商会档案汇编(1928—1937)》,天津人民出版社1996年版,第277页。

所,只是在各当铺轮流办公。1941年太平洋战争爆发后,原英、法、日、意等租界的40余家当商,均加入了质业同业公会。1945年6月,典业同业公会与质业同业公会合并,改组并更名为当业同业公会,办公地点迁回北马路原当行公所内,推选王子寿为理事长。[①]1946年2月,又改组为天津市典当业同业公会。

三、金融业对工商业发展的助推

(一)金融业与国内贸易的发展

天津金融业的发展,首先得益于国内外贸易的迅速发展。天津开埠后,对外贸易规模不断扩大,20世纪后直接进出口成为天津对外贸易的主流,对金融业务的需求也随之增加。在对外贸易的不同环节,外商银行、华资银行、银号分别提供了相应的金融服务,也因此得到相应的发展。外商银行为进出口洋行提供服务,"在华外商银行与各该主国在华之进出口商行、电信机关、保险公司、轮船公司等皆有联络,依国别各成系统,组织完整,各国贸易机关恃外商银行为之通融款项,外商银行亦随各国对津贸易之兴替,而定其在华势力之大小。盖津埠国际贸易十九操诸外人,进口商品则由各该国进口洋行向各该国订购,外商银行发出信用证书,授进口商以信用,由各该国轮船、保险等公司装货运津,利权不可外溢"[②]。土货出口同样如此,只是流程与前者呈反向。华资银行在洋货趸售、土货趸卖环节提供金融支持,"外国巨额商品由外商洋行银行运津后,不能直接推销于各地,须经趸售机关以为之转销,华商银行之机能即在周转此等较大趸售机关之金融,同时土货出口,由出售人以至零买商店,中间金融之周转,固藉银号之助力,然由零买商店以至趸买机关,更需银行之资助也"[③]。

[①] 天津市档案馆等编:《天津商会档案汇编(1937—1945)》,天津人民出版社1997年版,第497—498页。
[②] 吴石城:《天津之外商银行》,《银行周报》第19卷第29期,1935年。
[③] 吴石城:《天津之华商银行》,《银行周报》第19卷第19期,1935年。

第四章　近代经济的起步与全面发展(1901—1927)

至于经营进出口商品及普通商品的小规模趸售趸买、运输、零售与收购的一般商号,则需要银号为之提供融资与汇兑的服务。而银号的经营方式也适合商业习惯,具体如下:"(一)银号之活动具有地方性也,我国产业幼稚,交通梗阻,商品流通范围狭隘,交易数量亦甚小,银号资力脆弱,活动范围亦极有限,第能夤缘乡谊,与本帮商家,取得联络,客帮贸易,每利用本帮银号汇票,以求两地资金之周转,此外通融资金,存盈取息,客帮银号,交相为用。(二)银号之侧重对人信用也,银号之活动范围既有定限,顾客有定,信用调查甚易,于是拆放款项,侧重人情,不征押品,极得顾客之同情。(三)银号经营适合商业习惯也,银号营业方针,漫无定绳,办事手续随顾客之意志,而多有迁就,既少星期例假,营业时间亦较延长。"①银号在商品流通中的作用是银行无法替代的,其经营的地方性、侧重人情的信用制度、灵活的经营方式,使大多数商人愿意与之往来,伴随着贸易规模的扩大,其业务不断得到扩展,实力不断增强。

(二)金融业对近代工业的助推

近代工业的兴起,更需要银行和银号的融资。第一次世界大战期间及其后的一段时间,是天津近代工业创办的高潮时期,不仅创建的工厂数量多,而且广建大型工厂,裕元、裕大、北洋、恒源、宝成、华新六大纱厂,大丰、福星、民丰等面粉公司,久大精盐公司、永利制碱公司等企业,均在这一时期建立。此外,这一时期天津的腹地建立的多家大型工矿企业,也多在天津筹资融资。这些工矿企业的建立极大地增加了对资金的需求。近代工业不仅投资额巨大,所需流动资金也不在少数,传统金融机构无法满足这一需要,"银号资力有限,其机能只在辅助商品之分布,与供给较小工商业以资金,银行采股份有限公司之组织,资本较大,适能为巨额资金之供给"②。正因为有对巨额资金的需求,一些工厂的创办人经常会感受到工厂融资的不便,进而想到创办银

---

① 吴石城:《天津之银号》,《银行周报》第19卷第16期,1935年。
② 吴石城:《天津之华商银行》,《银行周报》第19卷第19期,1935年。

行,如金城银行的发起人王郅隆、倪幼丹在开办裕元纱厂的同时,还开设有裕庆公银号,但由于感到其资金支持力度十分有限,仍不足以扶助裕元纱厂,又决定创办了金城银行。

银行最初只是向工业企业放款,进而逐步展开、深化,即形成了放款、投资、监管并存的多重关系。现有资料显示,天津的银行中,最早一笔对工矿业的放款,应是1898年中国通商银行天津分行向贻来牟机器磨坊借银4.7万两。1900年,八国联军占领天津时该厂停闭,厂主朱纫秋无力归还贷款本息,将天津、通州二处厂房机器家具等一并押给通商银行,约定三年赎回。但到1909年底,贻来牟仍积欠通商银行银22,700两。①天津官银号成立后,对官办、商办的多家工矿企业贷款或垫借股本。1906年4月,北洋劝业铁工厂开办,天津官银号以年息5厘拨银20万两予以支持。1906年7月,启新洋灰公司筹办时,周学熙凭借其掌管天津官银号大权,借拨官银号50万元作为创建资本金。1907年9月,滦州矿务公司创建时,周学熙由天津官银号借垫股本银50万两,年息5厘。1908年3月,京师自来水公司开办时,周学熙也先由天津官银号垫借资本银50万两,利率仍为5厘。②

第一次世界大战以来,随着天津许多大型工矿企业的成立,银行向企业贷款的规模随之扩大。1919年,金城银行对裕元纱厂的放款为26万余元,1922年则达到110余万元;③1920年,金城、大陆、盐业、中南等七家银行和一家银号向恒源纱厂的放款额为80余万元,1921年达到140余万元。④金城银行是向工矿业放款较多的银行,对工矿业放款总额,1919年为83万元,1923年为426万元,1927年为700万元,1933年为1217万元,1937年则达到2415万元。⑤

银行对企业的放款满足了企业维持正常生产和再生产的资金需求,甚至

---

① 中国人民银行上海市分行金融研究室编:《中国第一家银行》,第27页。
② 郝庆元:《周学熙兴办北洋实业的资金筹措与积累》,《天津文史资料选辑》第41辑,1987年。
③ 中国人民银行上海市分行金融研究室编:《金城银行史料》,上海人民出版社1983年版,第160页。
④ 恒源纺织公司档案:《恒源纺织股份有限公司历届年结账略》,天津市档案馆藏,全宗号:146—1—1。
⑤ 洪葭管:《在金融史园地里漫步》,中国金融出版社1990年版,第199页。

第四章　近代经济的起步与全面发展(1901—1927)

在特定条件下,成了企业在创业阶段的重要支柱。1917年,范旭东创办永利制碱公司时,面临创办资本严重不足的局面,唯一的资本来源就是招募股款。但像制碱这样的化工企业,投资大,技术难度高,建设周期长,投资风险较大,永利公司所招股款为数无多,与开办资本相差甚巨,不得不仰仗久大精盐公司通融。但久大盐业公司所能提供的资金毕竟有限。幸运的是,金城银行对其伸出了援助之手。主持金城银行的周作民与久大、永利公司的创办人范旭东是莫逆之交,他坚信以范旭东踏实的办事风格和能力,创办永利公司这一新兴的事业定能成功,因而对永利公司给予大力支持。永利公司初创时,金城银行入股3万元。永利公司所需资金除由久大公司提供外,主要靠金城银行的支持。永利公司最初是通过久大公司向金城银行借款,金城银行明知款项为创办永利公司所用,仍照贷不误。自1921年起,永利公司直接向金城银行借款,金城银行还允许永利公司每年透支10万元,1924年以后透支增至15万元,1926年双方又签订新的借款合同,金城银行再借给永利公司60万元。[①]金城银行对久大和永利公司的借款,历年都为数不少,主要是用于永利公司的创业和生产上。而且,在永利公司艰难创业的最初几年,始终得到金城银行在资金上的倾力支持。

银行向工矿业的放款,可分为信用放款和抵押放款,信用放款采取往来透支或者票据贴现的形式。银行放款主要是抵押放款,但也不排除信用放款。首先从业务发展来看,在近代中国的金融市场上信用放款仍占统治地位,这不能不影响到银行的营业方针,所以银行不可能完全排除信用放款。当然,银行对信用放款采取了较为审慎的态度。如金城银行规定,对于个人的信用放款及透支,以不承做为原则;对公司商号之放款及透支,应先经过信用调查,酌量情形,方能承做;公司商号以期票或汇票作短期贴现者,随时承做,但以经银行承兑者为主要对象。[②]中国银行也有类似的规定。[③]

银行对工矿企业放款更多的是抵押放款,对于抵押放款各银行也有严格

[①] 中国人民银行上海市分行金融研究室编:《金城银行史料》,第168页。
[②] 中国人民银行上海市分行金融研究室编:《金城银行史料》,第153页。
[③] 中国银行行史编辑委员会:《中国银行行史(1912—1949)》,中国金融出版社1995年版,第254页。

规定。例如,金城银行规定,作为抵押放款的物品,可以是有市价而能流通的通常货物,如农产品、工业品、矿产品等(但违禁品不得承做);可以是有公开市场的证券,如公债、库券、公司债及股票等(不过应该是中央政府发行的公债、库券,地方公债及公司债等酌量承做);可以是凭单,如栈单、提单、权柄单、保险单等(但必先将过户登记等手续办齐,方能承做);也可以是不动产,如房地产及机器等(但须酌量情形,并办妥登记手续后,方得承做)。①银行对工矿业的抵押放款,主要包括商品抵押放款和厂基机器放款。抵押放款的商品多是企业生产所需的原材料,或者是产品。商品抵押放款一般期限较短,多为三五个月或半年,数额可多可少。1927年,中国银行对华新天津纱厂做了一笔放款,以三星棉纱300包作抵。1931年,中国银行又与华新卫辉纱厂订立了100万元的花纱透支放款。②厂基机器押款往往数量大,期限也较长。显然,在银行与工矿企业间的信用关系中,抵押信用已占绝对的统治地位。

　　20年代中期以后,在借贷关系基础上,银行开始加强对工矿企业的监管。第一次世界大战以后,近代工矿业获得了较快的发展,投资者获得了较为丰厚的利润,而银行业因为向其提供贷款,也获得了优厚的利息收入。然而,好景不长。20年代末世界经济危机爆发以后,由于外有列强倾轧以及世界经济危机的冲击,内有自身经营管理不善等问题,工矿企业普遍呈现衰落之势,以致不得不靠借债度日,债务规模也越来越大。如何处置这些债务,便成为银行亟须解决的问题。如果采取破产的方式,对银行将是一个重大的损失,因为这些企业多已严重地资不抵债,"一旦关厂或拍卖还债,那么全部资产便不免要打四折或者二三折了"③,银行往往得不偿失。要使银行的债权免受损失,须另辟蹊径。周作民等银行家们已意识到这些企业之所以债务累累,除了不利的外部条件外,内部的管理不善是一个重要原因,因此各银行倾向于采取一些措施,提高这些企业的管理水平。如金城银行,"对于国内纺织工

---

① 中国人民银行上海市分行金融研究室编:《金城银行史料》,第153页。
② 中国银行天津分行国际金融研究所编印:《中国银行天津分行行史资料》第3册,1991年版,第346页。
③ 李紫祥:《恐慌深化中之中国棉纺业》,《申报月刊》(下)1934年第9号。

业,素效绵薄,惟除融资之外,注意于其技术及管理两方面,以促其充分之展进"①。另一方面,银行家们也有意识地加强对产业的控制,在多种因素的作用下,银行资本走上了直接向产业资本渗透的道路。

银行资本向产业渗透的方式主要是银行对工矿企业进行监管。银行在抵押放款时,除有抵押外,还要向企业派遣人员驻厂,对厂方的财产、财务及经营进行监督,以保证放款的安全性。1926年,金城银行与裕元纱厂签订20万元借款合同,其中就规定:"由本行派员往该公司检查一切"。同年,金城银行与三星寿丰面粉公司订立20万元借款合同,规定:"公司因借款关系,承认银行保荐会计兼出纳主任一员,常驻公司,关于公司所有一切账目银钱,均须完全交由该员经手管理,如该员对于账款收支,有未曾与闻或有疑义时,得随时请由公司切实说明,并据以报告银行,公司允无异议,但公司款项之分配,无论存放提用,该员均须秉承公司总经理办理,不得拒绝。"②

四、政府行为对金融业发展的作用

(一)政府行为与华资银行的经营

天津地近京畿,政局变动和政策变化都会对天津经济产生极大的影响,天津一些华资银行创办时就有相当数量的军阀、官僚投资,在经营中受政治性因素的影响也十分明显,主要表现就是投资公债及向政府垫款,以使银行获得优厚利润。

首先,在华资银行的资金运营中,公债投资和向政府垫款占据相当大的一部分。金城银行自成立到抗战前的20年中,历来都将购买公债作为资金运用的一大流向。1917年末,金城银行总账上列"有价证券"不满3万元,主要是公债、库券。到1927年末,这一科目账上增加到708万元,其中公债、库券计为545万元,比1917年上升了197.3倍。③中国银行历来就是债券的主要经募

---

① 中国人民银行上海市分行金融研究室编:《金城银行史料》,第385页。
② 中国人民银行上海市分行金融研究室编:《金城银行史料》,第161、173页。
③ 中国人民银行上海市分行金融研究室编:《金城银行史料》,第202页。

者和销售者,由于购买公债折扣较大,获利优厚,如果资金宽松,自身也可以买进公债作为投资。1914年,中国银行买进公债280万元,1915年买进266万元,[1]逐年的累计使中国银行投资证券在贷款中的比率不断上升,从1918年到1926年的9年中,该行持有的公债面值平均占到贷款的25.7%。其中最高的1922年,持有公债面值6010万元,占贷款总额的32.71%;最低的1919年,持有公债面值3819万元,占贷款总额的20.75%。[2]基于同样的原因,其它华资银行也都乐于购买公债,表4-6是1927年部分华资银行持有证券的情况。这14家银行持有有价证券数额,平均占其全部资产总额的11.7%。

表4-6　1927年部分华资银行所持有价证券数额与资产总额比较表　（单位:千元）

银行	有价证券数额	资产总额	证券占资产比%
中国	29,972	567,700	5.3
交通	11,606	186,076	6.2
浙兴	6946	57,501	12.1
浙实	6336	30,147	21.0
上海	3219	40,511	7.9
盐业	3840	56,560	6.8
中孚	2375	15,222	15.6
金城	4440	55,170	8.0
新华	3,117	12,960	24.1
东莱	1734	16,732	10.4
大陆	2927	32,958	8.9
中国实业	2068	38,192	5.4
中南	4826	55,536	8.7
四行储蓄	5805	25,051	23.2

资料来源:杨荫溥:《杨著中国金融论》,第377—380页。

除投资公债外,银行向政府的垫款、放款也为数不少。中国银行、交通银行是向政府垫、借款数额最多的银行,北京政府时期,政府的开支大量靠中、交两

---

[1] 邓先宏:《中国银行与北洋政府的关系》,《中国社会科学院经济研究所集刊》第11集,中国社会科学出版社1988年版,第298页。
[2] 中国银行总行、中国第二历史档案馆编:《中国银行行史资料汇编》上编,档案出版社1991年版,第1868、1913页。

第四章 近代经济的起步与全面发展(1901—1927)

行垫款。至1915年底,中国银行垫款1204万元,交通银行垫款4750万元。[①]截至1925年,中央政府欠中国银行2373万余元;欠交通银行265万余元。[②]北京政府时期,中国银行的政府放款的具体情形见表4-7。金城银行也有相当数量的政府放款,1919年为173万余元,占放款总额的31.12%;1923年为217万余元,占16.32%;1927年则达到393万余元,占14.36%。[③]其他银行也有为数不少的垫款和借款。

表4-7　1916—1926年中国银行对政府放款额一览表　（单位:千元）

年份	放款总额	其中对政府放款	占放款比%
1916	101,890	37,610	36.91
1918	143,430	113,440	79.09
1920	178,430	103,370	57.93
1922	183,730	99,180	53.98
1924	201,800	142,300	70.52
1926	311,340	141,040	45.30

资料来源:邓先宏:《中国银行与北洋政府的关系》,《中国社会科学院经济研究所集刊》第11集,第304页。

银行将资金运用于对政府机关放款、购买公债库券投资和对铁路放款,基本可以视为运用于政府的资金,它在银行的资金运用总额中占有很大比例。金城银行的这一比例在1919年为32.76%,1927年38.45%,1930年更达到40.48%;[④]中国银行通过购买债券,为政府垫款、借款等方式运用于政府的资金,在其资金运用总量中也占有很高比例,且应当比金城银行更高。其他银行的这一比例,应与两行不相上下。在上世纪20年代以后,各华资银行资金投放给政府的比例,当在40%—50%左右。

银行之所以将资金用于投资公债、向政府垫放款,是因其可获多重好处:第一,能获取高额收益。公债的票面利率都不高,如北京政府时期,28种内债

[①] 中国银行行史编辑委员会:《中国银行行史(1912—1949)》,第74页。
[②] 汪敬虞主编:《中国近代经济史(1895—1927)》,人民出版社2000年版,第1437页。
[③] 中国人民银行上海市分行金融研究室编:《金城银行史料》,第155页。
[④] 中国人民银行上海市分行金融研究室编:《金城银行史料》,第14页。

利率最低的为年息6厘(11种),高的达到年息7厘(4种)、8厘(12种),最高的一种为月息1分5厘,[1]但公债多系折扣发行,银行代理发售又有诸如回扣、手续费以及补水、汇水等费,公债的实际利率远在名义利率之上。而银行短期借款、垫款利率更高。借款利率在1分以下者很少,多在1分以上,月息1分7厘和1分8厘的占了绝大多数,最高的有月息1分9厘以至2分。多数银行的垫款利率都在1分以上,最高的为1分9厘。如同公债利率一样,这些银行短期借款、垫款的利率都是名义利率。由于许多借款另有折扣、预扣利息以及汇水、手续费等,实际利率在月息二三分以上者比较普遍。[2]

第二,银行可以公债作为发行兑换券的保证准备。北京政府时期,信用昭著、可以发行纸币的各银行,对于纸币准备,均能做到确实、公开。而纸币的准备一般定为现金准备六成、保证准备四成。所谓保证准备,按中国银行的规定:"以证券、房地道契、进出品押汇票据,及商业票据,或妥实抵押品充之;但证券应以交易所逐日有市价,得以随时变现之公债或库券为限,并照市价计算。"[3]实际上,所谓保证准备中,最主要的是公债。以中国银行为例,从1918到1926年的9年中,其将公债作为发行准备,占比最高的1918年达到59.5%,最低的1926年为37.6%。[4]

第三,公债成为银行抵押放款最重要的担保品。金融业的放款有信用放款和抵押放款之分。可作抵押的物品虽然不少,如不动产、贵金属、票据、栈单等,但以当时中国的实际情况而论,证券押款,特别是公债押款,是金融界最通行的放款方式。证券的保管比较容易,在市面可以随时变卖;银行在资金不足时,又极易用押款证券向同业转押款项,所以证券是很好的押品。

显然,在厚利的吸引下,银行将资金总额的40%—50%投放给政府,无疑是银行业得以发展的推动力,也显示了中国近代银行业的产生和初步发展与财政的密切关系。民国初年,不仅中国银行、交通银行、金城银行这些重要银

---

[1] 汪敬虞主编:《中国近代经济史(1895—1927)》,第1431页。
[2] 汪敬虞主编:《中国近代经济史(1895—1927)》,第1438页。
[3] 杨荫溥:《杨著中国金融论》,第384页。
[4] 中国银行行史编辑委员会:《中国银行行史(1912—1949)》,第42页。

第四章　近代经济的起步与全面发展(1901—1927)

行将大量资金投向这一领域,更有许多中小银行,其成立的目的就是买卖公债。进而,这一时期天津的诸多银行都与购买政府各类债券有极大的关系。当然,在看到资金投放给政府推动天津银行业走向繁荣的同时,也要看到其对金融市场所产生的消极影响。北京政府时期,天津金融市场频繁爆发金融恐慌和金融风潮,一个重要的原因是许多银行给政府垫款的数额过巨,而政府无力归还,导致大量呆账,从而引起一次次的挤兑、停兑风潮。

(二)军阀官僚投资金融业

天津华资银行业兴起和发展的另外一个特点,是军阀官僚投资金融业。尽管其规模小于工业投资,但仍是一个重要的投资领域,间接地体现了金融业与政府的关系。天津银行业尤其是早期银行的资本有一部分来自政府投资。以天津官银号为例,光绪二十八年(1902),袁世凯令津海关道划拨行化银48.9万余两,银元局余利项下指拨银1.9万余两,凑足银50万两为官本,又由各局、所拨来行化银60万两作为护本。①周学熙督办天津官银号时,还利用自己掌管北洋银元局铸币之便,从其所得七八十万两余利中,每年扣除40万两充实官银号资本。1906年12月周学熙任长芦盐运使后,又从盐斤加价六文的多增收入中,由藩司、长芦运库及永七盐务局每年分别摊拨库银30万两、35万两、15万两,用于扩充天津官银号的实力。②天津官银号改为直隶省银行时,其资本额为200万元,原有官本50万两,护本60万两,司、局筹拨90万两。1929年3月,河北省银行成立时,规定为官商合资性质,但实际上资本主要还是官股。③中国实业银行是一家总行设在天津的官商合办银行,1919年成立时实收资本200万元,其中财政部拨官款40万元,商股缴款160万元。④

这些银行虽然不是官僚的私人投资,但仍在政府的掌控之中。与其工业投资一样,军阀官僚在银行业中的投资也非常突出。天津的主要银行大多创

---

① 天津市地方志编修委员会编著:《天津通志·金融志》,第114页。
② 郝庆元:《周学熙兴办北洋实业的资金筹措与积累》,《天津文史资料选辑》第41辑,1987年。
③ 天津市地方志编修委员会编著:《天津通志·金融志》,第116—117页.
④ 天津市地方志编修委员会编著:《天津通志·金融志》,第124页。

办于1915至1919年间,其投资者多为居住于天津的军阀官僚。1917年创立的金城银行的资本来源中,军阀官僚所占比重很大,创办时占90.4%,收足200万元时仍占到82.1%。①边业银行重建时,500万元资本皆由张作霖一人出资。大陆银行由冯国璋创办,许多军阀在该行有投资,故被称为"督军银行"。②在天津银行业中,军阀、官僚投资者的具体情况可见表4-8。当然,20世纪二三十年代,随着天津工商业的发展、商人实力的增强,军阀官僚投资的比重有所下降,商人投资的比重相对上升。如金城银行开设时,工商业者投资只占0.3%,与军阀官僚投资相比,显得微不足道。1919年,该行军阀官僚的投资比重下降至82%,1927年收足700万资本时,军阀官僚的投资仅占50.5%,工商业和银行界人士的投资比重上升到24.3%。③在大生、裕津、东陆、兴业、怀远等银行中,军阀官僚的投资比重也不是很大。④

  20世纪以后,天津钱业在创办资金等方面也有相同的特点。天津银号的资本来源中,商业资本占首位,其次是军阀官僚的投资。据1934年底对65家较大银号的统计,军阀官僚的投资占14%左右。他们投资的银号有:杨增新的裕源银号(资本5万元),陈光远的德丰银号,庞炳勋的隆远银号(资本6万元),李鸣钟的谦牲银号(资本10万元),郑道儒、戴汇川合办的同兴银号,石友三、孙桐萱合办的冀鲁银号(资本20万元),刘汝明的正昌银号(资本10万元),阎锡山的亨记银号,傅作义的和丰裕银号,王靖国的仁发银号,王占元的颐和(资本10万元)、致昌(资本10万元)、日亨银号,王郅隆、倪嗣冲的裕庆公银号,田中玉、陈光远的永豫银号(资本50万元),冯国璋的春华茂、华充、华实银号,刘冠雄的信富银号(资本10万元),李纯的义兴银号;李士伟、周学熙、言敦源的大同银号(资本16万元),李思浩的华北银号(资本10万元),李景林的成城银号,张勋的谦益银号(资本6万元),张敬尧的祥顺兴银号,陆锦的义胜银号(资本8万元),陈树藩的永盛德银号(资本10万元),高凌霨的泰丰恒银

---

① 中国人民银行上海市分行金融研究室编:《金城银行史料》,第23页。
② 罗澍伟主编:《近代天津城市史》,第420页。
③ 中国人民银行上海市分行金融研究室编:《金城银行史料》,第23页。
④ 罗澍伟主编:《近代天津城市史》,第399页。

第四章　近代经济的起步与全面发展(1901—1927)

号(资本10万元),马鸿逵的敦泰永银号(资本10万元)。①而且,由军阀官僚投资的银号不仅数量较多,而且资本额较大。天津一般银号的资本多在4万元以下,而军阀官僚开设的银号资本额多在5到10万元,田中玉、陈光远开办的银号资本多达50万元。这些银号资金雄厚,又有一定的政治背景,因此信用较好,甚至可以执银钱业之牛耳。

表4-8　天津银行业中军阀、官僚投资者情况表

银行名称	投资者姓名、职务
北洋保商银行	周自齐①　王克敏②　曹锟②　陈光远②
中孚银行	龚心湛②　袁乃宽②　张镇芳②　王克敏③　孙多森④
金城银行	梁士怡①　王郅隆①　徐世昌①　倪嗣冲②　徐树铮②　段永彬②　王占元②　曹汝霖②　周自齐　叶恭绰②　李思浩②　鲍贵卿②　曾敏隽②　朱启钤②　田中玉②　卢永新②　黎元洪　吴光新　齐耀珊②　吴佩孚　熊希龄
中国实业银行	言敦源①　王克敏②　曹汝霖②　陈光远②　龚心湛②　段祺瑞②　田中玉②　屈映光③　周学熙④　李士伟④　钱能训
大陆银行	张调辰②　龚心湛②　李纯②　冯国璋　齐耀珊②　齐燮元③　张勋②　钱永铭②　倪嗣冲　李思浩　周学熙
大生银行	梁士怡②
东陆银行	龚心湛②　张弧②　李思浩②
大中银行	潘复②　李思浩
裕津银行	王郅隆②
天津兴业银行	龚心湛②　齐耀珊①　倪嗣冲②　陈光远
怀远银行	陈光远
边业银行	张作霖
华新银行	周学熙

表注:①表示为该行总董或董事长,②表示为该行董事,③为该行监察,④为该行总经理。

资料来源:魏明:《论北洋军阀官僚的私人资本主义经济活动》,《近代史研究》1985年第2期;罗澍伟:《近代天津城市史》,第421页。

① 天津市地方志编修委员会编著:《天津通志·金融志》,第91页;魏明:《北洋政府官僚与天津经济》,《天津社会科学》1986年第4期;刘信之、曹雅斋:《天津钱业琐记》,《天津文史资料选辑》第106辑,2005年。

309

五、金融风潮及其对金融业发展的影响

清末十年及北京政府时期,天津金融市场风潮迭起。清末的金融风潮以债务危机为主要形式;北京政府时期则主要是由混乱的货币制度所引起,其中以1916年、1921年的中、交两行停兑风潮,1926、1927年间的直隶省银行挤兑风潮影响最大。其他的如因银号、商号倒闭所引起的金融风潮也时有发生。

(一)清末的金融风潮

1900年,天津遭八国联军抢劫,损失惨重,不少银钱号、商号倒闭。1902年,爆发贴水风潮,银钱号向来就漫无限制地印发银贴、钱贴等银钱票,准备不充分,致使银钱票在流通和兑换现银时需要贴水,贴水数最初仅需银数两、几十两,庚子事变后,"现银日少,贴水日涨,竟有每银千两贴水涨至三百余两者",因为贴水,"商旅闻之而裹足,百物闻之而腾涌,究其流极,外埠货物停发,票号汇兑不通"[①]。为平息贴水风潮,袁世凯于1902年设立平市官钱局,以月息5厘借给钱商现银100万两,并勒令限期取消贴水,翌年初又下令严禁贴水,银钱票与现银、现钱等值使用;贴水被遏制,一贯靠贴水获利的钱商便难以维持,官钱局的贷款到期无力归还,银钱号相继倒闭。自1903年初到1904年4月的一年多时间,200多家钱商,"歇业荒闭者,一百数十家。要账还账不能通运者,约五六十家。南北巨富在津开设钱行者,至今行运不过十成之一二"[②]。

1908年,天津又爆发了银色风潮。在天津的对外贸易、海关征税、汇兑中以成色为992‰的津平化宝银为通行宝银,宝银由银钱业所设炉房熔铸,"各炉房熔铸宝银亦俱照章錾有九九二色戳记,相沿数十年通行无阻"[③]。庚子事变后,市面混乱,各炉房镕铸化宝银时乘机掺假,致使化宝银成色渐渐低落,

---

[①] 天津市档案馆等编:《天津商会档案汇编(1903—1911)》,第328页。
[②] 天津市档案馆等编:《天津商会档案汇编(1903—1911)》,第333页。
[③] 天津市档案馆等编:《天津商会档案汇编(1903—1911)》,第361页。

第四章　近代经济的起步与全面发展(1901—1927)

乃至市上所谓九九二化宝,成色只有九六五,被称之为低潮银。各行收受低潮银后,若按减色兑出,将遭受损失,于是这些低潮银被留存起来,期望银色增涨再行出兑。

同年,各种低潮银减色越来越多,津埠客商、铺户、中外银行都积存了大量低潮化宝银,仅各外商银行积存即达一百数十万两。到秋季临近结算账目时,所有客商欠款因银色不足均不能清账。同年2月,津海关道发布告示,自3月1日起,凡完关税应用足九九二成色、行平化宝银105两,合关平银100两交纳;也可折交白宝银104两2钱。如果以现时市面通用低潮宝银完税,则须交行平银107两。这样华洋各商缴纳关税时,为补足低潮银两成色,需多缴2%。自此谕发布后,华洋各商纷纷呈文争执,迫使津海关道不得不于9月28日撤回前谕,规定嗣后仍以行平化宝银105两合为关平银100两完税,但须经公估方可。①这就意味着所有各商号所存低潮化宝不能通行,必须估验,而一经估验则每100两吃亏57钱至1两不等。华商只好自认吃亏,各洋商则不甘受此巨亏,经各国驻津领事、驻京大使向直隶总督、津海关道交涉,催促"一面作速筹还各银行化宝成色亏欠,一面转饬津海关,将洋商去岁以来多纳2%税项,查照缴还"②。直隶总督杨士骧认为"此责不在于官而在于商"③,拒绝由官府担责。天津商务总会为消除低潮化宝银的危害,决定将其重估改铸,所补色之数约需银1.5万两,经与各国银行经理一再磋商,各银行答应每100两贴补火耗银2钱,其余由各钱商先将此款暂行借垫,共计银7143两2钱。④关于多缴的2%,经过多次交涉,天津商务总会最终同意向各殷实钱商借银1.5万两了结此案。⑤

1908年还发生了洋布商与洋行的债务风潮。庚子事变后,由于洋布商人对天津贸易的乐观估计,以及1905年后银价上涨对洋布进口造成的有利形

---

① 吴弘明编译:《津海关贸易年报(1865—1946)》,第267—268页。
② 天津市档案馆等编:《天津商会档案汇编(1903—1911)》,第358页。
③ 天津市档案馆等编:《天津商会档案汇编(1903—1911)》,第360页。
④ 天津市档案馆等编:《天津商会档案汇编(1903—1911)》,第362页。
⑤ 宋美云:《近代天津商会》,第213页。

势,洋布商纷纷扩大进货,洋行也不顾购买者的信用,赊销货物,以致洋布商积下大量债务。1907年,银价突然下跌,货价上升,市场购买力大为降低。春季,"市面积储之匹头为数良多,且各商向外洋订购各货,在西历前半年尚络绎进口"[1],致使进口越来越多,而销路无几,进而严重滞销,华商赔累不堪,积欠洋商债务越来越多,到1908年时总计华商积欠洋商货款本息共计1400万银两。[2]为解决巨额债务纠纷,中外商人经过多次交涉,问题得以解决。到1909年底,经过减去一些显然已无法偿还的债款,又结清了一些债款,债务已减少到500万银两。而这500万银两,又经中外商人代表的协议,分25年归还。为了管理偿还事务,特地成立了北洋保商银行,充当中外商人的中间人与票据交换所,"有关的中国商人的资产及负债由银行接管,而外国商人的债权也经发行债券而消失"[3]。

1910年7月至次年辛亥革命前后,因受上海金融风潮和辛亥革命的影响,上海、北京和天津等地钱庄相继倒闭,形成1903年贴水风潮后又一个钱庄倒闭的高潮。1910年7月,上海爆发橡皮股票风潮,几十家钱庄、票号相继倒闭,并波及到全国许多城市,尤其是在全国广设分支机构的源丰润、义善源票号倒闭,牵动各埠金融。九十月间,天津的分支及联号源丰润、新泰号倒闭,负债100多万银两,导致天津金融市场银根异常吃紧。随后,庆恒、永毅诚等8家钱铺、银号歇业或倒闭。1911年3月上海义善源倒闭,天津分号因资金周转失灵,受牵累而倒闭,[4]随之裕源长银号受累倒闭。资金雄厚的银号倒闭,使得义德厚钱庄、永盛钱铺、春兴钱铺等均因银根吃紧而歇业。1911年10月,辛亥武昌起义爆发,引起全国各大商埠市面恐慌,天津又有多家钱庄受牵累而倒闭,如大庆元银号因受上海总号牵连倒闭,富商王锡英所开益兴恒、益源恒银号倒闭,经收海关税款3年之久的裕丰官银号也未能幸免,甚至连洋商银行华账房也遭此厄运,麦加利银行买办徐诚的账房,因津埠停市,账房现银短缺

---

[1] 吴弘明编译:《津海关贸易年报(1865—1946)》,第362页。
[2] 参见吴弘明编译:《津海关贸易年报(1865—1946)》,第278页。
[3] [英]雷穆森:《天津租界史(插图本)》,许逸凡、赵地译,第159页。
[4] 天津市档案馆等编:《天津商会档案汇编(1903—1911)》,第575页。

第四章　近代经济的起步与全面发展(1901—1927)

而倒闭。①

此时,天津还有盐商债务风潮。在19世纪末,天津盐商已是负债累累。到1903年底,盐商在向官府、商人借债已无指望的情况下,为还旧欠,首次提出向华俄道胜银行息借洋债3.5万银两。1906年,盐商发展到以借洋债为营运流动资金的主要来源,长芦纲总王贤宾、李宝恒向北京汇理银行息借白银40万两。1908年7月,他们又以纲总身份同北京汇理银行签订了借款100万银两的合同。1909年初,长芦盐商以王贤宾、李宝恒为通纲全权代表,连环作保筹借巨款,同天津道胜银行订立借款150至300万银两的合同。②

据统计,短短几年间,天津各盐商向汇丰、德华、道胜、正金、汇理等外国银行借债700万银两,加上利息计800余万银两。③盐商的每次借债,均得到长芦运司的批准并发给谕帖,对于洋商银行来说,这等于说是官府成了这些债务的担保人。1910至1911年,因受上海橡皮股票风潮的牵连,津、京金融界遭受冲击。各洋商银行乘机收缩银根,停止向盐商放款,且要求其所欠债务无论是否到期都一律偿还。因催讨无果,各洋商便以有长芦运司担保为由,向清廷索偿,最终责任追究到时任长芦盐运使的张镇芳。张镇芳急于脱身,向朝廷提议,从大清银行借银700万两,立即连本带利还清全部外商银行的欠款,没收负有洋债的盐商财产,并将他们所拥有或经营的引岸收归国有,以清偿大清银行的欠款。这一提议得到清廷认可。最终10位负债最多的盐商被查抄家产,他们所经营的直豫61县引岸全部收归官办,其余负债盐商则限期还清债务。追索盐商洋债的举动,引起天津社会经济的震荡。盐商经营的其他各项事业,如典当、钱铺、洋布洋货等皆被牵连倒闭;与盐商有密切川换往来的工商各业,因受盐商牵连而周转不灵;盐商资助的多项教育和慈善等社会公益事业,也因盐商的倒闭而无以为继。

---

① 天津市档案馆等编:《天津商会档案汇编(1903—1911)》,第590、592、613、706页。
② 以上有关盐商借洋债史实参见胡光明:《长芦盐务风潮平息的过程》,丁长清编:《近代长芦盐务》,中国文史出版社2001年版,第143页。
③ 华克格:《长芦盐务风潮中的"十大累商案"》,丁长清编:《近代长芦盐务》,第127页。

（二）北京政府时期的金融风潮

1916年5月12日，北京政府因为财政危机，发布中国银行、交通银行两行兑换券停止兑现和存款停止付现的命令，继而在全国发生了中、交停兑风潮。停兑令发布后，中国银行上海分行率先起来抵抗停兑令，山西、江苏、江西、湖南、湖北、福建、黑龙江、察哈尔等省的中国银行和山西、湖北、黑龙江、察哈尔等省的交通银行也拒绝执行停兑令，继续维持兑现。京津地区因在北京政府的直接控制之下，中、交两行被迫接令遵照执行。自中、交两行停止兑现，天津金融滞塞，各行交易停滞，秩序紊乱，天津商会成立金融维持会以照常兑现。自5月20日起，中国银行所发行的天津地名的钞票开始部分兑现，但30日北京政府下令解散金融维持会，兑现陷入停顿。直到7月12日，经中国银行天津分行多方筹备，才恢复兑现。交通银行天津分行也于11月开始兑现。在北京，因中、交两行的北京地名的钞票发行过多，始终无法兑现，而且北京政府继续令中、交两行垫款，致使两行的京钞发行额继续增加，到1917年底，两行京钞发行额达8000万元，约为停兑时的3倍，交行纸币跌至六折左右。①1918年9月，财政部迫于社会舆论，决定自10月12日起不再令中、交两行垫付京钞，同时发募公债，以收回京钞。不愿购买公债者，可以分别向中、交两行换取定期存单。这样，到1921年初，拖延5年之久的京钞问题，才得以基本解决。

然而，第一次停兑风潮平息不到一年，1921年11月再次发生两行停兑风潮。两行开出的存单陆续到期，要用现金归还，使两行库存现金锐减。同时，11月的华盛顿会议上，各国散布中、交两行库存空虚的消息，他们控制的海关、邮电等部门拒收中、交两行钞票，洋行也纷起向两行提取存款。于是，11月中旬首先在北京、天津引起挤兑风潮，继而向上海、汉口、济南、长沙等城市蔓延。11月16日，中、交两行将要停止兑现的消息由北京传至天津，市面马上

---

① 交通银行总行、中国第二历史档案馆编：《交通银行史料》第1卷，中国金融出版社1995年版，第354页。

第四章 近代经济的起步与全面发展(1901—1927)

发生恐慌,持两行钞票者纷纷持票兑现,两行门前人山人海。风潮发生后,各方面出面极力维持,从上海、奉天等处运到大批现洋,以备兑现。由于准备逐渐充足,挤兑者逐渐减少,至11月26日,这场风暴逐渐平息。

直隶省银行于1910年9月由天津官银号改设而来。1915年,该行停止了兑换券的发行。1916年,中、交停兑风潮发生后,直隶省银行应天津商会请求恢复了兑换券的发行。[①]再次发行兑换券的初期,发行量小,准备充足,该行所发纸币还可报解省库,信用稳定。1925至1926年间,"省票发行额不足300万,而流通乃遍全省,乡僻人民竟有将现洋换成省票,而后收藏者"[②]。1926年,褚玉璞任直隶督办,为巩固和扩张地盘,滥发直隶省银行的银元票和铜元票,发行额急剧膨胀。到1927年11月,直隶省银行共发行银元券849万余元,其中天津分行719万余元,在天津流通者约300余万元。[③]另有银角票96万余元,先后收回40万余元,在外流通者56万余元。[④]

直隶省银行钞票信用尽失,1925年12月,直隶省银行钞票开始遭到商民拒用,进而出现折扣情形。1926年五六月间,开始出现挤兑风潮。挤兑风潮发生后,直隶省地方当局采取措施,最初请商会劝谕商民通用,继而命令京奉、津浦铁路局客货运输一律专用直隶省银行钞票,各机关只收现洋及省钞,其他钞票概不收用,禁止省钞折扣使用,但仍无济于事。[⑤]1926年7月,当局"筹拨各项官地、官产归其管业作为基金,近复将中央允拨盐务协款悉归省行存储,作为临时基金,俾资维持,而坚信用",依然不能解决问题。[⑥]1927年6月,当局命令以芦盐产捐作抵押向各银行号借款,以维持银行信用。经直隶省财政厅、长芦盐运使、天津商会、银行公会、省银行等各方商讨,最终于10月初议定:"对于已发行560万元省钞,由津埠银行公会承认垫借140万元,由天津总商会等担保流通140万元,皆以芦盐产捐项下收入之款为基金,其余280

---

① 天津市档案馆等编:《天津商会档案汇编(1912—1928)》,第968页。
② 天津市档案馆等编:《天津商会档案汇编(1912—1928)》,第802页。
③ 天津市档案馆等编:《天津商会档案汇编(1912—1928)》,第1161页。
④ 天津市档案馆等编:《天津商会档案汇编(1912—1928)》,第1101页。
⑤ 天津市档案馆等编:《天津商会档案汇编(1912—1928)》,第1092—1097页。
⑥ 天津市档案馆等编:《天津商会档案汇编(1912—1928)》,第1097页。

万元由省政府自行筹划。即日组织保管维持省钞委员会,着手盖戳兑现,担保流通,十足行使。"①

此前,由直隶省议会、直隶商会联合会、直隶省农会、天津总商会、银行公会、钱商公会、长芦盐纲公所七团体所组织的维持省钞基金委员会已在筹备,10月初正式成立后即展开工作,主要工作是以盖戳之直隶省银行未发行及将要印制的新钞调换流通中的钞票,以示其有担保。但当维持省钞基金委员会紧锣密鼓地依计划逐步展开工作时,在12月7日首次换发日期之前的12月5日,直隶省银行突然宣布停止兑现,维持省钞基金委员会多日来的努力白费,积存在人们手中的直隶省银行的兑换券成为废纸。1928年初,该行宣告停业。直至30年代初,虽屡有清理直隶省银行钞票之议,但终究不了了之。

20年代,天津银号因时局变幻和金融市场不稳,以及自身经营等问题也时有倒闭歇业者,屡屡冲击天津的金融市场。1912年初,京津发生壬子兵变,许多银钱商号被抢而倒闭。1920年,直皖战争发生,受时局所累,祥顺兴银号倒闭,缘于"张敬尧提出现款甚巨,以致该号存款之家均纷纷取款"②。1921年1月,慎昌银号因买卖老头票亏损80万元而倒闭。③1923年3月华通银号亦因购买老头票亏累而倒闭,与之连号的恒达银号受牵累倒闭。④

20年代后期,天津两度出现银号倒闭风潮,一次在1927年,另一次在1929年。1927年10月11日,位于北马路的志成银号突然倒闭。该号开业于1922年,股本10万元。开办以来,在津埠声誉尚佳,1923年赢余3万元,1924年赢余5万元,1926年起开始亏损,至倒闭时竟亏欠达60余万元。15日,针市街的盛德银号倒闭。该号于1921年开张,股本5万元,因志成银号倒闭之后同业间相互戒备,该号资金周转不灵,遂至倒闭。同日,与盛德银号有关系的针市街某大银号也受其连带影响,难以维持,幸银行界予以接济,得以恢复信

---

① 天津市档案馆等编:《天津商会档案汇编(1912—1928)》,第1104页。
② 天津市档案馆等编:《天津商会档案汇编(1912—1928)》,第1509—1510页。
③ 天津市地方志编修委员会办公室、天津图书馆编:《〈益世报〉天津资料点校汇编》(一),天津社会科学院出版社1999年版,第887页。
④ 天津市地方志编修委员会办公室、天津图书馆编:《〈益世报〉天津资料点校汇编》(一),第910页。

第四章　近代经济的起步与全面发展(1901—1927)

用。一时间,天津市面还盛传有多家银号将要倒闭,恐慌不安的气氛蔓延,幸银行公会出面予以维持,市面人心才渐渐平定。①1929年8月,银号倒闭再掀风潮。法租界的裕生银号营业素称稳健,向来信誉极佳,尤其是1916至1922年间最为显著。但1929年7月31日,该号突因周转不灵宣告倒闭。裕生银号倒闭后,市面空气益形紧张,市面银根吃紧,人心惶惶,使得法租界的益兴银号随即倒闭。同日,针市街的泰昌银号因发出的拨码约有六七万元不能交付,搁浅之势已成。幸好该银号从中、交两行借款20万元,可以周济有关的银号,否则将有更多的银号倒闭。然而风潮并未就此平息,8月5日,蚨生祥银号倒闭,最主要原因是向长城煤矿公司投资30万元,一时无法收回,致呈亏空之象。当晚,与蚨生祥为同一股东的利康银号受到蚨生祥的影响,同归倒闭。其倒闭后还累及相关商号,如与其有直接关系的同丰泰斗店于8月6日宣告倒闭。至8月底,倒闭的银号有8家之多。②

(三)各方对金融风潮的应对

面对金融风潮,银号、银行等金融机构和商会等同业组织均采取措施进行应对。

天津的银号之间及银行与银号之间建立有"靠家"关系。所谓"靠家",即"银号缓急不灵时之后盾也。银号资本有限,而往来颇巨,资金遂难免绝无周转失灵之时。设有靠家,则一遇缓急,可以通电告急,浮借款项,而难关得以稳渡"③,实际上在银行和银号间形成了一种同舟共济的关系。这种相互协济关系,使银行和银号在立足金融市场,以及联手应对各种风潮时,得以渡过难关。

随着金融市场的发展和规范化,为了应对天津不断出现的金融风潮,逐

---

① 《天津银号风潮志略》,《银行周报》第11卷第42号,1927年。
② 天津市地方志编修委员会办公室、天津图书馆编:《〈益世报〉天津资料点校汇编》(二),天津社会科学院出版社1999年版,第830—832页;静如:《平津金融风潮再起记》,《银行周报》第13卷第32期,1929年。
③ 杨荫溥:《杨著中国金融论》,第292页。

渐形成了在商会、银行公会、钱业公会组织下,以中国银行、交通银行、金城银行等银行为核心的对处于恐慌中的金融市场进行接济的机制。这一机制的形成,除了商会等组织发挥起协调和组织功能外,中国银行、交通银行等拥有雄厚资力之金融机构的作用尤为关键。中国银行、交通银行在天津的多次金融风潮中,均尽力接济处于困境的银号、银行。1927年10月,当志成等银号倒闭风潮发生后,银行公会议决维持市面,以50万元为度,中国银行、交通银行各担任20万元。1929年8月,津埠银号倒闭风潮再起,当泰昌银号搁浅时,欠市面债务40余万元,中、交两行各借予该号20万元,避免了更多的银号受此牵连,中国银行津行在8月23日致总处函中称:"当时借款,并非维持泰昌,实为维持市面。"8月初,当余大昌银号周转困难时,中、交两行向其押放20万元,两行各任10万。①这次风潮中,两行还尽力给其他各银号以接济,金融风潮逐渐得以化解。交通银行在当年的营业报告中对此事予以很高的评价:"本年平津金融风潮突起,津行不独未受拖累,更能出其余力接济市面,以尽辅助商业调剂金融之职责,尤得津埠一般社会之同情,信仰津行之观念,因以日深,而津行平日因应之得宜,亦可以想见矣。"②两行还尽力接济遇到困难的各银行,如中华懋业银行、中华汇业银行、东三省官银号、中国丝茶银行、直隶省银行等都接受过两行的接济。

  商会和同业公会的组织协调作用也日渐显著。民国年间,商业、金融市场规模的扩大,推动了商会、同业公会的发展,且伴随银行业的勃兴,银行公会的实力和影响力远在钱商公会之上。在1927年的银号倒闭风潮中,银行公会出面组织维持,这一消息传出后,"市场人心始渐平定,各银号亦不彼此相逼"③。1928年12月,平津两地同起风潮,中华汇业、华威、劝业、农工、蒙藏等银行纷纷遭遇挤兑。银行公会即开会讨论维持本埠金融办法,提出:"由会内各银行先行筹备50万元,归中国、交通、盐业、金城、中南、大陆六行,公同组织委员会调度。如本埠发行钞票现尚兑现之银行,有因应付钞票不得不请求救

---

① 中国银行天津分行国际金融研究所编印:《中国银行天津分行行史资料》,第3册,第220—221页。
② 《交通银行民国十八年份营业状况》,《银行周报》第14卷第18期,1930年。
③ 《天津银号风潮志略》,《银行周报》第11卷第42期,1927年。

第四章　近代经济的起步与全面发展(1901—1927)

济者,可提出相当担保品,经该委员会之认可,酌量借款应用。"[1]原来钱业资力弱小,钱商公会难以体现其维持市场稳定的功能,20年代后,钱业实力的增强,以及成员的增加和组织方式的近代化,也发挥了一定的作用。1929年8月银号倒闭风潮发生后,钱商公会为了救济各商,召集各同业开会,决定由各号共出40万元救济同业。[2]钱商公会出面组织救济同业,说明不仅民国年间成长起来的资力较为雄厚的银行可以担当起救济市场的重任,而且传统的钱业资力也有了巨大的增长,可以与银行一起担起重任。

当市场出现重大不稳定因素时,商会、银行公会和钱商公会等同业组织为应付市场的波动,往往会联合起来,组成一个规模更大的联合组织,这就是天津金融市场上多次出现的金融维持会。该会第一次出现在1916年的中交停兑风潮中,由天津商会纠合直隶绅商发起组织直隶全省绅商金融临时维持会,流通兑换中、交两行发行的直隶纸币。[3]尽管在5月底被北京政府下令关闭,但其存在期间,对维持天津市面稳定、安定人心起到了积极的作用。1924年9月,江浙战争爆发,引起全国恐慌,直隶等地又发生水灾,市面各业经营已非往日景况。由于金融为百业之枢纽,其所面临的危险更大,天津银行公会、钱商公会、总商会,以及外国银行公会、华账房各团体,为预防金融危险,于17日在天津总商会会场召开联席会议,共同研究维持金融办法。讨论的结果是一致认为:"现在本埠金融,尚称稳定,预测将来,或不致发生若何危险。然究应共筹预防,设将来有银行或银号,发现周转不灵之现象,仍由今日到会各团体,公同联席会议,应视该行或该号之本体如何,设法维持。现在尽可先成立一金融维持会,以便遇有上述情事发现,救济易为力。"[4]

1926到1927年间,直隶省钞遭遇挤兑越来越严重,天津总商会、天津钱商公会、天津银行公会、直隶省议会、直隶省商会联合会、直隶省农会、芦纲公所等七团体组织维持直隶省钞基金会,着手担保省钞流通,并准备采取分阶段

---

[1] 天津市档案馆等编:《天津商会档案汇编(1928—1937)》,第874页。
[2] 天津市地方志编修委员会办公室、天津图书馆编:《〈益世报〉天津资料点校汇编》(二),第831页。
[3] 天津市档案馆等编:《天津商会档案汇编(1912—1928)》,第976—977页。
[4] 天津市地方志编修委员会办公室、天津图书馆编:《〈益世报〉天津资料点校汇编》(一),第919页。

的办法换发新钞,省钞信用渐渐提高,不意直隶省政府于12月5日突然宣布直隶省银行停兑,直隶、天津绅商的巨大努力随一纸停兑令而付诸东流。金融维持会作为涉及整个天津市场的团结自救组织,体现了天津商界、金融界一种团结合作、同舟共济的精神,即平时相互合作,一遇恐慌,群策群力,共维市面。正是由于商界、金融界的同舟共济,才使天津金融市场渡过一次次难关。天津商界、金融界这种团结合作、同舟共济的精神,在全国各大城市中非常突出,甚至有人如此评价:"津市钱号和银行间,相互合作,和衷共济之精神,恐为全国之冠。"①

第五节　工业各部门的迅速发展与并存互补之特征

早期的天津近代工业多集中在政府建立的铁路、军事工业和外国人开办的打包工厂等,并未建立起近代工业的体系。1900年八国联军占领天津,为数不多的工厂几乎全被摧毁,出现了近代工业的短期空白。20世纪初,在直隶总督袁世凯的支持下,周学熙主持创办了直隶工艺总局、北洋劝业铁工厂,以及滦州矿务公司和启新洋灰公司等官办的北洋实业,为天津近代工业的发展奠定了重要的制度基础和技术基础,可谓是天津近代工业重新兴起阶段。清政府实行振兴实业的政策,地方官府通过政治或经济手段开发地方实业的行为,使北方民气大开,兴办实业之风盛行。这一期间,天津设立的资本万元以上的华资工业企业28家,涉及面粉、烟草、火柴和榨油,及资源型企业。轻工业领域的工厂多为小型工厂,资本额超过10万元的工厂仅10余家;资源型企业资本额可达百万元,譬如,1906年开办的启新洋灰公司资本额100万元,1907年的北洋滦州矿务公司资本额200万银两。第一次世界大战期间,天津又出现了兴建工业企业的高潮,其特点是由军阀官僚、绅商、买办等创办了许多大型工厂企业,投资少则10万元,多则上百万元,主要集中在纺织、面粉、化

---

① 《天津市金融调查》,《中央银行月报》第3卷第9期,1934年。

第四章　近代经济的起步与全面发展(1901—1927)

工诸行业,天津逐渐形成以纺织、面粉和化工为主体的近代工业构架。①

工业的持续发展也是一个形成部门配套的过程,涉及诸如电力、交通和通信业等基础设施,制碱等化工业、机械和冶金等重工业的发展。为能从经济发展上展现出天津近代工业主要部门的发展,下文将从电力及通信业②、纺织、面粉业、化学工业、机械和冶金业等工业部门的角度展现其发展脉络与特点。

一、近代电力和电讯业的兴起与持续发展

(一)电力工业的兴起和发展

城市的基础设施和工业等都需要有近代化动力的支撑,电业是近代以后工业部门的基础,在城市经济中占有极其重要的地位,同时也为市民的生活提供照明用电。这一时期,天津电力企业的发展较前一期更快,电力供应量大幅增加,供电主体为租界内发电厂和20世纪初在华界新建的电车电灯公司。另外,一些大型工厂也自备发电设备,其中外商的发电企业居于主导地位。

天津的发电业发端于租界,除供应部分居民生活用电外,主要是解决工业企业的动力问题。1888年,德国世昌洋行安装了一台小型直流原动力发电机,用于羊毛打包机和照明,并向邻近的荷兰领事馆提供1000烛光的照明用电,是天津最早的供给照明和工业企业用电的发电设施。1891年,开平矿务局为建塘沽煤栈码头,在塘沽郭庄大街购地229亩,建房451间,包括公事房、库房、宿舍、电灯房等,在电灯房安装约40千瓦直流发电机,用于照明。1894年,李鸿章在北洋水师大沽船厂装设2台共47.5千瓦直流发电机,供给工厂的照明。③

进入20世纪以后,天津出现了发电厂。1902年建立的法商电灯厂,是天津最早用于营业的公用发电厂,但仍然是为法租界内公议局等提供照明用

---

① 参见罗澍伟主编:《近代天津城市史》,第414—418、423—425页。
② 交通建设,诸如铁路、公路、航道等也属于经济发展的重要基础设施,鉴于本书设有专章,故在工业部分不涉及交通建设。
③ 参见天津市电力工业志编辑委员会:《天津市电力工业志》,中国铁道出版社1993年版,第45—46页;姚嘉桐:《天津电力工业发展史》,《天津文史资料选辑》第34辑,1986年。

电;1916年该厂改为法商电灯股份有限公司,资本25万银两,1921年起陆续增资,并增加1250千瓦汽轮交流发电机2台,2500千瓦1台,为各租界居民生活和工厂供电。①1904年,外商在金家窑村设立比商电车电灯公司,到1936年仍然是天津最大的发电企业。②该公司由德商世昌洋行提议,后经比利时通用银行财团的代表与直隶总督袁世凯支持的地方政府签订合约,"以25万为开办之资本",获得"以50年为期"的营业专利权,营业范围以"城内鼓楼为规心,其半径线至边界,不得过6里之外"③。比商电车电灯公司主要分发电送电和电车二个部分,其中发电送电部分的发电厂有职工300余人,外线管理、电灯和电表修理等部门有职工近200人。④该公司1906年正式营业,最初安装有2台1500千瓦汽轮交流发电机组,是天津最早的汽轮交流发电机组,单机容量为华北最大,发电容量约为1000余千瓦;1921年后陆续更新发电机组3台,到1935年左右发电总容量21,900千瓦,有用户35,000户,年发电34兆度,除供给电车用电外,还向意、奥、俄、比国租界,以及中国部分城区和老西开地区的工厂和居民提供用电。⑤

1906年和1908年,外商还分别在英、日、德租界建立了各自的发电厂。在英租界,仁记洋行受英租界当局的委托筹资25万元创办了电灯厂,最初只是小规模的直流发电,仅向英租界供电。1920年,该厂被英租界工部局收回,成立电务处,改为交流供电,电力来源于法商电厂。1923年,在原址安装2台1000千瓦汽轮发电机,开始发电,以后又增设2台2500千瓦发电机组,装机容量大约7500千瓦,是天津第二大发电厂。在日租界,租界当局将在该租界发电的特许权授予日本天津工业组合,1907年11月开始营业,供电方是法商发电厂,因电费高昂,亏累不止,1921年11月特许期满后,改由日租界当局的

---

① 姚嘉桐:《天津电力工业发展史》,《天津文史资料选辑》第34辑。
② 全国电气事业指导委员会:《十年来之中国电气建设》,《中国电力》第1卷第1期,1937年。
③ 《批准创办天津电车电灯公司章程》,天津市档案馆编辑:《袁世凯天津档案史料选编》,天津古籍出版社1990年版,第146页。
④ 参见肖祝文:《比商电车电灯公司在天津的掠夺》,《天津文史资料选辑》第27辑,1984年。
⑤ 姚嘉桐:《天津电力工业发展史》,《天津文史资料选辑》第34辑;全国电气事业指导委员会:《十年来之中国电气建设》,《中国电力》第1卷第1期,1937年。

第四章　近代经济的起步与全面发展(1901—1927)

日本居留民团直接经营,增设了配电所和配电电缆等,仍向法商发电厂购电。1926年7月,日商决定自建发电厂,购置2台950千瓦发电机,翌年10月开始自行发电和供电。在德租界,1908年,租界工部局曾经建成拥有1台200千瓦发电机的直流发电所,主要为德租界配电。1917年德租界收归后设立特一区,发电所归特一区区公署水电股管理。由于该发电所设备不良,停止发电,天津市政府与英租界工部局签订购电合同,由英租界发电厂给该地区供电。[①]

1927年,华洋商人成立了合营的北辰电业公司,包销比商电灯电车公司原来的营业范围,供电范围超过了中国城区6里半径的限制。翌年,天津市政府电业监理处设立电业新公司,[②]意在收回比商公司的电厂,但因购买所需的巨额资金难以筹措而终止,转而改设天津电业新公司,承办供电业务,电源来自比商电车电灯公司。供电业务最初委托华比合营的北辰电气公司包销,不久电业监理处收回了北辰公司的业务,改由天津电业新公司官营。[③]

1919—1935年间,华商在芦台、汉沽、杨柳青、宝坻等地兴建了6个电灯厂,规模较小,总容量446千瓦,多用于照明。[④]主要有:杨柳青电灯电力公司,1921年开始发电,创办时有资本5万元,1936年增加到14万元,发电能力100千瓦;[⑤]大沽德记电灯公司,成立于1923年,创办时有资本金5万元,发电能力13千瓦直流电;芦台镇企业电灯公司,成立于1919年,创办时资本金10万元,发电量100千瓦。[⑥]

另外,随着天津工业的兴起,一些纺织、化工企业也自备发电设备,以减少因供电不稳定而造成的生产损失。例如,华新、裕元、恒源等纱厂,永利制碱公司、寿丰面粉公司等都拥有发电设备,并随着工厂自身的发展,发电容量

[①] 姚嘉桐:《天津电力工业发展史》,《天津文史资料选辑》第34辑。
[②] 天津市地方志编修委员会编:《天津简志》,天津人民出版社1991年版,第430页;《天津电业新公司》,《中行月刊》第1卷第6期,1930年。
[③] 姚嘉桐:《天津电力工业发展简史》,《天津文史资料选辑》第34辑。
[④] 天津市地方志编修委员会编:《天津简志》,第430页。
[⑤] 全国电气事业指导委员会:《二十五年份中国电气事业概况》,《中国电力》第1卷第1期,1937年。
[⑥] 姚嘉桐:《天津电力工业发展简史》,《天津文史资料选辑》第34辑。

有所增加,如恒源纱厂有2台2000千瓦的发电机组。①这表明,当时天津的电力企业虽有发展,但还不能稳定地为工业企业提供动力。

(二)电信业的迅速发展

工业企业的发展需要信息支持,即希望以最短的时间获取和交换信息。天津是中国最早开设电报、电话的城市之一。这一时期,电报业继续发展。1908年,天津官电局与商电局合并成立天津电报总局。此时,天津大沽至上海的海底电报线已由中国电报局赎买,由丹麦大东、大北两公司全权代办管理。②同时,天津的无线电报因军事需求而出现,并惠及商界。1905年,袁世凯在北洋海军的"海圻"、"海容"等四艘主力舰上设置了无线电报机,接着在天津、南苑、保定的陆军行营设机通报,这是天津无线电报的开端。③1922年交通部在大沽"设置长波火花式无线电台,以为31导航行船只之用"④。1925年4月,天津电话南局建立真空管无线电台,政界商界均可应用,兼充广播之用。⑤1928年,交通部在天津设立天津无线电总台,成为全国无线电通信中心之一,管理冀鲁晋察绥五省无线通信。⑥

这一时期,电话也迅速发展,电话线路从天津城区延展到附近城乡。1880年,天津设立北洋电报学堂,聘用丹麦人璞尔生为教习;1900年以前,天津的部分官衙、官邸设有专线电话,主要供官府之间使用;1900年,璞尔生在英租界设立电铃公司,使用磁石式单线电话,将电话线先后延伸至塘沽、北塘、北京。几乎与此同时,清政府在天津设置电话线,由天津电报局兼办,北洋大臣袁世凯委派日本技师吉田正秀勘察架设中国自建的第一条长途电话

---

① 天津市电力工业志编辑委员会编:《天津市电力工业志》,第45—46页。
② 天津市地方志编修委员会编著:《天津通志·邮电志》,天津社会科学院出版社1999年版,第104页;梅绍祖、宋刚刚主编:《百年电信铸辉煌——上海市长途电信局局史(1881—1997)》,中国计划出版社1998年版,第10页。
③ 天津市地方志编修委员会编:《天津通志·邮电志》,第109页.
④ 天津市档案馆编:《近代以来天津城市化进程实录》,第440页。
⑤ 天津市地方志编修委员会编:《天津通志·邮电志》,第109页。
⑥ 天津市地方志编修委员会编著:《天津通志·邮电志》第8、109页。

第四章　近代经济的起步与全面发展(1901—1927)

线,1904年11月北京的长途电话线通到天津总车站(今北站),与城区电话衔接,这是中国最早的长途电话。1905年,清政府以天津行化银5万两收买电铃公司,由天津电报局接收管理。1909年,天津地方政府在东门外设立天津电话局,正式独立于天津电报局。民国以后,随着电话使用率的提高和线路的延伸,电话局在市区陆续开设分局,到1928年设有5个电话分局,并开始使用自动交换机。[1]1929年,天津电话局用户达到10,256户,同北平电话局并列为全国一等电话局。

在电话投入使用之前,国内各地之间多使用电报传递信息,1904年天津与北京之间电话线架设竣工,从此有了天津至北京的长途电话。1928年,天津设立了河北省第一长途电话局,业务范围主要是天津附近城乡。

二、纺织工业的引领作用与新旧生产方式的互补

纺织工业包括棉纺织、毛纺织、针织、地毯等,其中近代棉纺织厂在天津兴起最早,成为近代工业的基础和支柱产业。

(一)棉纺织工业

光绪十二年(1886),天津的"广隆洋行主人欲于紫竹林开设织布机器局一所,以资本太重,遂邀集华洋富商,招集公司,每股派出纹银一百两,共集一万股";并制定招股章程,广为颁发,不到三个月,"已集有一千余股",[2]但因清廷不允许外商在华设立工厂而未遂。到20世纪初,直隶总督袁世凯试办机器纺织,计划"在天津招商集股,设局开办",顺直纺织局选址于直隶省沧州的连镇,拟令原长芦盐运使杨宗濂率其侄杨味云督办,但不久杨宗濂病归故里,设立顺直纺织局的计划落空。[3]

---

[1] 天津市地方志编修委员会编著:《天津通志·邮电志》,第109页;天津市档案馆编:《近代以来天津城市化进程实录》,第438页。
[2]《益闻录》光绪十二年二月二十二日,孙毓棠:《中国近代工业史资料》第1辑,第158页。
[3]《盐运使杨宗濂请优擢京秩督办顺直机器纺织局折》,《袁世凯奏议》,第640—642页;张利民:《天津棉纺织业何以起步较晚》,天津社会科学院历史研究所编:《天津史研究》1985年第3期。

天津经济史（上卷）

　　天津地区最早出现的纺织厂是宣统二年(1910)由宝坻县商人张文焕筹资10万余两筹办的利祥生纱厂。张文焕是当地的棉纱棉布批发商，有夫祥、元祥两家商号，还在一家铁厂任督办。1906年，他联络当地商家集资10万银两，筹建纱厂。①该厂从武昌一家纱厂转购了1000锭的纱锭机，以及5台清花机和1台梳棉机，②配置了40马力的蒸汽锅炉，在当地的大生铁厂定制了轧花机等，于1910年开工，由张文焕任总办，卢桂芬任经理，以当地的棉花为原料，生产10支棉纱。③经营二三年后，张文焕欲扩大规模，与天津的宋则久、王宝钏、朱嘉宽、范竹斋等银钱与棉业巨商，联名向直隶省实业司申请集资创办纺织公司，"联合同志拟招集股本八十万元，在新集镇创设万锭工场，由创办人先认股本20万元，以作提倡"，并拟定利生纺纱股份有限公司招股章程二十六条，得到署理直隶省民政长的支持，"洵为当务之急，殊堪嘉许"。④根据《直隶省商品陈列所第一次实业调查记》记载，1917年前，该厂将原来的40马力蒸汽锅炉更换为从日本购买的80马力蒸汽锅炉，以当地棉花为主要原料，日产10支棉纱700斤左右，有工人110余名。⑤但由于"机械陈旧"，1917年后，该厂不仅"修理需费甚巨"，而且"影响工作进行，有时竟至工作停顿"，"工程师之薪金"也觉负担过重。⑥此时，天津各大纱厂均已投产，利生纱厂勉强维持到1920年停产，以后时开时停，1934年停工。⑦

---

① 参见直隶省商品陈列所编：《直隶省商品陈列所第一次实业调查记》(第三区(顺天平原)报告书)，直隶省商品陈列所1917年版，第10页；天津市档案馆等编：《天津商会档案汇编(1912—1928)》，第2647页。
② 方显廷、毕相辉：《由宝坻手织工业观察工业制度之演变》，厉以宁、熊性美主编：《方显廷文集》3，商务印书馆2013年版，第177页；
③ 《新集镇商董李福廷为禀报资本太巨市面动摇恳请调查文》(宣统三年二月二十三日)，天津商会档案，天津市档案馆藏，档号：401206800-J0128-3-002259。
④ 天津市档案馆等编：《天津商会档案汇编(1912—1928)》，第2647、2650页。
⑤ 直隶省商品陈列所编：《直隶省商品陈列所第一次实业调查记》(第三区(顺天平原)报告书)，第10页。
⑥ 方显廷、毕相辉：《由宝坻手织工业观察工业制度之演变》，厉以宁、熊性美主编：《方显廷文集》3，第177页。
⑦ 参见张利民：《天津最早的纺纱厂——利生纱厂》，中国近代纺织史编辑委员会编：《中国近代纺织史研究资料汇编》第8辑，1990年版。

第四章 近代经济的起步与全面发展(1901—1927)

天津城区内最早兴建的纱厂是1915年的官办直隶模范纱厂,只有纱锭6000枚。在1915年以后的数年内,由军阀官僚和商人在天津创设了裕元、华新、恒源、裕大、北洋、宝成等6大纱厂,多利用华北各地棉花生产低中支棉纱,供应天津和腹地的织布业使用。

表4-9 1930年天津六大纱厂概况表

厂别	资本(万元)	开工时间	纱锭(锭)	布机(台)	职工	动力(千瓦)	用棉(担)	产纱(包)	创办人及主要投资者
华新(津厂)	242.19	1918	27,000		2348	1800	70,000	20,000	周学熙、杨味云、王筱汀
裕元	560	1918.4	71,360	1000	5955	2400	197.061	54,503	倪嗣冲、王郅隆、段永彬、徐树铮
恒源	400	1919	35,440	310	2109	1225	101,586	25,000	曹锐、章瑞庭、鲍贵卿、张作霖
北洋	370	1921	27,000		2000	1800	66,500	19,000	范竹斋、纪锦斋、卞继昌、王宝钏
裕大	300	1922	35,712		1526	1800	50,400	16,800	王克敏、冯耿光、冯家遇、张弧
宝成	15	1921	13,480		110	800	2,800	800	刘柏森

资料来源:方显廷:《中国之棉纺织业》附表《修正中国纱厂一览表》,商务印书馆2011年版;创办人及主要投资者,参见严中平:《中国棉纺织史稿》附录一《中国纱厂沿革表》,商务印书馆2011年版。

棉纺织业不仅是天津纺织工业中的主体,更是天津近代工业的支柱产业。在1915—1923年的设厂高潮中,大型纺织厂的资本额占纺织、面粉、火柴、化工业总资本额的60%以上。六大纱厂中的裕元纱厂在1915年开办时有资本200万元,到1923年时资本额增至560万元,有纱锭71,000枚,织机1000台,是当时全国华商纱厂中资本额最多的工厂。1923年时,这6大纱厂资本总额达2026万元,占全国华商纱厂资本总额的30%,共有纱锭约214,160枚,[1]占全国华商纺织厂纱锭(220余万锭)的10%左右,在全国华商纱厂中居第二位。各厂多以华北各棉产区所产的棉花为原料,生产12支、30支棉纱,产品供

---

[1] 罗澍伟主编:《近代天津城市史》,第424页。

应本地的织布业、针织业和宝坻、高阳、潍坊等手工织布生产中心,其中后者成为主要销售对象。到30年代初期,天津竟然尚无外商投资开办的纱厂,这与上海和青岛等城市由中国和日本商人创办纱厂的状况不同。

(二)织布、针织和帆布织造工业

与此同时,天津的织布业也有较大的变化,机器织布工厂有所增加,且分工也越来越细。20年代末,天津棉纺织业中的织布、针织、提花、帆布、线毯、织带、毛巾等工场作坊数量达到1407家。①织布业是天津近代工业中手工业特征突出的行业,既有近代纱厂使用织布机生产的各种布匹,也有数量颇多的机织工场和手工作坊,与近代纱厂的棉纱生产构成较为完整的产业链。

天津在清代就有手工织布作坊,供给本地居民的消费,不足部分依靠江南运入。洋纱进入中国市场后,洋纱开始代替土纱,提高了手工织布效率。20世纪初,在工艺局的推动下,天津和周边地区开始广设手工织布工场,资本额多者达6万元,少则数千至万元不等,生产工具也多改为铁轮宽幅织布机,织布业迅速兴起,品种和效率有较大提升,成为振兴实业的体现。②

在天津的大型纱厂中,仅恒源、裕元纱厂配置了机械化的织布车间,生产棉布。恒源纱厂创办之初,即为机织帆布作为主要产品,后发展为织布车间;裕元纱厂最初称为棉纺厂,1922年添设机制部。同年,恒源和裕元两厂共有织机1200架,1928年裕元纱厂织布产量占两厂全数的89%。③天津商人还创办了一些使用动力的中型织布工厂,如华彰织造厂,有机器织布机80余台、脚踏机100余台和提花机6部;④以及同丰裕国公司(资本20万元)、利利织物公司(资本50万元)等。

在天津,使用电力的织布工厂与手工织布工场同时并存。1914年,后来曾任天津商会会长的张品题和教育界的严修等创办的中华实业织染公司,先

---

① 宋美云、张环:《天津近代工业与企业制度》,天津社会科学院出版社2005年版,第41页。
② 方显廷:《天津织布工业》,厉以宁、熊性美主编:《方显廷文集》2,第210页。
③ 方显廷:《天津织布工业》,厉以宁、熊性美主编:《方显廷文集》2,第210页。
④ 张利民等:《近代环渤海地区经济与社会研究》,第226页。

第四章　近代经济的起步与全面发展(1901—1927)

后建成东、西、南、北四个织布和印染的工场,有人力铁轮织布机、提花机近200台,工人近400人,生产爱国布、面粉袋布和线缎、电光缎。因产品质次价高,难以与日本产品竞争,1928年一度停产。1934年改组为大新织染公司,生产方式仍为手工织布和手工织麻丝,直到40年代才改用电力织布机。①手工织布工场和作坊一般规模很小,有的仅有资本百元或数百元,一二台铁轮宽幅织机。资本达到5000元左右的工场,也不过有手工织机30台左右,有的还兼营布匹的漂染。1914年,直隶国货维持会对天津华商兴办工厂的调查报告中说:"天津织布工场约有二百余家。因资本小,每年困惫者半,畅旺者半,屡开屡收,赚者亦有,赔钱者甚多。"②

20年代后,由于城镇居民消费品种的增多,提花印染布和针织品的市场需求量增大,因此天津织提花布和针织工场、作坊的数量较多,规模略大。据1928年天津社会局调查,天津(不包括各国租界)共有织布工场和作坊166家,资本总额72,239元,最多不过2万元;共有织布机1272架,工人2666人,平均每家资本不足500元(有18家的资本额未统计)、织布机7.6架和工人16个。同年,天津有机织和手织提花布的厂家238家,"均属小工厂,或作坊性质,组织极简单",资本总额478,560元,平均每家2062元;近30%的厂家拥有6至10架织机,最大的工场有资本1万元,木机48架,厂房40间,小工场仅有木机3架,2间房;共有6020工人,平均每家有25个工人。这些织布和提花工场多集中在公安二区,即老城西北和西南的西头等地区,其中织布工场和作坊有近90%集中在这个区。③

针织业的产品以袜子为主,只有个别厂家生产卫生衣。民国初年,当英商捷足洋行出售由英国进口的织袜机时,天津便出现了织袜作坊。此后,日本进口的各种针织机器和国产织袜机的使用,促使织袜机价格下降,进而促进了针织业的发展。随着人造丝的进口,针织厂的产品增加了手套、帽子等,可以销售到内地,故针织工场逐年增加,使用自动织袜机、套帽机、围巾机、手

---

① 朱绍曾、朱继珊:《天津大新织染公司发展史》,《天津文史资料选辑》第95辑,2002年。
② 天津市档案馆等编:《天津商会档案汇编(1912—1928)》,第2509页。
③ 天津特别市社会局:《天津特别市社会局一周年工作总报告》,第493—495页。

套机、背心机、毛衣机等各种针织机器。据1928年天津社会局调查,当时天津有78家针织工场或作坊,资本总额64,662元,最高者7500元,最少者30元,普通多为1000元,有家庭工业和工厂两种形式,有工人1295人,平均每厂16名工人。这78家工厂或作坊中,有29家在公安一区的老城东南一带。[①]1929年,天津有针织作坊154家,雇工1610人,多数作坊规模甚小,其中103家作坊虽然在数量上占总数的67%以上,但资本额仅占针织业的12%。[②]

20年代以后,手工织毛巾也发展为一个行业,利用织机生产各种毛巾。1926年,大约有23家毛巾作坊,除1914年开办的亚纶、1919年的榕业和1920年的德记毛巾工厂的资本分别为1万元、5000元和4000元,拥有15至30台织机外,其它作坊资本多在百元以下。这些作坊也集中在老城区的西部,即西头一带。期间,人造丝大量输入天津,华昌织厂成为第一家使用人造丝或人造丝与棉纱混合作为原料织布的工厂。到1922年,此类工厂增加到8家。另外,1928年前后,天津还有数十家手工织腿带、腰带的作坊,多为家庭手工业。[③]

帆布织造业的产品多供给军需,天津是北洋陆军的发源地和聚集地,帆布织造业起步较早,分布也比较集中。其生产的帆布、雨衣、帐篷、枪套、炮衣、靴鞋、背包、裹腿、行军马槽和水桶、马鞑子、苫布、车篷等,多供应军队、警察、工厂仓库,以及用做出口货物的包装。1916年创办的恒源帆布公司,资本达到10万元,设立之初概算为火力织布机50部,人力织布机50部;1918年,拟扩火力织布机达300部;1919年,改为恒源纱厂。[④]此外,泰和帆布公司规模也比较大,有资本8万元;1912年建立的宜彰帆布公司有资本3万元;立兴、协和、华茂帆布厂的资本在一二万元不等;另有规模更小的帆布厂。在这些厂家中,仅个别厂家有动力织机。1928年,注册的厂家达到11家。[⑤]另外,1912

---

① 天津特别市社会局:《天津特别市社会局一周年工作总报告》,第519页。
② 方显廷:《天津针织工业》,《方显廷文集》2,第132—133页。
③ 参见鲁荡平《天津工商业》,天津特别市社会局1930年版;天津市档案馆等编:《天津商会档案汇编(1919—1928)》,第2721—2751页。
④ 天津市档案馆等编:《天津商会档案汇编(1919—1928)》,第2652—2688页。
⑤ 天津市档案馆等编:《天津商会档案汇编(1919—1928)》,第2770页。

第四章 近代经济的起步与全面发展(1901—1927)

年商人董玉岭、吴鉴等计划建立资本30万元的万兴麻袋公司,厂址在金家窑,专门生产出口货物包装所需的麻袋,但仅招股5万元。①

(三)毛纺织工业

毛纺织业包括毛呢和地毯工业,是天津具有特色的产业之一。由于天津每年有大量的羊毛出口,市场上的毛呢等商品完全依靠进口,而且在国际市场上手工地毯销路很好,因此一些商人开始投资生产毛呢、毛线、精纺呢绒和地毯等毛纺织业。

1898年,直隶候补道、汇丰银行买办吴调卿建立天津织绒厂,有资本银25万两,生产毛毯、兵衣。1900年,该厂"厂房、机器及织成料物,尽付一炬,丝毫无存。计历三年之经营,所费二十五万之成本,尽归乌有"②。1903年,吴调卿集资35万元又重建北洋织呢厂。③20世纪以后,出现了多家毛纺织工厂,如1906年由潘作卿创办的股银50万两的万益机器织造毡呢公司,④1921年设立的资本达120万元的华北毛品纺织公司等。⑤

地毯的织造主要集中在北平和天津。天津的地毯业包括机织和工场手织两部分,以各毛纺厂生产的绒线为原料,根据外商等提供的设计生产出不同规格和图案的地毯,全部由洋行出口到外国。⑥

20世纪初,天津地毯业只有几家小厂和作坊。第一次世界大战后,美、英等国对地毯的需求量猛增,天津的洋行按照国际市场流行的图案组织生产织造地毯,促进了天津地毯业的兴盛。1922年,澳洲驻华商务专使根据其商会的要求调查中国北京、天津、济南等城市的地毯业。天津总商会会长卞月廷

---

① 《工商部批万兴麻袋公司请准专办十年并予立案呈文》,《政府公报》第188号,1912年11月5日;参见《中国近代纺织史》编辑委员会《中国近代纺织史(1840—1949)下卷》,中国纺织出版社1997年版,第77页。
② 《道员吴懋鼎重办织绒厂片》,《袁世凯奏议》,第701页。
③ 据学者研究,新建的是生产皮件的硝皮厂。参见万新平:《天津早期近代工业初探》,《天津史研究》1987年第2期。
④ 《实业 各省工艺汇志》,《东方杂志》第3卷第8期,1906年。
⑤ 杨大金:《现代中国实业志》上,商务印书馆1938年版,第198页。
⑥ 参见方显廷:《天津地毯工业》,《方显廷文集》2,第8—16页。

经调查回复称:"本埠地毯商共计四百余家,工徒一万四千余名,每日出品一万方尺",年产量约300万方尺,本地行销二成,其余八成均销售国外,但是各家皆无品牌。①据天津商会档案记载,400余家地毯工厂中,只有华商的汇海制毯公司有资本5000元,工人百人以上,估计部分工艺使用了蒸汽锅炉;华北织毯公司等数家的资本过千元,也有一定的规模,有工人数十名;绝大部分是资本不足千元,甚至不足百元的作坊,有工人不足10人,使用木机从事生产,场地狭窄,产品几乎全部供给各个洋行,出口到美国、英国和法国等。②此外,在各国租界也有外商或者洋行建立的地毯厂,如倪克、海京和美古绅地毯厂等。

据20年代末调查,天津从事地毯织造的厂家共有303家,集中在公安二区的西头附近。这些厂家规模很小,多为使用木机织毯的工场或作坊,资本额也非常小,有251家资本额在500元以下,290家华商开办的工厂和作坊资本总额为253,688元,生产方式多为商人雇主制,生产设备简陋。外商开办的乾昌、倪克、海京三厂共有资本180万元,是华商厂家的7倍。③海京地毯厂本为美商海京洋行1923年所设,下设纺毛部、织毯部、洗染部等生产部门,建有4个地毯厂。④美古绅地毯厂的打毛、洗毛、纺织、染色等工序均为机械作业,1937年3月,该厂资本达到100万元,在天津的地毯行业中首屈一指。⑤

综观这一时期的天津纺织业,棉纱主要由六大纱厂生产,织布、提花、针织等产品由恒源、裕元纱厂及机织工厂、手工工场和手工作坊生产。据1928年以天津城区为范围的统计,由中国人开办的织布、提花、线毯、染织、帆布、毛巾、针织等纺织业的小型工厂和作坊共有683家,除46家工厂未计资本额外,资本总额为957,496元,有工人7737人,平均每厂资本额1500余元,工人10余人。在这些工厂和作坊中,只有3家使用电力织机,其余全部使用木织机

---

① 天津市档案馆等编:《天津商会档案汇编(1912—1928)》,第2774页。
② 参见天津市档案馆等编:《天津商会档案汇编(1912—1928)》,第2778—2803页。
③ 方显廷:《天津地毯工业》,《方显廷文集》2,第28—29页。
④ 阎伏千:《天津美商海京洋行》,天津市政协文史委编:《天津的洋行与买办》,第148—149页。
⑤ 陈真、姚洛、逄先知编:《中国近代工业史资料》第2辑,第383—384页。

第四章 近代经济的起步与全面发展(1901—1927)

或铁轮机。毛纺织业主要由生产绒线、毛呢和地毯的工厂和作坊组成,地毯织造有几家机制工厂和大量的手工作坊。1928年,中国城区有地毯手工作坊161家,资本总额69,867元,有工人3442人,木织机875架,平均资本额不足500元,工人20余名,木织机5架。①

三、食品工业和轻工业的迅速崛起

天津的食品工业包括面粉、榨油、蛋品、罐头、酿酒等,这些企业投资相对较少,资金周转较快,经济效益明显,所以在近代工业中兴起较早,是支撑天津早期近代工业的主要组成部分,也是其近代工业中的支柱产业之一。

(一)面粉业

面粉业是天津近代工业中创办最早、发展较快的行业,呈现出大型面粉厂与小型磨房并存的特点。

天津自1878年出现贻来牟机器磨房以后,到20世纪前又新建了数家机器磨房,但规模小,资金有限,数年后即停业,因而人工磨房仍占主导地位。到第一次世界大战前,面粉生产以磨房(坊)为主,1916年有400余家,磨盘2000余盘。②1915年至1925年间,由于欧洲忙于战争,世界面粉供应紧张,天津出现了创办面粉厂的高潮,10年内建立了10家新式机器面粉厂,仅剩200余家磨房和700余副磨盘。③1916年华商朱清斋与日商在意租界合办寿星面粉公司,资本25万元。其后日资撤出,于是在1925年另募60万元,将其扩建为三津寿丰面粉公司;④1919年,刘鹤龄、张良谋在西头大伙巷北口创办福星面粉公司,原定资本30万元,后增至80万元。⑤1920年,倪道杰、黄玉在西头

---

① 天津特别市社会局:《天津特别市社会局一周年工作总结报告》,第499页。
② 翔:《天津面粉业概况》(一),《津浦铁路日刊》,第1814—1839期,1937年。
③ 翔:《天津面粉业概况》(一),《津浦铁路日刊》,第1814—1839期,1937年。
④ 参见实业部中国经济年鉴纂委员会编:《中国经济年鉴》第11章,商务印书馆1934年版,第16页;天津市档案馆等编:《天津商会档案汇编1912—1928》,第2808—2809、2818页。
⑤ 吴瓯主编:《天津市面粉业调查报告》,天津市社会局1932年版,第19页。

333

赵家场开办大丰面粉公司,有资本50万元,1929年改组为三津永年公司。[①]1922年,莫炽南、桑铁珊接盘巴西洋行于1921年设立的面粉公司后,在梁家嘴设民丰面粉公司,有资本61万元。[②]仅这4家面粉厂的日生产能力就达到16,540袋。[③]此外,1922年至1925年又新建几家机器面粉厂,如三星公司(资本30万元)、裕和公司(资本20万元)、嘉瑞公司(资本50万元),庆丰公司(资本30万元)等,[④]其中,寿星、大丰、民丰、福星、嘉瑞、庆丰、寿丰面粉厂日产均在4000袋以上。[⑤]

到20年代末,天津机器面粉业的日生产能力接近4万袋,[⑥]于是手工磨房被面粉厂替代,市场上的面粉几乎全是机器磨粉,除了供应天津消费外,主要销往北京、唐山和河北省一些城市,还曾经一度出口国外。[⑦]1925年后,天津机器面粉业受到美国、加拿大、澳大利亚面粉业的排挤,有的面粉厂停止生产或收紧营业范围,有的开始改组和重组,呈现出集中生产和经营的趋势。

在粮食加工业中,面粉业仅占一部分,除小麦由几家大型面粉厂加工外,玉米、高粱等杂粮仍由磨房加工。这些磨坊或为人工石磨,或将人工改为电动机带动石磨、钢磨,其他工序均为手工。根据南开大学经济研究所于1930年对天津粮食业及磨房业的调查,兼营磨粉业的208家甲种磨房中,用牲口拉磨者逐渐减少,1925年有148盘,1926年减少为92盘,1927年则仅有51盘。以百分比计,1925年畜力磨碾占40.9%,到1927年下降至11.4%,1928年更降到4.4%。[⑧]

---

① 杜恂诚:《民族资本主义与旧中国政府(1840—1937)》,上海社会科学院出版社1991年版,第358页;吴瓯主编:《天津市面粉业调查报告》,第27页。
② 杜恂诚:《民族资本主义与旧中国政府(1840—1937)》,第360页;吴瓯主编:《天津市面粉业调查报告》,第45页。
③ 根据吴瓯主编《天津市面粉业调查报告》中出产面粉数字计算。
④ 实业部中国经济年鉴编纂委员会编:《中国经济年鉴》第11章,第17页。
⑤ 根据吴瓯主编《天津市面粉业调查报告》中出产面粉数字计算。
⑥ 上海市粮食局等编:《中国近代面粉工业史》,中华书局1987年版,第278—279页。
⑦ 翔:《天津面粉业概况》(一),《津浦铁路日刊》,第1814—1839期,1937年。
⑧ 方显廷:《天津之粮食及磨房业》,《方显廷文集》2,第362页。

(二)制蛋业和榨油业

20世纪初,天津的食品工业还有制蛋、榨油、罐头、汽水和酒等企业,其中一部分因中外商人为迎合外侨和上层人士的消费而设,也有一部分在洋货畅销赢得市场的刺激下兴建。至此,使得天津近代食品工业门类基本齐全。

制蛋业因出口而兴,主要是将鸡蛋加工成蛋粉,或制成冷冻蛋黄、蛋白等,以便于运输和出口。19世纪末,伴随着先进生产技术的出现,德国商人首先在中国建立蛋厂,运用真空干燥法制造蛋粉,产品主要供外国军队官兵和轮船船员食用。此外,大型冷库和轮船冷藏装置的普及也促使鲜蛋冷冻后直接出口,国际市场对蛋类的需求量大增。在天津的蛋厂中,1887年法商永兴洋行开设的瑞兴蛋厂是最早的一家,估计有工人50人。

20世纪以后,随着天津与外国直接贸易的增长,一些洋行开始根据国际市场需求设立蛋厂。其中,1921年英国和记洋行建立的蛋厂,占地70亩,于1924年建成,拥有华北地区最大的冷藏库(5000吨),最初以加工和冷藏牛羊肉供应出口为主要业务,1927年改为收购和加工鲜蛋出口,1928年后专营冰蛋品加工和出口,[1]到1937年蛋品加工总值达6100多万元,平均每年400多万元。[2]和记洋行蛋厂每年的出口额占天津蛋品出口总值的绝大比重,1938年为737万余元,占当年出口值的64%;1941年为1600万余元,占当年出口值的75%。20年代,华商也开始创办蛋品加工厂,仅在1921年,华商就创办了同益、利川、恒裕、源生、德源等蛋厂,但资本不多,规模小,设备简陋,甚至采用土法加工,产品单一,产量有限,缺乏竞争力,也缺少出口渠道。[3]尽管如此,由于蛋品在战争期间颇有市场,蛋品厂得以生存和有所发展。天津各蛋厂的鲜蛋来源于直隶、山东、山西等地的农村,收购方式不一。其中,和记洋行在京奉、津浦和胶济铁路沿线的北戴河、泰安、滕县、益都、高密,以及运河沿岸

---

[1] 孙耕五:《天津市蛋品行业简史》,《天津文史资料选辑》第70辑,1996年。
[2] 张利民等:《近代环渤海地区经济与社会研究》,第230页。
[3] 天津市档案馆等编:《天津商会档案汇编(1912—1928)》,第3000页。

的通州等地的集镇设立采购分店,就地收购运津。①其他的蛋厂多靠天津的蛋行直接送货到厂。

天津的榨油业起步较晚。因周边地区大豆产量有限,其产品以供应本地消费为主,规模较小,设备简陋。直到1919年,才出现了较大的榨油厂——新农油酒公司,有资本10万元。②20年代初,华商陈香甫集资10万元创办了永丰油厂,占地8亩,设备有进口榨油机、去皮机和过滤机等,兼有可储存几万包原料的仓库和几十万斤的大油罐,有职工五六十人。③其他厂家还有日商的日华制油会社,华商的中华油业公司、永胜奎榨油厂、同胜永油厂、同兴炸花生油厂等,还有一些资本千元左右的作坊。④

(三)酿酒业和汽水业

酿酒业可以分为传统的白酒、露酒和啤酒、清酒等洋酒,生产方式是泾渭分明的手工业和机器工业两种。海河中下游的大直沽一带一直有酿造白酒的传统,早在明代就有很多手工作坊,被称为"烧锅",以高粱为主要原料,生产白酒、玫瑰酒为主的露酒和以五加皮闻名的药酒。到清乾嘉年间,烧锅业已经初具规模。该业之所以繁盛,是因为其产品除供给当地居民消费外,最大的消费群体是漕船的船工、兵丁。

20世纪初,天津白酒越来越多地销往山东、上海、东南沿海、台湾,以及出口到东南亚、日本。有学者根据津海关的统计认为,白酒一直是天津土货输出的大宗商品,包括白酒、露酒和药酒在内的酒类输出,占天津土货输出总额的3%左右。1906年增至4.31%,在全国酒类输出总量中一直占据首位。30年代以前,天津每年输出烧酒多者11万余担,少者六七万担。⑤随着白酒的外销,具有一定规模的白酒酿酒作坊逐渐增多。1906年,烧锅有30家左右,1907

---

① 孙耕五:《天津市蛋品行业简史》,《天津文史资料选辑》第70辑。
② 《新农油酒公司准予注册给照由》,《农商公报》第6卷第1期,1919年。
③ 陈孟明:《永丰植物油厂简介》,《天津文史资料选辑》第45辑,1988年。
④ 杜恂诚:《日本在近代中国的投资》,第237页;天津市档案馆等编:《天津商会档案汇编(1912—1928)》,第3000—3001页。
⑤ 张博:《天津老烧锅》,第48—53页。

第四章　近代经济的起步与全面发展(1901—1927)

年增加到39家,有从业人员760人,1908年增至42家,有从业人员850人。①这表明,随着城市人口增加和进出口贸易的繁盛,白酒的需求也在上升。

20年代是传统白酒酿造的全盛时期,有七八十家酒厂,年产白酒约2160万斤。②20年代末,较著名、有字号的烧锅27家。③这些酒厂资本不多,完全采用手工生产。据20年代天津商会调查,大部分白酒厂的资本额在万元以下,最多的义聚永和福源公司,资本达到3万元。④30年代以后,由于食粮供应和时局变化,白酒酿造业开始停滞。到1937年前,白酒厂只有36家,年产量下降到970万斤。⑤

此外,天津还有制作啤酒、葡萄酒和汽水的工厂,以迎合居民的新式生活消费。1905年,由华商创办了华粤啤酒公司,资本10万元。不久,又有华商建立了资本4万元的天津啤酒公司和醒狮啤酒厂,另外还曾有一家葡萄酒厂。同时,日商为满足日侨的生活需要,也建立了2家生产清酒的工厂,各有资本约五六万元。

汽水是近代以后时尚生活的一个象征。1892年,英国商人建立了天津最早的汽水厂——万国汽水公司,1903年改为山海关公司,资本经不断增加后达到近10万元。汽水作为社会名流接待宾客时的时尚消费,有相当的市场。当时天津市场上有日商大坪、城井和春秋原推销的进口汽水,"每年销数计达数万之谱,而利权不无外溢",于是1902年华商筹资8000元建立了鸿兴汽水厂,"创造各种汽水、露酒等项","行销直隶、河南、山东、山西、陕西、吉林、奉天、汉口、厦门及内地等处"。⑥20年代,一些华商又建立了资本1万元的光明汽水公司和规模不大的鸿业、泉兴、明星等汽水厂。⑦

---

① 参见张博:《天津老烧锅》,第107页。
② 董梦松:《天津酿酒业发展沿革》,《天津文史资料选辑》第28辑,1984年。
③ 宋蕴璞:《天津志略》,北京蕴兴商行1931年版,第161页。
④ 天津市档案馆等编:《天津商会档案汇编(1912—1928)》,第2987页。
⑤ 董梦松:《天津酿酒业发展沿革》,《天津文史资料选辑》第28辑。
⑥ 天津市档案馆:《天津近代工业史档案选编》上册,天津人民出版社2019年版,第131页。
⑦ 天津市档案馆等编:《天津商会档案汇编(1912—1928)》,第2999页。

(四)卷烟、造纸与皮革工业

卷烟、造纸、皮革等轻工业企业,具有投资小、资金周转快、市场较大等特点,对于迅速发展起来的各界商人有一定的诱惑力,是其早期投资天津近代工业的主要行业之一。卷烟业在天津工业中占有一席之地。光绪二十七年(1891),英商老晋隆洋行进口卷烟机器,开始小规模生产卷烟。①1898年,华商投资创办了北华制造烟草公司,资本达14万元,是当时天津最大的卷烟厂。②20世纪以后,天津出现了数家卷烟厂,如资本9万元的北洋烟草公司、资本8万元的里奇卷烟公司、资本8万元的麟记烟草厂和资本5万元的中华天津五兴烟草公司等。③整体而言,这些厂资本偏少,设备落后,产量有限。1919年,由英商兴建的英美烟公司天津卷烟厂规模最大,有发电机组和印刷设备,1921年投产时有10台卷烟机,每月生产能力为2000箱;到1931年,有卷烟机98部,工人4000名,每月产量达到1万至1.2万箱。④

天津的制革、造纸等业在全国占有一席之地。制革业是与皮毛出口关系最为密切的行业之一。天津是华北和西北地区皮毛的集散地,每年有大量的皮毛出口国外,是中国最主要的皮毛出口口岸。皮毛的集中和出口也带来有关行业的兴起。如天津最早使用动力的就是服务于皮毛出口的打包厂。天津的制革业兴起较早,1898年直隶候补道、汇丰银行买办吴调卿在天津设立官督商办的北洋织绒硝皮厂,有资本近70万银两,最初仅生产毛毯和兵衣,1900年被八国联军摧毁。1903年,创办者吴调卿"仍拟自筹资本,赴外洋订购头等机器,选雇工师来华作为教习,即在天津购地建造厂屋"⑤。该厂1908年开工生产,成为中国机器制革业的开端。该厂从英国聘到技师两人,每人月薪银1000两,厂址在天津河北锦衣卫桥,工人约五六百名,最多时达千余名,

---

① 孙毓棠编:《中国近代工业史资料》第1辑,科学出版社1957年版,第148页。
② 杜恂诚:《中国近代经济史概论》,上海财经大学出版社2011年版,第59页。
③ 杜恂诚:《民族资本主义与旧中国政府(1840—1937)》,第383—387页。
④ 哈增礼:《英美烟草托拉斯对天津的经济垄断》,《天津文史资料选辑》第33辑,1985年。
⑤ 《道员吴懋鼎重办织绒厂片》,《袁世凯奏议》,第701页。

第四章　近代经济的起步与全面发展(1901—1927)

资本额增加到35万元。该厂利用北方出产的牛羊皮张,制造皮包、皮带、靴鞋、弹药袋等军用物品,供应袁世凯在小站训练的新建陆军和宣统初年新建的禁卫军;1919年因产品成本高、销路不畅停业。

20世纪以后,华商为防止利权外溢,新开设了裕丰、华北、裕津、一大、鸿记、荣记、恒利、中亚、万盛和、长记等制革工厂。①1915年创办的华北制革厂,有资本金20万元,工人60人,专产法兰皮、花旗皮。②1918年建立的裕津制革厂,原名韦良硝皮厂,为法国人创办,不久归俄国人经营,后因经营不善,于1918年售予日商大仓商事会社,招收一部分华股,资本达50万元,年产底皮5000担,产额占天津各厂产额半数以上。③1921年,军阀李纯创办一大制革厂,资本40万元(实收20万元),1926年因经营不善而停业。此外,还有资本10万元的鸿记硝皮厂,有工人40余人。1928年前后,天津还有近20家规模很小的硝皮厂、制革厂和皮件厂,以及近30家皮件作坊,④这些工厂和作坊也是天津制革工业的重要组成部分。

造纸业是天津近代工业的支柱产业,在全国有很高的地位。1907年建立的新兴造纸厂,有资本18.2万元。1914年华商创办的北洋大成造纸厂,有资本200万元,机制粗细纸张;1918年又有华商创办了河北久利造纸厂,资本50万元,机制各种洋纸。⑤因经营不善,这两个工厂湮没无闻。

第一次世界大战后,天津造纸业迎来了发展的黄金时代。1921年,华商创设了北方、权利、会文、利用等工厂,利用稻草制作草纸、手纸。⑥这四个工厂中,北方造纸厂资本最多,有2000元,权利造纸厂的资本仅有800元。⑦1922年,华商创办了振华机器造纸公司,资本50万元,使用稻草制造草板纸,

---

① 杜恂诚:《民族资本主义与旧中国政府(1840—1937)》,第411—414页。
② 杨大金:《现代中国实业志》上,商务印书馆1938年版,第289页。
③ 实业部中国经济年鉴编纂委员会编:《中国经济年鉴》(第11章),第515页;陈真编:《中国近代工业史资料》第4辑,生活·读书·新知三联书店1961年版,第594、601页。
④ 天津市档案馆等编:《天津商会档案汇编(1912—1928)》,第3003—3007页。
⑤ 黄绍绪等编:《重编日用百科全书》(中册),商务印书馆1934年版,第3354—3356页。
⑥ 陈歆文编著:《中国近代化学工业史(1860—1949)》,化学工业出版社2006年版,第147页。
⑦ 实业部中国经济年鉴编纂委员会编:《中国经济年鉴》第12章,商务印书馆1936年版,第114页。

日产纸板15吨,是当时华北地区唯一生产板纸的企业,在全国同行业中也是规模最大的。由于进口的日产纸在国内市场上降价竞争,该厂开工一年半便停工,1926年出租给上海竟成造纸厂,成为该厂的二厂,[①]1931年有工人130名,年产板纸2000吨。[②]1931年竟成造纸厂退租后,再次出租并更名为余记造纸厂,1932年开始营业,[③]1935年产板纸4500吨,有工人约200人。[④]到1937年,余记造纸厂资本减为10.5万元,年产板纸2000吨,工人30人。

四、化学工业的率先起步与规模化发展

进入近代以后,中国出现了从事化工生产的企业,并逐渐形成一个特定的产业——化学工业。近代化工产业包括纯碱和硫酸等海洋化工,以及与此有关的生产油漆、火柴、橡胶、染料颜料、化妆品与盥洗卫生品等行业。其中,纯碱和硫酸的生产水平是20世纪衡量一个国家工业水平的指标之一。对于近代天津而言,由于盛产海盐,盐化工成为主要化工门类。这一时期,天津的化工产业经历了从最初起步到规模化发展的过程。

(一)制盐和制碱工业

天津化工产业的兴起可以追溯到近代盐业的发展。所谓近代盐业,是指利用电力等设备生产精盐。天津传统的盐业生产起步较早,规模较大,到了清代,盐业生产技术的改革使长芦盐产量迅速增加。近代以后,交通环境的变革也促进了盐业的产销,提供了建立近代制盐企业的条件。在此情况下,范旭东创办了久大精盐公司。他从日本帝国大学化工专业学成回国后,又随政府考察了欧洲的盐业生产,1914年便选定在天津塘沽,创立了中国第一家大型精盐企业——久大精盐公司,最初有资本5万元,后逐渐增加,1924年时

---

① 实业部中国经济年鉴编纂委员会编:《中国经济年鉴》第11章,第477页。
② 天津市档案馆编:《近代以来天津城市化进程实录》,第222页。
③ 宁立人:《天津振华造纸厂的变迁》,《天津文史资料选辑》第6辑,1979年。
④ 上海社会科学院经济研究所等编:《中国近代造纸工业史》,上海社会科学院出版社1989年版,第107页。

第四章　近代经济的起步与全面发展(1901—1927)

达到210万元。①该厂精盐的年产量,原定产额为30万担,1924年起增至60万担,②约占全国精盐总产量的40.5%,1931年前,年均产精盐38.264万担,粗盐6.72万担。当时,该厂除蒸汽锅炉和发电机外,有8架制盐机,雇用常工和临时工652名,每日工作8小时,产品还有碳酸钙、碳酸镁牙膏和牙粉等。③

久大精盐公司建立后,也有一些商人在天津建立工厂,利用海盐生产精盐。1921年,华商创办了通达精盐公司,有资本50万元,公司设在天津,工厂设在丰润县唐坊,1926年投产,当年生产精盐54.8吨,1930年增产到1363.8吨,约合近3万担,占全国精盐总产量的13.9%。④到1931年时产量下降,年均产盐8万担左右。⑤1922年,久大精盐公司与山东盐商共同组织永裕盐业公司,承包胶澳盐田并取得青盐输日的专利。这表明,天津是近代以后中国采用新式技术制造精盐的主要生产地。

除生产机制精盐的久大精盐公司外,天津长芦盐场原盐的产量一直在全国占有较大比重,1912年产盐356.8万担,占全国产量的10.8%,到1921年时翻了一番,增加到863万担,占全国产量的18.4%。天津的盐业生产采用了近代技术与传统利用盐场摊晒并用的生产方式。

制碱是重要的化学工业之一。中国原先将土碱作为食用和生活用碱。20世纪初,近代工业兴起,其中生产肥皂、棉纱棉布、纸张、皮革和玻璃的企业,都需要大量进口纯碱。纯碱是18世纪末由法国人人工合成的,其制作技术一直受到西方封锁,中国纯碱的进口则被英国卜内门公司垄断。

第一次世界大战时,卜内门公司乘机囤积居奇,一度纯碱价格高于黄金,造成许多以纯碱为原料的工厂倒闭,因此亟需中国能够生产纯碱。范旭东等人于1918年创办了永利制碱公司(1934年更名为永利化学工业公司),决定采

---

① 赵津主编:《范旭东企业集团历史资料汇编——久大精盐公司专辑》上册,天津人民出版社2006年版,第12页。
② 赵津主编:《范旭东企业集团历史资料汇编——久大精盐公司专辑》上册,第139—143页。
③ 天津市档案馆编:《近代以来天津城市化进程实录》,第223页。
④ 李俊胜:《我国最早的精盐生产企业之一——通达精盐公司》,《丰南史志资料选编》第2辑,1986年。
⑤ 天津市档案馆编:《近代以来天津城市化进程实录》,第223页。

用当时处于世界先进水平的苏尔维制碱技术生产纯碱。该公司在塘沽建立工厂，有资本150万元，是中国第一家大型近代化工企业。永利制碱公司的设备大部分从美国购置，原料则为本地的原盐和石灰石，1923年完成基本建设并试运行。与此同时，公司聘请侯德榜等化学家进行反复实验，终于攻克合成纯碱的技术难关，采用最新工艺生产纯碱。1926年，该公司生产出品质优良的纯碱，填补了中国化学工业的空白，打破了卜内门公司的技术封锁和产品垄断，所产纯碱定名"红三角牌"，1926年8月在美国万国博览会上获得金奖。该公司1924年出产纯碱258.145吨，随后扩大产能，1927年产量达到13,404.388吨，1931年为19,462.781吨。[1]1928年至1931年，纯碱销售量从209,291担增至341,111担。[2]1933年开始生产烧碱，装备尚未配齐时日生产烧碱4吨；装齐设备后，日出烧碱估计15吨。[3]该公司1928年至1937年的纯碱产量从257,981担增至612,410担，销量从209,291担增至650,005担。该公司的产品，除供应国内市场外，还远销日本和东南亚，资本亦增至550万元，成为我国最大的纯碱生产企业。

在永利制碱公司的带动下，天津沿海地区盛产海盐的汉沽、塘沽也建立了一些化工企业。其中1926年在汉沽成立的渤海化学公司，有资本10万元，生产纯碱。[4]还有一些企业利用海盐生产苏打、硫酸等化学原料。久大精盐和永利碱厂不仅在全国率先创立了大型的精盐和纯碱企业，而且带动了天津地区海洋化工业的起步和发展，为天津化工业的进一步发展奠定了基础。

（二）油漆、火柴和化妆品工业

油漆也是重要的化学工业之一。20世纪后，天津是国内仅次于上海的可以生产油漆的城市，在全国占有重要地位。天津最早的油漆工厂是1920年成

---

[1] 赵津主编：《"永久黄"团体档案汇编——永利化学工业公司专辑》上，天津人民出版社2010年版，第31页。
[2] 赵津主编：《"永久黄"团体档案汇编——永利化学工业公司专辑》上，第212、218页。
[3] 赵津主编：《"永久黄"团体档案汇编——永利化学工业公司专辑》上，第34页。
[4] 杜恂诚：《民族资本主义与旧中国政府(1840—1937)》，第423页。

第四章　近代经济的起步与全面发展(1901—1927)

立的大成油漆厂,有资本40万元,后因经营不善,于1924年改组为源记油漆厂,1927年停工后又改组为振中油漆厂,1929年再改组为中国油漆公司,有资本20万元,常工和临时工60余人,生产动力全用电机,总动力有100马力,有部分装置"为国内工厂之所仅有"。1931年时,该厂年产油漆、磁漆、清漆共约4.48万担,销往上海、南京、北京、东三省等地。1921年,冯国璋的儿子冯书安创办了东方油漆厂,有资本5000元,1931年年产油漆、清漆约2250担。①不久,天津又有永华(后期迁上海)、保华等油漆厂建立。另外,1917年时,有华商申请设立华明灯油公司,据称经过"悉心研究,聘定化验师,特用国货制出灯油一种,屡经试验,较比洋油光亮远大,燃时延长,诚于人民日用有利"。设立目的是抵制美孚、亚细亚洋油的倾销。其还制定了公司章程,计划集股20万元,不收洋股,先以2万元试办。但该计划最终搁浅。②1928年前,天津还有近10家将生桐油加工成熟桐油的工场。

　　天津的火柴工业兴起于19世纪80年代。天津开埠后,进口火柴日多,仅1890年进口额就达134万两白银。1886年,直隶候补道、汇丰银行买办吴调卿与杨宗濂等集资1.5万银两创办天津自来火公司,开启了天津生产火柴的历史。该公司宣称其资本全部为华资,意在与洋货展开竞争。此举得到直隶总督李鸿章的赞赏,认为火柴"近来英、德、美各国载运来华,行销内地日广……亦华银出洋一漏卮也。日本既能仿造,必应劝谕华商,集资购器,设局自行制造,以敌洋产而保利源"③,因此给予在直隶省境内专门制造火柴15年的特权。该公司位于紫竹林6里外的贺家口,面临海河,背靠海大道,占地面积64亩,厂房车间均为简易木制工棚,雇工2400余人。为提高生产技术,该公司聘请德国人李曼为总管,同时对其职责进行严格控制,只允许他"督准工匠诸务","此外支用银两与之无涉";另外聘请一些外国技师,他们除完成公司下达的每年培养技术人员的指标外,"添购物件,应开账呈告董事,由董事账房购买呈验,方准付款,按月例报销。倘洋匠自行擅购,则此物价公司不

---

① 《天津油漆工业调查》,《津浦铁路日刊》第1483—1507期,1936年。
② 天津市档案馆等编:《天津商会档案汇编(1912—1928)》,第2925页。
③ 中国史学会主编:《洋务运动》(七),上海人民出版社1961年版,第73页。

给"。①公司开工后,由于经营不善,非但未能获利,反而遭到弹劾,有人指其"惟利是图,官府其身而市侩其行"。②

1891年,天津自来火公司不慎起火,造成重大损失,吴调卿又集股4.5万两白银,重新设厂。③随后,天津又建立了数家火柴厂,但投资较少,规模有限,原料短缺,数年后均停产。20世纪初,由于创办火柴厂投资少,资金周转快,故而吸引很多华商投资。1909年,北洋火柴公司成立,1919年增设分厂,扩充资本至30万元,年产量达到15,000箱。1910年,天津华昌火柴公司成立,1917年与北京的丹凤火柴公司合并,改名丹华火柴公司,1931年资本额达到110万元,总公司设在北京,在北京、天津、安东设有工厂,是华北规模最大的火柴厂。④荣昌火柴公司设立于1918年,有资本10万元。日商也染指天津的火柴业,1919年设立了资本10万元的东亚火柴厂,翌年创办了中华火柴厂,1923年该厂收购了经营不善的东亚火柴厂,改为中华二厂。1928年后,各厂相继停业。1926年,日本商人又开办了资本1万元的三友火柴厂。⑤

化妆品企业主要生产制造肥皂、香皂和化妆品等。光绪二十二年(1896),日商桑茂洋行创立了造胰厂,这是天津最早的肥皂生产企业。⑥20世纪初,天津出现了数家造胰厂,如1905年著名华商宋则久创办了天津造胰公司,资本由最初的5000元扩充至1916年的20万元,有蒸汽锅炉和碾皂压制机器,工人50名,年产化妆香皂4万打,洗衣肥皂5万箱,是华北最大的制皂工厂。⑦此外,还有资本3万元的荣华肥皂厂和资本10万元的华胜烛皂厂。到

---

① 《时报》1887年8月25日,转引自曲振明:《吴调卿与天津自来火公司》,《河西文史资料选辑》第5辑,2004年。
② 屠守仁:《屠光禄奏疏》卷3,1922年石印版,第34—38页。
③ 参见万新平:《天津早期近代工业初探》,《天津史研究》1987年第2期。
④ 陈真、姚洛编:《中国近代工业史资料》第1辑,生活·读书·新知三联书店19574年版,第550—551页;《津海关十年报告(1922—1931)》,《中国旧海关史料》编辑委员会:《中国旧海关史料(1859—1948)》第157册,第506页。
⑤ 王达:《天津之工业》,《实业部月刊》第1卷第1期,1936年;天津市档案馆等编:《天津商会档案汇编(1912—1928)》,第2939—2940页。
⑥ 《天津胰皂业调查》,《工商半月刊》第1卷第19期,1929年。
⑦ 彭泽益编:《中国近代手工业史资料(1840—1949)》第2卷,生活·读书·新知三联书店1957年版,第387—388页。

第四章 近代经济的起步与全面发展(1901—1927)

1928年,天津有63家造胰工厂,其中规模较大、资本超过万元者仅有中亚、恒达、隆兴、中昌和光润等数家,其余均为规模很小的作坊。①19世纪末,天津举人陈镶曾经申请招股设立化学公司,制造铅粉、丹银,并申请"独办二十年,限内地人不得在本埠仿造",但未见开工。②民国以后,生产牙粉、香粉等化妆品的企业增加,有三玉成、芝兰香、醒华、祥生牙粉工厂,还有专门制造化妆品的中华化学制品厂(资本50万元)、丽康化妆品公司(资本10万元),制造漂白粉的中国漂白粉厂(资本12万元)。③这些工厂与手工作坊相比,资本略多,一般在千元以上,有的达到数千元或数万元。

五、机械制造业生产方式的新旧并存与动力的更新

(一)20世纪以前的机械制造业

机械制造业是指生产农业、矿山、纺织、化工、食品加工等各类企业所使用的各种动力产品,以及制造机床、工具、仪器仪表的机械设备。近代中国的机械制造分工较为简单,实际上只是使用电力制造和修理各类机械的工厂,以及30年代以后制造仪器仪表的企业。机械制造业为工业提供必需的设备,是工业最基础、最主要的生产和加工的产业,需要巨额的资金投入,也需要先进的机械设备、技术以及配套设施,在一定程度上代表着国家工业化发展的水平和实力。

在20世纪以前,天津的机械制造业除手工工场和作坊外,以天津机器局最有代表性。该局创办时购进了用于制造火药和炮弹、雷管铜帽的车床等机器。从其机器设备和产品来看,涵盖了机械制造业的机器制造、金属冶炼、铸造、热加工、船舶修造等。随着北洋舰队的建立,清政府还在大沽设立了大沽船坞,也拥有一些车床、钻床等设备,以维修北洋舰队军舰和修造各式轮船。

除政府投资的军事工业外,在海河沿岸和各国租界也出现了一些机械

---

① 参见天津市档案馆等编:《天津商会档案汇编(1912—1928)》,第2967—2973页。
② 汪敬虞编:《中国近代工业史资料》第2辑,科学出版社1957年版,第1123页。
③ 杜恂诚:《民族资本主义与旧中国政府(1840—1937)》,第423页。

厂。1888年，由海河上的外国引水员建立了大沽驳船公司，在大沽设船厂，修理停泊在天津各码头的各种轮船、驳船等，拥有少量的修船设备。此外，洋行在各租界的码头附近兴建了数家羊毛打包厂。到1900年，这样的打包厂约有9家，多以蒸汽动力带动一二台打包机，为出口的羊毛驼毛提供打包服务。1884年广东商人罗三佑创办的德泰机器厂和1886年的万顺铁厂是天津最早的民资机械企业，从事修理轮船和矿山机器，并制作中西马车、造酒铁锅等器具。当时，天津英、法租界的海大道一带还建有炽昌铁工厂等，是为出口货物的打包和轮船修理提供服务。在老城北门外的三条石一带有一些从事手工冶炼、铸造和五金制造的工场和作坊。

总体而言，20世纪以前除了天津机器局和大沽船坞外，大部分机械工厂规模小、设备简陋、生产能力低，主要从事船舶、车辆的修理和零件制造，以及制造简单的农具等，很少使用蒸汽等动力，手工作坊占有绝大的比重。1900年八国联军占领天津时，天津机器局、大沽船坞，以及各国租界的工厂几乎全部被摧毁。

（二）20世纪后机械制造业的重新起步

20世纪以后，天津作为北方率先发展起来的工商业城市，大型企业不断涌现，进口了大批的机器设备，这些设备的维修保养，简单机器的仿造，以及发电能力的提升等等，都促成机械制造企业发展较快，其主要体现在以下几个方面。

其一，一些铁工厂开始以电力、蒸汽锅炉为动力，转变为有一定规模的工厂，很多新设的工厂也以电力为动力，改变了原来手工作坊和工场以手工劳作居多的局面。设在三条石附近的铁工厂原先多是手工业作坊，随着市场需求和市内供电能力的增加，陆续增添了以电力为主的动力设备。1897年开办的金聚成铸铁厂于20世纪初增加了动力设备，1910年成立的春发泰机器厂于1912年开始使用电力。①

---

① 张利民等：《近代环渤海地区经济与社会研究》，第224页。

第四章　近代经济的起步与全面发展(1901—1927)

其二,工厂规模有所扩大,产品呈现出多样化趋势。1906年设立的北洋劝业铁工厂是在清政府提倡振兴实业的背景下,由直隶省实业厅筹银20万两兴建,除在西窑洼设总厂外,还在大沽设立分厂。该厂产品有锅炉、汽机、气剪、气锤、汽碾、车床、刨床、钻床、铣床、起重机、抽水机、石印机、铅印机、压力机、织布机、榨油机、磨面机、消防水龙灯等,为天津和附近地区近代工业提供了必要的工作母机和设备,年销售额约六七万银两,是当时北方规模最大的机械制造工厂。①从规模上看,一些铁工厂的设备有所扩充,产品有所增加。德利兴机器厂有两个机器厂、一个铸铁厂,生意兴旺时有工人400多人,有车床、旋床、刨床、铣床、钻床等110余台,生产各种尺寸的车床、刨床、铣床、钻床、铅印机、石印机、起重机、水泵等。1903年,孙恩吉以2000元资本在东马路设立了民立第四恩兴和铁工厂,1907年改名为孙恩吉铁工厂,虽然资本有限,但1915年时有学徒50人,工人5人,"制成汽机机器成品颇多",曾经得到直隶总督袁世凯颁发的金银牌,劝业道因其精于铸造,特奖励"覃思镕铸"匾额。该厂制造的片机锅炉成品曾经送巴拿马博览会参展,天津绅商学各界为此制赠"振兴实业""挽回利权"二块匾额。其产品包括车床、刨床、钻床、铣床、大小锅炉、顶水机器(水泵)、起重机、铁轮织布机、榨油机、榨棉机、各种水车、石印机,以及矿产所需机器,轮船、电车等修理之机件等,"以行球为商标"②。在租界内,英国人设立的东方机器厂(1925年设立,资本17万元)、法国人设立的永和机器厂(资本60万元)等几家工厂,资本雄厚,设备先进。华资工厂则多为资本额400元至5500元不等的铁工厂和机器厂,规模不大,且集中在三条石一带。③

这些铁工厂资本额很小,多数不是批量生产某种产品,而是根据用户需要,在交一定的预付款后进行的定制,所以占用资金很少,每年能够保持一定

---

①《劝业铁工厂要略表》,周尔润纂:《直隶工艺志初编》志表类卷下,工艺总局1907年版,第14页;郝庆元:《直隶工艺总局发展概略》,中国社会科学院近代史研究所近代史资料编辑组编:《近代史资料》总56号,知识产权出版社2006年版,第148、150页。

②天津市档案馆等编:《天津商会档案汇编(1912—1928)》,第2824—2826、2834—2835页。

③天津市档案馆等编:《天津商会档案汇编(1912—1928)》,第2839—2847页。

的销售额。孙恩吉的恩兴和铁工厂曾于1915年呈请农商部,希望对其产品按照"机器仿造例完一正税,免于重征以利运销"。农商部通过津海关和天津商会查询此事,"设厂制机所需成本必巨,该工厂原呈内所称资本仅只2000元,究竟前项标本内所列各种机器,是否确系自行设厂用机器仿造洋式制成?每年出品究有若干?"经津海关调查股查明,该厂资本确实很少,所制作的机件"皆仿欧美式样自造",且"并非大宗批卖,皆由买主指明某项机器,划定图样先交价洋半数,定期制成,故资本虽微而成本甚广"。实际情况也确实如此。1926年,该厂为高阳一家面粉公司制造一套磨面机器,总价近3000元,订立合同时预交200元,产品制成后起货时交一半,等到装试完成投入使用时再交付尾款。①这一事例说明,该厂业务是根据买主的需要定制各种机器,而并非规模化的批量生产和销售,占有流动资金有限,但确实有一定的生产能力。19世纪末在英租界开设的德泰机器厂曾于1916年为山东泰安的煤矿公司制造了二座锅炉和水泵、风机等全套设备,价值8000余元,表明该厂也是有相当规模的。②

其三,众多的铁工厂以仿造西式机器为主,同时也开始自创一些产品,且呈现出专业化生产的发展趋势。如孙恩吉铁工厂的产品一方面"皆仿欧美式样自造",申请按照"机器仿造例完一正税,免于重征以利运销";另一方面曾制作新品——片机锅炉,送巴拿马博览会参展。1916年,该厂研制出用锅炉带四副磨盘的磨面机,日产面粉30余担,而人工四副磨盘需用12匹牲畜,日产量不过10担左右;同时还"特创造一种榨棉机器",比西式机器压力大、体积小,更便于棉花的运输。③与此同时,一些机器厂内有铸造车间,以方便自身生产,而铁工厂也有一定的机械制造设备,体现了早期机械制造与铸造业的互通互补。

上述机械工厂已开始根据市场的需求进行生产,有一定的专业化趋势。20世纪以前,除各国租界内的机械厂被称为机器厂外,分布在中国城区的铸

---

① 天津市档案馆等编:《天津商会档案汇编(1912—1928)》,第2834—2838页。
② 天津市档案馆等编:《天津商会档案汇编(1912—1928)》,第2827—2828页。
③ 天津市档案馆等编:《天津商会档案汇编(1912—1928)》,第2824—2826页。

第四章　近代经济的起步与全面发展(1901—1927)

造和机械制造类的厂家和作坊,多被称为铁铺、铁器铺、锅店和铁工厂等,从1928年前后的档案和调查资料看,这些厂家或称铁工厂,或称机器厂、机器行、机器铁工厂、铁厂、铁路机器厂、织布机厂、袜机厂、铁床厂等,在分工上出现了一定的细化趋势。①1912年成立的同盛和铁厂,主要是利用进口和湖北的生铁铸造人力车的瓦圈和自来水龙头。1915年成立的恒大机器厂,有资本1万元,主要生产矿山机器;义大号铁工厂"专修高线轻便铁路、矿务应用各等机器,卧立管子锅炉",以及电动机、水泵、轧花机等;春发泰、郭天祥等机器厂的产品则以切面机、榨油机、轧花机等闻名。②1923年成立的三义成铁工厂也专门生产切面机、磨面机;郭天成机器厂以生产织布机为主;志达机械制造厂主要生产织袜机等针织机器;华兴厚机器厂主要生产织机、轧花机、保险箱等;吉祥顺机器厂主要生产手织机、火炉等。1924年创立的德利兴铁工厂,资本1万元,主要生产机床、刨床、钻床、印刷机、水泵等。1925年成立的兴记铁厂,主要利用进口的元铁、扁铁生产螺丝和铆钉。③此外,还有专门为铁路、机械制造和出口服务,以及附设于大型工厂和学校的机械厂,如津浦路机修厂、华新纱厂修机厂、中国油漆公司机械厂、河北省工业学院机械厂、南开大学机械厂等。④从工厂的名称即可看到这一倾向。

其四,新设工厂、手工工场和作坊出现了一定的产业聚集性趋势。随着天津经济实力和辐射能力的增强,更多的人开始创办铁工厂。这一时期,机器制造品不仅供应天津市场,更多地是满足经济腹地集镇工业和生活的需要,尤其是织布机、磨面机、榨油机、轧花机和水泵、水车等产品。因此,天津的机械五金类工厂数量有较大增加,无论是有一定规模的机器厂、铁工厂,还是铁工场与作坊,均呈现出发展的态势,并具有空间聚集的特点。1900年八国联军占领天津时,三条石附近铁工厂等并未遭到毁灭性抢掠。20世纪以

---

① 参见天津市档案馆等编:《天津商会档案汇编(1912—1928)》,第2839—2846页。
② 天津市档案馆等编:《天津商会档案汇编(1912—1928)》,第2833—2834页。
③ 参见《河北省重要工厂调查》,《国货年刊》,1934年,第244—255页;天津市档案馆编:《近代以来天津城市化进程实录》,第223页。
④ 陈真编:《中国近代工业史资料》第4辑,第858—859页。

后，除在各国租界和河北新区有一些较大规模的机械机器厂外，大部分铁工厂和作坊多集中在北门外的河北大街、三条石大街到北营门一带，呈现出一定的专业化空间聚集。

简言之，20世纪天津的机械制造业也具有近代工业与手工业并存的特点，并呈现出基于市场需求的多样性和专业化发展。虽然规模有所扩大，但依然是以"小"为主。这一点从20年代的多种调查数据也可看出。据统计，1920年，天津有以电力作为动力的机械工厂22家，平均每厂仅有工人43人，除6家工厂资本未详外，平均每厂资本额约5万元，其中2家资本在10万元以上，其余资本额仅有几千元或万余元。[1]据1923年天津商会委托南开大学学生进行的调查，天津有一定规模的铁工厂为19家。[2]另据1928年天津社会局的调查，当时中国城区内由中国人创办的机器制造业工厂有62家，资本总额为72,680元（有一厂未计资本），平均每厂千余元，有工人1197人，平均每厂工人近20人，有车床、旋床、钻床等设备，大者有翻砂工艺设备。各厂产品有织布机、提花机、轧花机、切面机、钻眼机、轧光机、弹花机、石印机、草帽机、织袜机等。以上统计仅针对有一定规模的机器厂，并未涵盖资本有限且规模较小的铁工厂，更没有记录那些手工作坊和个体铁铺。铁工厂的规模则更小。据同一调查显示，当时天津有铁业工场和作坊共511处，资本总额22,050元，最多者1万元，最少者100元，共有工人2207人，平均每家资本不足50元，有工人4名，"以马达及机器工作者甚少，而以手工制造者多"，"修理零活为最多，约占80%，专制成物者约占20%"。[3]另据天津商会档案记载，除百余家铁工厂外，还有100余家铁铺、铁店、洋铁铺、锅店和70余家铜铁厂、铜铁铺、铜铁店，资本微小，仅有工人数名，多为店场合一的作坊，或个体生产者，甚至仅能修理铁器和铜器。

---

[1] 『支那省别全志』第18卷，第784—786页。
[2] 天津市档案馆等编：《天津商会档案汇编（1912—1928）》，第2537页。
[3] 天津特别市社会局：《天津特别市社会局一周年工作总结报告》，第545、544页。

第四章　近代经济的起步与全面发展(1901—1927)

六、这一时期工业发展的概况与特点

(一)工业发展概况

从20世纪初到1928年天津特别市设立之前,是天津近代工业发展最迅速和最辉煌的时期。据学者研究,从1902年至1913年(第一次世界大战前),是天津近代工业重新兴起时期,共建立有资本万元以上的工厂49家,资本总额除7家外资企业不详外,共计474.8万元,尚未出现资本百万元以上的企业;1914年至1928年是天津近代工业迅速腾飞的时期,共新设工厂1286家,平均每年新建92家,1915年至1916年、1920年至1924年是设立新厂的两个高峰。在这两次高潮的7年中,设立了862家工厂,占总数的70.8%,年均达122家之多。几乎所有拥有巨额资本的企业均设立于这两个时段。[①]

天津新建的近代工厂数量多,涉及部门广泛,投资者身份多样,进而形成了近代工业的支柱产业和主体架构。同时,传统手工业也从城市经济发展与市场需求出发而有所调整,既作为一些产业部门的补充,也适合城市各层次居民的生活需求。1928年,天津市社会局对除英、法、日、意租界之外的中国城区,即五个公安区和三个特别区的各种工业企业进行了规模空前的详细调查,调查的时间从1928年10月至1929年6月(中间春节放假一个月),历时8个月,雇用了50名调查员(每人每月薪俸35元),设置了各种调查表,进行逐户调查。其结果如表4-10。

从表4-10可以得知,此次调查将特种工业以外的其他工业,划分为纺织、化学、饮食品、服用品、机器及金属品制造、土石制造及建筑、竹木骨角制造、造纸及印刷、文具及运动用品制造、精整等10大类52个行业。当时,中国城区共有各类大型工厂、中小型工厂,以及手工业工场和作坊2186家,资本总额3140万余元,工人47,519人。从资本总额看,制盐、纯碱、棉纺织、面粉、火柴等特种工业的17家大型企业,资本额多达2900余万元,占到资本总额的

[①] 转引自罗澍伟主编:《近代天津城市史》,第417页。

93.3%。其余为中小型工厂和手工工场、作坊,每个厂家的平均资本额非常少,工人仅有10余人。

表4-10　1929年中国城区华资工业企业统计表

业别	厂数	各厂资本总额（元）	未计资本厂数	工人数 男工	女工	童工	合计
特种工业*	610	302,311,655	33	26,423	2304	5810	34,537
纺织工业	279	406,698	22	2244	174	1632	4050
食品工业	17	65,600	3	276	13	25	314
日用品工业	282	109,000	21	489	24	377	890
器具工业	563	71,679.5	7	2186		589	2776
机器工业	62	72,680	1	887		310	1197
化学工业	264	314,860	84	1807	27	635	2469
服用工业	65	33,186	11	369	14	253	636
印刷工业	26	88,875	3	335	20	55	410
其他	18	13,200		167	30	44	241
总计	2186	31,406,944	185	3583	2606	9730	47,519

表注:该表所列特种工业为精盐、制碱、纺纱、提花、国布、地毯、面粉、酿酒和火柴业,被调查者称为"津埠之主要产业组织者",其余规模较小的工厂则为普通工业。

资料来源:天津特别市社会局:《天津特别市一周年工作总报告》,第564页。

从整体上看,这次调查并不如人意,既没有关于机械、动力使用情况,没有原料来源、产品的种类和销路,以及营业额等的系统完整介绍,也没有形成统计数据。究其原因,主要是主持此项工作的社会局更注重对社会和工人状况的调查,以掌握社会动态,而没有从经济发展的角度进行调查和统计。而且,调查员本身的专业水平、工作态度和素养,被调查对象的怀疑、猜忌和不信任等也是重要的影响因素。因此,从经济发展,特别是工业化、市场化等角度审视此次调查结果,可以看到内容有一些缺失,分类上也略有瑕疵,即将特种工业单独列出,难以看出各个工业部门所占的比重,在行业的划分上也不够严谨。

1929年,时任天津市社会局局长的鲁荡平根据此调查编成了《天津工商业》(上卷)一书,对原有的分类进行了调整,即特种工业的各个大型工厂均归入各个部门,企业数量、资本总额、工人数量等与前者完全一致,可以更为清

第四章 近代经济的起步与全面发展(1901—1927)

晰地看到天津工业各个部门所占的比重(见表4-11)。

表4-11 1929年中国城区华资工业企业分行业统计表

业别	厂数	占比%	未计厂家数	资本总额(元)	占比%	工人数	占比%
纺织工业	850	38.88	54	22,017,363.5	70.1	34,264	72.11
食品工业	51	2.33	4	5,126,100	16.32	2020	4.25
化学工业	269	12.31	84	3,874,860	12.37	5086	10.70
日用品工业	282	12.90	21	109,000	0.35	890	1.87
器具工业	563	25.75	7	71,679.5	0.22	2775	5.84
机器工业	62	2.84	1	72,680	0.23	1197	2.52
服用工业	65	2.97	11	33,186	0.1	636	1.34
印刷工业	26	1.19	3	88,875	0.28	410	0.86
其他	18	0.82		13,200	0.04	241	0.51
总计	2186	100	185	31,406,944	100	47,519	100

资料来源:鲁荡平:《天津工商业》上卷,天津社会局1930年版,第13—16页。

从工业各个部门的概况可以进一步看到,纺织工业因有六大纱厂,其资本额和工人数量均为其他部门所无法比拟。除六家纱厂外,提花、织布、织带、针织和地毯各业的工场和工人数量较多,资本额却很少;其他的染织、毛线(生产地毯和毛巾厂原料)、丝棉栏杆、毛巾、帆布等行业的厂家和工人数量都很少,资本额更是微乎其微,只有2家线毯厂资本超过万元。[①]从资本额看,食品工业仅次于纺织工业,主要企业为5家面粉厂和久大精盐公司,资本达到470余万元,其他均为手工作坊。化学工业居第三位,是因为有永利制碱公司和4家火柴厂,资本达到近360万元,其他工厂除15家硝皮厂略有实力外,均为资本很少的工场或作坊。正如该书总结的那样:"目前本市各种工厂,沿用旧式手工业方法者为最多,且曾呈一时之繁荣,如提花、地毯、国布、针织等业之工厂,率皆设备简陋,但厂数之多,营业之盛,亦为他业所不及。惟反观各大工业,匪特不能发展,甚且岌岌可危。滋可异也。盖我国久处帝国主义军阀两重压迫之下,一方人民之购买力过度低落,一方投资家亦观望不前,以致各大工业既少继续开发之机会,更无增资发展之可能。因之此半手工业式之

[①] 鲁荡平主编:《天津工商业》上卷,天津市社会局1930年版,第127页。

小工业,实不啻时代之宠儿,虽时代潮流已明确昭示吾人以手工业必随工业革命而蜕变之黄金律,而我国小工业之必能获得过渡时期之发荣滋长,则正毫无疑义焉。此吾人研究本市工业时,所不可不知之事实也。"①

(二)工业发展的特点

总体而言,与20世纪以前相比,这一时期天津工业发展具有以下特点:

第一,各种近代企业在投资结构上又有所变化。国家资本性质的工业企业在近代工业经济中所占比例有所下降。除在基础设施领域保持一定的投入外,主要对近代工业的振兴起到引领和示范作用。私人资本工业企业获得长足发展,特别是1914年以后迎来了私人资本投资近代企业的一个高峰,并形成了天津自身的特点,即具有一定政府支持和官方背景的投资群体,在创办大型工业企业上作用十分突出;外资工业企业持续发展,地位有所下降。

第二,在以电力和蒸汽为动力的近代企业中,国家资本投入不多。据不完全统计,在1902年至1911年间,具有国家资本性质的企业共有32家,其中官办13家、官商合办7家、官督商办3家、中外合办3家,其余几家性质不明确,涉及矿业、水泥、机器制造、纺织、化工、烟草、鞋帽、教育制品、农产品、其他等10个门类。这些企业中,矿业主要在天津集资和设立公司,规模最大,7家企业的资本总额达2678.1万元,占88.7%;水泥业和机器制造业居次,也主要是在天津集资和设立公司,分别有4家和2家,资本总额分别为294.3万元和30万元,但生产实体均在外地。从开设时段看,主要集中在1906年以后的数年内,而北京政府时期则鲜见有国家资本的投资。②在工艺总局实习工厂和北洋劝业铁工厂、开平等煤矿、耀华玻璃等官办企业的带动下,在北京政府提倡创办实业的政策和措施的刺激下,由有一定政府背景的军阀官僚投资的矿山企业,为天津和腹地近代工业的发展提供了有利氛围和资本支持。

这一时期,私人资本工业企业迅速增长,所涉及的门类迅速扩展到矿业、

---

① 鲁荡平主编:《天津工商业》上卷,第17页。
② 天津市档案馆等编:《天津市商会档案汇编(1903—1911)》,第1262—1269页。

第四章 近代经济的起步与全面发展(1901—1927)

榨油、制碱、交通、机器、烛皂、瓷器、垦业、纺织、火柴、玻璃、烟酒、面粉、皮革、化妆品等。1911年以前,私人资本工业企业有107家,涉及16个行业,其中有资本额统计的53家企业,资本总额为6,708,405元,资本在万元以上者有28家。第一次世界大战前,私人资本工业企业的投资出现了明显的行业差异,轻工业部门的私人企业以小规模为主,而矿业等重工业部门的企业产业资本额达百万以上,远大于轻工业企业。第一次世界大战期间及以后,私人工业企业发展有了显著的变化,不仅在化学等当时最为先进的工业部门投资建设颇具规模的工厂,而且在纺织、面粉等轻工业部门中投资建设大型工厂,从而形成了延续到30年代的天津近代工业的六大支柱产业(棉纺织、面粉、火柴、化工、造纸和精盐等)。这些投资者中有很大一部分是寓居天津的军阀官僚和政客,以及一些清朝的遗老遗少。这与上海等城市有明显不同,后者在近代工业发展阶段的投资者主要是中外商人和买办。

同一时期,天津的外资企业多局限在一些产业部门,甚至构成了一定的行业垄断,但并未成为天津近代工业的主导力量。据不完全统计,1900年至1928年间,共设立了约76余家外资企业,资本总额在1770万元以上,投资额比前一时期明显增多,投资门类更加广泛,生产规模也有显著的提高。从资本额和设厂数量上看,排在前5位的行业分别是食品、毛毯、化工、出口加工和机械制造等,厂家占总数的75%,资本占总额的96.2%。[①]

在总体规模上,这一时期外资工业并未超过民族资本工业,但在个别行业上处于垄断地位。例如,在出口加工和机械制造行业,外商开办的机械修造工厂有12家,资本近120万元。其中,法国人办的永和机器厂、意大利人办的义利铁钢厂、英国人办的东方机器工厂等,资本雄厚,设备先进,代表了当时天津机械和冶金业的最高水平。在烟草业中,日商东亚烟草公司和美商英商投资的英美烟草公司规模最大,资本达500万元之多。在地毯和出口加工业中,外资企业有较大优势。这两个行业共有24家工厂,除7家未有资本统计外,资本总额为430万元。其中,6家地毯工厂平均有资本40余万元,均采

---

① 罗澍伟主编:《近代天津城市史》,第428页。

用机械化生产。而在纺织、面粉、化工等行业中,外资企业基本没有涉足。从国别上看,英商所办企业以出口加工类工厂最多,美商所办的企业多在地毯毛线行业,日商投资的企业数量最多,涉及行业最广。①从投资规模看,日商资本总额已经超过英商资本总额,达到640多万元(英商将近600万元),美商又次之,近300万元。②这表明,外国资本势力在天津此消彼长,日资和美资企业发展最快,日本取代了英国在天津投资中的领先地位,但英商资本依然有一定的优势。

第三,以轻工业和出口加工业为主的近代工业主体架构基本形成。在天津工业起步时期,除军事工业企业外,近代工厂多分布在火柴、面粉和出口加工等行业,尚未形成近代工业的主体。清末新政时期,天津工业已有化学工业(玻璃、火柴、造纸等),食品工业(面粉、榨油等),纺织工业(纺纱、织布、地毯、印染等),出口加工服务业(打包、整理等),以及制革、烟草、铸铁和机器等业。但在可能生成为主导产业的行业中,尚未建成达到一定规模的工厂。北京政府时期,政局动荡,工业发展进入国家缺位、自由放任,以市场为导向的阶段。天津的工厂开始从中小型向大型发展,具有推进近代工业发展导向性质的棉纺、化工和面粉等行业新建了一批资本雄厚的大型企业,形成了棉纺、面粉、化工(包括精盐和制碱)、火柴、卷烟、造纸等六个支柱产业。在1928年天津市社会局进行的调查中,精盐、制碱、纺纱、提花、国布、地毯、面粉、酿酒和火柴被列为特种工业,称为"津埠之主要产业组织者"③。实际上,从工业发展的角度看,还应将刚刚起步的机械工业和有一定基础的铁工厂列入这一阶段的主要产业。以上各种工业的迅速发展,构成了天津近代工业以纺织、食品工业等轻工业和出口加工业为主的主体架构。

第三,在天津近代工业体系形成的过程中,呈现了大、中、小型工厂并存

---

① 罗澍伟主编:《近代天津城市史》,第430—431页。
② 参见《津海关十年报告(1922—1931)》,《中国旧海关史料》编辑委员会:《中国旧海关史料(1859—1948)》第157册,第506页;王学海:《旧中国外商在天津设厂行名录》,《天津历史资料》1984年第19期;天津市档案馆编:《近代以来天津城市化进程实录》,第315页。
③ 天津特别市社会局:《天津特别市社会局一周年工作总报告》,第479页。

第四章 近代经济的起步与全面发展(1901—1927)

和现代工厂与传统工场、手工作坊互补的格局,进而根据国内外市场的需求逐渐形成工业各个部门的配套。这成为天津近代工业发展的一个特征。其具体体现为机械制造业、化学工业和纺织业、面粉业等轻工业中的大、中、小工厂配套;使用近代化动力的大中型工厂与手工业工场、作坊形成并存和互补。纺织业的大型棉纺厂最集中体现了中国近代推进型的产业特征,也形成了与手工织布工场、作坊与织染工场,以及地毯作坊的互动,且形成了在空间上具有一定聚集性的特征。

据统计,1928年中国城区由中国人开办的织布、提花、线毯、染织、帆布、毛巾等小型工厂和作坊共有683家,除未统计资本的46家工厂外,资本总额为957,496元,工人为7737人,平均每厂有资本1500余元,工人10余人。其中仅有少数厂家使用电力织机,大部分厂家仍使用木织机或铁轮机。[1]然而,这样的结构却构成了较为完整的包括原料、生产和销售在内的产业链,其各种产品如棉纱、土布、提花布、毛巾、线袜、织带等,适应了城乡不同市场的生产需求与用户消费,从而形成了多种生产方式并驾齐驱的格局。食盐、面粉、地毯的生产也是如此。机制精盐生产与传统的滩晒、机器生产面粉与磨房加工杂粮、机制地毯与手工地毯等,形成了大型企业生产与手工业互补、共存的局面。酿酒业在20年代处于全盛时期,但仍未脱离开手工操作。在日用品行业中,胰皂、硝皮、制镜、电镀等工厂,或只有几马力的动力,或完全没有动力,基本处于工场手工业阶段。

机械工业是工业之母,属于工业中最基础最有代表性的产业,技术含量颇高,但因受到投资、设备、动力和市场等多重因素的制约,在起步和初步发展时期尚无力与轻纺工业、食品工业抗衡,只是因为有铁工业、五金、铸造等手工业的基础和近代工业发展及市场的需求而得到较快发展。比如,机械工厂在从修理船舶、车辆,到制造织布、榨油、发电所用的机械和车床、铣床和钻床等机器母机,从仿制日本的铁轮宽幅织布机等,到自主研发榨油机、磨面机等的过程中,形成了经过技术适应性改造后的产业推动,显现出机械工业发

---

[1] 天津特别市社会局:《天津特别市社会局一周年工作总报告》,第492—502页。

展的征兆,并与已经有一定规模的轻纺、食品工业建立了一定的联系。

天津中小型工厂和手工业作坊与近代化大工业并存的格局,表明由于资金、技术、经济发展水平和市场需求等因素的制约,近代化工厂尚未普及到各行各业,因此需要中小型工场和作坊作为补充。并且,中小型工厂和作坊不用筹集巨额资本,且生产设备简单,工艺水平低,可以靠廉价劳动力和适应市场的不断转产来维持小规模的生产,得以赚取微薄利润和市场生存空间,进而弥补近代工业发展的不足,成为刚刚兴盛的工业体系中不可忽视的力量,也适应了天津城市社会生活和腹地乡镇经济发展等不同层次的需求。

第六节 交通通信业的迅速发展

天津开埠以后,轮船、铁路等近代交通方式和电报电话、邮政等通信方式相继兴起。19世纪以前,交通方式的变化主要体现在轮船替代帆船,铁路刚刚出现但尚未形成铁路干线和网络;通信方式的变化则主要体现在政府推动下的新式电报和邮政出现,并逐渐从军事防御发展到民间商业运营。20世纪以后,天津交通的发展主要体现在:首先,铁路的迅速发展,开始形成贯通南北和东西的铁路干线和沟通矿山企业的支线,以北京和天津为中心的华北铁路网络基本构成;其次,轮船已经替代了帆船成为对外贸易的主要载体,内河航运开始形成轮船拖带木船的新的客货运输方式;再次,在原有驿道基础上采用现代技术修筑了公路。由此,最终形成以首都北京、天津和保定为中心,以铁路为主干,以水路和陆路为辅助的运输网络。现代通信业的全面发展,成为推动城市经济和社会生活进步,联络各地的主要工具。

一、轮船航运业的发展与华洋竞争

(一)海轮航运业的发展

这一时期,进出天津的轮船大致可以分为海轮(对外贸易、沿海贸易和人

第四章 近代经济的起步与全面发展(1901—1927)

员往来)和内河轮船(天津与腹地贸易、人员往来)两部分。开埠初期,天津的轮船主要来自英、美等国。1863年,到达天津紫竹林码头的外国轮船有134艘,其中英国船68艘,美国船20艘,其他国家船46艘。[①]1866年,进出天津的外国轮船共有77艘,其中英国船67艘,28,082吨;美国船8艘,4432吨。1872年,李鸿章创办的轮船招商局在上海设立,不久在天津、牛庄、烟台等地设立分支机构和码头,开辟了北洋航线,承担了漕粮的海运,并收购了美商旗昌洋行的轮船和码头,于是中国轮船在进出天津的轮船中开始占有一席之地,并很快升至第一位。1880年,航行于天津与其他沿海港口的轮船中,有中国轮船有161艘,合计124,718吨,已升至第一位,英国轮船128艘,合计83,828吨,居第二位。[②]

20世纪初,因受义和团运动和北京、天津被八国联军侵占的影响,天津乃至华北地区的经济一度出现混乱,与外国的经济联系缩减,进出口轮船有所减少,1901年减至1383艘,1903年再减至658艘,载重761,054吨。1905年后,随着海河裁湾取直工程的展开,天津与各国的直接贸易逐渐替代以往的间接贸易,成为天津对外贸易的主要方式,进出天津的轮船也随之增加。1906年增至1017艘(其中外国轮船287艘),载重1,196,156吨。以后十余年内,进出天津轮船的数量和载重量有所下降,每年在900艘至1000艘左右,载重量在130万吨左右。

1919年以后,到达天津港的船舶数又有明显增长。1924年增至1521艘(其中外国轮船1081艘),载重量超过200万吨,为2,025,032吨。1925年增至1912艘(其中外国轮船1035艘),载重2,420,095吨。1925年以后,进出的轮船数量有所减少,但载重量一直在200万吨以上。1933年增至2163艘,载重3,094,685吨。九一八事变后,由于东北市场尽失,到达天津港的船舶数有所减少。1934年为2139艘,载重3,007,376吨。[③]

[①] 姚洪卓主编:《近代天津的对外贸易》,第288页。
[②] 李丹、熊亚平:《近代天津海轮航运业的发展(1860—1937)》,《兰台世界》2017年第3期。
[③] 天津市地方志编修委员会编著:《天津通志·港口志》,第303—304页。

359

表4-12　1861—1937年天津港到港船舶统计表

年份	到港艘数	吨数	其中外轮艘数	年份	到港艘数	吨数	其中外轮艘数
1861	111	27,161	111	1862	87	21,921	87
1863	134	36,276	134	1864	185	45,968	185
1865	209	60,049	209	1866	296	89,259	296
1867	262	81,345	262	1868	299	109,077	299
1869	335	120,412	335	1870	263	101,100	263
1871	316	124,517	316	1872	298	122,063	298
1873	286	133,780	265	1874	300	149,054	261
1875	337	175,613	278	1876	413	227,811	314
1877	462	264,154	260	1878	487	271,168	320
1879	433	260,920	260	1880	409	246,860	244
1881	435	260,337	276	1882	422	267,215	242
1883	448	301,120	288	1884	471	348,665	365
1885	436	331,121	375	1886	526	389,438	339
1887	598	443,422	399	1888	570	437,630	367
1889	582	457,503	355	1890	585	449,617	335
1891	672	507,464	383	1892	649	509,982	343
1893	637	512,414	358	1894	678	556,119	479
1895	688	617,449	534	1896	697	620,655	396
1897	735	663,737	400	1898	744	688,588	387
1899	846	791,879	438	1900	426	402,146	262
1901	703	664,704	666	1902	836	824,052	598
1903	725	764,576	533	1904	711	766,390	464
1905	807	885,518	575	1906	1017	1,196,156	287
1907	856	1,095,422	660	1908	788	977,491	605
1909	952	1,159,178	730	1910	890	1,150,509	683
1911	1094	1,360,690	853	1912	908	1,170,854	741
1913	1001	1,247,767	783	1914	1147	1,449,688	906
1915	982	1,124,860	773	1916	867	961,292	721
1917	756	829,012	582	1918	803	798,598	621
1919	1062	1,090,158	799	1920	1162	1,247,233	792
1921	1449	1,649,601	1029	1922	1406	1,814,315	1009
1923	1450	1,926,915	1027	1924	1521	2,025,032	1081
1925	1912	2,420,095	1035	1926	1872	2,412,887	1004
1927	1701	2,299,433	1239	1928	1791	2,795,893	
1929	1579	2,813,515		1930	1812	2,645,124	
1931	1674	2,500,165	1242	1932	,998	2,907,836	327
1933	2163	3,094,685	248	1934	2139	3,007,376	642

第四章　近代经济的起步与全面发展(1901—1927)

续表

年份	到港艘数	吨数	其中外轮艘数	年份	到港艘数	吨数	其中外轮艘数
1935	2103	2,923,382	720	1936	1878	2,591,918	1093
1937	1681	2,206,300					

资料来源：天津市地方志编修委员会编著：《天津通志·港口志》，第303—304页。表中数据与姚洪卓主编《近代天津对外贸易(1861—1948)》第288—293页的相应内容对照，绝大部分一致，个别有所不同。

(二)内河轮船航运业的发展

同一时期，天津与腹地之间的轮船航运也有一定发展。民国以前，除天津至塘沽的海河段之外，天津与腹地间尚无轮船行驶，"客货交通，仅恃帆船输运"。1914年，直隶全省内河行轮筹备处成立，筹划开办内河轮运，逐步开辟了津保、津泊等数条航运线，并分设津保、蓟运、栏沽三个事务所。1915年，该处停办蓟运线，增辟津磁线，改栏沽线为津沽线。其中，津保航线第一期航道修整工程于1914年6月初基本完工，天津至苏桥75千米航线率先搭客运输，成为官办航运业经营的第一条轮船客运航线。随后，津保航线延展至安新县新安镇，后又延伸到保定。蓟运航线于1914年9月中旬开始营业；[1]原来的津磁线，经过子牙河和滏阳河，"航线绵亘数百里，河流旺畅，颇利行轮，且沿河码头鳞次栉比，旅客络绎，货物充牣"[2]。

1928年天津特别市成立后，内河航运业收归市办，改设天津特别市直辖内河航运局，1930年改为津保磁沽内河航运局，归属天津市政府、河北省建设厅、大沽造船所三方管辖，不久又收归省有，改组为河北省内河航运局。到1937年前，除天津至大沽的海河出海干线151华里及天津至咸水沽支线外，天津与腹地间的轮船航线还有津保、津磁、津泊3条干线和津胜、沙吕2条支线。其中，津保线原定由天津至保定，但由于河水浅窄，1937年前仅天津至安新县

---

[1] 王树才主编：《河北省航运史》，人民交通出版社1988年版，第133—135页。
[2] 《巡按使请暂行试办行轮》，转引自王树才主编：《河北省航运史》，第134页。

新安镇315华里通航。津磁线原定由天津至磁县,由于上游水量不足,1937年前仅天津至河间县沙河桥330华里通航。津泊线原定通达山东临清,经卫河直达河南卫辉,因属试办,1937年前仅天津至泊头段370华里通航。津胜支线是津磁航线的分支,由天津至文安县胜芳镇,共100华里;沙吕线也为津磁航线的分支,由河间县沙河桥至饶阳县吕汉镇共120华里。①

表4-13　河北省内河航运局通航状况表

航线名称	航线里程（千米）	主要码头与里程	全程运行时间(小时)	每日开航班次	投入运力 拖轮（艘）	投入运力 木客船（艘）	备注
津保航线	157.5	天津至杨柳青15千米,天津至苏桥72.5千米,天津至新镇157.5千米	24	1	3	3	每艘拖轮可载客90人,载货9.85吨,每艘木船可载客300人。其中沙吕支线使用汽船;津胜支线投入运力不固定
津磁航线	165	天津至独流35.5千米,天津至王家口60千米,天津至白杨桥100千米,天津至沙河桥165千米	24	1	3	3	
津胜支线	50	天津至胜芳50千米					
津泊航线	187	天津至静海47.5千米,天津至唐官屯72.5千米,天津至马厂85千米,天津至青县100千米,天津至沧县135千米,天津至泊镇187千米	24	1	3	3	
沙吕支线	60	沙河桥至臧桥30千米,沙河桥至吕汉镇60千米		1	2	2	

资料来源:王树才主编:《河北省航运史》,第160页。

以上各条内河航线所使用的轮船,除"慈航""伏波"外,均由大沽造船所承造。其中,除少数轮船装配立式单缸发动机外,多为二联式蒸汽机,以煤炭作为燃料,配有卧式锅炉,功率50~60马力,载重量20~30吨,长度在17.7~20.3米之间,其重要特征之一是吃水较浅,空载时吃水一般为1米左右,满载时吃水也仅有1.25~1.74米。因此,"这些轮船非常适合河北内河航道狭窄、水浅、弯曲的特点。轮船除拖带客船行驶外,自身也设客座。在驾驶室前后

---

① 中央党部国民经济计划委员会主编:《十年来之中国经济建设》第13章,南京扶轮日报社1937年版,第52页。

第四章　近代经济的起步与全面发展(1901—1927)

置有头等客舱和二等客舱,可载客 30 人左右"①。随着各条航线的开辟,内河轮船的客运量不断增长。1928 年前,每年客运量达到 20 多万人次。其中,津磁航线每年客运量约 5～7 万人次,津保航线延伸至保定后,每年客运量有 5～7 万人次。②

内河轮船航运的功能主要是轮船拖带木船行驶在各条航线。被拖带的客船为木质船,船长 25 米,宽 5.3 米,吃水 0.67 米,设有前、中、后 3 个客舱,可载旅客 280 人;更重要的是木质货船、运煤船,成为运输价值不高,时效性不强的棉花、皮毛等商品的最佳运输工具。到 1928 年时,行轮局共有木质客船、货船、运煤船、码头船 26 艘,价值 26,000 元。③

(三)轮船航运业发展的特征

在这一时期天津轮船航运业的兴起和发展中,以下几个现象值得注意。

首先,天津的海轮航运起步早,发展快,以货运为主要业务;内河轮船运输起步晚,发展缓慢,经历了由单一的客运向客货并重转变。天津的海轮航运起步于开埠之初,内河轮船运输则起步于民国初年,两者相差 50 余年;天津海轮航运中使用的轮船多达数百艘至数千艘,内河航运最多时仅有 20 余艘吃水很浅的轮船。海轮航运以货运为主这一事实,不仅可以从津海关贸易年报中的货运和客运情况中推知,而且可以从 1937 年前的货运与客运调查中得到印证。据《津海关贸易年报》记载,1866 年"乘轮船离津之华人旅客,据所能查明者,其人数不下 1887 名;而到埠人数,依我估计,为 4000 名"。1877 年至 1879 年之间"客运业而于轮船运务之赢利及扩大与有力焉者,其重要性大为增加,尤以 1879 年为甚。据记载 1877 年各公司之轮船曾将 9038 名旅客运来天津,并送出旅客 9637 人;1878 年搭轮到埠者为 6938 人,离埠者则为 7539 人;而 1879 年到埠者不下 14,749 人,去埠者则计 12,430 人,各轮船公司加意使华人旅客能有舒适之感,必致海路旅行倍得欢心"。1882 年"华人旅客乘轮船来

---

① 王树才主编:《河北省航运史》,第 136—137 页。
② 王树才主编:《河北省航运史》,第 135 页。
③ 王树才主编:《河北省航运史》,第 137 页。

表4-14　行轮局主要轮船性能指标情况一览表

船名	河清	河澄	河丰	河利	河达	安澜	伏波	静澜	河源	河济	河裕
建造年月	1914.3	1914.2	1914.5	1914.8	1914.8	1914.6	1914.2	1914.6	1921.10	1921.7	1915.5
船质	铁	铁	铁	铁	铁	铁	铁	铁	铁	铁	铁
总吨数	20.17	20.61	30.54	30.76	31.05	28.08	27.26	28.06	32.92	40.05	32.86
船长(米)	17.7	17.7	20.3	19.3	19.7	19.7	20.3	19.7	20.1	21	20.3
船宽(米)	3.4	3.7	4.1	3.9	3.8	3.9	3.8	3.9	4.1	4.1	4.1
型深(米)	1.38	1.51	1.46	1.43	1.44	1.44	1.11	1.44	1.51	1.51	1.46
空船吃水	1.48	1.15	1.15	0.98	0.98	0.98	0.98	0.98	1.15	1.13	1.15
满载吃水	1.74	1.41	1.41	1.25	1.25	1.25	1.25	1.25	1.41	1.57	1.47
时速(海里)	6	6	6	6	6	6	6	6	6	6	6
登记船价(银两)	5860	3920	10,480	9960	9960	9960	4800	9960	23,000元	24,500元	10,
载客限额	69	74	190	112	112	103	53	103	138	134	106
机器种类	立式单汽缸发动机	二联式蒸汽机	二联式蒸汽机	二联式蒸汽机	二联式蒸汽机	二联式蒸汽机	单式汽机	二联式蒸汽机	立式单汽缸发动机	立式单汽缸发动机	二联式蒸汽机
马力	50	50	60	60	60	60	60	60	60	60	60

资料来源：王树才主编：《河北省航运史》，第136—137页。

第四章　近代经济的起步与全面发展(1901—1927)

津者合计16,298人,离津者则为13,774人"。1890年"旅客由轮船来者28,400余名,内洋人400余名;去者15,300余名,内洋人300余名"。1910年"来往洋客,7735人,华客,132,863人,以上皆航海旅客"。1917年旅客"由海路来往者,人数仍然减少。其故,不外因铁路日见发达,来往甚便,旅费既廉,需时又短也"。据1937年前调查,"本站(塘沽站)客运尚称发达。旅客来源有三……一为商人,往来平、津、唐、榆各地,此项旅客以旧历年前后为多,由河道往来者甚少,因船行甚缓,时间颇不经济……一为轮船载来之旅客,因较大轮船不能进口,旅客势必在此下船,改搭火车转赴平、津、唐、榆各地,……出发旅客数目,逐渐减少,计二十一年售出客票三十余万张,二十二年减为二十余万张,二十三年再减为十九万余张"[①]。尽管海轮航运中的客运量呈现出增长之势,但其重要性与货运相比,仍然相形见绌。

内河轮运1935年前只从事客运。1935年10月"基于航运局对以往从事单一客运的深刻反省与总结","仅在客运一面着手,对于货运似无注意,殊非尽善之道"。于是,从1936年3月开始招揽货运,到1937年前,运输业务形成了"以客运、货运两大宗为正当收入,而尤以货运为主"的局面。

其次,这一时期,从海上进出天津的轮船和帆船总体上呈现出此长彼消之势。据津海关统计,由南方来的包括沙船、乌船和洋帆船,1861年167只,1863年128只,1866年为112只。但是"在沿岸贸易较为重要之业务中,洋轮并洋帆船已将中国帆船排挤殆尽,华洋各界皆因假洋船既能省时且少风险而有所受益"。1866年津海关记录的296只进口洋船中,有轮船77艘,洋帆船219只,占绝大多数;1869年分别为轮船136艘,帆船199只,两者差距缩小,轮船所载吨位已经超过了帆船,分别为69,568吨和50,842吨。[②]自1873年以后,天津海关进出口船的记录中,轮船就占绝大多数,"是以再次昭示轮船之日渐取代帆船",1899年经过海关进入口的帆船只有38只,仅占总吨位的1.68%。1903年"查本年船册所载船只吨数,计764,576吨(内有658只轮船,

---

[①] 北宁铁路经济调查队编辑:《北宁铁路沿线经济调查报告》,第761—762页。
[②] 此据历年《津海关贸易年报》统计,与《近代山东沿海通商口岸贸易统计资料(1859—1949)》数据有一定出入。

载重761,054吨;7只夹板船,载重3492吨)"。①从此,在津海关进出船只的统计中,帆船的数量和载重量仅占极小的比重。

第三,这一时期,随着进出口贸易的发展,进出天津的海轮增长速度明显加快。据1868—1929年间进出口天津船舶艘次的统计可知,1868年时进出天津的轮船不足600艘,1887年前后增至1000艘左右,历时近20年。1911年前后,进出天津的轮船即增至2000艘左右,历时24年;1924年增至3000艘左右,仅历时13年;1928年即增至4000艘以上,仅历时4年。另据1868—1937年间进出口天津港船舶吨位的统计可知,1868年时,进出天津的轮船吨位仅有20万吨左右,1891年增至100万吨左右,历时23年;1910年增至200万吨左右,历时19年;1921年增至300万吨左右,历时11年;1924年增至400万吨左右,历时仅4年;1928年超过500万吨,历时仅4年;1933年超过600万吨,历时亦仅5年。②

第四,在海运中,中国籍与外籍轮船所占比例发生了较大变化。在开埠之初,进出天津的海轮以英国、美国轮船为主。1873年轮船招商局成立后,中国籍轮船数量迅速增加。1924年至1927年之间,进出天津的中国轮船吨数占总吨数比重超过美国、德国、挪威等国。1928年至1937年,中国籍轮船所占位次并未发生根本性改变。③

表4-15　1866—1909年进出天津各国轮船数量表

年份	中国	英国	美国	日本	其他
1866	—	67	8	—	2
1867	—	57	29	—	1
1868	—	79	57	—	3
1869	—	62	68	—	6
1880	161	128	—	—	3
1881	158	—	—	—	—
1889	227	—	—	—	—
1890	249	—	—	—	—
1909	—	333	—	226	—

资料来源:吴弘明编译:《津海关贸易年报(1865—1946)》相关各年。

---

① 吴弘明编译:《津海关贸易年报(1865—1946)》,第200、230页。
② 交通部烟台港务管理局编:《近代山东沿海通商口岸贸易统计资料(1859—1949)》,第246—247页。
③ 姚洪卓主编:《近代天津对外贸易)(1861—1948)》,第288—295页。

表4-16　1924—1927年进出天津各国轮船吨数占总吨数比重表

国　籍	1924年	1925年	1926年	1927年
日本国	32%	37%	39%	40.3%
英　国	31%	26%	27%	26.8%
中　国	19%	19%	14%	15.8%
美　国	8%	8%	7%	7.6%
德　国	6%	5%	6%	7.8%
挪　威	2%	2%	4%	0.8%
其他各国	2%	3%	3%	0.9%

资料来源：吴弘明编译：《津海关贸易年报（1865—1946）》，第458页。

二、近代通信业的拓展

（一）电报业的引入

电报是中国最早引进的现代通信技术之一。1844年电报开始在西方各国应用，第二次鸦片战争后，侵入中国的列强纷纷要求在通商口岸架设电报线，1862年俄国要求架设自恰克图至北京、天津的电报线，遭到清政府拒绝。1874年发生了日本侵略台湾事件，清政府意识到没有电报不足以通信息，决定迅速办理自厦门至台湾的电报通信。1880年，中俄伊犁交涉又因消息传递不灵导致中国遭受极大损失。这些教训促使李鸿章等人决心建立电报通信，从而使天津成为中国最早的电报通信网络中心。1879年，天津鱼雷学堂教习贝德斯根据李鸿章的指示，在北塘海口、炮台和天津间试架了一条电报线，长约60千米；在天津机器局和直隶总督衙门之间架设了电报线，长约6.5千米。1881年11月29日，天津至上海的电报架设完竣，12月21日全线通报。1883年7月，李鸿章根据总理衙门的意见，将电报线架设至通州。1884年，李鸿章为加强天津至山海关防务，奏准设立北塘至山海关的电报线和山海关至奉天的电报线。同年7月，1880年设于天津的电报总局迁至上海。以后，天津至保定电报线竣工，并延伸至太原、西安，1892年延至新疆。至此，以天津为中心的电报干线通信网业初步形成。①

(二)邮政的发展

邮政也是天津开埠后兴起的近代交通通信业之一。在近代邮政创办以前,天津所实行的邮驿制度与其他各地一样,其特点有二:一是驿站直接承担递送信息的任务,干线官马路上设驿,在无驿之县(区)设专用县(区)递,使政府邮驿下延到社会基层。二是邮驿由政府统一掌管,统一拨付经费。与官方邮驿并行的是民信局,承办民间信件和包裹的传递。天津的民信局出现于清乾隆年间,乾隆中叶后在北京开设的广泰、福兴润、协兴昌、胡万昌、聚兴号、义兴号等民信局,均在天津设有分号。至同治年间,天津民信局发展到30余家。②

天津开埠之初,各国驻北京使馆的往来信函交由总理衙门发中国驿站代递。1866年,总理衙门委托海关总税务司赫德在总税务司衙门设立邮传部,代理北京、天津和上海间的邮件传递,在天津和上海的海关先后设立了邮务代办处。1878年3月9日,总理衙门指定天津海关税务司德璀琳试办邮政,先在天津英租界设立总办事处,于北京、天津、烟台、牛庄、上海五处海关试办,分别成立海关书信馆,对公众开放,收寄华洋信件。天津海关为此于7月份发行了中国第一套邮票。这标志着中国近代邮政事业的诞生。③

此后数十年间,天津地区的邮路和邮政机构迅速扩大。1878年至1880年开辟了天津至北京,天津至山海关、牛庄,天津至镇江的邮路。其中,天津至北京邮路全长约250里,从事邮务者有巡役3人,信差11人(包括总税务司署书信馆的马差),马14匹。天津至牛庄线全长约1200里,每星期往来运送邮件各一次,由13名信差沿途接力运送。天津至镇江线全长约2000里,工作人员有海关派去作邮务工作的听差3名,雇用信差39名。到1882年时,除海轮运邮外,北京、天津、大沽间,天津、牛庄间,天津、烟台间(取道济南),天津、镇

---

① 罗澍伟主编:《近代天津城市史》,第242—245页。
② 仇润喜、阎文启编著:《天津的邮递与邮政》,天津古籍出版社2004年版,第61—62、87页。
③ 罗澍伟主编:《近代天津城市史》,第248—249页。

第四章　近代经济的起步与全面发展(1901—1927)

江间(取道济南)陆路邮路均已开辟。①到1902年前,天津邮界内共有4条埠班邮路。其中,天津至齐河邮路全长720华里,每星期从两端各发班3次;天津至杨柳青邮路全长大约30华里,每日往返1次。唐山至遵化邮路、滦州至乐亭县邮路是天津至山海关邮路的支线,每星期从两端各发班3次。②

随着邮路建设的开展,今天津市域范围内逐渐建立了邮政分局、代办处、信柜等机构。1897年2月20日(光绪二十三年正月十九日),天津海关拨驷达局改为大清邮政局(简称大清邮政津局),成为大清邮政官局中的第一家。"局址仍设在紫竹林拨驷达局原址(现解放北路111号)"③。同年在天津宫北宣家胡同设分局和塘沽邮政局。20世纪前后,大清邮政除在城区内设宫南石头门槛大街、针市街等多处邮政分局外,在周边的静海、杨柳青、宁河、芦台设邮政分局,还在杨柳青、静海、杨村、唐官屯、北塘、汉沽、小站、咸水沽和大沽、独流镇、韩家墅等地设置了代办邮政分局的铺户和铺商。④

民国成立以后,今天津市域内的邮路既有延伸,又有变更,邮政机构亦随之不断设立和扩大,运邮工具也在初创时的海轮、人力之外,增加了火车和汽车,有些旱班邮路与火车邮路相接,有些邮路重新安排或开辟线路,进而节省了邮差,加快了速度。如杨村—丰台邮路改为杨村—宁河县邮路,"由于道路条件恶劣,这次作了重新安排并开辟了一条新邮路,第一段为杨村至梅厂,第二段为梅厂至宁河县。从杨村到梅厂每天一班不变,第二段由三天一班改进为两天一班,邮差数目相等"。再如天津—白塘口邮路改为天津—军粮城邮路,"这条邮路一天一班,邮差每天转一趟。现在这条邮路延伸到军粮城,相距72里。邮差徒步从天津至军粮城,返回时乘火车。每天一趟保持正常"⑤。与此同时,以天津为起点或终点,连接今天津市域内各地的重要铁路邮路有

---

① 仇润喜主编:《天津邮政史料》第1辑,北京航空学院出版社1988年版,第273—277页;仇润喜主编:《天津邮政史料》第2辑上册,北京航空航天大学出版社1989年版,第2页。
② 仇润喜主编:《天津邮政史料》第2辑上册,第174—175页。
③ 仇润喜、阎文启编著:《天津的邮递与邮政》,第139页。
④ 仇润喜主编:《天津邮政史料》第2辑上册,第87—147页;仇润喜主编:《天津邮政史料》第3辑,北京航空航天大学出版社1990年版,第84—86页。
⑤ 仇润喜主编:《天津邮政史料》第3辑,第332—336页。

天津—至杨柳青(津浦线,20千米),北仓—天津(津浦线,9千米),军粮城—天津(京奉线,23千米)。同一时期,今天津市域内原来以数字冠名的各个支局,全部改为以地名命名,并在支局下新设了三至五个代办支局,有些支局通过迁址改善了工作条件,并开办了旭街邮务支局、法租界二十四号路邮局等,邮政网络基本形成。①在天津周边的各区县,除新设了一些二等、三等支局外,在各个支局之下也增加了代办支局,或者将代办所升为支局、二等局。②

三、铁路运输的迅速发展与网络的演进

(一)以天津为中心的铁路运输网络的形成

在中国近代史上,天津是第一个拥有铁路的大城市,到1937年前,经过天津,或以天津为起点的铁路干线有京奉(北宁)和津浦两条。

京奉路前身是唐(山)胥(各庄)铁路,源于开平矿务局煤炭外运的需要。开平煤矿创办人唐廷枢为降低煤炭运输成本,最初计划修筑一条从矿井到芦台的铁路,但未获朝廷的批准,于是以开凿运河的方案代之。1881年(光绪七年),由英国工程师金达主持修建的标准轨(1435毫米)的唐胥铁路全线通车,成为中国近代铁路运输系统中最早建成并运行的铁路。唐胥铁路建成之初,由开平矿务局主办,以运煤为主要业务。1885年(光绪十一年)另组开平铁路公司,由伍廷芳任总理,向开平矿务局收买唐胥铁路,并将其延至芦台,开始运营。这是中国第一条自建的商业运营铁路。1887年(光绪十三年)后,该铁路延筑至天津。1888年10月9日(光绪十四年九月五日)津唐铁路全线通车,"天津进入了'划时代的时期'","天津海关税务司德璀琳把开平至天津铁路通车的1888年说成是进步的一年,也是天津历史上划时代的时期"③。此后,由于商办资本告罄,李鸿章等设北洋官铁路局于山海关,将唐胥铁路及其延长线收归国有,并继续延筑,1895年修至山海关,1896年接至北京,1899年修

---

① 仇润喜主编:《天津邮政史料》第3辑,第84—86页,390页。
② 仇润喜主编:《天津邮政史料》第3辑,第106—111页,116—118页。
③ 罗澍伟主编:《近代天津城市史》,第239、241页。

第四章　近代经济的起步与全面发展(1901—1927)

筑至关外的新民屯,政府遂购回日本人所修新民屯至奉天段轻便铁路并改为标准轨,全线贯通,易名京奉铁路。1928年北京易名北平,奉天改名辽宁,该铁路改称北宁铁路。①

津浦铁路全长1009千米,起源于1896年容闳倡议修筑的(天)津至镇(江)铁路。1907年应直、鲁、皖、苏四省绅民请求,线路改至浦口,称津浦铁路。该路于1908动工,1910年与京奉路接轨,1911年全线竣工,次年全线通车。②

由于"中国铁路网的初创阶段,是以天津为中心向周邻地区辐射的"③,天津"扼六路(京汉、京奉、京绥、正太、津浦、青济)之中心"④,因此,与京奉、津浦铁路和相关的京汉、京绥、正太、胶济等铁路,构成当时以天津为中心的华北铁路网。京汉铁路全长1214千米,发端于1889年张之洞倡建的芦汉铁路,1898年(光绪二十四年)分段开工,1905年十月全线竣工,次年全线通车。⑤京绥铁路全长813千米,发轫于1903年李明和提议修筑的京张铁路,1909年建成后继续西延,1921年至归绥,1922年至包头,次年全线通车。⑥正太铁路全长243千米,倡议于1897年,商定由华俄银行代理人璞科第承办,次年约定路线由太原至正定柳林堡,后路轨改用1米窄轨,起点改为石家庄。该路于1904

---

① 日本中国驻屯军司令部编:《二十世纪初的天津概况》,侯振彤译,第56页;王金绂:《中国经济地理》上册,文化学社1929年版,第225页;民国《昌黎县志》,台湾成文出版社1968年影印本,第159页;《北宁路概略》,第三届铁展北宁馆筹备处编:《铁道部第三届全国铁路沿线货品展览会北宁馆专刊》,1934年版,第1—2页;凌鸿勋:《中国铁路志》,沈云龙主编:《近代中国史料丛刊》续编第93辑(0923),台湾文海出版社1982年影印本,第173—177页。上述资料对铁路修到山海关的时间说法不一,除1895年外还有1894年和1896年之说,因持1895年说的前引之《二十世纪初的天津概况》和《中国经济地理》出版较早且说法一致,故采用之。

② 实业部国际贸易局:《中国实业志》(山东省),子,实业部国际贸易局1934年版,第2—3页;凌鸿勋:《中国铁路志》,第187—191页。

③ 罗澍伟主编:《近代天津城市史》,第241页。

④ 白眉初:《中华民国省区全志》第2卷(直隶省志),北京师范大学史地系1924年版,第14页。

⑤ 《京汉铁路沿革略》,《邮传部第一次路政统计表》,光绪三十三年(1907年)上卷;交通部交通史编纂委员会、铁道部交通史编纂委员会编纂:《交通史·路政编》第8册,1935年版,第1046页;凌鸿勋:《中国铁路志》,第177—182页。

⑥ 实业部国际贸易局:《中国实业志》(山西省),壬,实业部国际贸易局1937年版,第21—23页;凌鸿勋:《中国铁路志》,第183页。

年开工,1907年全线通车。①胶济铁路全长432千米,由青岛到济南,1899年由青岛开筑,1904年全线通车。②

(二)铁路货运业的发展

随着华北铁路网的形成和铁路运输业的发展,京奉、津浦两大干线的货物运输量亦迅速增长。

表4-17　1909—1935年京奉路货运量统计表　（单位:吨）

年份	货运量	年份	货运量	年份	货运量
1909	2,958,013	1910	2,799,037	1911	3,364,643
1912	3,450,393	1918	6,013,682	1919	6,634,352
1920	7,025,275	1921	8,009,615	1922	6,208,463
1923	8,012,656	1924	6,859,590	1925	5,288,679
1926	3,912,689	1927	7,064,165	1928	4,217,663
1929	6,538,001	1931	8,052,051	1932	6,836,264
1933	5,939,528	1934	6,705,531	1935	6,635,584

资料来源:熊亚平:《铁路与华北乡村社会变迁(1880—1937)》,人民出版社2011年版,第70—72页。

表4-18　1910—1924年津浦路货运量统计表　（单位:吨）

年份	货运量	年份	货运量	年份	货运量
1910	4,308	1911	176,060	1912	578,326
1918	2,315,832	1919	2,661,782	1920	2,895,050
1921	3,545,650	1922	2,921,413	1923	3,036,091
1924	2,755,013				

资料来源:熊亚平:《铁路与华北乡村社会变迁(1880—1937)》,第70页。

在京奉铁路所运大宗货物中,煤炭居于首位。京奉铁路"发轫于煤运,历年煤斤运输量,在整个运输数量中,占极重要之位置"。"本路货运数量,在(民国)二十二年十一月办理负责联运以前,每年平均约计七百余万吨,其后数量

---

①《正太铁路沿革概略》,《邮传部第一次路政统计表》,光绪三十三年(1907年)上卷;《正太铁路旅行指南初稿》,《铁路月刊》(正太线)第2卷第1期(1932年)。

②凌鸿勋:《中国铁路志》,第194—197页。

第四章 近代经济的起步与全面发展(1901—1927)

增加,年约增八十余万吨,货运种类以矿产品为最多,约占百分之六十至七十。"①在京奉路所运煤炭中,有相当一部分来自正太、京绥、京汉、道清、陇海等铁路沿线,经各路转运至天津和塘沽。

当时,天津是华北煤炭的最大集散市场,各个煤矿生产的煤炭从各条铁路运到天津后,通过海轮运往南方或出口。天津煤炭来源及其运送路径大致如表4-19。

表4-19 1937年前后天津煤炭来源及运送路径表

煤矿名	运送距离(千米)	运送路径	煤矿名	运送距离(千米)	运送路径
开滦	155	北宁路	井陉	443	正太路平汉路北宁路
门头沟	166	平门支路北宁路	阳泉	约470	正太路平汉路北宁路
正丰	443	正太路平汉路北宁路	房山	161	门斋路平门支路北宁路
大同	约500	平绥路北宁路	临城	约470	平汉路北宁路

资料来源:李洛之、聂汤谷编著:《天津的经济地位》,经济部冀热察绥区特派员办公处结束办事处驻津办事分处1948年印行,第172页。

1931—1935年,门头沟、大同、井陉、正丰等矿煤炭经北宁铁路运入天津、塘沽两地销售和运出,其数量如表4-20。

表4-20 1931—1935年天津、塘沽销售门头沟、大同、井陉等矿煤炭数量表
（经北宁铁路运入）   （单位:吨）

	1931	1932	1933	1934	1935
天津	337,526	240,190	333,905	510,445	474,301
塘沽	373,534	427,510	206,280	364,442	433,261
合计	711,060	667,700	540,185	874,887	907,562

资料来源:北宁铁路经济调查队编辑:《北宁铁路沿线经济调查报告书》下篇,第1783页。

20世纪以后,华北是棉花的主要产地之一,天津是中国棉花出口最多的口岸,各地棉花的相当部分通过铁路运入天津。京奉铁路1934年前后,落垡站运出棉花400吨,棉花籽850吨;杨村站起运棉花约700吨(1934年);胥各

---

① 北宁铁路经济调查队编辑:《北宁铁路沿线经济调查报告》,第1761页;上篇,总论,第3页。

373

庄站发送棉花5000吨,①成为京奉铁路运输另一类大宗货物。除京奉铁路沿线各地外,津浦、正太、平汉、陇海等路沿线所产棉花,亦有相当一部分经铁路运送。

表4-21　1921—1930年内地棉花输入天津市场不同运输工具运量及占比表　（单位：公担）

年份	火车	百分比	民船	百分比	大车	百分比	总计	百分比
1921	300,409	78.1	76,085	19.8	7,911	2.1	384,405	100.0
1922	438,331	76.7	130,187	22.8	2,703	0.5	571,221	100.0
1923	433,155	74.6	139,250	24.0	8,271	1.4	580,676	100.0
1924	230,878	68.8	96,349	28.7	8,358	2.5	335,585	100.0
1925	280,955	43.9	347,781	54.4	10,973	1.7	639,709	100.0
1926	44,198	7.7	509,295	89.1	18,321	3.2	571,814	100.0
1927	137,374	18.4	578,785	77.6	29,459	4.0	745,618	100.0
1928	184,064	25.1	512,111	69.8	37,348	5.1	733,523	100.0
1929	39,191	12.5	255,230	81.7	18,095	5.8	312,516	100.0
1930	101,059	18.8	413,101	77.0	22,727	4.2	536,887	100.0

资料来源：金城银行总经理处天津调查分部编：《天津棉花运销概况》,厉以宁、熊性美主编：《方显廷文集》2,第449页。

京奉铁路运输的第三类大宗货物为工业产品,其中唐山启新洋灰公司的水泥数量较多。1934年前后,每年约有90万桶由唐山运往塘沽,约40万桶运往天津车站,约2.5万桶运往北平前门站。②

津浦铁路所运货物中,粮食、煤炭较多。稻米产自安徽、江西、湖南、江苏；小麦、玉米、芝麻、豆类等产自安徽、江苏北部。这些粮食运销天津等地时,大都由铁路运往。③煤炭来自中兴等煤矿,以枣庄、柳泉、符离集、蚌埠等为主要起运站。1934年全路共运出煤炭1,523,498吨。④此外,桑园一带所产铁器、蛋品,沧州一带所产面粉,兴济、青县一带所产草帽缏,在运销天津、济

---

① 北宁铁路经济调查队编辑：《北宁铁路沿线经济调查报告》,第1719—1722页。
② 北宁铁路经济调查队编辑：《北宁铁路沿线经济调查报告》,第1934页。
③ 《津埠粮食交易状况（续）陆路运输情形外国米麦来源》(1928年1月12日),天津市地方志编修委员会办公室、天津图书馆编：《〈益世报〉天津资料点校汇编》（一）,第737页。
④ 雨初：《国有铁路各站民国二十三年商煤运输之研究》,《铁道半月刊》第1卷第6期(1936年8月1日)。

第四章　近代经济的起步与全面发展(1901—1927)

南等地时,铁路也是运输途径之一。①

内地各省经铁路运至天津的主要商品,还有石灰、白灰、石料、木料、竹、花椒、桃仁、核桃、稻米、水果、蔬菜、牛皮、羊毛等。

表4-22　1929—1935年内地商品经铁路运津情况统计表

商品名称	出产地(起运地)	铁路运量	统计时间	备注
煤炭	石家庄、门头沟、大通、坨里	200,000吨	1929年	由东站运入量
	唐山、开平、古冶、平汉、平绥、正太沿线	约79万吨	1934年	
石灰	丰台	1000吨	1929年	由北站运入量
洋灰	唐山	20,000吨	1929年	由东站运入量
白灰	唐山、周口店	80,000吨	1929年	同上
石	唐山、长辛店	110,000吨	1929年	同上
棉花	平汉沿线	2000吨	1929年	同上
		403吨	1933上半年	同上
木料		11,812吨	1933上半年	同上
竹		285吨	1933上半年	
花椒	邯郸、武南、涉县、彰德	2000吨	1929年	同上
桃仁	丰台转来	2000吨	1929年	同上
核桃	同上	2000吨	1929年	同上
小米		625吨	1933上半年	同上
稻米		27,542吨	1933上半年	由东站运入量
水果		2637吨	1933上半年	同上
蔬菜		2164吨	1933上半年	同上
香油		数十万桶	1934年前后	
花生油		万余桶	1934年前后	
牛皮	张家口等地	2000吨	1929年	由东站运入量
羊毛	宁夏、库伦	20,000吨	1929年	同上
牲皮		175吨	1933上半年	

资料来源:《北宁铁路各大站商货产销调查表》,《北宁铁路商务会议汇刊》,1929年版;《北宁铁路货运业务概况与今后发展途径》,《铁路月刊》(北宁线)第6卷第6期(1936年6月);雨初:《国有铁路主要各站民国二十三年商煤运输之研究》,《铁道半月刊》第1卷第6期(1936年8月1日);北宁铁路经济调查队编辑:《北宁铁路沿线经济调查报告书》,第936—937页。

---

①《沿线各站主要工业品调查表》,《津浦年鉴》第1卷第2编,1933年版,第40—41页。

在各种商品经铁路进出天津的过程中,天津东站、北站和西站均发挥了重要作用。天津老龙头火车站建成于1888年10月,1892年站址迁至原站西约500米处,1903年改称天津东站。东站建有东、西两个货场。1888年建的东货场位于天津站东南侧,为整车货场;30年代建的西货场位于天津站西北侧,占地150亩。东站运出货物以米、面、工艺品、木料、纸烟等为多,1932年至1934年分别运出整车货物43万吨、41万余吨和37万余吨;运进货物以来自京奉及京汉、京绥、正太沿线的煤,来自唐山、周口店等地的白灰、石灰、洋灰和石料,来自京奉、京汉、正太沿线的棉花,来自京津、京绥或津浦北段各地的杂粮等为主。①

天津北站1903年建成,1937年前名为天津总站。北站运出货物以军用粮秣最多,粮食、水果等次之,1932年至1934年运出货物7787.18吨、15,580.55吨和36,788.4吨;运进货物主要是来自京奉、京汉和京绥沿线的煤炭,最多时每年达百余万吨。②

天津西站设于1910年,运出货物以高粱、茶叶、棉纱、纸张等较多,1932年共运出高粱8131吨、茶叶664吨、糖590吨、面粉620吨、棉纱2926吨、土布1183吨、中国纸1283吨;运入货物主要有大米、鲜果、枣、牛皮、花生油、棉花等。③

随着铁路运输业的发展,铁路在天津与内地贸易中的地位日渐重要。京汉铁路竣工前,路运仅占天津与内地贸易的20%。京汉铁路通车后,上升到44%。④民国成立后,路运所占比例逐年上升,1912年为53%,超过河运(44%)和陆运(3%),1916年突破60%,1920年增至71%,1922年至1924年为74%,1925年虽有下降,仍占66%。1926年后,华北地区战乱频仍,政局动荡,路运受到沉重打击,在中长途运输中的主导地位发生动摇,路运在天津与内地贸易中的比例有所下降,有的年份被河运超过。1931年以后,随着政局一

---

① 北宁铁路经济调查队编辑:《北宁铁路沿线经济调查报告》,第750—752页。
② 北宁铁路经济调查队编辑:《北宁铁路沿线经济调查报告》,第745—746页。
③ 《各站运出大宗货物吨数表》,《津浦年鉴》第1卷第2编。
④ 日本中国驻屯军司令部编:《二十世纪初的天津概况》,侯振彤译,第283页。

第四章　近代经济的起步与全面发展(1901—1927)

度趋于稳定,铁路在煤炭、棉花运输中的地位再次上升,最终巩固了在天津近代交通运输中的主导地位。

表4-23　1912—1930年出入天津货物不同运输方式占比表　（单位:%）

年份	铁路	河运	陆运	年份	铁路	河运	陆运
1912	53	44	3	1913	55	42	3
1914	55	41	4	1915	56	39	5
1916	60	36	4	1917	68	28	4
1918	65	33	2	1919	64	33	3
1920	71	25	4	1921	70.5	25.5	4
1922	74	23	3	1923	74	23	3
1924	74	23	3	1925	66	31	3
1926	43	54	3	1927	50	46	4
1928	49	46	5	1929	54	42	4
1930	47	50	3				

资料来源:《津海关十年报告(1912—1921)》《津海关十年报告(1922—1931)》,中国第二历史档案馆、中国海关总署办公厅编:《中国旧海关史料(1859—1948)》,京华出版社2001年版,第156册第160页、第157册第519页。

四、长途汽车的运营与陆路运输的重组

(一)长途汽车运输路线的开辟

天津第一条公路——京津大道修建的动议起于清末民初。1917年北京政府趁直隶水灾之机,利用美国红十字会赈灾款墨银10万元,以及北京政府出资的15万元,由赈灾督办熊希龄等人采用以工代赈的方式修筑京津大道。但因经费不足,仅由北京修至通州。[1]此后,舆论界及部分人士主张将此路修至天津。[2]1920年6月开始修建京津大道通州至天津段。该公路的路面均为

---

[1] 天津市市政工程局公路史编委会:《天津公路史》第1册,第109页。
[2] 天津市地方志编修委员会办公室、天津图书馆编:《〈益世报〉天津资料点校汇编》(一),第1132—1133页。

377

天津经济史（上卷）

土路，两旁有水沟，路面宽度在2丈以上，并配有路工随时修理。①这条大道的建成，"在天津地区的道路交通发展历史上具有质变的重要意义，它标志着天津地区官马驿道的完结，近代公路这一新的历史阶段的开始"②。

继京津大道之后，天津附近又有数条公路相继动工修建。到1928年前，沟通天津与周边地区的公路已有京津、津保、津沽、津盐、津沧、津白、津宝7条。③其中，京津路由天津经汉沟、杨村、河西务、安平、通县至北京，全长240里。津保路由天津经静海、青县、大城、任邱、高阳到达清苑（保定），全长387里。④津沽路由天津经白塘口、咸水沽、葛沽至西大沽，全长100里。津盐路由天津经小站、朝宗桥、李村、韩村、蓝村至盐山，全长345里。津沧路由天津经杨柳青、静海、马厂、青县、兴济至沧县，全长240里。津白路由天津经胜芳、霸县等地至白沟河，全长300里。⑤津宝路由天津经汉沟、崔黄口、大口屯等镇至宝坻，全长140里。⑥30年代，又新修了津林、津遵2条公路。津林路由天津经宜兴埠、堤头、尔庄、大白庄、黑狼口至林亭（镇），全长110里。津遵路由天津经大毕庄、潘家庄、黄庄、黑狼口、林亭镇、新安镇、林南仓、玉田、燕山口、平安城子至遵化，全长365里。⑦

（二）长途汽车运输业的发展

在上述公路上从事经营活动的主要是商营汽车公司。1921年，协通长途汽车公司开辟了天津经静海、高阳至保定的长途客运路线。随后，捷运顺利汽车公司、利通实业公司长途汽车营业部和天津华通长途汽车公司，相继开辟了北京至天津、北京朝阳门外至汉沟、天津至韩庄和天津至独流、天津至小

---

① 河北省政府建设厅编：《调查报告第二编路政》，1928年版，第47—49页。
② 天津市市政工程局公路史编委会：《天津公路史》第1册，第113页。
③ 据《调查报告第二编路政》中的《河北全省汽车路一览表》，当时由天津出发的汽车路仅有6条。但该书中又有关于津宝路的详细调查，故本书认定由天津出发的汽车路为7条。
④ 河北省政府建设厅编：《调查报告第二编路政》，第9页。
⑤ 河北省政府建设厅编：《调查报告第二编路政》，第8—9页。
⑥ 河北省政府建设厅编：《调查报告第二编路政》，第129页。
⑦ 《河北邮区已成各汽车公路名称表》，仇润喜主编：《天津邮政史料》第4辑，北京航空航天大学出版社1992年版，第412页。

第四章 近代经济的起步与全面发展(1901—1927)

站的汽车客运路线。到1927年时,天津已有20余条客运班车路线。①

1928年前,天津市内已有商营汽车行(公司)11家。其中,永福汽车行设在南市大街,1927年9月成立,有汽车4辆,每天由天津至河西务往返各1次。大陆汽车行设在广益大街协和栈,1923年成立,有汽车1辆;西通利长途汽车行设在东北城角六吉里,有汽车3辆;永利汽车行设在大胡同南口,1926年成立,有汽车3辆;善通汽车行设在东马路崇仁宫,1927年成立,有汽车2辆;通达汽车行设在东南城角,1928年成立,有汽车2辆;北方汽车行设在东南城角,1928年成立,有汽车2辆;永昌汽车行设在三条石,1928年成立,有汽车3辆。这8家汽车行均每天开行1次,行驶于天津至河西务间。鸿祥汽车行1927年3月成立,有汽车2辆,每日开行1次,行驶于天津宝坻间。益兴长途汽车行设在北马路,1926年成立,有小车3辆,每日开行1次,行驶于天津独流间。道生长途汽车行设在法租界海大道万国汽车公司内,1927年秋成立,有大车3辆,小车3辆,每日开行1次。②

此后,因路政欠佳、修车困难和战乱等影响,天津的长途汽车行大半停业,车辆由三四百辆减少到百余辆。营业的长途汽车行中,主要有德义、金记、德利、协和、永兴、云记、永顺、海隆、通利等9家。每家车行拥有二三辆汽车,每天往来于天津与北平、通县、杨村、宝坻、武清、盐山、青县、保定之间;永顺长途汽车行有汽车2辆,每天开往山东各县,每月往返四五次。③

到1937年,在平津、津保、津白、津盐、津宝、津沽、津玉等主要路线中,平津线有汽车行10余家,上捐的汽车20辆。津保线干、支线有汽车行约40家,上捐的汽车30辆。津白线有汽车行30余家,汽车40辆(包括15辆上捐的汽车在内)。津盐线平常有汽车行3家,上捐的汽车五六辆,旺季有车行七八家,上捐的汽车十六七辆。津宝线有汽车行3家,上捐的汽车6辆。津沽线有汽

---

① 天津市地方志编修委员会办公室等编著:《天津通志·公路运输志》,天津社会科学院出版社2006年版,第195页。另据《益世报》记载,1920年3月24日前已有长途汽车行驶于天津与葛沽之间。
② 河北省政府建设厅编:《调查报告第二编路政》,第66—173页。
③《津市长途汽车调查记》,《工商半月刊》第3卷第12期(1931年6月15日)。其中,永顺、海隆两行时已停运。

379

车行1家,汽车6辆。津玉线有汽车行3家,汽车3辆。①

以上汽车公司的营业状况,可以从客运和货运两个方面进行考察。就客运而言,在天津长途汽车商业运输兴起伊始,协通长途汽车公司和华通长途汽车公司各有客车6辆,分别经营天津至高阳、高阳至保定和天津至韩村、天津至独流、天津至小站的客运业务。按营运状况计算,年客运量分别为15,000余人和40,000余人。到1933年时,包括天津在内的河北省,汽车共运送旅客236,414人。1937年前,天津的公路客运业务主要由华北汽车公司和各商营汽车行承揽,分别有营运客车25辆和48辆,每日客运量约为2920人至5840人。②此时天津长途汽车的客运状况,还可从平津、津白、津宝、津玉、津保、津盐、津沽等路线的客运量中得到反映。

表4-24　1937年天津至周边地区公路客运量表

公路名称	汽车公司家数	运营车辆数(辆)	每天客运量(人次)	公路名称	汽车公司家数	运营车辆数(辆)	每天客运量(人次)
平津线	10	20	约300	津保线	40	30	约300
津白线	30	40	100余	津盐线	3(7~8)	5~6(16~17)	20~30(50~60)
津宝线	3	6		津沽线	1	6	200~300
津玉线	3	3					

表注:括号外为平常数字,括号内为旺季数字。
资料来源:北宁铁路经济调查队编辑:《北宁铁路沿线经济调查报告》,第1002—1004页。

就货运而言,早在1921年,协通长途汽车公司就投入4辆载重1.5吨的汽车,从事天津至保定的长途货运。到30年代中期,天津全市投入公路货运的汽车达到100余辆。1937年前,在以天津为中心的平津、津保、津盐、津宝、津沽各路中,"除平津有营货运者外,余均专载旅客,不装货物"③。平津间的长途汽车货运始于华记、京津等汽车行。此后,美商华北汽车行在北平成立,专营平津间货运,有汽车20余辆。截至1937年,在平津间从事汽车货运的汽车

---

① 北宁铁路经济调查队编辑:《北宁铁路沿线经济调查报告》,第1002—1004页。
② 天津市地方志编修委员会办公室等编著:《天津通志·公路运输志》,第211页。
③《最近河北省公路运输业之调查》,《交通杂志》第5卷第2期(1937年2月)。

第四章 近代经济的起步与全面发展(1901—1927)

行已有7家,共有汽车31辆,每辆可载货2~5吨。

表4-25 1937年经营平津线长途汽车公司(车行)状况表

汽车行名	汽车辆数	每辆载重(吨)	汽车行名	汽车辆数	每辆载重
华记	3	2.5	安利泰	1	2
运亨达	1	2.5	春生和	1	2.5
京津	2	2.5	北方	3	5
华北	20				

资料来源:北宁铁路经济调查队编辑:《北宁铁路沿线经济调查报告》,第2080—2081页。

利用汽车由天津运至北平的货物主要有纸烟、茶叶、洋布、糖、纸、化学药品、煤油等。天津市内英美、正昌、南洋等烟草公司生产的纸烟,以及由上海、香港、国外运来的纸烟,除在本市销售外,还运销北平、唐山、张家口、保定、邢台、大名等处。在长途汽车运输兴起以前,少数由水路运输,大部分由铁路运输。自平津间开行载货汽车以后,因汽车运费比火车低廉,且不受任何限制,故运至北平的纸烟多改由长途汽车装运。天津茶叶多来自福建、安徽、浙江等省,经熏制后运销北平、山东、山西、河南及河北省各县,"由津至平一段,因有汽车运输,茶商每由转运公司之介绍,舍铁路而改装汽车"。天津运至北平的洋布,有外来和本地所产两种,大部分经铁路运输,仅有小部分由船和汽车运输。天津运至北平的纸张和糖以日本货为主,多数由铁路运输,少数由汽车和水路运输。化学药品在铁路运费较高时改由汽车运输。天津运往北平的煤油由亚细亚和大华两个油行经销,或直接用汽车运至北平,或先由船运至通县,再装汽车运至北平。①

通过长途汽车由北平运至天津的货物主要有地毯、景泰蓝、古玩、肠衣、鸭、铜器等。北平地毯生产每年可达50万平方尺,其中大部分都需经由天津转销,运输途径有火车和汽车两种,因铁路运输要求过严而汽车运费较省且手续简便,故商人均选择用汽车运送。北平所产景泰蓝,以及北平集散的肠衣、鸭和鸭毛等,都是出口产品,也多是从铁路改为汽车运至天津,再装海轮

---

① 北宁铁路经济调查队编辑:《北宁铁路沿线经济调查报告》,第2081—2082页。

381

外运。①

总的来看,在天津的近代交通方式中,轮船航运兴起最早,铁路次之,其初兴时期的发展速度和运力,是长途汽车商业运输兴起之初所无法企及的。随着铁路运输的兴起和迅速发展,各种交通方式在天津与华北腹地间货物运输中所占的比例,陆运一般占50%以上,最多的1921年高达70.5%,是天津与内地商品流通的主要运输工具,虽然其中也有一部分是由汽车运送,但"汽车运入内地之数……其中泰半系运往北京、山西及张家口等处";②从物流的角度看,汽车的货运即便与内河民船等传统交通方式相比,也有明显的差距。这应是此时期天津长途汽车商业运输发展的总体特征。

总之,20世纪以后天津经济发展进入最为迅速和最为辉煌的时期。从城市功能看,随着经济的发展,特别是商品市场的逐步繁荣,天津城市作为区域经济中心的功能愈发突出,在近代工商业迅速发展的带动下,逐渐占据一定优势。19世纪末20世纪初,在清政府的支持和封疆大吏的主持下,天津的政治地位迅速上升,成为全国政治改革的典范。20世纪以后,支撑天津城市迅速发展的则是其经济职能的迅速增强。到20年代以后,天津留给全国最突出和最深刻的印象,是北方最大的工商业城市。易言之,天津是在传统时期商业发展的基础上,经过19世纪末政治职能提升所带来的经济实力的积淀,到20世纪以后城市经济得到全面而充分的发展。首先,内外贸易成为推动城市经济快速发展的主要动力。其次,近代工业体系为城市经济实力的增强创造了一定的条件,初步构建了近代工业的主体架构,形成了近代大型企业与中小型企业、手工工场与作坊并存和互补的发展格局。第三,原本已有相当基础的商业,不仅随着内外贸易的发展而发生转型,且获得更好的发展机遇,出现了很多新业态。第四,华资银行以前所未有的姿态进入金融市场,为经济功能的增强提供较为可靠的保证。第五,比较完善的交通运输网络为经济腹

---

① 北宁铁路经济调查队编辑:《北宁铁路沿线经济调查报告》,第2082—2084页。
② 吴弘明编译:《津海关贸易年报(1865—1946)》,第449页。

第四章　近代经济的起步与全面发展(1901—1927)

地的扩大创造了必要条件。

因此,20世纪以后,天津已经不再是仅依附于北京的辅助城市,而是按照城市近代化的规律,增强自身的经济实力,形成一定发展特色的城市。到1927年时,天津的经济地位在北方城市中鹤立鸡群,与南方的上海齐名,成为包括华北乃至西北和东北在内广大地区的经济中心。